2025

2025
육군부사관 대표유형+실전문제

인쇄일 2025년 1월 1일 4판 1쇄 인쇄
발행일 2025년 1월 5일 4판 1쇄 발행
등 록 제17-269호
판 권 시스컴2025

ISBN 979-11-6941-497-5 13320
정 가 16,000원

발행처 시스컴 출판사
발행인 송인식
지은이 정윤성

주소 서울시 금천구 가산디지털1로 225, 514호(가산포휴) | **홈페이지** www.nadoogong.com
E-mail siscombooks@naver.com | **전화** 02)866-9311 | **Fax** 02)866-9312

발간 이후 발견된 정오 사항은 나두공(시스컴) 홈페이지 도서 정오표에서 알려드립니다(홈페이지 → 자격증 → 도서정오표).

INTRO

부사관은 장교와 사병 사이에서 징검다리 역할을 수행하는 하사, 중사, 상사, 원사 계급의 군의 최일선 초급 간부로서, 육군, 해군(해병대), 공군에서 활동하며 업무영역도 분야별로 전문화되어 있습니다. 각급 제대의 지휘관을 보좌하고 사병의 업무를 감독 · 지시 · 통제하며, 분대 또는 소대와 같은 규모의 집단을 지휘하거나 전투 기본교육, 보급 · 정비, 행정, 부대관리 등의 기술과 숙련을 요하는 분야에서 임무를 수행합니다.

부사관에 임관되면 국가공무원으로서 다양한 혜택을 누리며 안정적인 생활의 영위가 가능합니다. 다양한 복지 혜택, 안정된 임금 등 단기 복무만으로도 충분한 자금 조성이 가능할 뿐만 아니라 20년 이상 장기 복무를 하게 되면 자녀들의 교육비 지원, 전역 후 연금수혜 등 다양한 혜택을 누릴 수 있기 때문에 평생직장으로 삼기에도 아주 매력적입니다.

부사관 시험은 고등학교 졸업 수준의 평이한 난이도로 출제되지만, 절대평가가 아닌 상대평가이기 때문에 최대한 좋은 성적을 거둬야만 필기시험을 통과할 수 있습니다. 시험을 보는 영역에 대한 다양한 유형 파악과 그에 따른 문제 학습이 필요합니다.

본 교재는 수험생이 최단기간 내에 좋은 성과를 얻을 수 있도록 효율적인 학습 방향을 제시하고 있습니다. 부사관 출제수준에 맞추어 영역별로 적중률이 높은 예상문제를 수록해 수험생이 실제 시험에서도 당황하지 않고 문제풀이를 할 수 있도록 구성, 부사관 시험을 대비하기 위한 핵심이론도 함께 정리해 놓았습니다.

- 시험정보를 한눈에 파악할 수 있도록 구성
- 각 영역별 출제유형 반영을 반영하여 적중예상문제 구성
- 실전모의고사 2회 수록, 상세한 해설로 단기간에 학습이 가능하도록 구성

무한한 가능성을 가진 부사관에 도전함으로써 여러분의 꿈을 이루기 바라며 이 책이 든든한 동반자가 되었으면 합니다.

육군 부사관

○ 육군 부사관의 종류

학군부사관후보생(RNTC), 민간부사관(남군 · 여군), 군 가산복무 지원금 지급대상자(부사관), 임관시 장기복무 부사관, 예비역의 현역 재임용(부사관), 현역부사관, 임기제부사관, 특전부사관

※ 분야별 모집요강은 육군 홈페이지 참조

○ 육군 부사관이 되는 방법

구분	세부내용
현역에서 지원	– 고졸 이상 / 현역 일병~병장(장려금 지급) – 양성교육 : 부사관학교 16주
예비역에서 지원	– 예비역은 의무복무기간에 따라 1~3세(임관일 기준 만 28~30세)지원 연령 연장 – 예비역 병장 출신자로(전역 2년 이내 입영시) 지원 후 하사로 임관시 지원 장려수당 지급 – 양성교육 : 하사 이상 예비역(부사관 학교 16주), 중사 이상 예비역(부사관 학교 3주)
민간인에서 지원	– 고졸이상 / 임관일 기준 만 18~27세 이하 남 · 여 ※ 중학교 졸업자는 국가기술자격법에 따른 자격증 소지자에 한 함 – 양성교육 : 21주(육군훈련소 5주 + 부사관학교 16주)
군 가산복무지원금 지급대상자(부사관)	– 전문대 이상 대학(원), ※ 2학년 재학생(단, 3년제 학교는 3학년 재학생), 4년제 대학은 4학년 재학생, 대학원은 2학년 재학생) ※ 장학금 지급(1개 학년 분) – 전문의무 부사관 : 3년제 의무보건계열 대학(교) 임상병리과, 방사선과, 치위생과 2학년 재학생 ※ 장학금 지급(2개 학년 분) – 전투 부사관 : 협약 전투부사관학과 1학년 재학생(남) ※ 장학금 지급(2개 학년 분) – 양성교육 : 21주(육군훈련소 5주+부사관학교 16주)
임기제부사관에서 부사관 지원	– 임기제부사관으로 6개월 이상 복무 후 단기하사 전환 지원 가능

※ 의무복무기간 : 임관 후 4년

※ 군 가산복무지원금 지급대상자(부사관) : 의무복무 4년 + 장학금 수혜기간(1~2년)

※ 복무연장 또는 장기복무 지원 기회 부여

○ 복무기간

- 단기복무 : 임관 후 4년
- 장기복무 : 7년 이상 복무(단기복무 + 3년)
- 진급(계급별 최저 복무기간)

계급	하사→중사	중사→상사	상사→원사
최저복무기간	하사로서 2년	중사로서 5년	상사로서 7년

※ 근속진급 : 중사(하사로서 6년 이상), 상사(중사로서 12년 이상)

- 전역 : 규정에 의한 정년 도달시 전역

계급	하사	중사	상사	원사
연령	40세	45세	53세	55세

○ 시험전형

- 평가 시간 및 과목

교시	평가 시간	평가 과목
1	09:00~10:25 / 85분	지적능력평가 (공간능력, 지각속도, 언어논리, 자료해석)
2	10:40~11:40 / 60분	상황판단 검사/직무성격 검사
3	12:00~12:50 / 50분	인성검사

- 과목별 문항 수

구분	계	지적능력				상황판단 / 직무성격		인성 검사
		공간 능력	지각 속도	언어 논리	자료 해석	상황판단 검사	직무성격 검사	
문항	626	18	30	25	20	15	180	338

○ 대우 및 혜택

• 장기복무 선발시 전문 직업군인으로 안정된 직업

– 장기복무 기회 부여 및 장기복무자로 임명 시 상위 계급 진출

– 군 복무 20년 이상 경과시 연금 수혜

• 초급 지휘자로서 부하를 지휘 통솔할 수 있음

– 군복무 후 취업 시 리더십 능력을 평가, 우대 선발

• 미혼자, 기혼자에게 숙소 제공

– 미혼자 : 독신간부숙소 제공

– 기혼자 : 부양 가족수를 고려한 관사, APT 제공

※ 장기복무자에게는 대도시권 내 군인공제회 분양 APT 입주 우선권 부여

• 연간 휴가 보장, 여가시간 보장

– 연간 21일 휴가 보장, 주 5일제 근무제 시행

– 여가시간 보장으로 개인 능력계발 가능

– 취미생활, 학업, 레저생활 가능

※ 저렴한 비용으로 군 체력단련장 이용 가능

• 장기복무 부사관에게 폭넓은 복지혜택 부여

– 자녀 학비지원 및 별거 학업중인 자녀 기숙사 지원, 대학 특례입학 기회 부여

※ 군 기숙사 : 영등포, 송파, 의정부, 화성, 춘천, 원주, 계룡, 대전, 광주, 대구, 부산

– 의료보험 혜택, 군 복지시설 이용

– 휴양시설 및 체력단련장을 저렴한 비용으로 이용 가능 등

○ 국사시험 -> 한국사능력검정시험으로 대체

• 유효기간: 서류접수 마감일 기준 4년 이내

• 배점

구분	심화 등급			기본 등급		
	1급	2급	3급	4급	5급	6급
장교 준, 부사관	각 선발 과정별 국사시험 배점의 만점			배점의 90%	배점의 80%	배점의 70%

해군 부사관

○ 해군 부사관의 종류

기술계열부사관, 군악부사관, 특전부사관, 심해잠수부사관, 학군부사관(RNTC)

※ 분야별 모집요강은 해군 홈페이지 참조

○ 해군 부사관이 되는 방법

지원대상	민간인	현역병	군 전문대장학생
지원자격	고졸이상 학력소지자로서 임관일 기준 만18~27세인 자	임관일 기준 만 27세를 초과하지 않는 자로 대령급 부대장의 추천을 받은 자 ※ 타군의 경우 참모총장	전문/기능대학 이상의 대학의 최종학년 재학생
교육기간	11주	11주	11주(졸업 후 입대)
복무기간	임관 후 4년	임관 후 4년	임관 후 4년+장학금 수혜기간 ※ 재학시 등록금 전액지원
모집시기	연 3~4회	민간모집 시 지원	연 1회(4~5월)

○ 지원자격(RNTC 공통)

- 임관일을 기준하여 만 18세 이상 27세 이하의 대한민국 남자 및 여자(단, 임신 중인 자 제외)
  ※ 단, 예비역의 경우 현역으로 복무한 기간에 따라 30세까지 지원가능(전역증 사본 구비시)
  - 2년 이상 복무 후 전역한 제대군인 : 30세까지
  - 1년 이상 ~2년 미만 복무 후 전역한 제대군인 : 29세까지
  - 1년 미만 복무 후 전역한 제대군인 : 28세까지
- 학력 : 고등학교 졸업자 또는 동등 이상의 학력을 가진 자
- 신체 : 신체 등급 3급 이상, 신장 · 체중비에 관한 등급 3급 이상
- 현역병의 경우 소속 지휘관의 추천을 받은 자
  - 해군/해병대 : 영관급 이상 지휘관
  - 육군/공군 : 해당 군 참모총장
- 군인사법 제10조 2항의 임용결격사유가 없는 자

○ 시험전형

- 과목 : KIDA 간부선발도구, 한국사능력검정시험
- 평가요소 및 배점

평가 항목	계	KIDA 간부선발도구							한국사 능력검정 시험
		소계	언어 논리	자료 해석	지각 속도	공간 능력	상황 판단	직무 성격	
배점	130	100	35	35	10	10	10	면접 참고	30

※ 한국사 시험 -> 한국사능력검정시험으로 대체

※ 영어 시험 폐지 -> 공인영어성적(TOEIC/TOEFL/TEPS) 가산점 유지

○ 영어 관련 가산점(2~20점)

- 공인영어성적 유효기간: 2년 이내
- 공인영어성적 배점

구분	20점	10점	5점	2점
TOEIC	810 이상	730~805	630~725	500~625
TOEFL	93 이상	83~92	72~82	56~71
TEPS	315 이상	277~313	237~276	196~236

○ 한국사능력검정시험 인증제

- 한국사능력검정시험 인증 유효기간: 3년 이내
- 한국사능력검정시험 급수별 배점

구분	점수반영 비율	소계	소계
1~3급	100%	30점	심화 과정
4급	90%	27점	기본 과정
5급	85%	25.5점	
6급	80%	24점	
미제출	0%	0점	지원 가능

○ 공군 부사관이 되는 방법

구분	내용
항공과학고등학교	우수 공군 부사관의 정규 양성기관인 공군항공과학고등학교에서 3년간 군사교육 후 장기복무 부사관으로 임관하는 제도
학군부사관후보생(RNTC)	문무를 겸비한 우수 부사관 양성을 위하여 학군단이 설치된 전문대학교 재학생을 선발하여 졸업과 동시에 부사관으로 임관하는 제도
부사관후보생	다양한 전공분야의 전문지식을 갖춘 부사관 획득을 위하여 고등학교 졸업 후 일정 기간의 군사교육을 이수한 후 부사관으로 임관하는 제도

※ 분야별 모집요강은 공군 홈페이지 참조

○ 지원자격(RNTC 공통)

- 임관일 기준 만 18세 이상, 27세 이하인 대한민국 남, 여
  - 군 복무 미필자 : 만 27세까지
  - 1년 미만 군 복무자 : 만 28세까지
  - 1년 이상~2년 미만 군 복무자 : 만 29세까지
  - 2년 이상 군 복무자 : 만 30세까지
- 고등학교 이상의 학교를 졸업한 사람 또는 이와 같은 수준 이상의 학력을 가진 사람(임관일 이전 졸업 예정자 포함)
- 중학교 이상의 학교를 졸업한 사람으로서 「국가기술자격법」에 따른 자격증 소지자
- 입영일 기준 병장, 상등병, 또는 일등병으로서 입대 후 5개월 이상 복무중인 사람
- 별도의 지원자격을 명시한 전형(특별전형 등)은 해당 기준을 충족하는 자
- 사상이 건전하고 품행이 단정하며 체력이 강건한 사람

○ 시험과목·배점 및 시간표

구분	KIDA 간부선발도구								한국사 능력검정시험	총계
	1교시(13:30~14:55)					2교시(15:10~16:13)				
	언어논리	자료해석	공간능력	지각속도	소계	상황판단	직무성격	소계	인증서 등급별 점수	
문항수(개)	25	20	18	30	93	15	180	195	1급~4급	313
배점(점)	30	30	10	10	80	20	면접자료	20	50점~42점	150

○ 한국사 과목 면제 기준

• 「한국사능력검정」 인증서 보유 시 한국사 과목 면제(필기시험 중복응시 가능)

등급	4급	3급	2급	1급
점수	42점	45점	47점	50점

– 지원서에 한국사능력검정 성적 입력 시 각 등급에 해당하는 점수 부여
– 지원서 접수 마감일 기준 5년 이내 성적 유효(구비서류 우편 제출 시 성적표와 함께 제출)

○ 영어 가점 제도(10점)

• 공인영어성적(TOEIC): 470점 이상 구간별 차등 부여

• 공인영어성적 인정 유효기간: 5년 이내

• 공인영어성적 가점 반영 기준

점수	470~509	510~549	550~589	590~629	630~669	670~709	710~749	750~789	790~829	830 이상
가점	1점	2점	3점	4점	5점	6점	7점	8점	9점	10점

○ 신체검사(공통)

군 병원 검사 -〉 군 병원 또는 국공립 병원, 민간 종합병원의 신체검사 결과 인정

○ 교육

- 기본군사훈련
  - 기간 : 입영 후 12주(입영전형 1주 포함)
  - 교육내용 : 행군, 사격, 구보, 유격, 총검술, 제식훈련, 화생방, 기타 정신교육 등

  ※ 면회, 외출 없음
  - 특박 : 입대 8주 후 2박 3일
  - 종교활동 : 매주 일요일 10:20~11:40(입대 2주차부터) / 매주 수요일 19:00~20:20(입대 4주차부터)
  - 청원휴가 : 직계 존비속 사망시 2박 3일

  ※ 자세한 내용은 교육사 홈페이지 교육훈련안내 참고

구성과 특징

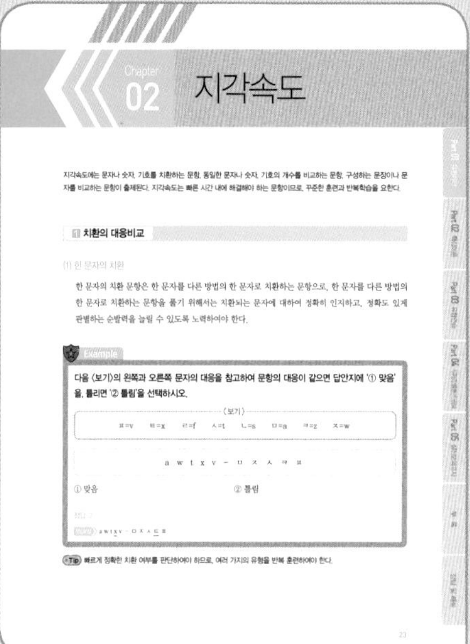

유형파악&핵심이론

부사관 시험에 나오는 영역별 문제들의 유형과 그 문제들을 통해 측정하고자 하는 능력을 설명하여 이해에 도움을 주고자 하였습니다. 또한 중요 핵심 내용만을 모아 체계적이고 효율적인 학습이 가능하도록 구성하였습니다.

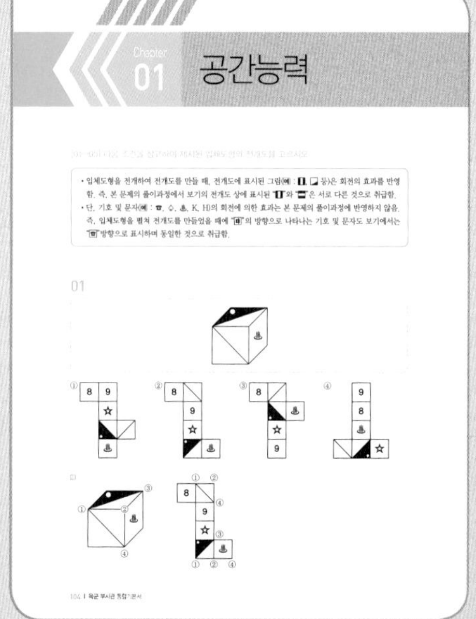

유형연습&실전모의고사

꼼꼼히 학습할 수 있도록 유형연습을 실어 실전에 대비할 수 있도록 하였습니다. 또한 실전 감각을 익혀 시험장에서 당황하지 않게 풀 수 있도록 실전모의고사 2회분을 실었습니다. 부사관 시험의 최근 출제 경향을 보다 정확하게 파악하여 대비할 수 있도록 하였습니다.

Chapter 01

부사관 필수 어휘

- **가는 귀** : 작은 소리까지 듣는 귀 또는 그런 귀의 능력
- **거위영장** : 여위고 키가 크며 목이 긴 사람을 놀림조로 이르는 말
- **곡두** : 눈앞에 없는 것이 있는 것처럼 보이는 것 = 환영(幻影)
- **광대등걸** : 1. 거칠고 보기 흉하게 생긴 나뭇등걸 2. 살이 빠져 뼈만 남은 앙상한 얼굴
- **굴때장군** : 키가 크고 몸이 굵으며 살갗이 검은 사람을 놀림조로 이르는 말
- **귀밑머리** : 1. 이마 한가운데를 중심으로 좌우로 갈라 귀 뒤로 넘겨 땋은 머리 2. 뺨에서 귀의 가까이에 난 머리털
- **나룻** : 수염. 성숙한 남자의 입 주변이나 턱 또는 뺨에 나는 털
- **눈시울** : 눈언저리의 속눈썹이 난 곳
- **눈두덩** : 눈언저리의 두두룩한 곳
- **눈망울** : 눈알 앞쪽의 도톰한 곳. 또는 눈동자가 있는 곳
- **더벅머리** : 1. 더부룩하게 난 머리털 2. 터부룩한 머리털을 가진 사람
- **덩저리** : 1. 좀 크게 뭉쳐서 쌓인 물건의 부피 2. '몸집'을 낮잡아 이르는 말
- **멱살** : 1. 사람의 멱 부분의 살 또는 그 부분 2. 사람의 멱이 닿는 부분의 옷깃
- **명치** : 사람의 복장뼈 아래 한가운데의 오목하게 들어간 곳. 급소의 하나이다.
- **몽구리** : 바싹 깎은 머리
- **배코** : 상투를 앉히려고 머리털을 깎아 낸 자리
- **샅** : 1. 두 다리의 사이 2. 두 물건의 틈
- **손아귀** : 1. 엄지손가락과 다른 네 손가락과의 사이 2. 손으로 쥐는 힘 3. 세력이 미치는 범위
- **오금** : 무릎의 구부러지는 오목한 안쪽 부분
- **정강이** : 무릎 아래에서 앞 뼈가 있는 부분
- **정수리** : 머리 위의 숫구멍이 있는 자리
- **제비초리** : 뒤통수나 앞이마의 한가운데에 골을 따라 아래로 뾰족하게 내민 머리털
- **콧마루** : 콧등의 마루가 진 부분

280 | 육군 부사관 통합기본서

부록

부사관 문제를 쉽게 이해하고 풀 수 있도록, 실전 면접에 대비해 논리적 답변을 하는데 도움이 되도록, 부사관 필수 어휘와 부사관 기본 지식을 꽉 꽉 채워 부록으로 수록하였습니다. 머릿속에 쏙 쏙 담아가세요.

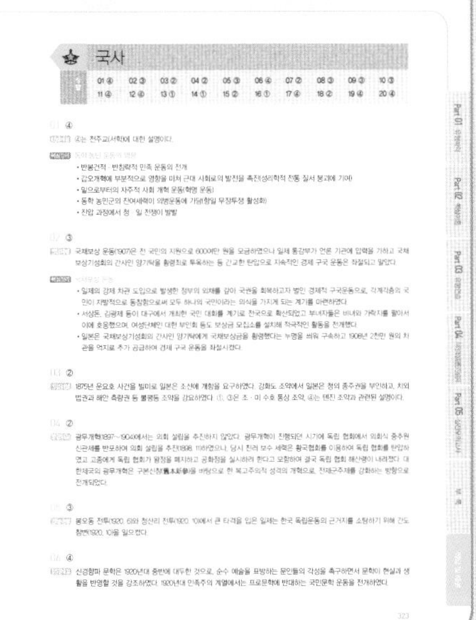

국사

01 ④	02 ③	03 ②	04 ②	05 ③	06 ④	07 ②	08 ③	09 ③	10 ③
11 ④	12 ④	13 ①	14 ①	15 ②	16 ①	17 ④	18 ②	19 ④	20 ④

01 ④

④는 천주교(서학)에 대한 설명이다.

- 반봉건적 · 반침략적 민족 운동의 전개
- 갑오개혁에 부분적으로 영향을 미쳐 근대 사회로의 발전을 촉진(성리학적 전통 질서 붕괴에 기여)
- 밑으로부터의 자주적 사회 개혁 운동(혁명 운동)

꼼꼼하고 상세한 해설&핵심정리

수험생들이 명쾌하게 이해할 수 있도록 상세하게 설명하였습니다. 정답해설 뿐만 아니라 오답해설도 실어 꼼꼼한 학습이 가능하도록 하였습니다. 문제와 관련된 중요한 내용이나 보충사항을 핵심정리로 정리함으로써 충실한 수험공부가 가능하도록 하였습니다.

목차

PART 1 유형파악

PART 2 핵심이론

PART 3 유형연습

PART 4 직무성격검사 · 상황판단검사 · 인성검사

목차

PART 5 실전모의고사

부록

정답 및 해설

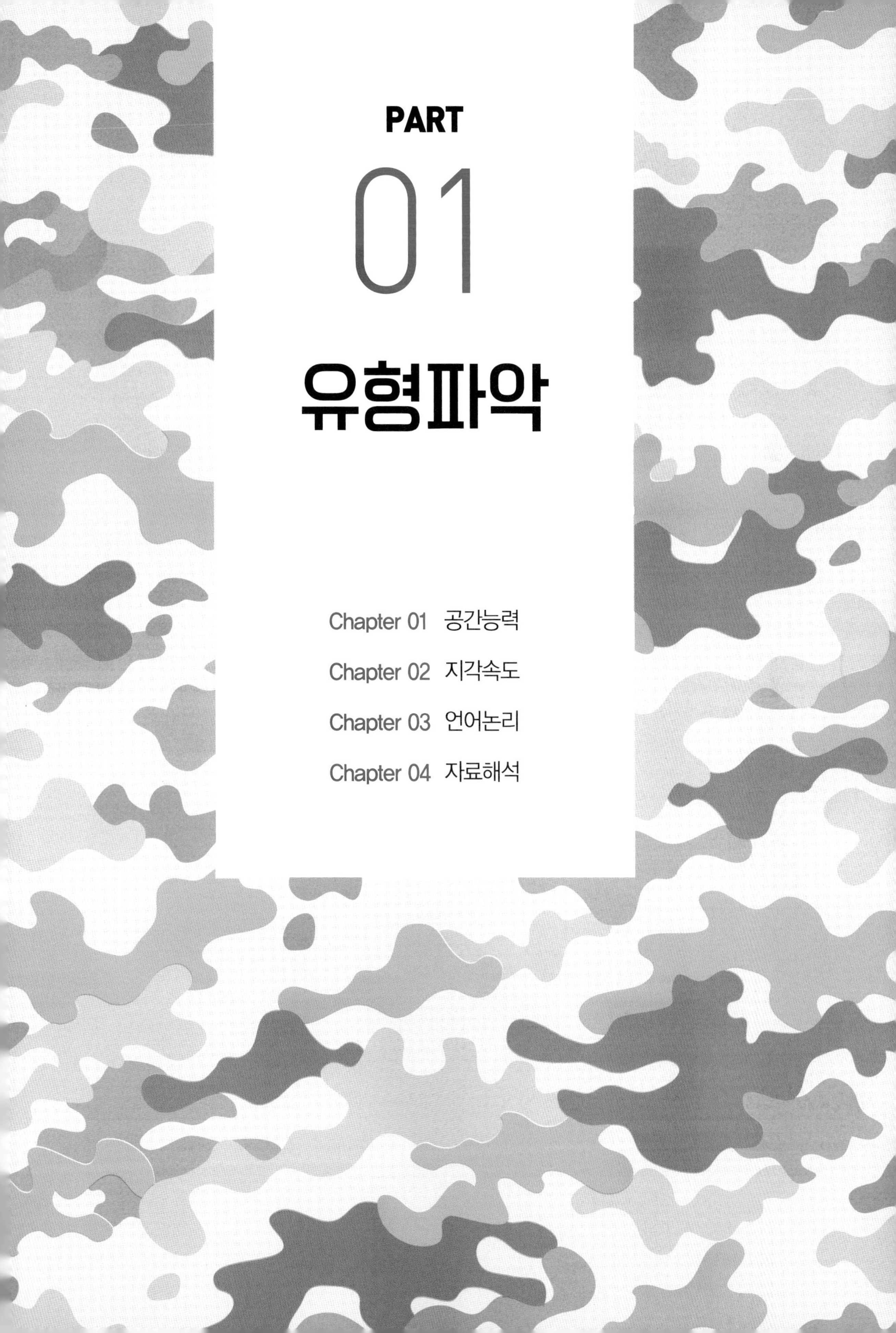

PART 01

유형파악

Chapter 01

공간능력

공간능력에는 입체도형의 전개도에 관련된 문항, 블록에 관련된 문항, 겨냥도에 관한 문항이 출제된다. 입체도형의 전개도를 찾거나, 전개도를 통하여 입체도형을 유추하는 문제가 출제유형이고, 블록의 개수를 구하는 문제나 쌓인 블록을 방향에 따라 바라보는 겨냥도를 찾는 문항이 출제된다. 이전에는 지도를 통해 공간 감각을 측정하는 문제들이 출제되었으나, 요즘은 지도 관련 문항을 블록 관련 문항으로 대체하여 출제되고 있다.

1 전개도

(1) 입체도형의 전개도

입체도형의 전개도 문항은 주어진 입체도형을 보고 해당 입체도형의 전개도를 찾는 문항으로, 해당 입체도형의 전개도를 정확히 추론하기 위해서는 입체도형을 펼쳤을 때의 면과 면이 맞닿는 선, 선과 선이 만나는 점에 대한 이해가 반드시 필요하다. 또 기호나 문자가 아닌 도형 또는 색이 칠해진 면의 경우는 방향을 고려하여 전개도 상의 올바른 모양을 찾을 수 있도록 유념하여야 한다.

공간능력은 2차원적 전개도뿐만 아니라 실제 주위에서 관찰할 수 있는 입체도형을 통하여 공간능력을 평가하므로, 평상시에도 여러 방면으로 훈련하는 노력이 필요하다.

전개도 문항을 연습할 때에는 하나의 전개도뿐만 아니라 최대 11개까지 만들 수 있는 정육면체의 전개도 형태를 고려하여 연습하도록 한다.

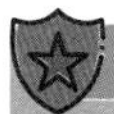 대표유형

다음 조건을 참고하여 제시된 입체도형의 전개도를 고르시오.

- 입체도형을 전개하여 전개도를 만들 때, 전개도에 표시된 그림(예 : ▮, ◪ 등)은 회전의 효과를 반영함. 즉, 본 문제의 풀이과정에서 보기의 전개도 상에 표시된 "▮"와 "▬"은 서로 다른 것으로 취급함.
- 단, 기호 및 문자(예 : ☎, ♤, ♨, K, H)의 회전에 의한 효과는 본 문제의 풀이과정에 반영하지 않음. 즉, 입체도형을 펼쳐 전개도를 만들었을 때에 "☎"의 방향으로 나타나는 기호 및 문자도 보기에서는 "☎"방향으로 표시하며 동일한 것으로 취급함.

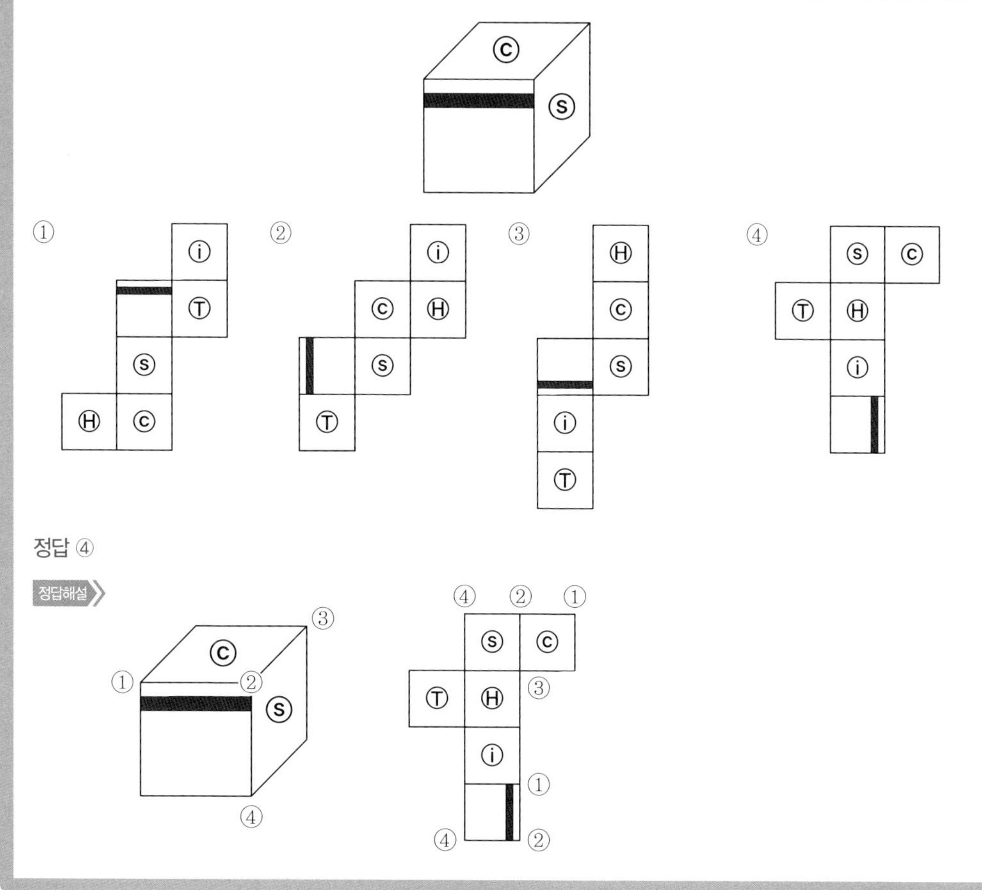

정답 ④

정답해설

Tip 주어진 조건이 제시되는 경우 조건에 맞추어 해당 전개도를 찾아야 한다. 입체도형의 면에 있는 그림과 인접한 면에 있는 그림을 파악하여 일치하는 전개도를 찾는다.

Part 01 유형파악
Part 02 핵심이론
Part 03 유형연습
Part 04 직무성격/상황판단/인성검사
Part 05 실전모의고사
부록
정답 및 해설

(2) 전개도의 입체도형

전개도의 입체도형 문항은 전개도를 보고 해당 입체도형을 찾는 문항으로, 전개도를 통하여 입체도형을 정확히 추론하기 위해서는 입체도형의 각 면의 관계를 정확히 파악하는 것이 가장 중요하다.

대표유형

다음 조건을 참고하여 제시된 전개도의 입체도형을 고르시오.

- 입체도형을 전개하여 전개도를 만들 때, 전개도에 표시된 그림(예 : ▮, ◪ 등)은 회전의 효과를 반영함. 즉, 본 문제의 풀이과정에서 보기의 전개도 상에 표시된 "▮"와 "▬"은 서로 다른 것으로 취급함.
- 단, 기호 및 문자(예 : ☎, ♤, ♨, K, H)의 회전에 의한 효과는 본 문제의 풀이과정에 반영하지 않음. 즉, 입체도형을 펼쳐 전개도를 만들었을 때에 "☎"의 방향으로 나타나는 기호 및 문자도 보기에서는 "☎"방향으로 표시하며 동일한 것으로 취급함.

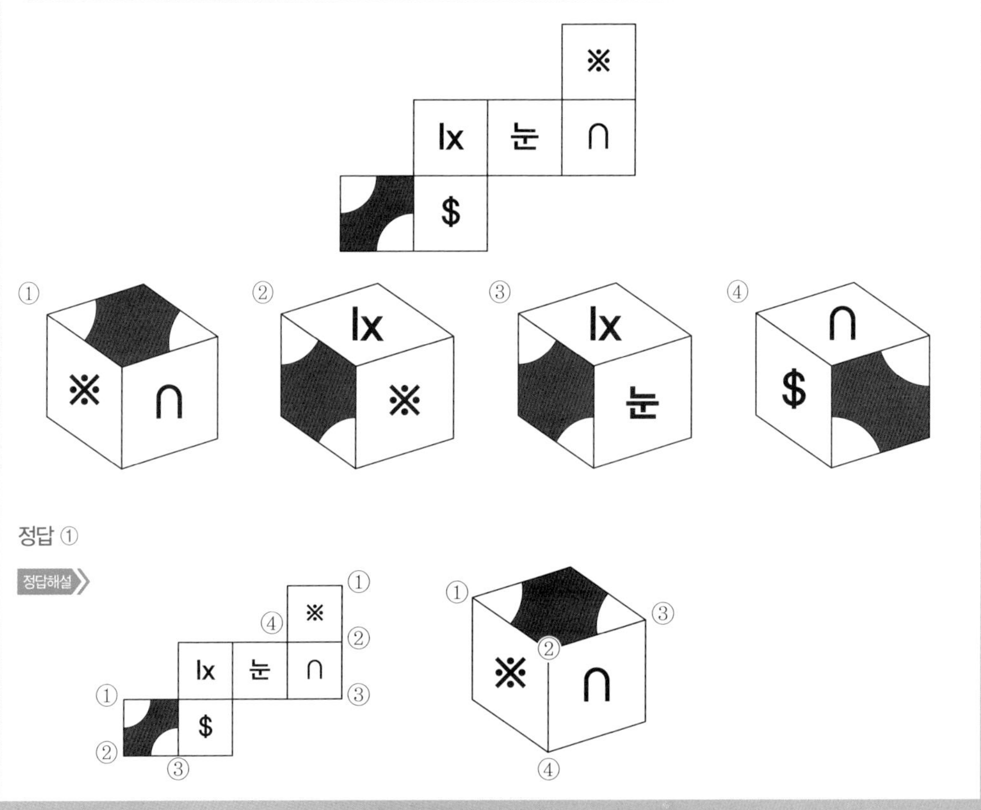

Tip 보이는 전면을 중점적으로 파악하고, 나타난 그림들의 위치와 회전을 고려하여 주어진 입체도형과 일치하는 전개도를 찾는다. 인접한 면과 마주보는 면을 구분하여 파악한다.

2 블록파악

(1) 블록의 개수

블록의 개수 문항은 3차원 입체도형 블록을 쌓아두고 개수를 파악하는 문항으로, 블록의 개수를 파악하기 위해서는 보이는 블록 이외의 밑에 놓여 있는 블록의 개수를 정확히 파악하여야 한다. 보이지 않는 블록의 개수를 유추하여야 정확한 블록의 개수를 구할 수 있다.

대표유형

제시된 그림과 같이 쌓기 위하여 필요한 블록의 개수를 고르시오.(단, 블록의 모양과 크기는 모두 동일한 정육면체이고, 보이지 않는 뒤의 블록은 없다고 가정한다.)

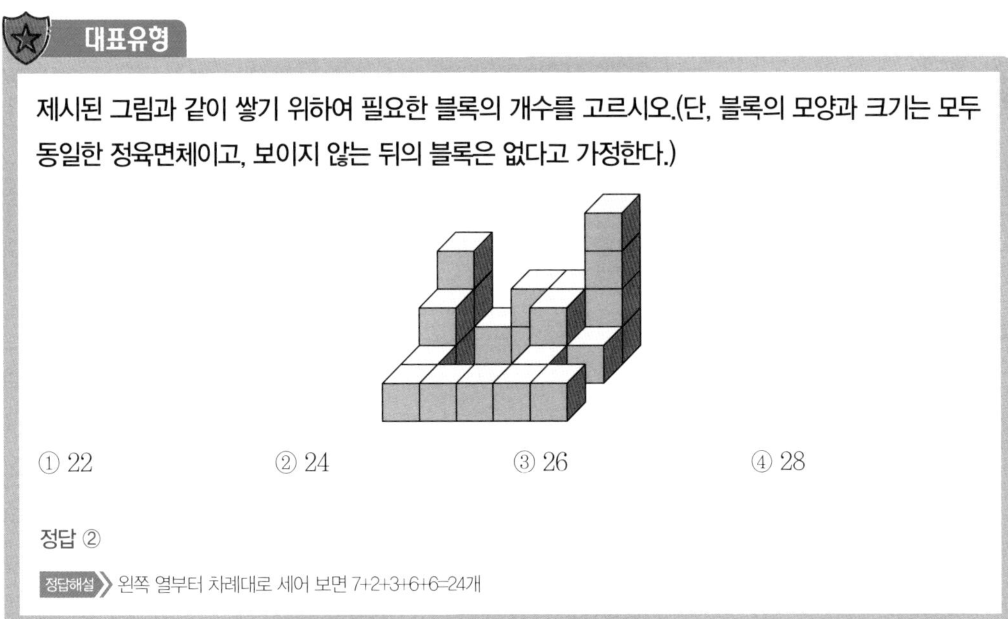

① 22　　② 24　　③ 26　　④ 28

정답 ②

정답해설 》 왼쪽 열부터 차례대로 세어 보면 7+2+3+6+6=24개

Tip 층별 또는 열별로 나누어 블록의 개수를 구하는 것이 일반적인 방법으로 사용된다. 실수를 줄일 수 있는 각자만의 방법을 채택하는 것이 중요하다.

(2) 블록의 겨냥도

블록의 겨냥도 문항은 쌓인 입체도형 블록과 일치하는 겨냥도(정면, 측면)를 찾는 문항으로, 쌓인 블록의 겨냥도를 파악하기 위해서는 바라보는 방향에 따른 블록의 층수를 정확히 파악하는 것이 가장 중요하다.

대표유형

제시된 블록을 화살표 방향으로 바라볼 때의 모양을 고르시오.(단, 블록은 모양과 크기가 모두 동일한 정육면체이고, 원근은 무시한다.)

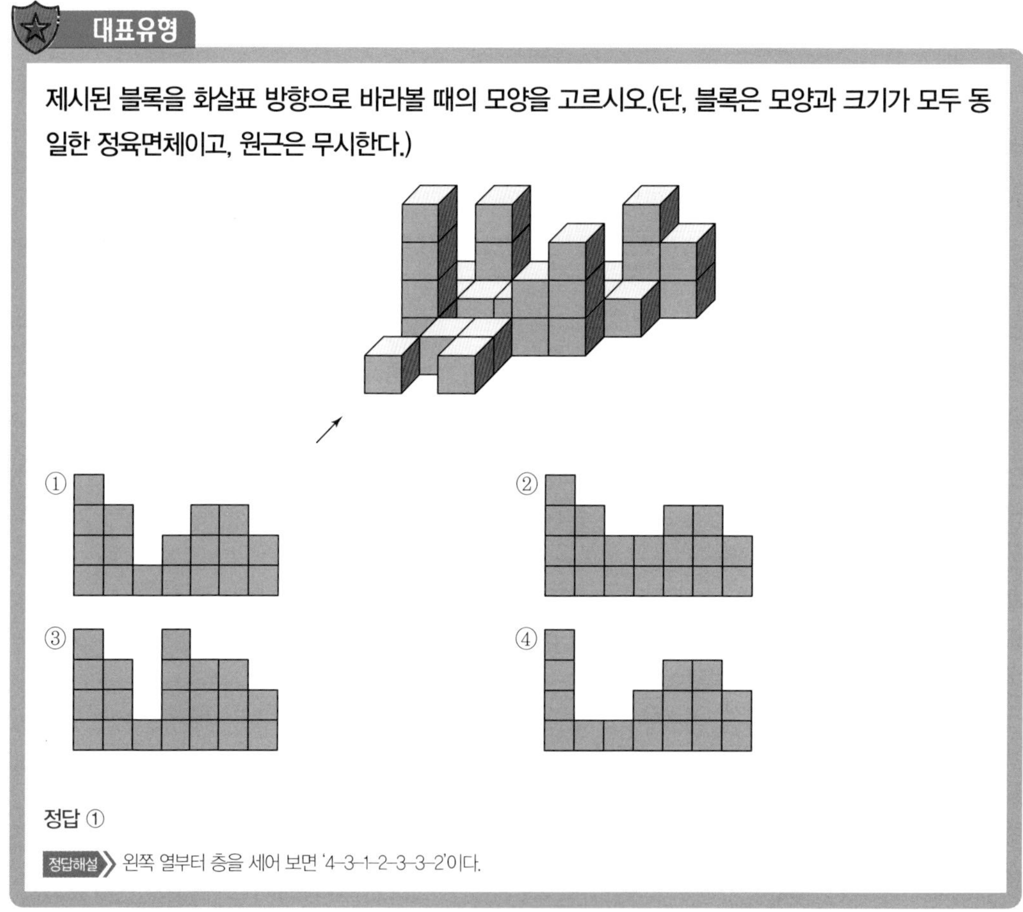

정답 ①

정답해설 왼쪽 열부터 층을 세어 보면 '4-3-1-2-3-3-2'이다.

Tip 바라보는 방향에 주의하며, 바라보는 방향의 왼쪽 또는 오른쪽 방향으로 층수를 세는 것이 일반적인 방법이다.

Chapter 02 지각속도

지각속도에는 문자나 숫자, 기호를 치환하는 문항, 동일한 문자나 숫자, 기호의 개수를 비교하는 문항, 구성하는 문장이나 문자를 비교하는 문항이 출제된다. 지각속도는 빠른 시간 내에 해결해야 하는 문항이므로, 꾸준한 훈련과 반복학습을 요한다.

1 치환의 대응비교

(1) 한 문자의 치환

한 문자의 치환 문항은 한 문자를 다른 방법의 한 문자로 치환하는 문항으로, 한 문자를 다른 방법의 한 문자로 치환하는 문항을 풀기 위해서는 치환되는 문자에 대하여 정확히 인지하고, 정확도 있게 판별하는 순발력을 늘릴 수 있도록 노력하여야 한다.

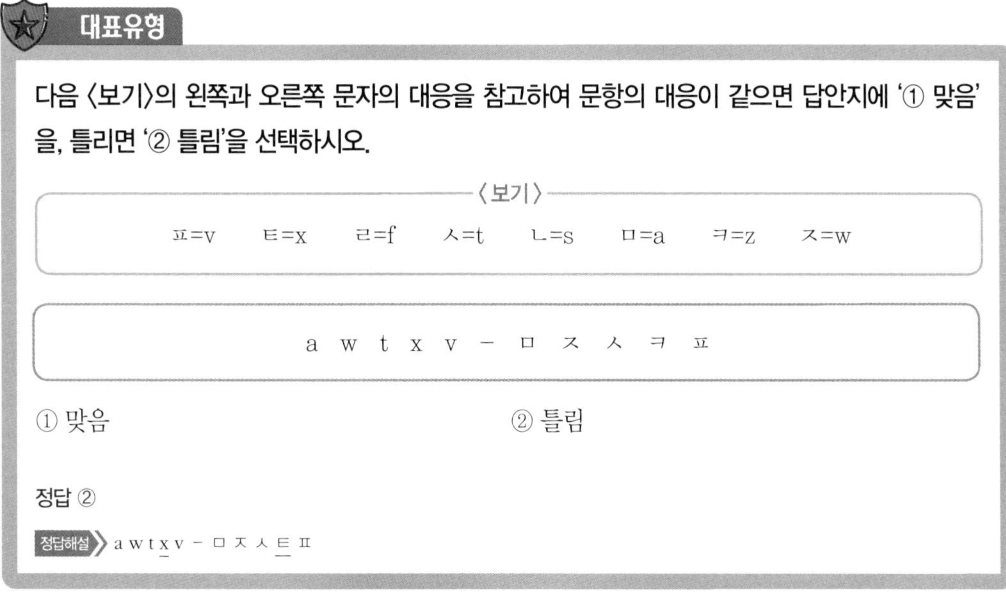

대표유형

다음 〈보기〉의 왼쪽과 오른쪽 문자의 대응을 참고하여 문항의 대응이 같으면 답안지에 '① 맞음'을, 틀리면 '② 틀림'을 선택하시오.

〈보기〉

ㅍ=v　ㅌ=x　ㄹ=f　ㅅ=t　ㄴ=s　ㅁ=a　ㅋ=z　ㅈ=w

a w t x v – ㅁ ㅈ ㅅ ㅋ ㅍ

① 맞음　　② 틀림

정답 ②

정답해설 a w t x v – ㅁ ㅈ ㅅ ㅌ ㅍ

Tip 빠르게 정확한 치환 여부를 판단하여야 하므로, 여러 가지의 유형을 반복 훈련하여야 한다.

(2) 여러 문자의 치환

여러 문자의 치환 문항은 여러 문자를 다른 방법의 여러 문자로 치환하는 문항으로, 여러 문자를 다른 방법의 여러 문자로 치환하는 문항을 풀기 위해서는 치환되는 여러 문자의 나열에 주의를 기울여야 할 뿐 아니라, 정확한 문자와 문자 사이의 치환까지 신경을 써야 한다. 따라서 한 문자를 치환하는 것보다 더 많은 신경을 써야 하므로, 더 많은 집중력을 투자하여야 한다.

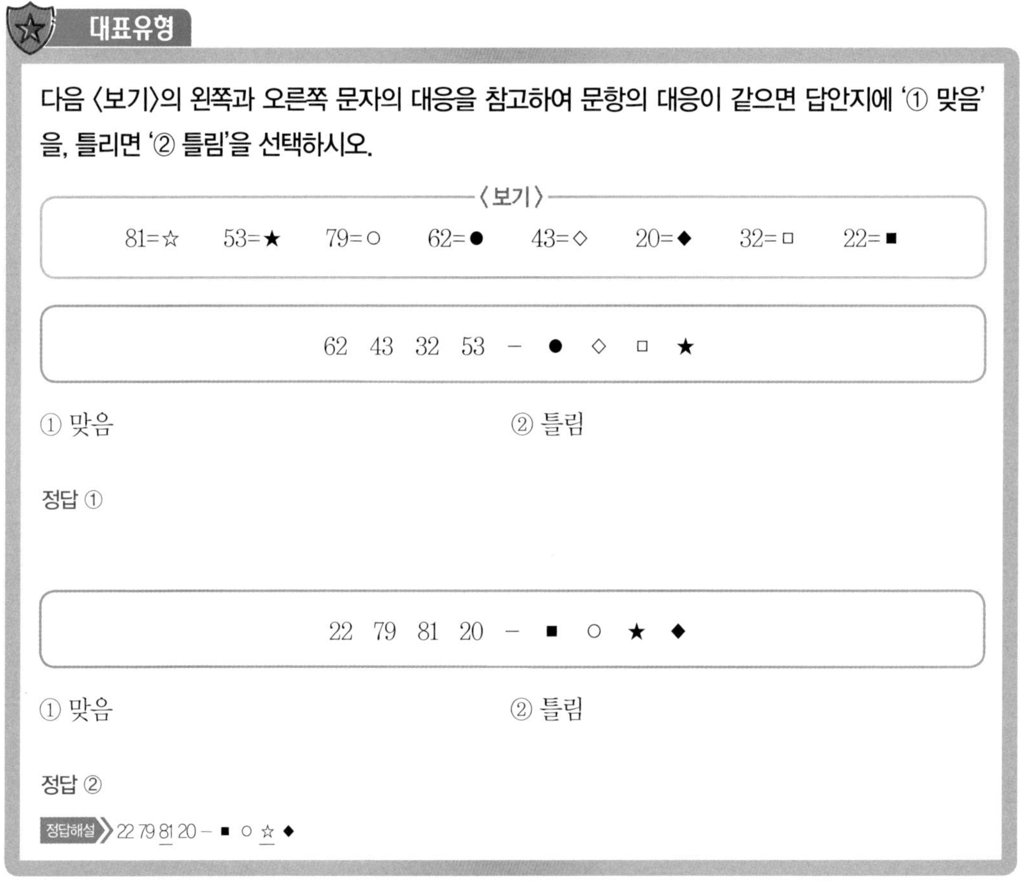

대표유형

다음 〈보기〉의 왼쪽과 오른쪽 문자의 대응을 참고하여 문항의 대응이 같으면 답안지에 '① 맞음'을, 틀리면 '② 틀림'을 선택하시오.

〈보기〉

81=☆　53=★　79=○　62=●　43=◇　20=◆　32=□　22=■

62　43　32　53　–　●　◇　□　★

① 맞음　　② 틀림

정답 ①

22　79　81　20　–　■　○　★　◆

① 맞음　　② 틀림

정답 ②

정답해설 〉 22 79 81 20 – ■ ○ ☆ ◆

Tip 한 문자 치환보다는 정확도에 조금 더 중점을 두어야 하며, 여러 문자를 빠른 시간 내에 자신의 눈 또는 머리에 인식할 수 있는 방법을 찾아야 한다.

2 동일의 대응비교

(1) 개수 파악

개수 파악 문항은 주어진 문자나 기호 등과 동일한 것의 개수를 파악하는 문항으로, 문항을 풀기 위해서는 주어진 문자 또는 기호 등을 정확히 암기하는 것이 가장 중요하다.

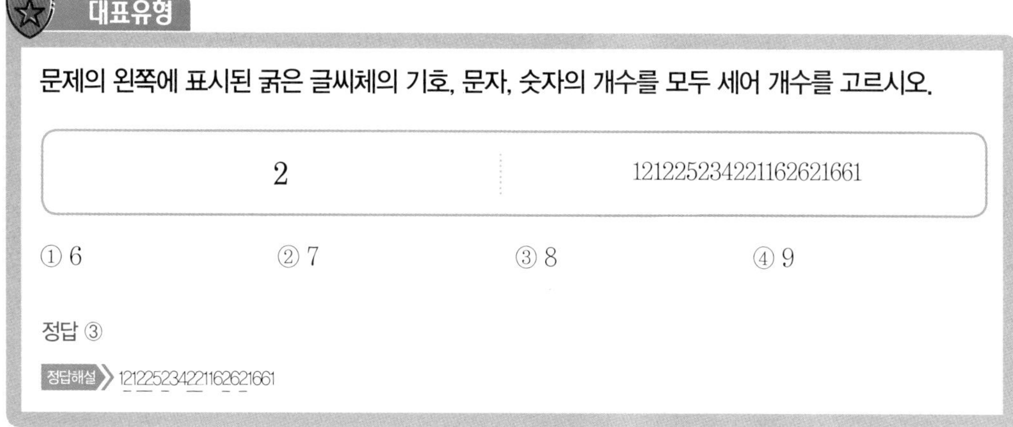

대표유형

문제의 왼쪽에 표시된 굵은 글씨체의 기호, 문자, 숫자의 개수를 모두 세어 개수를 고르시오.

2	121225234221162621661

① 6　　② 7　　③ 8　　④ 9

정답 ③

정답해설 121225234221162621661

Tip 주어지는 형태의 문자, 기호, 숫자 등이 한 글자가 아닐 수 있음을 유념하여 여러 경우를 대비하여 학습하여야 한다.

(2) 일치 파악

일치 파악 문항은 두 문구를 비교하여 일치여부를 파악하는 문항으로, 주어진 문장이나 문구 등의 일치 여부를 풀기 위해서는 주어진 문장이나 문구 등의 낱개를 하나하나 정확히 비교하여야 한다.

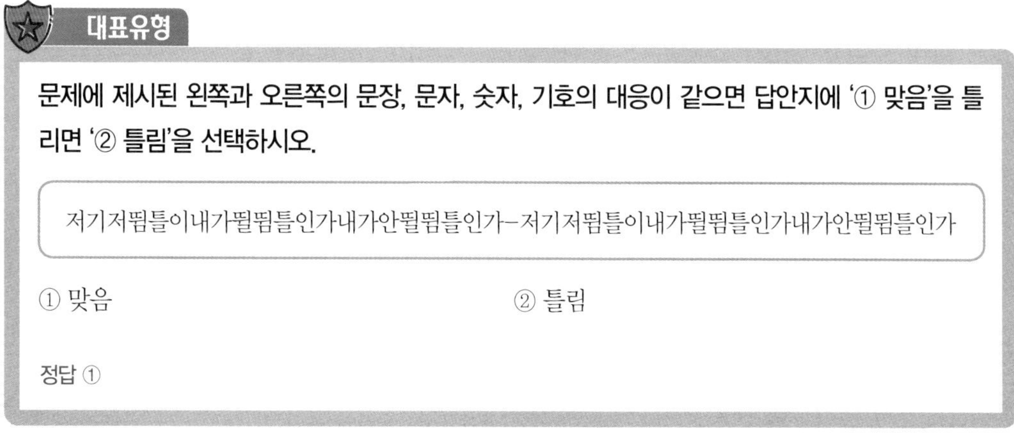

대표유형

문제에 제시된 왼쪽과 오른쪽의 문장, 문자, 숫자, 기호의 대응이 같으면 답안지에 '① 맞음'을 틀리면 '② 틀림'을 선택하시오.

저기저뛈틀이내가뛸뛈틀인가내가안뛸뛈틀인가－저기저뛈틀이내가뛸뛈틀인가내가안뛸뛈틀인가

① 맞음　　② 틀림

정답 ①

Tip 주어지는 말이 문자나 기호, 숫자가 아닐 수 있으니, 이 점을 유의하여 준비하여야 한다.

Chapter 03

언어논리

언어논리에는 사자성어, 속담, 한자어에 관한 어휘 문항, 한글맞춤법과 표준어 규정에 관한 문법 문항, 단어나 문장을 추리하는 문항, 글을 이해하는 독해 문항, 글의 순서를 파악하는 문항이 제시된다. 따라서 어휘력을 키우기 위하여 평상시에도 어휘와 해석에 대한 학습을 꾸준히 해야 한다.

1 어휘

(1) 사자성어 · 속담 · 관용구

사자성어 · 속담 · 관용구에 관한 문항을 풀기 위해서는 여러 사자성어와 속담의 바른 뜻과 쓰임을 알고 있어야 한다. 사자성어나 속담, 관용구는 직접적으로 의미를 전달하기보다 비유적이고 간접적으로 의미를 전달하는 표현법이므로, 숨어 있는 뜻을 함께 숙지하여야 한다.

대표유형

다음 중 사자성어와 속담의 연결이 옳지 않은 것을 고르시오.

① 농가성진(弄假成眞) – 마른 논에 물 대기

② 견문발검(見蚊拔劍) – 모기 보고 칼 뽑기

③ 갈이천정(渴而穿井) – 목마른 놈이 우물 판다

④ 표리부동(表裏不同) – 밑구멍으로 호박씨 깐다

⑤ 적반하장(賊反荷杖) – 물에 빠진 놈 건져 놓으니까 망건값 달라 한다

정답 ①

정답해설 농가성진(弄假成眞)이란 농담으로 한 말이 참말이 되는 것을 뜻하며, 이와 같은 의미의 속담은 '말이 씨가 된다'이다. 마른 논에 물 대기와 같은 의미의 한자성어는 '사배공반(事培功半)'이다.

유사한 뜻의 사자성어나 속담 또는 반대의 뜻의 사자성어나 속담을 잘 정리하여 숙지해야 사자성어와 속담과의 의미 관계를 파악하는 데에 도움이 된다.

(2) 한자어 · 고유어

한자어 · 고유어에 관한 문항을 풀기 위해서 모든 한자어와 고유어를 암기할 수는 없을 것이다. 따라서 빈출 또는 기출 문항을 분석하여 우선적으로 학습하는 것이 바람직하다.

대표유형

다음 중 한자어의 의미를 잘못 해석한 것을 고르시오.

① 이번 사안이 초미의 관심사로 부각되었다. → '꼬리에 불이 붙었다'라는 뜻으로 '많은 사람들의 주목을 받음'을 이른다.

② 아무리 가르쳐도 그 학생은 몰각하지 못하였다. → '깨달음이 잠겼다'라는 뜻으로, '깨달아 인식하지 못함'을 이른다.

③ 그 사람은 확집 때문에 다른 사람들과 잘 어울리지 못하였다. → '굳게 잡다'라는 뜻으로, '자기의 의견을 굳이 고집하여 양보하지 아니함'을 이른다.

④ 형의 끊임없는 노력의 형설지공에 비견될 만하다. → '어깨를 나란히 하다'라는 뜻으로, '낫고 못할 것이 없이 정도가 서로 비슷함'을 이른다.

⑤ 약속을 어겨 그를 대할 면목이 없다. → '얼굴의 생김새 혹은 낯'이라는 뜻으로 '없다'와 결합하여 '부끄러워 남을 대할 용기가 나지 않는다'라는 의미로 쓰인다.

정답 ①

정답해설 '초미(焦眉)'는 눈썹에 불이 붙었다는 뜻으로 매우 급박한 상황을 비유한 말이다.

Tip 한자가 글자 하나하나를 가리킨다면, 한자어는 한자가 모여 일정한 의미를 갖고 있어 하나의 덩어리처럼 느껴지는 단위이다. 따라서 한자어에 대한 학습은 그 한자어를 구성하고 있는 개별적인 단어들의 의미에 얽매이지 말고 그것들이 모여 새롭게 형성된 의미를 정확히 이해하고 활용하는 방향으로 해야 한다.

2 문법

(1) 한글맞춤법

한글맞춤법에 관한 문항을 풀기 위해서는 띄어쓰기, 문장부호 등과 같은 기본적인 지식을 꾸준히 암기하여야 한다. 암기뿐만 아니라 실생활에서 사용되는 헷갈리는 맞춤법을 찾아가며 학습하여야 한다. 맞춤법에 관한 새로운 지식이나, 개정된 사항을 틈틈이 확인하여야 한다.

대표유형

다음 중 밑줄 친 말의 표기가 올바른 것을 고르시오.

① 어머니께서는 넉넉찮은 살림에도 살림을 잘 꾸려나가셨다.

② 그런 실력으로 네가 나를 당할소냐?

③ 조금만 기다려 내가 곧 갈께.

④ 내가 나중에 섭섭잖게 사례를 하마.

⑤ 이 옷은 앞뒤가 모두 틔여 시원하다.

정답 ④

정답해설 》 '섭섭잖게'는 '섭섭하지 않게'의 준말이고 '섭섭잖게'로 표기하는 것이 올바른 표기이다.

오답해설 》 ① '넉넉찮다'는 '넉넉하지 않다'의 준말로 '넉넉잖다'가 맞는 표기이다.
② 의문형 어미의 경우 된소리가 나는 것은 된소리로 적어야 하므로 '당할쏘냐?'가 맞는 표기이다.
③ '갈께'는 의문형 어미가 아니므로 '갈게'가 맞는 표기이다.
⑤ '트이어'의 준말은 '틔어'나 '트여'로 써야 올바른 표기이다.

Tip 한글맞춤법의 원리를 이해하고, 주요 표준어 규정을 우선적으로 학습하여 폭넓은 학습이 될 수 있도록 한다.

(2) 문장성분의 호응

문장성분의 호응에 관련된 문항을 풀기 위해서는 문장성분의 호응관계에 관한 정리가 되어있어야 한다. 특히, 부사어와 서술어의 호응이 고정화 되어있는 경우는 반드시 숙지하여야 한다.

대표유형

다음 중 올바르게 표현된 문장을 고르시오.

① 요리가 잘 되어지고 있다.

② 종찬이는 햄버거와 콜라를 먹었다.

③ 대관절 내가 어떻게 했기에 다들 나를 무시할까?

④ 이 장면은 연출된 것이므로 반드시 따라하지 마세요.

⑤ 나는 매일매일 밤낮으로 별로 러닝머신을 즐겁게 한다.

정답 ③

정답해설 》 '대관절'은 의문 표현과 호응하는 부사어로, 주어진 문장에서 서술어와의 호응은 적절하다.

오답해설 》 ① 요리가 잘 되고 있다.
② 종찬이는 햄버거를 먹고 콜라를 마셨다.

④ 이 장면은 연출된 것이므로 절대 따라하지 마세요.
⑤ '별로'는 부정을 뜻하는 말과 함께 쓰인다.

Tip 부사어와 서술어의 호응뿐만 아니라, 주어와 서술어의 호응, 목적어와 서술어의 호응에 관련된 지식 역시 숙지하고 있어야 한다.

3 언어추리

(1) 빈칸 넣기

빈칸 넣기 문항을 풀기 위해서는 문맥을 정확히 파악하여 필요한 문장이나 문구, 단어가 무엇인지 찾아야 한다. 그러기 위해서는 문맥을 파악하는 독해능력과 문구와 단어의 뜻을 정확히 아는 어휘력을 복합적으로 겸비하여야 하고, 더불어 추리력까지 겸비하여야 한다.

대표유형

다음의 빈칸에 들어갈 말로 가장 적절한 것을 고르시오.

> A나라에서는 부동산 투기를 하면 공직자가 될 수 없다. 영수는 부동산 투기를 했으므로 ______
> ____________________

① 영수는 공직자이다.
② 영수가 A나라에 산다면 공직자가 될 수 없다.
③ 영수가 공직자라면 A나라에 산다.
④ 부동산 투기를 안 한 사람은 모두 공직자이다.
⑤ 영수가 다른 나라에 살더라도 공직자가 될 수 없다.

정답 ②

정답해설 A나라에서 부동산 투기를 하면 공직자가 될 수 없다. 만일 영수가 A나라에 산다면, 영수가 부동산 투기를 했으므로 공직자가 될 수 없다.

Tip 문맥의 정확한 의미를 추론해 내고, 문장을 구성하기 위해서는 앞뒤 내용과 전체의 내용을 반드시 파악하여야 한다.

(2) 접속사

접속사를 찾는 문항을 풀기 위해서는 앞 문장 또는 문단의 내용과 뒷 문장 또는 문단의 내용을 비교하여 그 관계를 파악하여야 한다. 의미 관계에 맞는 적절한 접속사를 숙지하고 있을 뿐 아니라 적절히 사용할 수 있어야 한다.

대표유형

다음 글의 흐름에 따라 ㉠, ㉡에 들어갈 접속어를 고르시오.

> 어린이들은 본성적으로 호기심이 많은 존재이다. ___㉠___ 자유롭게 내버려두면 주위 환경에 대한 탐색을 즐기고, 새로운 것에 대해 흥미로워하며, 문제에 부딪히면 궁리를 거듭하여 끝내는 그 문제를 풀어내려고 한다. 그런데 어떤 부모들은 어린이들이 하기 어려워한다고 대신해주려고 한다. 부모가 자녀의 일을 대신해주는 것은 아이들의 마음속에서 움트는 성장의 씨앗을 짓밟는 결과가 된다. ___㉡___ 어린이들이 힘들어하는 경우에는 부모가 대신해주는 것이 필요하다. 어린이들이 자발적으로 할 수 있게 하는 부모의 배려가 필요하다.

	㉠	㉡
①	그래서	그러나
②	그래서	그리고
③	물론	왜냐하면
④	그리고	한편
⑤	그리고	따라서

정답 ①

정답해설 ㉠의 앞 문장은 아이들이 호기심이 많다고 이야기하고 있다. 이어 호기심이 많은 아이들의 행동에 관하여 이야기하고 있다. 따라서 ㉠에 들어갈 가장 적절한 접속사는 '그래서' 또는 '그러므로'이다. ㉡의 앞 문장은 부모가 아이의 일을 대신 해주는 것은 아이의 성장을 방해한다는 내용이다. ㉡의 뒷 문장에서는 아이들이 힘들어하는 경우에는 부모가 대신해주어야 한다고 이야기한다. 따라서 ㉡의 앞뒤 내용이 서로 상반되므로, '그러나' 또는 '하지만'의 접속사가 ㉡에 들어가는 것이 적절하다.

Tip 앞뒤 내용의 의미 관계에 따른 접속사를 둘 이상 숙지하여, 여러 가지의 접속사의 사용 시를 대비한다.

4 독해

(1) 내용일치

글의 내용과 일치하거나 일치하지 않는 내용을 찾는 문항을 풀기 위해서는 글의 내용을 머릿속에 그리고 있어야 한다. 대부분의 내용을 이해하고, 이해하기 어려운 내용은 찾기 쉽게 따로 표시를 하여 문항과 비교하여 답을 찾는데 어려움이 없도록 하여야 한다.

대표유형

다음 글의 내용과 일치하는 것을 고르시오.

공포는 태어날 때부터 가지고 나오는 '선천적 공포'와 태어난 후에 여러 가지 경험으로 배우게 되는 '후천적 공포'로 나눌 수 있다. 죽음에 대한 공포는 선천적 공포의 대표적인 예다. 이 공포는 우리 대뇌 신경회로에 태어날 때부터 새겨져 있다. 워낙 강력해서 어떤 이성적 결단도 죽음의 신경회로 앞에 굴복하게 된다.

반면 후천적 공포는 공포를 불러올 수 있는 상황에 노출됐을 때 그 상황이나 그때의 감정(극심한 공포)을 기억하는 것이다. 미국의 9·11 테러 사건을 예로 들자. 비행기가 충돌하며 건물이 무너지는 상황에 대한 기억과 함께, 그때 느꼈던 공포가 또 다른 기억으로 남는다. 그래서 사건 이후 다른 건물이 폭파돼 무너지는 것만 봐도 9·11 테러상황을 떠올리게 되고, 그때 느꼈던 공포도 같이 되살아나 몸서리를 치는 것이다.

9·11 테러와 같이 큰 고통과 충격을 동반한 사건은 공포 감정이 함께 기억된다. 만약 공포 감정만 골라 지울 수 있다면 외상 후 스트레스장애로 고통 받는 환자를 치료할 수 있지 않을까.

공포의 발현과 기억에는 양쪽 귀의 안쪽 대뇌 부위에 위치한 아몬드 모양의 소기관 '편도체'가 중추적 역할을 한다. 실제로 사고로 편도체를 잃은 환자는 감정, 그 중에서도 특히 공포를 잘 느끼지 못한다. 수술을 위해 편도체 부위를 약하게 전기로 자극하면 환자는 공포를 느낀다.

편도체가 망가진 쥐는 고양이 앞에서 잡혀 먹힐 때까지 장난을 친다. 이것을 보면 선천적 공포인 죽음의 공포 역시 편도체가 관여하는 것이 분명하다. 다만 편도체에 죽음의 공포가 각인된 것인지, 아니면 대뇌의 다른 소기관에 각인된 죽음의 '메시지'가 편도체를 활성화시켜 죽음의 공포를 느끼게 되는 것인지는 불분명하다.

① 선천적 공포는 기억된 공포감정을 다시 환기 하는 현상이다.

② 선천적 공포에 편도체가 어떻게 관여하는지는 아직 밝혀지지 않았다.

③ 선천적 공포는 합리적인 사고와 강인한 의지로 극복이 가능하다.

④ 선천적 공포는 편도체를 조작하더라도 약화되거나 사라지지 않는다.

⑤ 선천적 공포는 경험의 영향을 많이 받게 된다.

정답 ②

정답해설 죽음은 선천적 공포라고 시작하면서 글의 마지막 부분에서 '편도체에 죽음의 공포가 각인된 것인지, 아니면 대뇌의 다른 소기관에 각인된 죽음의 '메시지'가 편도체를 활성화시켜 죽음의 공포를 느끼게 되는 것인지는 불분명하다.'고 설명하였다.

오답해설 ① 후천적 공포에 대한 설명이다.
③ 글에서 '어떤 이성적 결단도 죽음의 신경회로 앞에 굴복하게 된다.'고 설명하였다.
④ 글에서 '편도체를 잃은 환자는 감정, 그 중에서도 특히 공포를 잘 느끼지 못한다.'고 하는 등 편도체를 조작하면 공포는 약화되거나 사라질 수 있다고 설명하고 있다.
⑤ 선천적 공포는 태어날 때 가지고 나오는 공포로, 여러 가지 경험에 영향을 많이 받는 것은 후천적 공포이다.

Tip 주어진 제시문의 문단을 정리하거나, 중심내용을 표시하여 문항을 풀어 가는 것이 바람직하다. 중심내용을 파악하고 제시문과 선택지를 비교하여 문항을 푸는 것도 좋은 방법이다.

(2) 추론하기

글의 제목이나 이어질 내용을 추론하는 문항을 풀기 위해서는 주어진 글의 중심내용을 찾는 것이 가장 중요하다. 글의 중심내용을 찾기 위해서는 핵심단어 또는 반복단어를 찾거나, 문단의 처음과 중간, 끝을 예의주시하여 보아야 한다.

대표유형

다음에 제시된 글에서 추론할 수 있는 글의 제목으로 가장 적합한 것을 고르시오.

실재하는 형상들은 일정한 법칙에 따라 움직인다. 이것은 누가, 언제, 어디서 보든 똑같은 보편타당한 것이다. 그러므로 누구나 실험 등으로 이를 찾아낼 수 있으며 이것이 과학자의 일이다.

① 법칙의 인과성
② 법칙의 특수성
③ 법칙의 객관성
④ 법칙의 동시성
⑤ 법칙의 통속성

정답 ③

정답해설 제시문에서는 누가, 언제, 어디서 보든 보편타당성을 지닌 것이 법칙이라 했다. 객관성이란 주관에 좌우되지 않고 언제 누가 보아도 그러하다고 인정되는 성질을 말한다. 따라서 주어진 글의 제목으로 가장 적절한 것은 '법칙의 객관성'이다.

Tip 글의 중심내용을 통하여 글의 제목을 추론할 수 있을 뿐 아니라 이전 또는 이후의 글의 내용을 짐작할 수 있어야 한다. 글의 흐름, 전체 내용을 파악하여 주어진 빈칸을 채울 수 있어야 한다.

(3) 글의 배열

문장 또는 문단의 배열 순서를 찾는 문항을 풀기 위해서는 각 문장 또는 문단의 처음과 끝의 내용을 정확히 파악하여야 하고, 전체적인 글의 흐름을 파악하여야 한다.

대표유형

다음 문장을 의미맥락이 통할 수 있도록 논리적 순서에 맞게 나열한 것을 고르시오.

(가) 외국의 사례를 참조하여 대응하면 충분하였다.

(나) 우리나라는 그동안 선진국을 따라가는 기술축적 과정을 밟아왔기 때문에 첨단과학기술의 순기능과 역기능을 조직적으로 연구하고 평가하는 기능은 별로 필요하지 않았다.

(다) 따라서 우리나라도 첨단과학기술의 경제 · 사회적 영향을 보다 조직적으로 연구하고 평가 하는 체제를 강화하여야 하며, 그 결과에 따라 우리의 법령과 제도도 적절히 수정 · 보완해야 할 것이다.

(라) 그러나 한국의 첨단과학기술 수준은 급속히 높아지고, 그것이 산업과 사회에 광범위하게 응용되는 단계에 이르게 되었다.

① (가) → (나) → (다) → (라)

② (가) → (나) → (라) → (다)

③ (나) → (가) → (다) → (라)

④ (나) → (가) → (라) → (다)

⑤ (라) → (다) → (나) → (가)

정답 ④

정답해설 (나)는 주어진 글의 핵심내용인 '첨단과학기술의 순기능과 역기능을 조직적으로 연구하고 평가하는 기능은 별로 필요하지 않았다'는 문제를 제기하였고, (가)는 (나)에서 제기한 문제가 그동안 문제로 제기되지 않은 이유를 설명하고 있다. 그러나 (라)에서 문제점이 제기된 이유에 대하여 이야기하고 있고, (다)는 (가), (나), (라)에서 제기된 문제의 해결책을 제시하고 있다. 따라서 의미맥락이 통할 수 있도록 논리적 순서에 맞게 나열한 것은 (나) → (가) → (라) → (다)이다.

Tip 문장의 배열순서는 내용과 더불어 접속사의 의미를 생각하며 글을 배열하여야 한다. 앞뒤 내용이 매끄럽게 이어지도록 하기 위해 반드시 필요한 접속사가 존재하므로, 이를 유념하여 학습하도록 한다.

Chapter 04

자료해석

자료해석에는 주어진 자료를 분석 · 파악하여 결론을 추론하는 문항, 규칙, 비율, 경우의 수 등의 수리 문항이 출제된다. 표현 방법에 따른 자료해석법을 익혀두어야 하고, 고등 수준의 수리 문항에 대한 계산법은 익혀두어야 한다.

1 자료해석

(1) 자료해석

주어진 자료의 내용을 분석하는 문항을 풀기 위해서는 주어진 자료에 맞는 해석법을 알고 있어야 한다. 주어진 자료의 올바른 해석법을 통해 내용을 파악하여 구하고자 하는 내용을 정확히 구하여야 한다.

대표유형

다음은 총 100명이 지원한 부사관 시험에서 지원자들의 시험점수와 면접점수의 상관관계를 조사하여 그 분포수를 표시한 것이다. 시험점수와 면접점수를 합친 총점이 180점 이상인 지원자 중 면접점수가 90점 이상인 사람을 합격자로 할 때, 합격자의 총 수를 고르시오.

(단위 : 명)

시험점수 \ 면접점수	60점	70점	80점	90점	100점
100점	1	5	4	6	1
90점	2	4	5	5	4
80점	1	3	8	7	5
70점	4	5	7	5	2
60점	2	3	6	3	2

① 19명 ② 21명 ③ 23명 ④ 25명

정답 ②

총점이 180점 이상인 지원자는 아래 표에서 색칠된 부분으로, 총 25명이다. 이 중에서 면접점수가 90점 이상인 지원자는 면접점수가 80점인 4명을 제외하고 21명이다.

시험점수 \ 면접점수	60점	70점	80점	90점	100점
100점	1	5	4	6	1
90점	2	4	5	5	4
80점	1	3	8	7	5

Tip 자료는 표, 그래프, 그림 등의 여러 가지 방법으로 제시될 수 있다. 따라서 익숙하지 않은 자료해석 방법이 있다면 반드시 파해법을 찾아놓아야 한다.

(2) 자료비교

주어진 자료를 비교하여 분석하는 문항을 풀기 위해서는 우선적으로 완벽한 자료해석이 필요하다. 통계적으로 분석한 자료를 비교하고, 분석하는 과정에서 실수를 하지 않도록 꼼꼼히 하여야 한다.

대표유형

다음은 A, B, C, D 4개 국가의 연도별 인구증가율과 상수접근율의 도시 · 농촌 간 비교를 나타낸 것이다. 이 자료에 관한 설명 중 옳지 <u>않은</u> 것을 고르시오.

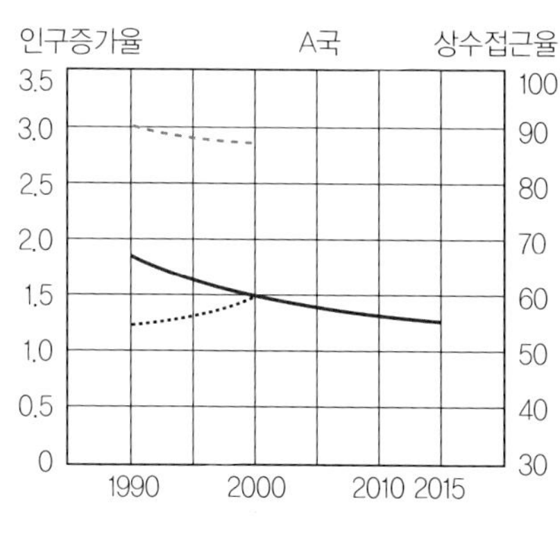

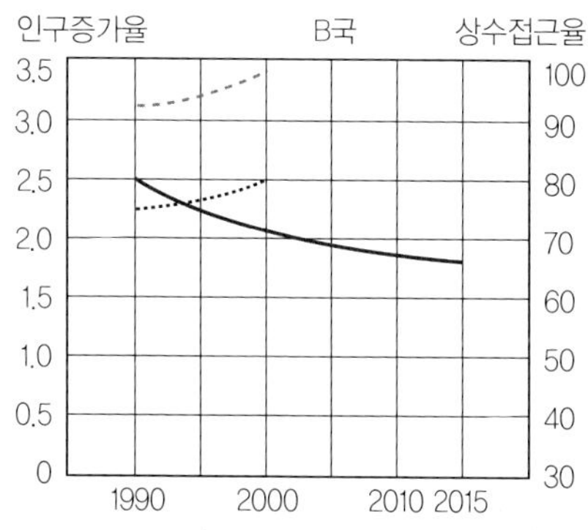

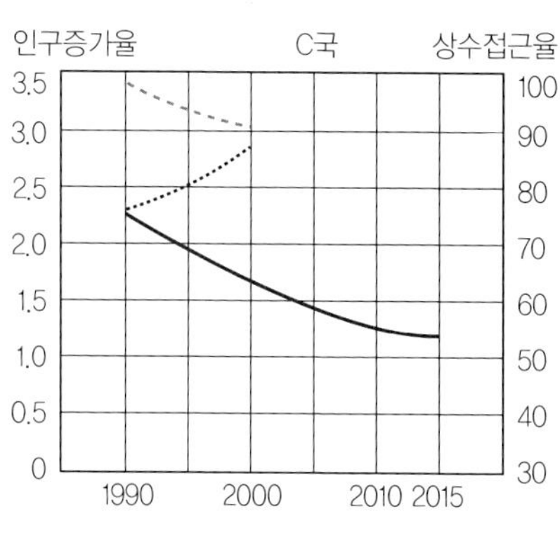

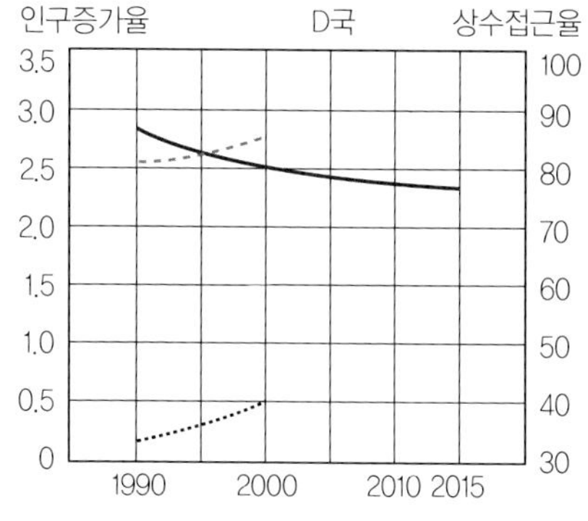

——— 인구증가율 -------- 도시 상수접근율 ··············· 농촌 상수접근율

※상수접근율 : 총 인구 중 안전한 상수공급원에 접근 가능한 인구 비율

① 4개 국가 모두 농촌의 상수접근율은 상승하고 있다.

② 인구증가율이 가장 높은 국가의 경우 농촌의 상수접근율은 가장 낮다.

③ 1999년의 인구증가율이 가장 낮은 국가의 경우 도시의 상수접근율은 상승하고 있다.

④ 2000년 기준으로 도시와 농촌 간 상수접근율의 차이가 가장 작은 국가는 C이고 가장 큰 국가는 D이다.

정답 ③

정답해설 1999년의 인구 증가율이 가장 낮은 국가는 A이고, A의 경우 도시의 상수접근율이 하락하고 있다.

Tip 자료의 해석을 완벽히 한다면, 자료비교는 자료해석에 비하여 단순한 작업이 된다.

2 응용수리

(1) 규칙

수의 나열에 있어 이후의 숫자를 추론하는 문항을 풀기 위해서는 수와 수 사이에 있는 규칙을 찾는 것이 가장 중요하다. 그 규칙은 사칙연산(+, −, ×, ÷)을 포함하며, 경우에 따라 여러 가지의 방법을 가지고 있으므로, 고정관념을 갖지 말고 여러 가지 방법으로 시도해봐야 한다.

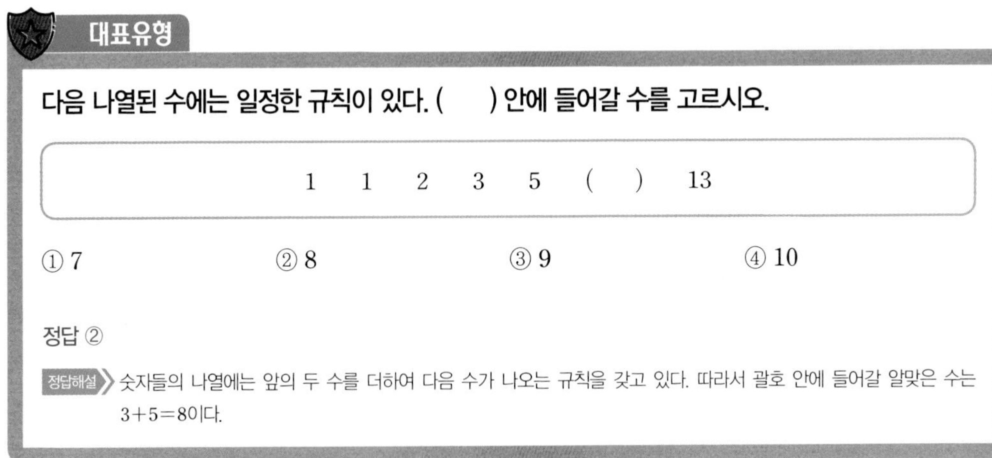

대표유형

다음 나열된 수에는 일정한 규칙이 있다. (　　) 안에 들어갈 수를 고르시오.

1　1　2　3　5　(　　)　13

① 7　② 8　③ 9　④ 10

정답 ②

정답해설 숫자들의 나열에는 앞의 두 수를 더하여 다음 수가 나오는 규칙을 갖고 있다. 따라서 괄호 안에 들어갈 알맞은 수는 3+5=8이다.

Tip 규칙을 찾는 것도 중요하지만, 찾은 규칙이 정확한 규칙인지 다시 한 번 검산할 수 있도록 한다.

(2) 방정식

방정식을 세워 구하고자 하는 값을 구하는 문항을 풀기 위해서는 구하고자 하는 값을 정확히 정하는 것이 가장 중요하다. 구하고자 하는 값이 문항에서 구하고자 하는 값일 수도 있지만 아닌 경우, 추가적으로 방정식을 세워야 하므로, 식을 세우는 연습을 꾸준히 해야 한다.

대표유형

1층에서 10층까지 운행하는 엘리베이터가 있다. 이 엘리베이터가 1층에서 5층까지 올라가는 데 걸리는 시간이 20초라고 한다면, 이 엘리베이터가 1층에서 8층까지 올라가는 데 걸리는 시간을 고르시오.(단, 매층 올라가는 데 걸리는 시간은 같고, 엘리베이터 탑승 · 하차 시간은 고려하지 않는다.)

① 28초 ② 32초 ③ 35초 ④ 36초

정답 ③

정답해설 엘리베이터가 한 층을 올라가는 데 걸리는 시간을 x라 하자.
1층에서 5층까지 올라가는 데 걸리는 시간이 20초이므로
$4x=20$, $x=5$
엘리베이터가 1층에서 8층까지 올라가는 데 걸리는 시간은 $7x$이므로
$\therefore 7x=35$(초)

Tip 최소한의 미지수를 통하여 여러 가지 식을 만들어 연립하여야 한다. 문항에서 주어진 조건은 반드시 숙지하도록 한다.

(3) 경우의 수

경로 또는 경우의 수를 구하는 문항을 풀기 위해서는 주어진 조건을 정확히 분석하는 것이 가장 중요하다. 다수의 조건인 경우 조건을 하나하나 분석하고, 각각의 조건이 서로 영향을 미치는지도 확인하여야 한다.

대표유형

A휴게소의 간식은 핫바, 핫도그, 소시지, 어묵이 있고, 음료는 커피, 아이스티, 핫초코가 있다. A휴게소에서 간식 1개, 음료 1개를 택하는 모든 경우의 수를 고르시오.

① 8 ② 10 ③ 12 ④ 14

정답 ③

정답해설 A휴게소에서 간식을 택하는 경우의 수는 4가지, 음료를 택하는 경우의 수는 3가지이다. 이는 동시에 일어나야 하는 일이므로, 4×3=12가지이다.

Tip 한 사건이 아닌 여러 사건이 일어남에 있어 동시에 일어나는지 아닌지에 따라 경우의 수가 달라짐을 유념하도록 한다.

(4) 도수분포표

도수분포표를 이용하여 해결해야 하는 문항을 풀기 위해서는 도수분포표에 나타난 값의 의미를 아는 것이 가장 중요하다. 도수분포표의 값의 의미와 계산법을 익혀 둔다면 단순한 계산문항으로 바뀌게 된다.

대표유형

다음은 A부대 병사들의 부대와 자택 간 거리를 나타낸 표이다. (가)에 들어갈 값을 고르시오.

거리(km)	상대도수	누적도수(명)
0 이상 ~ 10 미만	0.1	
10 이상 ~ 20 미만	0.2	30
20 이상 ~ 30 미만	0.3	45
30 이상 ~ 40 미만		(가)
40 이상 ~ 50 미만	0.1	
합계	1	

① 30 ② 35 ③ 40 ④ 45

정답 ④

정답해설 도수분포표의 상대도수를 보면, 모든 상대도수의 합은 1이므로 '30 이상 ~ 40 미만'의 상대도수는 0.3이다. 따라서 상대도수가 0.3인 '20 이상 ~ 30 미만'의 누적도수가 45(명)이므로, (가)에 들어갈 값 역시 45(명)이다.

Tip 도수분포표의 특징과 명칭을 반드시 숙지하고 있어야 한다.

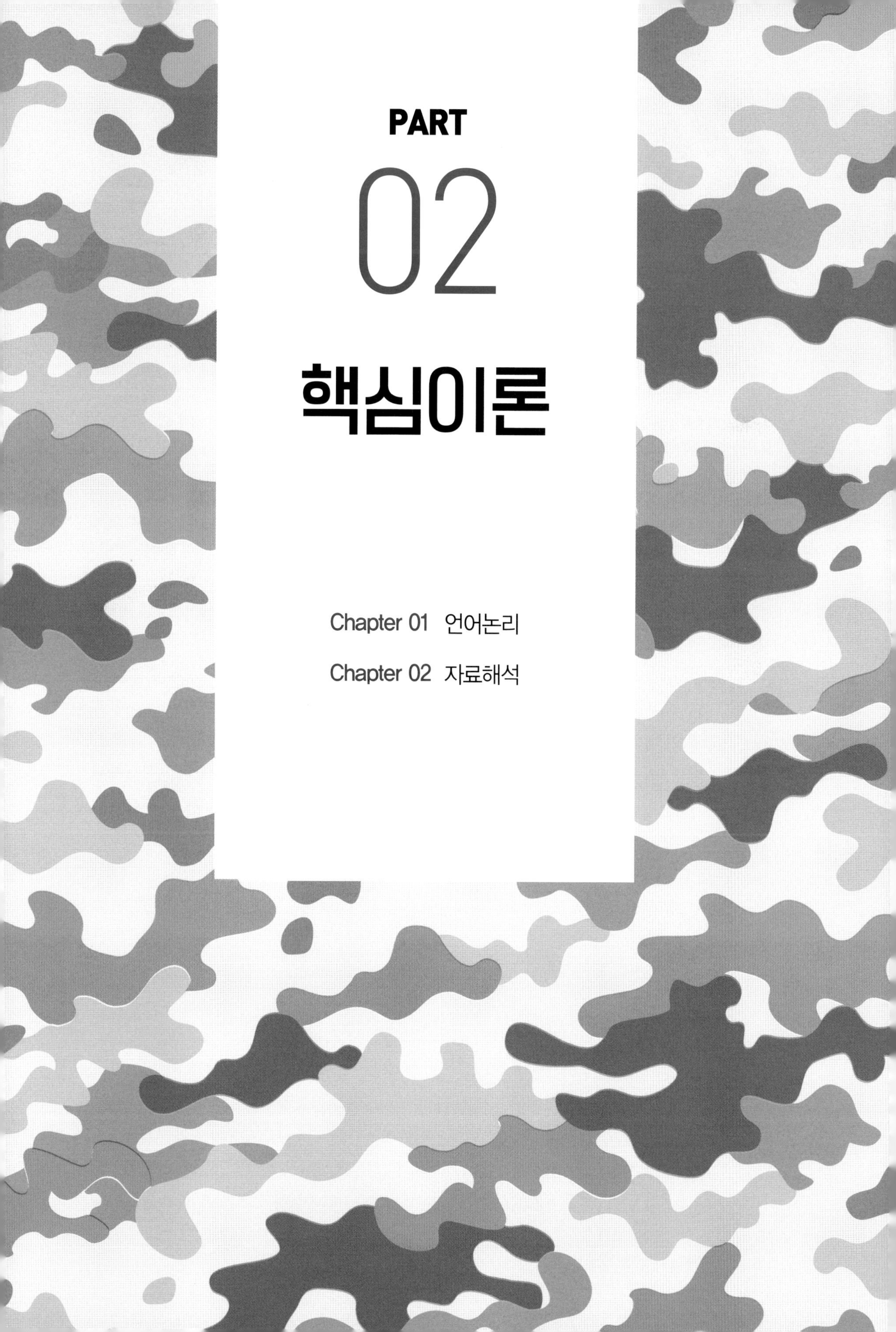

PART 02 핵심이론

Chapter 01

언어논리

지적능력 중 언어논리는 언어에 대한 이론뿐만 아니라 언어에 대한 지식과 상식에 대하여 상세한 학습이 필요하다. 어휘영역은 고유어, 한자어, 속담 등의 뜻과 쓰임에 관하여 학습하여야 하고, 단어의 문맥상의 의미를 파악하고, 어휘 간의 관계를 파악할 수 있도록 학습하여야 한다. 문법영역에서 가장 중점적으로 보아야 할 어문규정은 표준어규정과 표준발음법이다. 표준어규정과 표준발음법은 단순한 암기가 아닌 어문규정에 대한 폭넓은 이해가 필요하고, 높임법, 띄어쓰기와 같은 기본적인 어문규정 역시 숙지하고 있어야 한다.

1 어휘

(1) 어휘 간 의미 관계

① 계열 관계

㉠ 유의 관계와 동의 관계 : 형태가 다른 두 어휘들 간에 의미가 유사성을 띠고 상호 교체될 수 있는 경우를 말한다. 예를 들어 '낯'과 '얼굴'의 경우 '사람의 눈, 코, 입 등이 있는 얼굴의 앞면'을 의미한다는 점에서 의미가 유사하다. 그리고 '낯이 뜨겁다', '얼굴이 뜨겁다'와 같이 문맥상 교체가 가능한 것은 유의 관계로 볼 수 있지만, '낯이 없다', '얼굴이 없다'와 같이 문맥상 교체가 어려운 경우도 발생하는 경우는 유의 관계라고 할 수 없다. 한편 형태가 다른 두 어휘가 의미가 같으며 모든 문맥에서 교체가 가능한 경우에는 동의 관계에 있다고 한다.

- 높임 체계에 따른 유의 관계 : 밥/진지, 주다/드리다, 먹다/잡수시다
- 고유어와 한자어의 대립에 따른 유의 관계 : 생각/사고(思考), 슬픔/비애(悲哀), 사람/인간(人間), 말미/휴가(休暇)
- 고유어와 외래어의 대립에 따른 유의 관계 : 만남/미팅(meeting), 동아리/서클(circle), 집/아파트(apartment)
- 표준어와 방언에 따른 유의 관계 : 옥수수/강냉이, 고깃간/푸줏간

㉡ 반의 관계와 대립 관계 : 어떤 어휘들 간의 관계에서 한 가지 요소를 제외한 나머지 의미 요소가 동일할 때의 관계를 말한다. '처녀'와 '총각'이라는 어휘를 살펴보면 '사람', '미혼'이라는 공통점은 있지만, 오직 '여성', '남성'이라는 성의 요소만 차이가 나기 때문에 반의 관계에 해당한다. 대립 관계는 반의 관계와 혼동하기 쉽지만, '하늘'과 '땅'이라는 어휘를 살펴보면 공통된 의미요소가 없고 '위', '아래'라는 위치요소만 대립한다. 따라서 '하늘'과 '땅'은 반의 관계로 보기

힘들다.

예 '팽창'과 '수축'

- **팽창** : 1. 부풀어서 부피가 커짐 2. 수량이 본디의 상태보다 늘어나거나 범위, 세력 따위가 본디의 상태보다 커지거나 크게 발전함
- **수축** : 1. 근육 따위가 오그라듦 2. 부피나 규모가 줄어듦

예 '부상'과 '추락'

- **부상** : 1. 물 위로 떠오름 2. 어떤 현상이 관심의 대상이 되거나 어떤 사람이 훨씬 좋은 위치로 올라섬
- **추락** : 1. 높은 곳에서 떨어짐 2. 위신이나 가치 따위가 떨어짐 3. 할아버지나 아버지의 공덕에 미치지 못하고 떨어짐

예 '증가'와 '감소'

- **증가** : 양이나 수치가 늚
- **감소** : 양이나 수치가 줆 또는 양이나 수치를 줄임

ⓒ **상하 관계** : 한쪽이 의미상 다른 쪽을 포함하거나 다른 쪽에 포함되는 의미 관계를 상하 관계라고 한다. 이때 포함하는 단어를 상의어, 포함되는 단어를 하의어라 한다. 흔히 상하 관계는 생물학적 분류기준인 종(種)이 유지되는 단어들 사이에서 나타난다.

예 새 : 참새, 갈매기, 꿩, 까마귀, 독수리, …, 매(송골매, 보라매 …)

ⓔ **부분-전체 관계** : 한 단어가 다른 단어의 부분이 되는 관계가 부분 관계, 전체 부분 관계라고 한다. 부분 관계에서 부분을 가리키는 단어를 부분어, 전체를 가리키는 단어를 전체어라고 한다. 예를 들면, '머리, 팔, 몸통, 다리'는 '몸'의 부분어이며, 이러한 부분어들에 의해 이루어진 '몸'은 전체어이다.

② **복합 관계**

㉠ **다의 관계** : 어떤 어휘에 대응하는 의미가 여러 개일 경우를 말한다. 다의 관계에 있는 어휘들은 중심 의미를 바탕으로 주변 의미로 확장되거나 비유에 의해 의미가 확장되기도 한다.

- '길'의 경우 중심 의미는 '사람이나 동물 또는 자동차 따위가 다닐 수 있는 공간'이지만, '시간의 흐름에 따른 개인의 삶이나 사회 · 역사적 발전이 전개되는 과정' 등 주변적 의미나 비유적 의미로 확장되어 다의 관계를 형성하기도 한다.

  예 출근길이 막혀서 회사에 늦을 뻔했다. → 중심 의미로 사용되었다.
  내가 살아갈 길은 희망으로 가득 차 있다. → 주변 의미로 사용되었다.
  그 양반이 어제 저승길로 갔다. → 비유적인 의미로 사용되었다.

- '같다'의 중심 의미는 '서로 다르지 않고 같다'이지만, '기준에 합당한'과 같은 주변적 의미로 쓰여 다의 관계를 형성하기도 한다.

예 그는 나와 같은 학교를 졸업하였다. → 중심 의미로 사용되었다.
우리 언니 같은 사람은 세상에 또 없을 거야. → 주변 의미로 사용되었다.
나 같으면 이를 악물고 더 열심히 할 거야. → 주변 의미로 사용되었다.

㉡ **동음이의 관계** : 서로 다른 의미를 가진 어휘가 시간의 흐름에 따라 발음이 변하여 우연히 형태가 같아진 경우가 있다. '배'의 경우 '과일의 한 종류'나 '사람의 가슴 아래 부분', '바다에서 사람이나 화물을 수송하는 교통수단' 모두 같은 형태를 지니고 있으나, 의미상의 연관성이 없어 중심 의미에서 주변 의미로 확장된 경우로 볼 수 없는 경우에는 다의 관계와 구분하여 '동음이의 관계'에 있다고 하며 사전에서도 서로 다른 어휘로 취급한다.

(2) 고유어

① **의미** : 고유어란 우리말에 본디부터 있던 낱말이나 그것을 바탕으로 하여 새로 만들어진 낱말을 뜻하며, 다른 말로 토박이말 또는 순우리말이라고 한다.

② **종류**

㉠ **사람의 신체와 관련된 어휘**

- **가는 귀** : 작은 소리까지 듣는 귀 또는 그런 귀의 능력
- **명치** : 사람의 복장뼈 아래 한가운데의 오목하게 들어간 곳. 급소의 하나이다.
- **몽구리** : 바싹 깎은 머리
- **허우대** : 겉으로 드러난 체격. 주로 크거나 보기 좋은 체격을 이른다.
- **허울** : 실속이 없는 겉모양

㉡ **사람의 행위와 관련된 어휘**

- **가탈** : 1. 일이 순조롭게 나아가는 것을 방해하는 조건 2. 이리저리 트집을 잡아 까다롭게 구는 일
- **너스레** : 수다스럽게 떠벌려 늘어놓는 말이나 짓
- **넉장거리** : 네 활개를 벌리고 뒤로 벌렁 나자빠짐
- **옴니암니** : 1. 다 같은 이인데 자질구레하게 어금니 앞니 따진다는 뜻으로, 아주 자질구레한 것을 이르는 말 2. 자질구레한 일에 대하여까지 좀스럽게 셈하거나 따지는 모양 ≒ 암니옴니
- **허드렛일** : 중요하지 아니하고 허름한 일

㉢ **사람의 성품 · 관계 · 직업 등과 관련된 어휘**

- **가납사니** : 1. 쓸데없는 말을 지껄이기 좋아하는 수다스러운 사람 2. 말다툼을 잘하는 사람
- **가시버시** : '부부'를 낮잡아 이르는 말
- **괄괄스럽다** : 보기에 성질이 세고 급한 데가 있다.
- **마파람** : 뱃사람들의 은어로, '남풍'을 이르는 말

- 만무방 : 1. 염치가 없이 막된 사람 2. 아무렇게나 생긴 사람
- 맵짜다 : 1. 음식의 맛이 맵고 짜다. 2. 바람 따위가 매섭게 사납다. 3. 성미가 사납고 독하다. 4. 성질 따위가 야무지고 옹골차다.
- 맵차다 : 1. 맵고 차다. 2. 옹골차고 야무지다.
- 어험스럽다 : 1. 짐짓 위엄이 있어 보이는 듯하다. 2. 굴이나 구멍 따위가 텅 비고 우중충한 데가 있다.
- 찬찬스럽다 : 보기에 성질, 솜씨, 행동 따위가 꼼꼼하고 자상한 데가 있다.

㉣ 자연현상이나 자연물과 관련된 어휘

- 고도리 : 1. 고등어의 새끼 2. '고등어'의 옛말
- 늦사리 : 제철보다 늦게 농작물을 수확하는 일 또는 그런 작물
- 하릅강아지 : 나이가 한 살 된 강아지
- 해거름 : 해가 서쪽으로 넘어가는 일 또는 그런 때
- 해넘이 : 해가 막 넘어가는 때 또는 그런 현상

㉤ 상황 또는 상태, 외양과 관련된 어휘

- 가년스럽다 : 보기에 가난하고 어려운 데가 있다.
- 남우세스럽다 : 남에게 놀림과 비웃음을 받을 듯하다.
- 녹녹하다 : 1. 촉촉한 기운이 약간 있다. 2. 물기나 기름기가 있어 딱딱하지 않고 좀 무르며 보드랍다.
- 옴팡지다 : 1. 보기에 가운데가 좀 오목하게 쏙 들어가 있다. 2. 아주 심하거나 지독한 데가 있다.
- 잗다랗다 : 1. 꽤 잘다. 2. 아주 자질구레하다. 3. 볼만한 가치가 없을 정도로 하찮다.

㉥ 음성 상징어

- 감실감실 : 사람이나 물체, 빛 따위가 먼 곳에서 자꾸 아렴풋이 움직이는 모양
- 곰실곰실 : 작은 벌레 따위가 한데 어우러져 조금씩 자꾸 굼뜨게 움직이는 모양
- 데면데면 : 1. 사람을 대하는 태도가 친밀감이 없이 예사로운 모양 2. 성질이 꼼꼼하지 않아 행동이 신중하거나 조심스럽지 않은 모양
- 미적미적 : 1. 무거운 것을 조금씩 앞으로 자꾸 내미는 모양 2. 해야 할 일이나 날짜 따위를 미루어 자꾸 시간을 끄는 모양 = 미루적미루적 3. 자꾸 꾸물대거나 망설이는 모양
- 아등바등 : 무엇을 이루려고 애를 쓰거나 우겨대는 모양

㉦ 숫자를 나타내는 어휘

- 강다리 : 쪼갠 장작을 묶어 세는 단위. 한 강다리는 쪼갠 장작 백 개비를 이른다.
- 거리 : 오이나 가지 따위를 묶어 세는 단위(한 거리는 오이나 가지 오십 개)

- **모숨** : 길고 가느다란 물건의, 한 줌 안에 들어올 만한 분량을 세는 단위
- **뭇** : 1. 짚, 장작, 채소 따위의 작은 묶음을 세는 단위 2. 볏단을 세는 단위 3. 생선을 묶어 세는 단위(한 뭇은 생선 열 마리) 4. 미역을 묶어 세는 단위(한 뭇은 미역 열 장)
- **벌** : 옷, 그릇 따위가 두 개 또는 여러 개 모여 갖추는 덩어리를 세는 단위
- **줌** : 주먹으로 쥘 만한 분량
- **타래** : 사리어 뭉쳐 놓은 실이나 노끈 따위의 뭉치를 세는 단위
- **토리** : 실몽당이를 세는 단위

- **갈무리** : 1. 물건 따위를 잘 정리하거나 간수함 2. 일을 처리하여 마무리함
- **거위영장** : 여위고 키가 크며 목이 긴 사람을 놀림조로 이르는 말
- **곰살맞다** : 몹시 부드럽고 친절하다.
- **공변되다** : 행동이나 일 처리가 사사롭거나 한쪽으로 치우치지 않고 공평하다.
- **곡두** : 눈앞에 없는 것이 있는 것처럼 보이는 것 = 환영(幻影)
- **대갈마치** : 온갖 어려운 일을 겪어서 아주 야무진 사람을 비유적 이르는 말
- **뒷배** : 겉으로 나서지 않고 뒤에서 보살펴 주는 일
- **마수걸이** : 1. 맨 처음으로 물건을 파는 일 또는 거기서 얻은 소득 2. 맨 처음으로 부딪는 일
- **섬** : 부피의 단위. 곡식, 가루, 액체 따위의 부피를 잴 때 쓴다(한 섬은 한 말의 열 배).
- **손** : 한 손에 잡을 만한 분량을 세는 단위. 조기, 고등어, 배추 따위 한 손은 큰 것 하나와 작은 것 하나를 합한 것을 이르고, 미나리나 파 따위 한 손은 한 줌 분량을 이른다.
- **쌈** : 1. 바늘을 묶어 세는 단위(한 쌈은 바늘 스물네 개) 2. 옷감, 피혁 따위를 알맞은 분량으로 싸 놓은 덩이를 세는 단위. 3. 금의 무게를 나타내는 단위(한 쌈은 금 백 냥쭝)
- **암상스럽다** : 보기에 남을 시기하고 샘을 잘 내는 데가 있다.
- **어둑서니** : 어두운 밤에 아무것도 없는데, 있는 것처럼 잘못 보이는 것
- **오금** : 무릎의 구부러지는 오목한 안쪽 부분
- **옹글다** : 1. 물건 따위가 조각나거나 손상되지 아니하고 본디대로 있다. 2. 조금도 축가거나 모자라지 아니하다. 3. 매우 실속 있고 다부지다.
- **씨엉씨엉** : 걸음걸이나 행동 따위가 기운차고 활기 있는 모양
- **잰걸음** : 보폭이 짧고 빠른 걸음
- **찹찹하다** : 1. 포개어 쌓은 물건이 엉성하지 아니하고 차곡차곡 가지런하게 가라앉아 있다. 2. 마음이 들뜨지 아니하고 차분하다.
- **톳** : 김을 묶어 세는 단위. 한 톳은 김 100장을 이른다.
- **한동자** : 끼니를 마친 후 새로 밥을 짓는 일

(3) 관용구 · 속담

① **의미** : 관용구란 두 개 이상의 단어로 이루어져 있으면서 그 단어들의 의미만으로는 전체의 의미를 알 수 없는, 특수한 의미를 나타내는 어구를 말하고, 속담이란 예로부터 전해지는 조상들의 지혜가 담긴 표현으로, 교훈이나 풍자를 하기 위해 어떤 사실을 비유의 방법으로 서술하는 간결한 관용어구를 말한다.

② **종류**

㉠ **신체와 관련 있는 관용구**

- **가슴이 콩알만 하다(해지다)** : 불안하고 초조하여 마음을 펴지 못하고 있다.
- **간도 쓸개도 없다** : 용기나 줏대 없이 남에게 굽히다.
- **눈에 어리다** : 어떤 모습이 잊혀지지 않고 머릿속에 뚜렷하게 떠오르다.
- **배알이 꼴리다(뒤틀리다)** : 비위에 거슬려 아니꼽게 생각된다.

㉡ **사물 · 자연물과 관련 있는 관용구**

- **강 건너 불구경** : 자기에게 관계없는 일이라고 하여 무관심하게 방관하는 모양
- **바가지를 쓰다** : 1. 요금이나 물건값을 실제 가격보다 비싸게 지불하여 억울한 손해를 보다. 2. 어떤 일에 대한 부당한 책임을 억울하게 지게 되다.
- **바람을 일으키다** : 1. 사회적으로 많은 사람에게 영향을 미치다. 2. 사회적 문제를 만들거나 소란을 일으키다.
- **산통을 깨다** : 다 잘되어 가던 일을 이루지 못하게 뒤틀다.
- **하늘이 노래지다** : 갑자기 기력이 다하거나 큰 충격을 받아 정신이 아찔하게 되다.

㉢ **속담**

- **가난 구제는 나라님(임금)도 못한다** : 남의 가난한 살림을 도와주기란 끝이 없는 일이어서, 개인은 물론 나라의 힘으로도 구제하지 못한다는 말
- **가는 말에 채찍질** : 1. 열심히 하는데도 더 빨리 하라고 독촉함을 비유적으로 이르는 말 2. 형편이나 힘이 한창 좋을 때라도 더욱 힘써야 함을 비유적으로 이르는 말
- **뚝배기보다 장맛이 좋다** : 겉모양은 보잘것없으나 내용은 훨씬 훌륭함을 이르는 말
- **마른나무를 태우면 생나무도 탄다** : 안 되는 일도 대세를 타면 잘될 수 있음을 비유적으로 이르는 말
- **비단옷 입고 밤길 가기** : 비단옷을 입고 밤길을 걸으면 아무도 알아주지 않는다는 뜻으로, 생색이 나지 않는 공연한 일에 애쓰고도 보람이 없는 경우를 비유적으로 이르는 말
- **산 까마귀 염불한다** : 산에 있는 까마귀가 산에 있는 절에서 염불하는 것을 하도 많이 보고 들어서 염불하는 흉내를 낸다는 뜻으로, 무엇을 전혀 모르던 사람도 오랫동안 보고 듣노라면 제법 따라 할 수 있게 됨을 비유적으로 이르는 말

• **치마가 열두 폭인가** : 남의 일에 쓸데없이 간섭하고 참견함을 비꼬는 말

• **코 막고 답답하다(숨막힌다)고 한다** : 제힘으로 쉽게 할 수 있는 일을 어렵게 생각하여 다른 곳에서 해결책을 찾으려 함을 비유적으로 이르는 말

• **혀 아래 도끼 들었다** : 말을 잘못하면 재앙을 받게 되니 말조심을 하라는 말

핵심빈출 • 꼭 알아두어야 할 20선

• **가슴을 저미다** : 생각이나 느낌이 매우 심각하고 간절하여 가슴을 칼로 베는 듯한 아픔을 느끼게 하다.

• **경종을 울리다** : 잘못이나 위험을 미리 경계하여 주의를 환기시키다.

• **경주 돌이면 다 옥석인가** : 1. 좋은 일 가운데 궂은일도 섞여 있다는 말 2. 사물을 평가할 때, 그것이 나는 곳이나 그 이름만을 가지고서 판단할 수 없다는 말

• **곶감 꼬치에서 곶감 빼(뽑아) 먹듯** : 애써 알뜰히 모아 둔 재산을 조금씩 조금씩 헐어 써 없앰을 비유적으로 이르는 말

• **귀를 씻다** : 세속의 더러운 이야기를 들은 귀를 씻는다는 뜻으로, 세상의 명리를 떠나 깨끗하게 삶을 비유적으로 이르는 말

• **눈에 불을 켜다** : 1. 몹시 욕심을 내거나 관심을 기울이다. 2. 화가 나서 눈을 부릅뜨다.

• **도끼가 제 자루 못 찍는다** : 자기의 허물을 자기가 알아서 고치기 어려움을 비유적으로 이르는 말

• **돌을 던지다** : 1. 남의 잘못을 비난하다. 2. 바둑을 두는 도중에 자기가 졌음을 인정하고 그만두다.

• **땅이 꺼지도록(꺼지게)** : 한숨을 쉴 때 몹시 깊고도 크게.

• **마파람에 게 눈 감추듯** : 음식을 매우 빨리 먹어 버리는 모습을 비유적으로 이르는 말 ㊒ 남양 원님 굴회 마시듯, 두꺼비 파리 잡아먹듯

• **물 위의 기름** : 서로 어울리지 못하여 겉도는 사이

• **불꽃이 튀다** : 1. 겨루는 모양이 치열하다. 2. 격한 감정이 눈에 내비치다.

• **붓을 꺾다(던지다)** : 1. 문필 활동을 그만두다. 2. 글을 쓰는 문필 활동에 관한 희망을 버리고 다른 일을 하다.

• **얼음에 박 밀듯** : 말이나 글을 거침없이 줄줄 내리읽거나 내리외는 모양을 비유적으로 이르는 말

• **오뉴월 감주 맛 변하듯** : 매우 빨리 변하여 못 쓰게 됨을 비유적으로 이르는 말

• **코빼기도 내밀지(나타나지) 않다** : 도무지 모습을 나타내지 아니함을 낮잡아 이르는 말

• **피가 거꾸로 솟다(돌다)** : 피가 머리로 모인다는 뜻으로, 매우 흥분한 상태를 비유적으로 이르는 말

- 파방에 수수엿 장수 : 기회를 놓쳐서 이제는 별 볼 일 없게 된 사람이나 그런 경우를 비유적으로 이르는 말
- 하루가 여삼추(라) : 하루가 삼 년과 같다는 뜻으로, 짧은 시간이 매우 길게 느껴짐을 비유적으로 이르는 말
- 허리가 휘다(휘어지다) : 감당하기 어려운 일을 하느라 힘이 부치다.

(4) 한자어 · 한자성어

① 의미 : 한자어란 한국어 속에 쓰이는 한자 어휘를 말하며, 우리 일상에 자주 그리고 많이 사용된다. 한자성어란 관용적인 뜻으로 굳어 쓰이는 한자로 된 말로, 주로 유래가 있거나 교훈을 담고 있다.

② 종류

㉠ 한자 유의어

가공(架空) = 허구(虛構) 가권(家眷) = 권솔(眷率) 가련(可憐) = 측은(惻隱)
구속(拘束) = 속박(束縛) 구축(驅逐) = 구출(驅出) 구획(區劃) = 경계(境界)
귀감(龜鑑) = 모범(模範) 귀향(歸鄕) = 귀성(歸省) 기대(企待) = 촉망(囑望)
압박(壓迫) = 위압(威壓) 연혁(沿革) = 변천(變遷) 영원(永遠) = 영구(永久)
횡사(橫死) = 비명(非命) 후락(朽落) = 퇴락(頹落) 힐난(詰難) = 지탄(指彈)

㉡ 한자 반의어

가결(可決) ↔ 부결(否決) 간헐(間歇) ↔ 지속(持續) 감퇴(減退) ↔ 증진(增進)
고답(高踏) ↔ 세속(世俗) 고아(高雅) ↔ 비속(卑俗) 공명(共鳴) ↔ 반박(反駁)
공용(共用) ↔ 전용(專用) 동요(動搖) ↔ 안정(安定) 질서(秩序) ↔ 혼돈(混沌)
참신(斬新) ↔ 진부(陳腐) 치졸(稚拙) ↔ 세련(洗練) 편파(偏頗) ↔ 공평(公平)
폐지(廢止) ↔ 존속(存續) 할인(割引) ↔ 할증(割增) 호전(好轉) ↔ 악화(惡化)

㉢ 효에 관한 한자성어

- 望雲之情(망운지정) : '멀리 구름을 바라보며 어버이를 생각한다'라는 뜻으로, 자식이 객지에서 고향에 계신 어버이를 생각하는 마음 ㊐ 望雲之懷(망운지회)
- 反哺之孝(반포지효) : 자식이 자란 후에 어버이의 은혜를 갚는 효성을 이르는 말
- 出必告反必面(출필고반필면) : 나갈 때는 반드시 가는 곳을 아뢰고, 되돌아와서는 반드시 얼굴을 보여 드림을 이르는 말 ㊐ 出告反面(출고반면)
- 風樹之歎(풍수지탄) : 효도하고자 할 때에 이미 부모는 돌아가셔서, 효행을 다하지 못하는 슬픔을 이르는 말
- 昊天罔極(호천망극) : 어버이의 은혜가 넓고 큰 하늘과 같이 다함이 없음을 이르는 말

㉣ 우정에 관한 한자성어

- 肝膽相照(간담상조) : '간과 쓸개를 내놓고 서로에게 보인다'라는 뜻으로, 서로 마음을 터놓고 친하게 사귐을 이르는 말
- 管鮑之交(관포지교) : 관중과 포숙의 사귐이란 뜻으로, 우정이 아주 돈독한 친구 관계를 이르는 말
- 莫逆之友(막역지우) : 허물이 없이 아주 친한 친구를 이르는 말 ㊞ 莫逆之間(막역지간)
- 刎頸之交(문경지교) : 죽고 살기를 같이 할 수 있는 아주 가까운 사이나 친구를 이르는 말
- 朋友有信(붕우유신) : 친구 사이의 도리는 믿음에 있음을 뜻하는 말로 오륜(五倫)의 하나
- 水魚之交(수어지교) : '물과 고기의 관계'처럼 아주 친밀하여 떨어질 수 없는 사이를 이르는 말
- 知音知己(지음지기) : 소리를 듣고 나를 인정해 주는 친구를 이르는 말

㉤ 학문에 관한 한자성어

- 曲學阿世(곡학아세) : 바른 길에서 벗어난 학문으로 세상 사람에게 아첨함
- 教學相長(교학상장) : 가르치는 사람과 배우는 사람이 서로의 학업을 증진시킨다는 뜻
- 發憤忘食(발분망식) : 일을 이루려고 끼니조차 잊고 분발하여 노력함을 이르는 말
- 走馬加鞭(주마가편) : '달리는 말에 채찍을 더한다'라는 뜻으로, 잘하는 사람을 더욱 장려함

㉥ 부부에 관한 한자성어

- 琴瑟之樂(금슬지락) : 거문고와 비파의 조화로운 소리라는 뜻으로, 부부 사이의 다정하고 화목함을 이르는 말
- 夫唱婦隨(부창부수) : 남편이 주장하면 부인이 이에 잘 따른다는 뜻으로, 부부 화합의 도리를 이르는 말
- 賢婦令夫貴和六親(현부영부귀화육친) : 현명한 부인은 남편을 귀하게 하고 또한 일가친척을 화목하게 함을 이르는 말

- 가렴주구(苛斂誅求) : 세금을 가혹하게 거두거나 백성의 재물을 무리하게 빼앗음을 이르는 말
- 교각살우(矯角殺牛) : '소의 뿔을 잡으려다가 소를 죽인다'라는 뜻으로 잘못된 점을 고치려다가 수단이 지나쳐 오히려 일을 그르침을 이르는 말
- 낭중지추(囊中之錐) : '주머니 속에 있는 송곳'이란 뜻으로, 재능이 뛰어난 사람은 숨어 있어도 저절로 사람들에게 알려짐을 이르는 말
- 당랑거철(螳螂拒轍) : 자기 힘은 헤아리지 않고 강자에게 함부로 덤빔을 비유적으로 이르는 말
- 망양보뢰(亡羊補牢) : '양을 잃고 우리를 고친다'라는 뜻으로, 이미 어떤 일을 실패한 뒤에 뉘우쳐도 아무 소용이 없음을 이르는 말
- 면종복배(面從腹背) : 겉으로는 복종하는 체하면서 속으로는 배반함을 이르는 말

- 불치하문(不恥下問) : 손아랫사람이나 지위나 학식이 자기만 못한 사람에게 모르는 것을 묻는 일을 부끄러워하지 아니함
- 빙탄지간(氷炭之間) : '얼음과 숯 사이'란 뜻으로, 둘이 서로 어긋나 맞지 않는 사이나 서로 화합할 수 없는 사이를 말함
- 수주대토(守株待兎) : '그루터기를 지켜 토끼를 기다린다'라는 뜻으로, 달리 변통할 줄 모르고 한 가지 일에만 얽매여 발전을 모르는 어리석은 사람을 비유적으로 이르는 말
- 염량세태(炎凉世態) : 권세가 있을 때는 아부하고, 몰락하면 푸대접하는 세상인심을 비유적으로 이르는 말
- 우공이산(愚公移山) : '우공이 산을 옮긴다'는 말로 남이 보기엔 어리석은 일처럼 보이지만 어떤 일이라도 끊임없이 노력하면 반드시 이루어짐을 이르는 말
- 인면수심(人面獸心) : '사람의 얼굴을 하고 있으나 마음은 짐승과 같다'라는 뜻으로, 마음이나 행동이 몹시 흉악함을 이르는 말
- 전인미답(前人未踏) : 이제까지 아무도 발을 들여 놓거나 손을 댄 일이 없음을 이르는 말
- 지어지앙(池魚之殃) : '연못에 사는 물고기의 재앙'이라는 뜻으로, 아무런 상관도 없는데 화를 당하는 경우를 이름
- 창해일속(滄海一粟) : 넓고 큰 바닷속의 좁쌀 한 알이라는 뜻으로, 아주 많거나 넓은 것 가운데 있는 매우 하찮고 작은 것을 이르는 말
- 천의무봉(天衣無縫) : '선녀의 옷에는 바느질한 자리가 없다'라는 뜻으로, 1. 성격이나 언동 등이 매우 자연스러워 조금도 꾸민 데가 없음 2. 시나 문장이 기교를 부린 흔적(痕跡)이 없어 극히 자연스러움을 이르는 말
- 초미지급(焦眉之急) : '눈썹이 타게 될 만큼 위급한 상태'란 뜻으로, 그대로 방치할 수 없는 매우 다급한 일이나 경우를 이르는 말
- 필부지용(匹夫之勇) : 좁은 소견을 가지고 어떤 계획이나 방법도 없이 혈기만을 믿고 마구 날뛰는 행동을 뜻함
- 후생가외(後生可畏) : 젊은 후학들을 두려워할 만하다는 뜻으로, 후진들이 선배들보다 젊고 기력이 좋아, 학문을 닦음에 따라 큰 인물이 될 수 있으므로 가히 두렵다는 말
- 흥진비래(興盡悲來) : 즐거운 일이 다하면 슬픈 일이 닥쳐온다는 뜻으로, 세상일은 순환되는 것임을 이르는 말

2 문법

(1) 한글 맞춤법

① 한글 맞춤법의 의미

한국어를 한국 언어사회의 규범이 되도록 어법에 맞게 표기하는 방법을 뜻한다.

② 한글 맞춤법의 역사와 특징

'한글 맞춤법'은 일제 강점기를 거치면서 일정한 규범 없이 사용되어 오던 우리말의 표기를 보다 체계적으로 규범화함으로써 우리말을 지키고 발전시키고자 한 노력의 결실이다. 초기의 맞춤법은 1930년 '한글 학회'의 전신인 '조선어 학회'에서 결의되어 1933년 확정되었고, 같은 해 10월 29일에 공포되었다. 이후 '한글 맞춤법'은 여러 차례의 개정을 거쳐 지금에 이르게 되었다. 현재의 맞춤법은 1987년 4월 〈한글맞춤법 개정안〉이 마련되고 심의를 거쳐 1989년 3월 1일부터 시행된 것이다.

(2) 표준어 규정

① 표준어 규정의 이해

'표준어 규정'은 표준어 사정의 원칙과 표준발음법을 체계화한 규정이다. 1936년 조선어 학회에서 사전하여 공표한 〈조선어 표준말 모음〉을 크게 보완하고 합리화하여 1988년 1월에 문교부가 고시하였다.

② 표준어의 기능

㉠ 통일의 기능 : 모든 국민의 언어 생활을 통일하여 누구와도 의사소통이 잘 되도록 하는 역할을 한다.

㉡ 준거의 기능 : 어문 규정 역시 교육 및 행정 등의 분야에서 준수되어야 할 규정이다. 표준어는 이를 지키게 함으로써 준법정신을 길러 주는 역할을 한다.

㉢ 교양 형성의 기능 : 공적인 의사소통을 하는 데 필요한 기본적 토대를 제공한다.

(3) 표준 발음법

① 표준 발음법의 의미

어떤 언어에 대한 발음상의 규칙과 규범을 뜻한다.

② 표준 발음법의 이해

'표준 발음법'은 1933년 '한글 맞춤법'이 공포된 뒤 55년이 지나고 나서야 고시되었다. 그만큼 발음의 표준에는 소홀했던 것이다. 하지만 우리가 글을 쓸 때, '한글 맞춤법'에 맞는 표준어를 써야 하는 것과 같이 말을 할 때 역시 표준어를 '표준 발음법'에 맞게 발음해야 한다.

(4) 외래어 표기법

① 외래어 표기법의 정의

현행 외래어 표기법은 1986년 1월 고시하여 1986년 3월부터 시행되고 있는 규정이다. 외래어를 우리말로 표기하는 방법을 규정한 것으로 한국인을 대상으로 한다. 따라서 외래어 표기는 무조건 외래어의 원음에 가깝게 적는 것보다 우리말의 언어실정에 맞도록 적는 것이 바람직하다. 또한 외래어는 우리말이 아니기 때문에 말하는 사람에 따라 다르게 쓰일 수 있으므로 일관된 표기 원칙을 규정하여 언어생활의 효율성을 꾀하려는 것이 외래어 표기법의 목적이다.

② 외래어 표기법의 주요 규정

외래어 표기법은 제1장 표기의 원칙과 제2장 표기 일람표, 제3장 표기세칙, 제4장 인명, 지명 표기의 원칙 등으로 구성되어 있다. 제1장의 표기의 원칙과 제3장의 표기세칙은 반드시 알아 두어야 할 규정이다.

(5) 비문

① 정확하지 못한 표현

㉠ 주어와 서술어의 쓰임이 잘못된 경우

- 주어를 빠뜨린 경우

예 새로 생긴 식당에 갔는데 초등학교 동창이었다. → '식당 주인이'를 빠뜨렸다.

- 주어와 서술어의 호응이 제대로 이루어지지 않은 경우

예 우리가 이 전쟁에서 패한 이유는 상대방을 너무 얕잡아 보았다. → '이유'는 '때문이다'와 호응하므로 '보았기 때문이다'로 고쳐야 한다.

- 문장 안에서 주어가 바뀌는 경우

예 그는 그녀에게 조금 더 걷자고 말했지만, 고개를 저었다. → 걷자고 요청한 사람은 '그'이고, 요청 대상은 '그녀'이다. 따라서 고개를 저은 사람은 그녀이므로 '고개를'의 앞에 '그녀는'을 넣어야 한다.

㉡ 구조어의 호응 관계가 어색한 경우

예 그는 행동력이 있을 뿐만 아니라 꼼꼼할 뿐이다. → '뿐만 아니라'라는 부분이 제시되었으므로 '꼼꼼할 뿐이다'가 아닌 '꼼꼼하기까지 하다'가 와야 한다.

㉢ 높임법의 호응이 이루어지지 않은 경우

예 아버지께서 방에 들어갔다. → '들어갔다'를 '들어가셨다'로 고쳐야 한다.

㉣ 시제의 호응이 이루어지지 않은 경우

예 작년에는 때맞춰 내린 눈 덕분에 화이트 크리스마스를 맞이한다. → 시제가 작년, 즉 과거이므로 '맞이한다'가 아니라 '맞이했다'로 고쳐야 한다.

② 문장 접속이 어색한 표현

㉠ 접속한 두 문장의 구조가 문법적으로 대등하지 않은 경우

예 세계는 받아들이는 사람만의 독특한 인식 세계를 구축하지만, 그 구축은 홀로 이루어지는 것이 아니라 삶을 공유하고 교류하는 사람들 사이에서 상호 공통적인 요소를 확인하면서 하나의 세계관을 형성한다. → 앞에서 인식 체계의 구축에 대해 언급하면서 '이루어지는 것이 아니라'라고 하였으므로 '공통적인 요소를 확인하면서 하나의 세계관을 형성한다'를 '공통적인 요소를 확인하면서 이루어지고, 그것으로 하나의 세계관이 형성된다'로 고치는 것이 바람직하다.

㉡ 공통적으로 들어가는 요소 이외의 것을 생략한 경우

예 제2차 세계 대전에서 미군은 많은 일본군을 생포하였는데, 스스로를 명예를 잃은 자라고 여기며 일본인으로서의 생명이 끝났다고까지 생각했다. → '스스로를 명예를 ~ 끝났다'고 생각한 사람은 생포된 일본군이다. 그러므로 '스스로를'의 앞에 '사로잡힌 일본군은' 등을 넣어야 한다.

㉢ 두 절의 관계가 논리적으로 호응하지 않는 경우

예 감기를 예방하는 가장 좋은 방법은 외출하고 돌아온 후 손과 발을 씻고 입을 헹구는 것과 충분한 수면을 취한다. → '손과 발을 씻고 입을 헹구는 것'이라고 하였으므로 '충분한 수면을 취하는 것이다'로 고치는 것이 바람직하다.

③ 명료하지 못한 표현

㉠ 중의적 어휘를 사용한 경우

예 다리가 정말 길구나. → '다리'가 신체의 일부인지, 책상 등 물건의 일부인지, 건너기 위한 시설물인지 알 수 없다.

㉡ 중의적 구조를 사용한 경우

예 친구들이 다 웃지 않았다. → 친구들 중 웃은 사람이 단 한 사람도 없다는 의미와, 일부는 웃고 일부는 웃지 않았다는 두 가지 의미로 해석된다.

㉢ 중의적 은유를 사용한 경우

예 우리 아버지는 호랑이이다. → 아버지가 실제로 호랑이인지, 아버지의 성격이나 외모가 호랑이 같은지, 또는 아버지가 연극 · 영화에서 호랑이 역할을 맡았는지 알 수 없다.

④ 간결하지 못한 표현

㉠ 단어가 중복 사용된 경우

예 역전 앞, 모래 사장, 해변가 등

ⓛ 문장 내에서 의미가 중복 사용된 경우

예 우리는 그 안건에 대해 재차 다시 생각해야만 했다. → '재차'에는 '다시'라는 의미가 포함되어 있다.

⑤ 기타 표현

㉠ 피동형 문장의 남용

예 그 단계에서 우선되어야 할 것이 바로 분석이다. → '우선되어야'를 '우선해야'로 바꿔야 한다.

ⓛ 조사의 오용과 부당한 생략

예 그는 구세군 냄비에게 5만 원권 지폐를 넣었다. → '에게'는 사람이나 동물에게만 쓰이는 조사이므로 '구세군 냄비에'로 고쳐야 한다.

ⓒ 단어의 오용

예 칠칠맞게 그 지저분한 꼴이 뭐냐? → '칠칠맞다'는 '칠칠하다'를 속되게 이르는 말로, '주접이 들지 아니하고 깨끗하고 단정하다', '성질이나 일 처리가 반듯하고 야무지다'를 의미한다. 그러므로 '칠칠맞게'를 '칠칠하지 못하게', '칠칠맞지 못하게' 등으로 고쳐야 한다.

3 독해

(1) 지문의 핵심 파악하기

① 핵심어 찾기 : 자주 반복되는 어휘는 그 글의 중심 화제나 관점일 가능성이 크다.

② 각 문단의 중심 문장 찾기 : 핵심어에 대한 설명, 필자의 의견을 나타내는 부분일수록 중심 문장일 가능성이 크다. 주로 일반적 진술로 이루어진 문장이며, 각 문단의 처음이나 끝에 위치하는 경우가 많다.

③ 주제문 확정하기 : 각 문단의 중심 문장을 종합하면 필자가 말하고자 하는 바, 즉 주제를 파악하는 것이 수월해진다. 주제문은 각 문단의 중심 문장을 포괄할 수 있어야 한다.

(2) 글의 구조 파악하기

① 문단의 성격 알기 : 글의 구조를 파악하기 위해 가장 먼저 해야 할 것은 문단의 내용과 성격을 파악하는 것이다. 문단들 간의 관련성을 파악한 후 중심 문단과 뒷받침 문단으로 나눈다.

② 글의 구조 알기 : 글 전체를 이해하기 위해서는 글의 구조와 전개 방식을 알아야 한다. 서론-본론-결론이나 기-승-전-결 등의 전개 방식을 고려하여 글을 구조화한다.

③ 단락의 구조 파악하기

㉠ **단락의 구성** : 단락은 원칙적으로 하나의 중심 단락과 중심 단락을 상술하거나 중심 문장의 논거를 제시하는 복수의 뒷받침 단락으로 구성된다.

㉡ 단락의 종류

구분	내용
도입	글을 쓰게 된 동기와 독자의 관심 유도, 주제의 방향 등이 제시된다.
전제	본격적으로 주제를 논하기 전에 배치되며, 논리적인 밑바탕이 된다.
연결	내용의 차이가 있는 단락을 이어 주는 역할을 한다.
전개	글 전체의 주제를 구체적으로 전개시켜 나간다.
주제	글 전체의 주제와 핵심 내용이 담겨 있는 단락이다.
부연	앞에서 언급한 중심 내용을 보충해서 풀어준다.
강조	앞의 내용과 별다른 차이 없이 반복해서 강조하며, 보통 주제와 관련이 있다.
정리	주제에 대한 일반적인 언급, 본론에서 강조한 필자의 주장, 견해 등의 요점을 제시한다.

(3) 글 속의 정보 추론하기

① 정보 추론하기

㉠ **세부 정보의 추론** : 명시된 정보가 포괄적인 경우에는 세부적인 정보가 제시되지 않는다. 따라서 포괄적인 정보를 바탕으로 연역적으로 추론하여 세부적인 정보를 추론해야 한다.

㉡ **생략된 정보의 추론** : 문장이 생략된 경우에는 앞 문장과 뒤 문장의 논리적 흐름과 정보 관계를 파악하여 추론한다. 단락이 생략된 경우에는 앞 단락과 뒤 단락의 요지를 파악하고 각 단락의 역할(주지, 예시, 상세화 등)을 파악하여 종합적인 추론을 한다.

② **상황 추론하기** : 읽기 자료를 바탕으로 알게 된 사실을 구체적인 상황에 적용할 줄 알아야 한다. 제시된 정보에 해당하는 구체적인 사례를 추론하거나 제시된 정보를 구체적인 상황에 적용했을 때 결과를 추론하는 것이 중요하다.

③ 추론 과정 파악하기

㉠ **전제, 논지, 논거 찾기** : 전제는 결론을 도출하기 위한 배경이라고 할 수 있다. 그러므로 결론에서 역으로 추론하면 찾을 수 있다. 이유와 결과가 나오는 경우에는 이유 부분이 전제이다. 논지는 글의 취지를, 논거는 필자가 주장에 대한 근거로서 제시하는 통계 · 사료 · 사건 · 상식 등을 말한다. 이 세 요소를 명확히 구분해야 한다.

㉡ **재구조화하기** : 전제, 논지, 논거를 찾은 다음에는 그 중에 핵심이 되는 것을 추려서 다시 구조화한다.

④ 접속어 : 문장 내부의 두 성분, 또는 문장과 문장을 이어주는 역할을 한다.

접속어	내용	예시
병립 접속어	동일 범주의 항목을 나열한다.	그리고, 더구나, 또(는), 하물며 등
상술 접속어	설명이나 예시 등을 제시할 때 사용된다.	내용인즉, 말하자면, 사실인즉, 예컨대 등
대립 접속어	앞서 제시한 내용을 부정할 때 사용된다.	그러나, 그러기보다, 그렇지만, 도리어, 반면, 차라리, 하지만 등
전환 접속어	내용을 전환한다. 새 단락의 시작 부분에 주로 사용된다.	각설하고, 그러면, 그런데, 다음으로, 돌이켜 보건대, 아무튼, 어쨌든, 한편 등
인과 접속어	원인과 결과를 제시할 때 사용된다.	그러므로, 그런즉, 그리하여, 왜냐하면 등
귀결 접속어	결론이나 요약을 도출할 때 사용된다.	결국, 결론적으로, 그래서, 그렇다면 등
보충 접속어	이유나 근거를 제시할 때 사용된다.	다만, 만약, 뿐더러, 왜냐하면, 특히 등

(4) 서술 방식의 종류

① 정태적 서술 방법

서술 방법	내용	예시
정의	일정 대상이나 용어의 법칙, 개념 등을 규정 · 진술한다. 정의항과 피정의항으로 이루어진다.	국어란 한 나라의 국민이 공통으로 사용하는 언어이다.
예시	세부적인 사례를 제시함으로써 원리, 법칙 등을 구체화하는 서술 방식이다. 설명 대상이 추상적 · 관념적일 경우에 효과적이다.	동종 요법은 유사성의 원리에 근거한 것으로, 동일한 증상을 인공적으로 만들어 치료하는 것이다. 벨라도나를 건강한 사람이 먹을 경우 열이 나거나 얼굴에 반점이 생길 수도 있다. 따라서 감기에 걸렸거나 햇빛에 피부가 심하게 노출되었을 경우 벨라도나를 조금만 먹으면 증상을 없앨 수 있다.
구분	상위 개념을 하위 개념으로 나누어 서술한다.	소설에는 콩트, 단편, 중편, 장편, 대하 소설이 있다.
분류	하위 개념을 상위 개념으로 묶어 서술한다.	도마뱀, 거북, 악어, 뱀은 모두 파충류에 속해 있다.
분석	유기적으로 결합된 전체를 성분 · 규모 · 속성 등의 구성 요소로 나누어 서술한다.	케이크는 밀가루, 설탕, 베이킹파우더, 소금, 달걀, 버터 등으로 이루어져 있다.
묘사	형태 · 색깔 · 감촉 · 향기 · 소리 등 감각적 인상에 의존하여 대상을 있는 그대로 그려낸다. 구체성 · 감각성을 특징으로 한다.	짐승 같은 달의 숨소리가 손에 잡힐 듯이 들리며, 콩포기와 옥수수 잎새가 한층 달에 푸르게 젖었다. 산허리는 온통 메밀밭이어서 피기 시작한 꽃이 소금을 뿌린 듯이 흐뭇한 달빛에 숨이 막힐 지경이다. 붉은 대궁이 향기같이 애잔하고, 나귀들의 걸음도 시원하다.

비교	복수 대상들 간의 유사점을 밝힌다.	관객의 반응을 중시할 수밖에 없다는 점에서 영화와 연극은 유사하다고 할 수 있다.
대조	복수 대상들 간의 차이점을 밝힌다.	서양 사람들에게 길은 정신적 여행을 의미하는 경향이 있다. 서양 사람들은 길 위에서 어떤 것(신이든 자기 자신이든)을 발견하고자 한다. 반면 고대 중국인들은 신이나 내적 자신을 만나기 위해 도(道)를 따른 것은 아니었다. 그들은 도를 따름으로써 인간으로서의 가장 높은 가능성을 완성할 수 있다고 생각했다.
유추	생소하고 어려운 개념이나 대상에 대하여 쉽고 친숙한 대상을 제시함으로써 이해를 돕는다. 이때 두 개념 또는 대상 사이에는 유사성이 있어야 한다.	인생은 마라톤이다.

② 동태적 서술 방법

서술 방법	내용	예시
서사	시간의 흐름에 따라 전개되는 사건이나 행동의 변화에 조점을 둔다. 사건 또는 행동 그 자체를 보여 준다.	그녀는 가게 문을 열고 안으로 들어갔다. 가게 안을 둘러 본 그녀는 창가 자리를 차지하고 앉았다. 그녀에게 다가간 점원이 메뉴판을 내밀었다. 그녀는 메뉴판을 받아 테이블 위에 올려놓으며 고개를 저었다. 점원이 가게 안쪽으로 들어가자 그녀는 핸드폰을 꺼냈다.
과정	특정 결과를 가져오게 한 절차나 방법 등을 단계별로 서술한다. '어떻게'라는 측면에 조점을 맞춘다.	냄비에 물을 붓고 소금을 넣은 후, 물이 끓으면 스파게티 면을 넣고 8분가량 삶는다. 면이 다 익으면 체에 밭쳐 물기를 뺀 후 올리브유 한 스푼을 넣어 버무려 둔다. 프라이팬을 불에 올려 달궈지면 올리브유를 두른 후 얇게 썬 마늘을 넣어 볶는다. 마늘이 다 익으면 베이컨을 넣어 볶는데, 베이컨이 노릇해지면 우유와 생크림을 붓는다. 소스가 끓으면 체에 밭쳐 두었던 면을 넣어 버무린다.
인과	특정 결과를 가져오게 한 원인이나 이유 등을 중심으로 한다. 주로 현상에 대한 설명이나 논증에서 사용된다.	지금으로부터 약 30억 년 전쯤, 광합성 박테리아의 일부는 물에서 직접 산소를 분해할 수 있게 되었다. 그 결과, 그들은 생명 활동에 필요한 에너지를 효율적으로 생산하게 되었다.

Chapter 02

자료해석

지적능력 중 자료해석은 도표나 그림 등의 자료를 해석하는 방법에 대하여 상세한 학습과 수학적 계산을 할 수 있는 연산능력이 필요하다. 자료해석영역은 해석한 자료나 통계를 간단한 계산을 하거나, 비교 · 분석하여 원하는 값이나 내용을 얻을 수 있어야 한다. 응용수리 역시 수학적 연산능력을 기본으로 빠르고 정확히 계산할 수 있어야 한다.

1 자료해석

(1) 자료해석의 의의와 절차

① **자료해석의 의의** : 수집된 자료(도표, 그림, 그래프 등)에 대한 분석을 바탕으로 정보를 추론하는 것을 의미한다.

② **자료해석 문제를 풀이할 때의 절차**

(2) 자료해석에 필요한 사항

① **자료해석에 필요한 능력**

㉠ **자료 판단 능력** : 자료해석 문제에 나오는 자료의 대부분은 표, 그래프, 그림 등으로 구성된다. 문제에 따라서 여러 개의 자료가 한꺼번에 등장하기도 한다. 그러므로 빠르고 정확한 문제 풀이를 위해서는 자료의 유형을 파악하여 그에 맞는 해석 방법을 적용하는 능력, 자료를 빠르게 읽은 후 필요한 내용을 파악하는 능력이 필요하다.

㉡ **기본 지식** : 간혹 일상에서 잘 쓰지 않는 단위 등을 이해하고 있어야만 해결할 수 있는 문제가 출제되기도 한다. 꼼꼼하게 대비하여 실수를 방지한다.

㉢ **계산 능력** : 대부분의 자료는 숫자로 구성되어 있다. 문제 역시 계산 능력을 필요로 하는 경우가 많으며, 그 중 상당수는 몇 가지 계산 노하우 및 암산을 통해 해결할 수 있다.

- **오답부터 제거할 것** : 자료해석 영역은 이름 그대로 자료를 얼마나 빠르고 정확하게 해석할 수 있는가에 중점을 두고 있으므로, 선택지 중에는 계산 과정 없이도 걸러낼 수 있는 오답이 상당수 포함되어 있다. 예를 들어 조건에 A와 B 중 하나만 포함한다는 내용이 있는 경우, A와 B 둘 다 포함된 선택지는 오답이 된다. 조건에 A가 반드시 포함되어야 한다는 내용이 있는 경우, A가 포함되지 않는 선택지는 오답이 된다. 이런 식으로 오답을 걸러 가면 정답 찾기가 한결 수월해질 것이다.
- **자의적으로 판단하지 말 것** : 자료해석 문제를 해결하기 위해서는 대부분 추론 과정을 거쳐야 한다. 여기서 주의해야 할 점은 어디까지나 주어진 자료 내에서의 추론이어야 한다는 것이다. 예를 들어 2010년부터 현재까지의 노령화 통계를 제시한 후 '농촌의 노령화 현상이 심화된 원인으로는 경제 개발 10개년 계획으로 야기된 청년층의 이농 현상 등이 있다'라는 선택지가 있다고 하자. 내용상으로는 사실인 문장이지만 이 문제 내에서만큼은 틀린 선택지, 또는 주어진 자료만으로는 판단할 수 없는 선택지가 된다. 의외로 실수하기 쉬운 부분이므로 주의가 필요하다.
- **지시문과 선택지를 통해 문제를 파악할 것** : 지시문과 선택지를 먼저 파악할 경우 풀이 시간을 줄일 수 있는 문제들이 상당수 존재한다. 지시문과 선택지를 읽어 그 문제를 통해 구해야 하는 것이 무엇인지 확인한 후, 주어진 자료를 훑어보면서 필요 항목에 체크하며 문제를 풀어나가자.
- 새로운 용어, 지수의 정의가 있는 경우에는 지문을 읽기 전에 이것부터 확인한다. 같은 순서의 계산이 반복되는 비교문제의 경우 먼저 식을 깔끔하게 나열하고 시작하면 시간을 단축할 수 있다.
- 표가 여러 개 있는 경우 각 표의 제목을 먼저 확인하고 표 안의 단위를 잘 살핀다.
- 분수가 1보다 작은 경우 분모와 분자에 같은 값을 더하면 분자의 변화가 더 크다. 분수가 1보다 큰 경우 분모와 분자에 같은 값을 더하면 분모의 변화가 더 크다. A에 대한 B, (사업장 A)당 (가입자 B)의 수라는 내용이 있을 경우 분자와 분모가 무엇인지 정확하게 파악한다.
- 지속적으로 증가했다고 하더라도 중간에 정체구간이 있으면 '증가'는 아니다. 단, 정체구간이 있다고 하더라도 '증가하는 추세'라는 표현은 맞는 표현이다. 증가율은 증가 속도와 같지만 'A의 증가율이 증가하다'와 'A가 증가하다'는 다르다.
- 소수점 이하는 함부로 줄이지 않는다. 근사계산은 반올림해서 유효숫자를 곱한다.
- 작은 수에서 동일한 크기의 변화는 큰 수에서의 변화율보다 더 크게 나타난다. 그러므로 비율의 증감만 보고 비교 값과 기준 값의 변화를 말할 수 없다.
- 표에서는 합계 항목이 갖는 의미가 매우 중요하므로 반드시 파악해야 한다. 합계 항목은 대개 표의 한쪽 끝이나 맨 위 또는 맨 아래에 주어진다.

2 응용수리

(1) 사칙연산

① 사칙연산

수 또는 식에 관한 덧셈(+), 뺄셈(−), 곱셈(×), 나눗셈(÷) 네 종류의 계산법이다. 보통 사칙연산은 정수나 분수 등에서 계산할 때 활용되며, 여러 부호가 섞여 있을 경우에는 곱셈과 나눗셈을 먼저 계산한다.

② 수의 계산

구분	덧셈(+)	곱셈(×)
교환법칙	$a+b=b+a$	$a\times b=b\times a$
결합법칙	$(a+b)+c=a+(b+c)$	$(a\times b)\times c=a\times(b\times c)$
분배법칙	$(a+b)\times c=a\times c+b\times c$	

(2) 검산방법

① 역연산

답에서 거꾸로 계산하는 방법으로 덧셈은 뺄셈으로, 뺄셈은 덧셈으로, 곱셈은 나눗셈으로, 나눗셈은 곱셈으로 바꾸어 확인하는 방법이다.

② 구거법

어떤 수를 9로 나눈 나머지는 그 수의 각 자리 숫자의 합을 9로 나눈 나머지와 같음을 이용하여 확인하는 방법이다.

(3) 단위환산

① 단위의 종류

㉠ 길이 : 물체의 한 끝에서 다른 한 끝까지의 거리 (mm, cm, m, km 등)

㉡ 넓이(면적) : 평면의 크기를 나타내는 것 (mm^2, cm^2, m^2, km^2 등)

㉢ 부피 : 입체가 점유하는 공간 부분의 크기 (mm^3, cm^3, m^3, km^3 등)

㉣ 들이 : 통이나 그릇 따위의 안에 넣을 수 있는 물건 부피의 최댓값 (㎖, dℓ, ℓ, kℓ 등)

㉤ 무게 : 물체의 무거운 정도 (g, kg, t 등)

㉥ 시간 : 시각과 시각 사이의 간격 또는 그 단위 (초, 분, 시 등)

㉦ 할푼리 : 비율을 소수로 나타내었을 때, 소수점 첫째 자리를 할, 소수점 둘째 자리를 푼, 소수

점 셋째 자리를 리로 나타내는 것

② 단위환산표

단위	단위환산
길이	1cm=10mm, 1m=100cm, 1km=1,000m=100,000cm
넓이	$1cm^2=100mm^2$, $1m=10,000cm^2$, $1km^2=1,000,000m^2$
부피	$1cm^3=1,000mm^3$, $1m^3=1,000,000cm^3$, $1km^3=1,000,000,000m^3$
들이	$1m\ell=1cm^3$, $1d\ell=100cm^3=100m\ell$, $1\ell=1,000cm^3=10d\ell$
무게	1kg=1,000g, 1t=1,000kg=1,000,000g
시간	1분=60초, 1시간=60분=3,600초
할푼리	1푼=0.1할, 1리=0.01할, 모=0.001할

(4) 방정식

① 기본 공식

내용	공식
거리	거리=시간×속력
시간	시침은 분당 0.5°, 분침은 분당 6°
농도	농도(%)$=\frac{\text{물질의 양}}{\text{전체의 양}}\times 100$(%)
할인	a의 x%할인$=a\left(1-\frac{x}{100}\right)$
겉넓이	한 변의 길이가 a인 정육면체$=6a^2$
부피	한 변의 길이가 a인 정육면체$=a^3$
자연수의 합	1부터 n까지 자연수의 합$=\frac{n(n+1)}{2}$
진법	$abcd_{(x)}=a\times x^3+b\times x^2+c\times x+d$
경우의 수	$n!=n\times(n-1)\times(n-2)\times\cdots\times 2\times 1$

② 응용 공식

내용	공식
거리	시간$=\frac{\text{거리}}{\text{속력}}$, 속력$=\frac{\text{거리}}{\text{시간}}$
시간	x시 y분이 이루는 작은 각$=\lvert 0.5x-6y\rvert$

농도	물질의 양=전체의 양×농도, $x\% = \frac{x}{100}$
할인	a의 x%증가$=a\left(1+\frac{x}{100}\right)$
겉넓이	한 변의 길이가 a, b, c인 직육면체$=2(ab+bc+ca)$
부피	한 변의 길이가 a, b, c인 직육면체$=abc$
자연수의 합	1부터 n까지 자연수 제곱의 합$=\frac{n(n+1)(2n+1)}{6}$
진법	$abcd$의 x진법$=x$를 반복해서 나눈 나머지의 역순
경우의 수	${}_nP_r = n \times (n-1) \times \cdots \times (n-r+1)$, ${}_nC_r = \frac{n!}{r!(n-r)!}$

(5) 통계

① 의미

집단현상에 대한 구체적인 양적 기술을 반영하는 숫자를 의미한다. 특히 사회집단 또는 자연집단의 상황을 숫자로 나타낸 것이다.

② 기능

㉠ 많은 수량적 자료를 처리가능하고 쉽게 이해할 수 있는 형태로 축소시킨다.

㉡ 표본을 통해 연구대상 집단의 특성을 유추한다.

㉢ 의사결정의 보조수단이 된다.

㉣ 관찰 가능한 자료를 통해 논리적으로 어떠한 결론을 추출 · 검증한다.

③ 통계치

㉠ 빈도 : 어떤 사건이 일어나거나 증상이 나타나는 정도

㉡ 빈도 분포 : 어떤 측정값의 측정된 회수 또는 각 계급에 속하는 자료의 개수

㉢ 평균 : 모든 사례의 수치를 합한 후에 총 사례수로 나눈 값

㉣ 중앙값 : 크기에 의하여 배열하였을 때 정확하게 중간에 있는 값

㉤ 백분율 : 전체의 수량을 100으로 하여 생각하는 수량이 몇이 되는 가를 가리키는 수(퍼센트)

④ 통계의 계산

㉠ 범위 : 최고값−최저값

㉡ 평균 : $\frac{\text{전체 사례 값들의 합}}{\text{총 사례 수}}$

㉢ 분산 : $\frac{(\text{관찰 값}-\text{평균})^2\text{의 합}}{\text{총 사례 수}}$

㉣ 표준편차 : $\sqrt{\text{분산}}$

육군 부사관 대표유형 + 실전문제

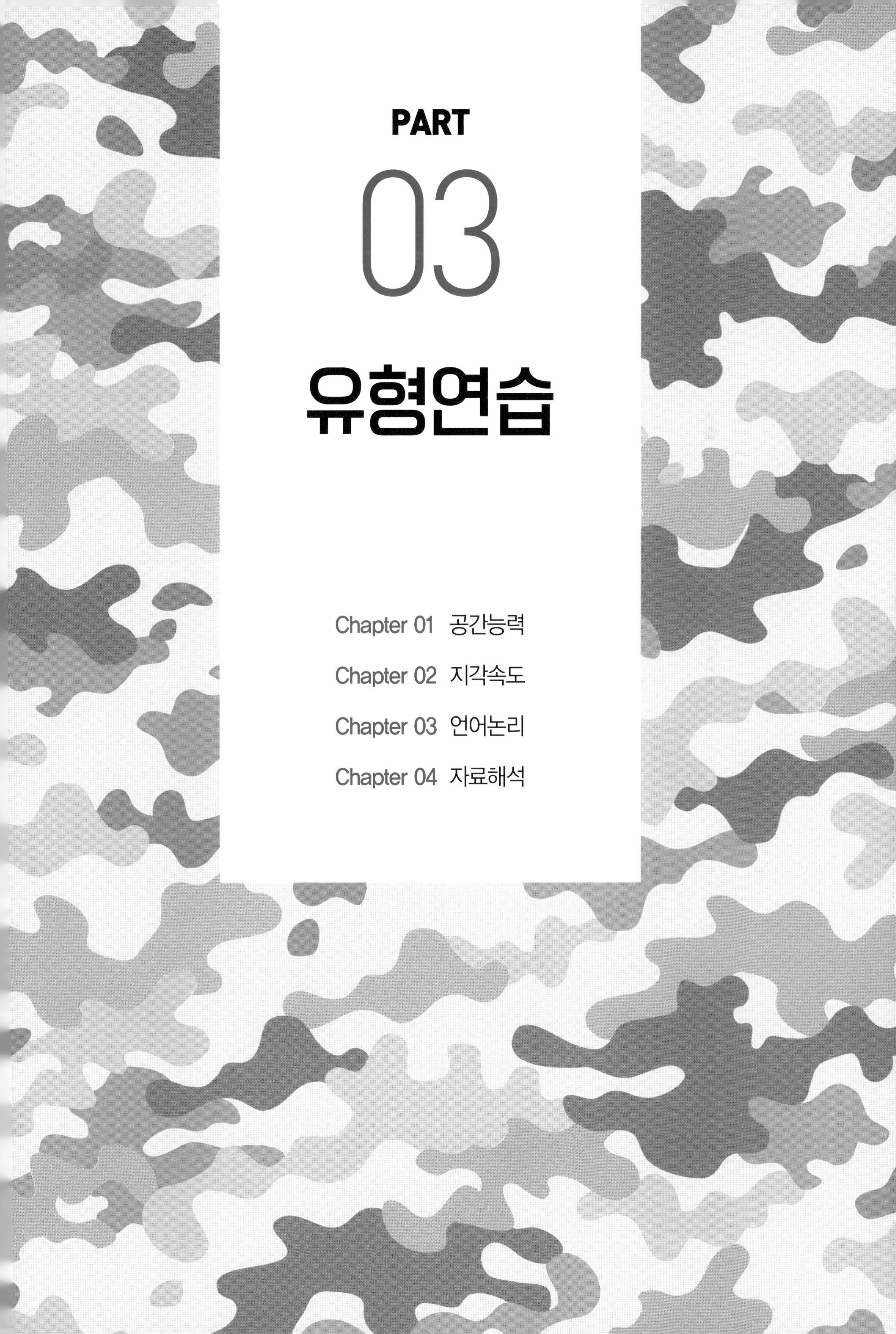

PART

03

유형연습

Chapter 01

공간능력

[01~05] 다음 조건을 참고하여 제시된 입체도형의 전개도를 고르시오.

- 입체도형을 전개하여 전개도를 만들 때, 전개도에 표시된 그림(예 : ◧, ◪ 등)은 회전의 효과를 반영함. 즉, 본 문제의 풀이과정에서 보기의 전개도 상에 표시된 "◧"와 "⊟"은 서로 다른 것으로 취급함.
- 단, 기호 및 문자(예 : ☎, ♤, ♨, K, H)의 회전에 의한 효과는 본 문제의 풀이과정에 반영하지 않음. 즉, 입체도형을 펼쳐 전개도를 만들었을 때에 "☎"의 방향으로 나타나는 기호 및 문자도 보기에서는 "☎"방향으로 표시하며 동일한 것으로 취급함.

01

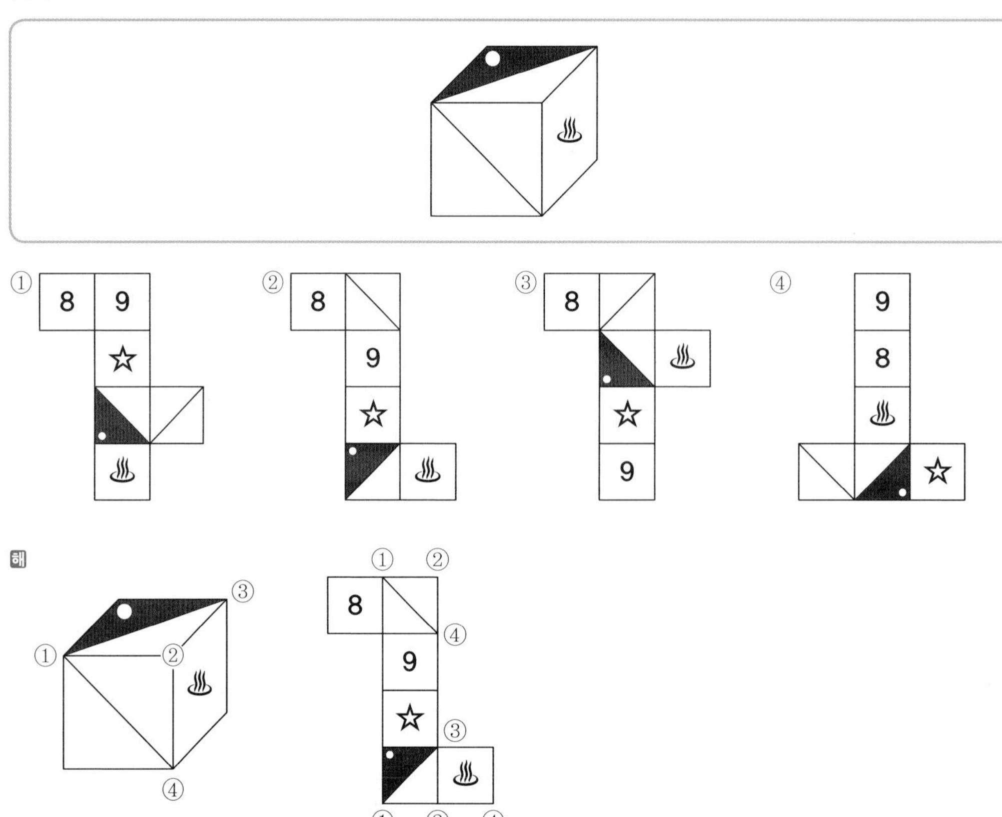

02

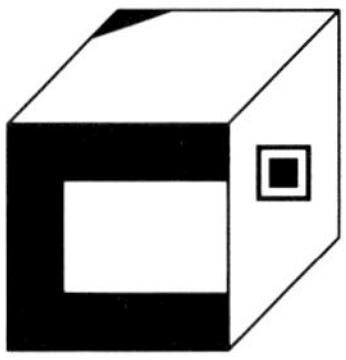

① 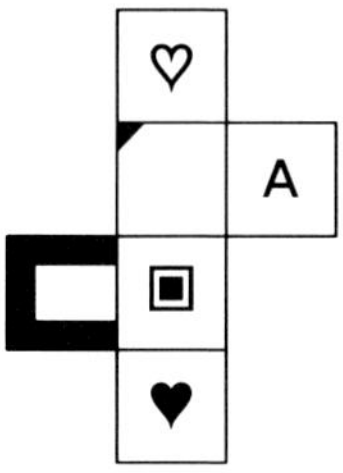 ② 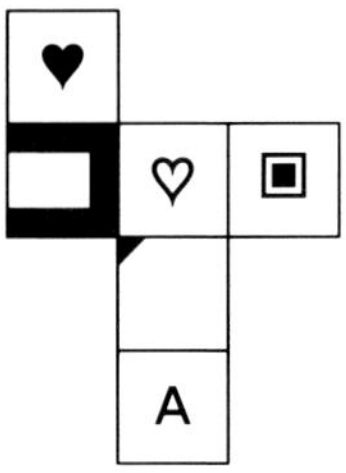 ③ 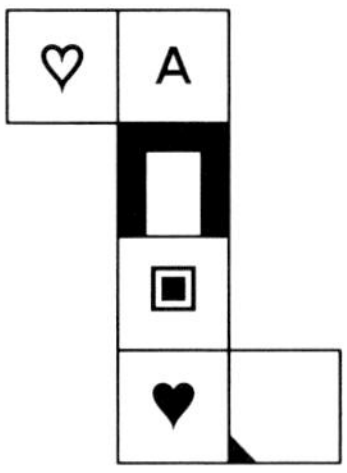 ④

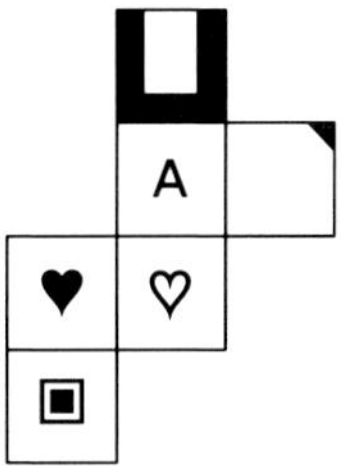

해

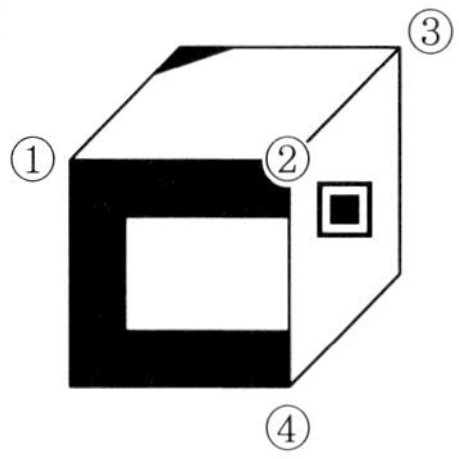

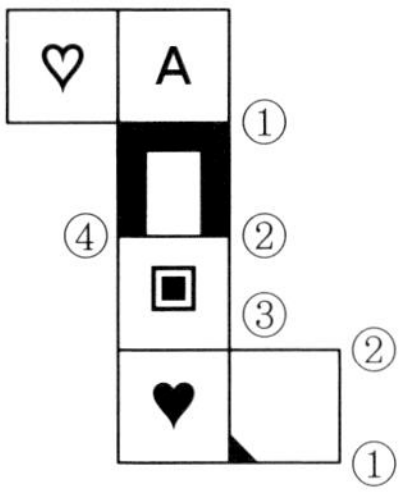

03

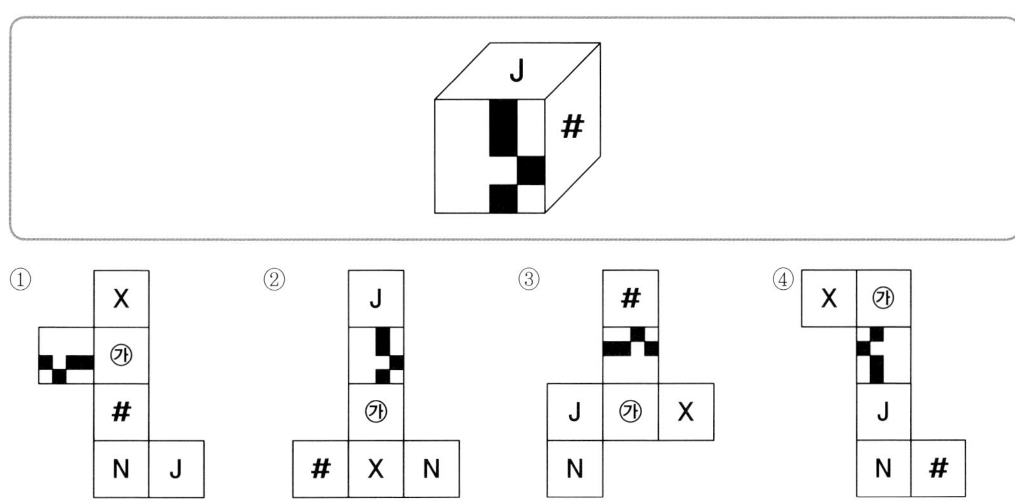

답 01 ② 02 ③ 03 ③

해

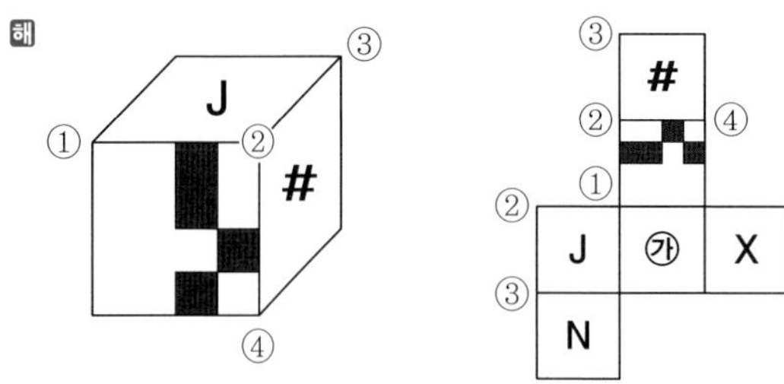

04

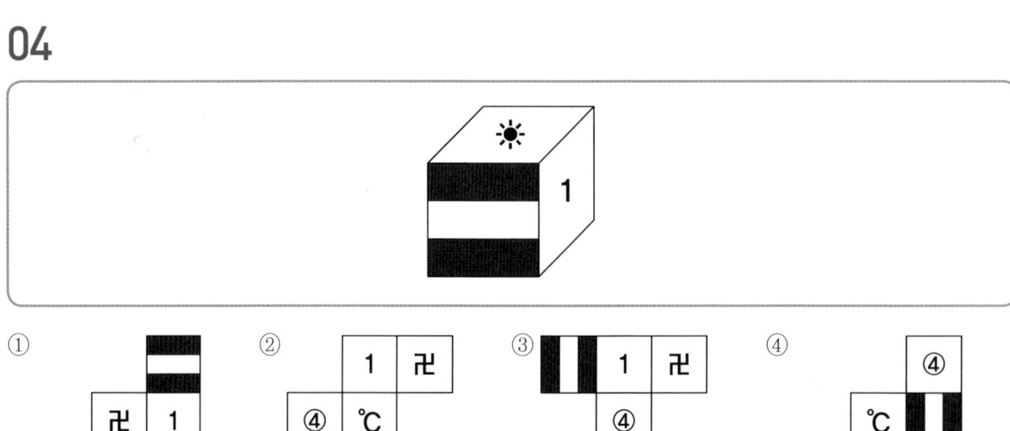

① ② ③ ④

해

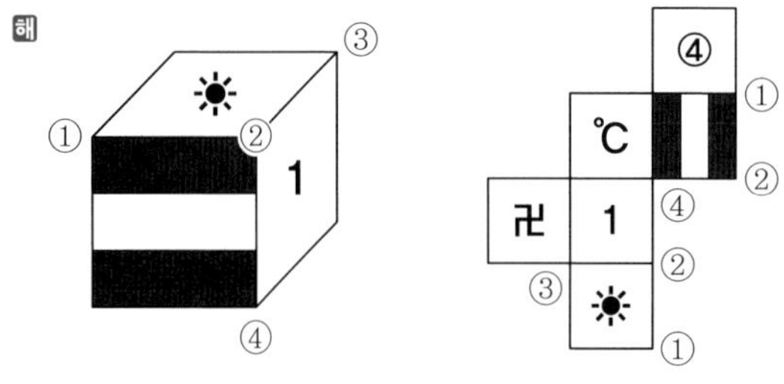

05

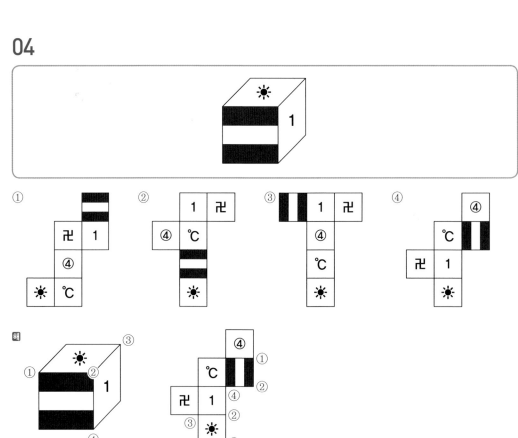

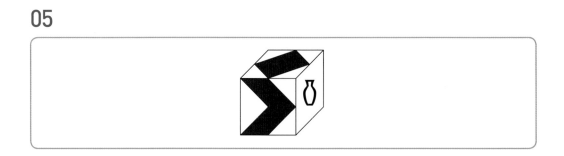

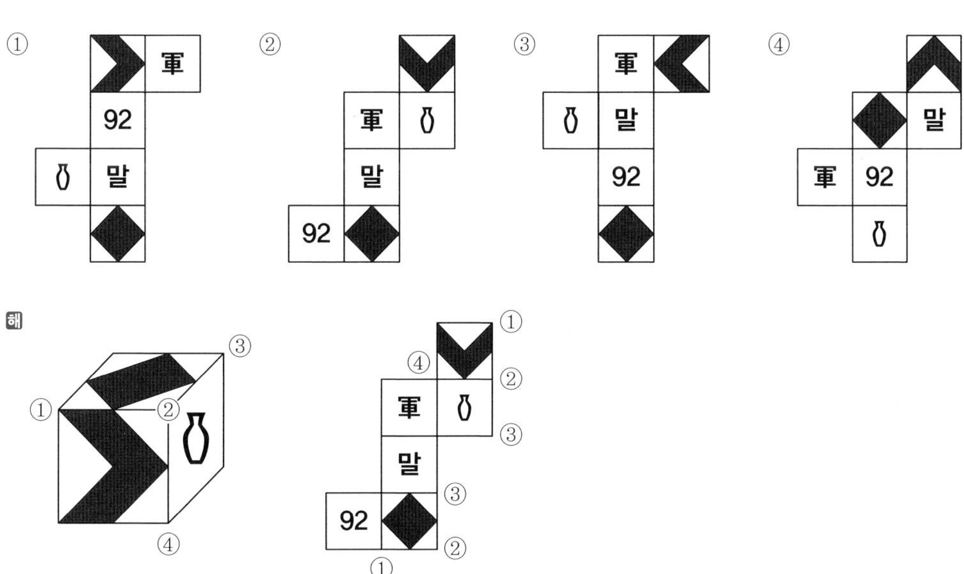

[06~10] 다음 조건을 참고하여 제시된 전개도의 입체도형을 고르시오.

- 입체도형을 전개하여 전개도를 만들 때, 전개도에 표시된 그림(예 : ◨, ◪ 등)은 회전의 효과를 반영함. 즉, 본 문제의 풀이과정에서 보기의 전개도 상에 표시된 "◨"와 "⊟"은 서로 다른 것으로 취급함.
- 단, 기호 및 문자(예 : ☎, ♤, ♨, K, H)의 회전에 의한 효과는 본 문제의 풀이과정에 반영하지 않음. 즉, 입체도형을 펼쳐 전개도를 만들었을 때에 "☎"의 방향으로 나타나는 기호 및 문자도 보기에서는 "☎"방향으로 표시하며 동일한 것으로 취급함.

06

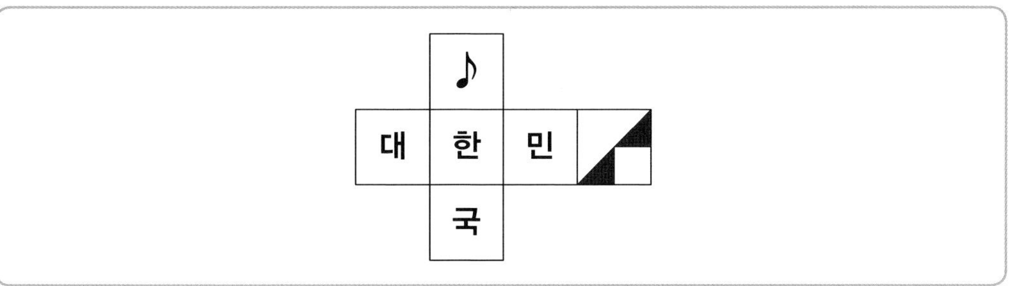

답 04 ④ 05 ② 06 ③

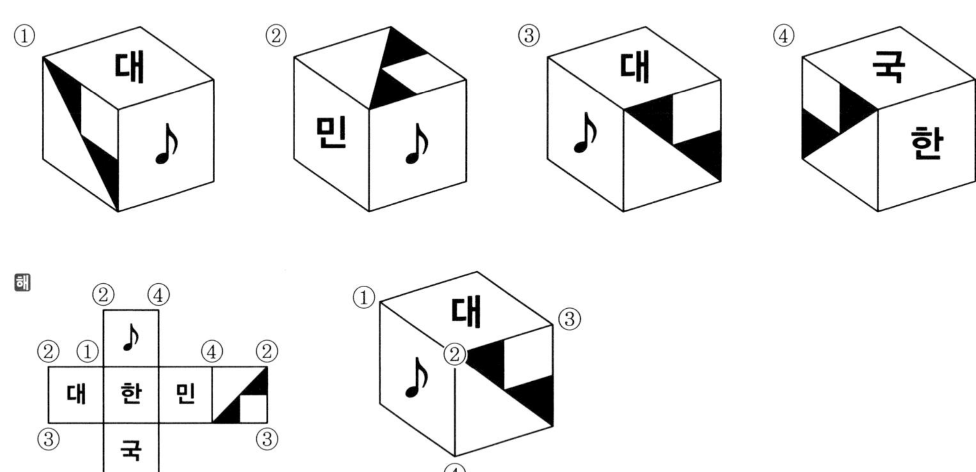
①
대
♪
②
민
♪
③
대
♪
④
국
한
해
② ④
♪
② ①
④ ②
대
한
민
③
③
국
①
대
③
②
♪
④

07

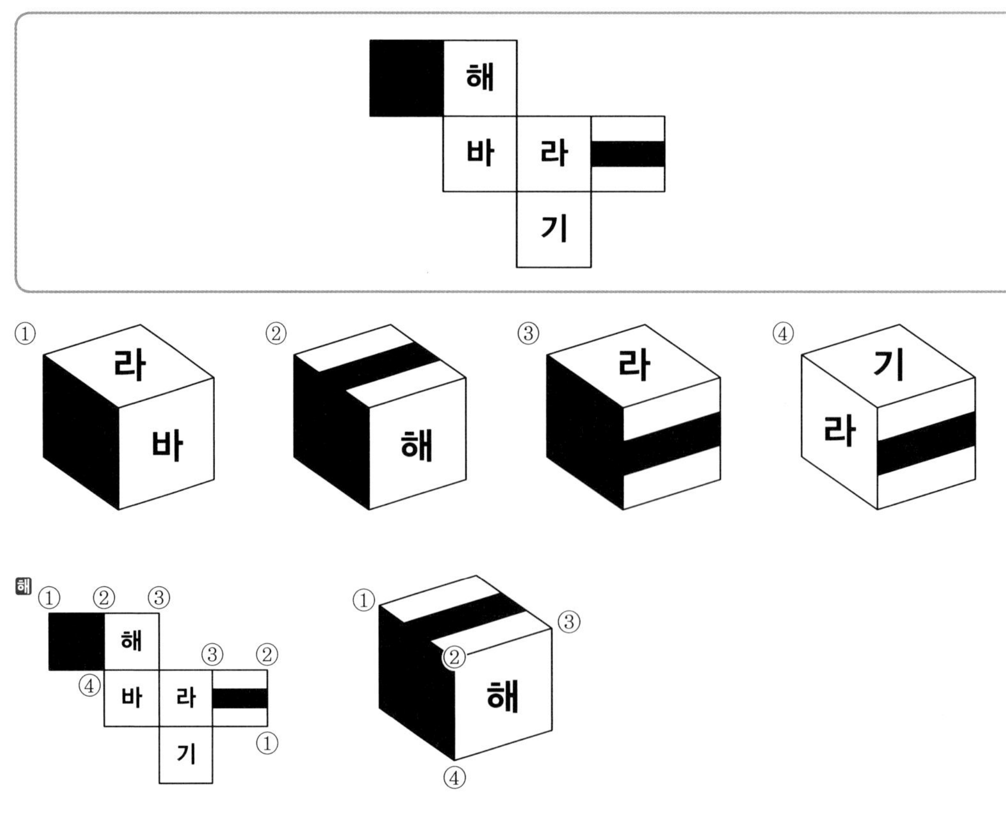
해
바
라
기
①
라
바
②
해
③
라
④
기
라
해
① ② ③
해
③ ②
④
바
라
기
①
①
③
②
해
④

08

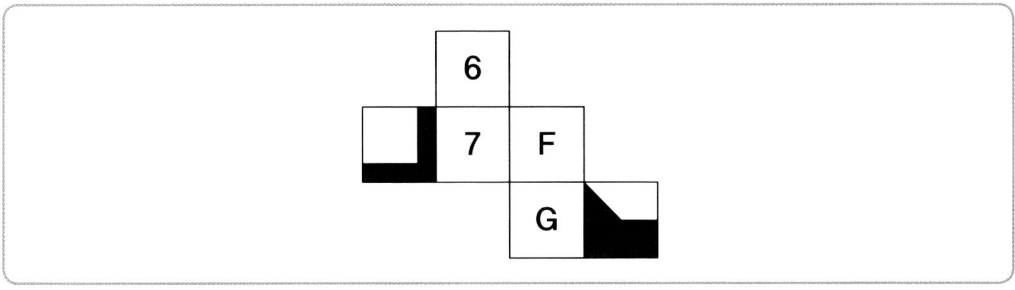

①
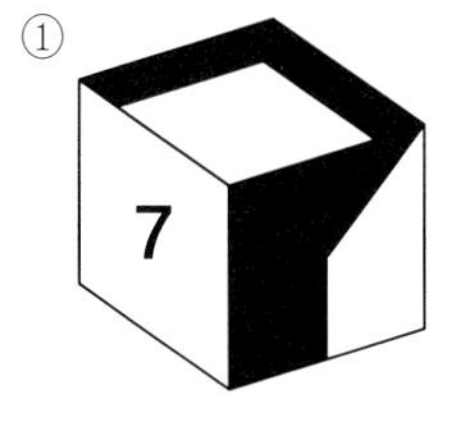

②
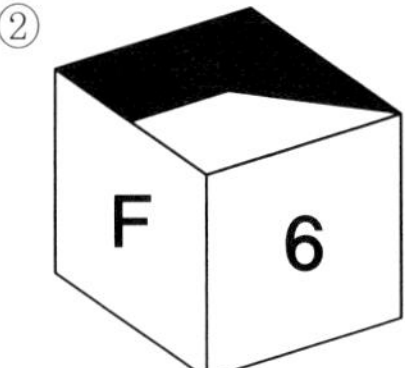

③
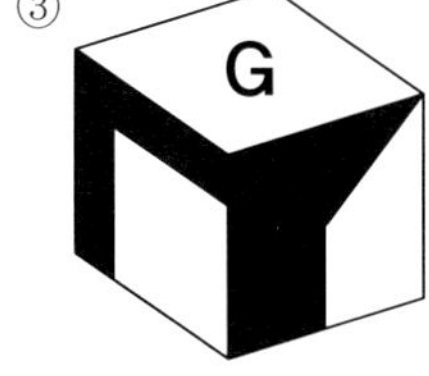

④
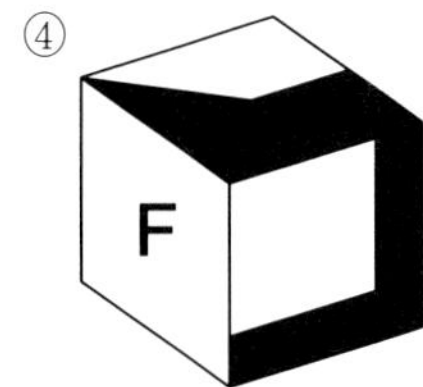

해

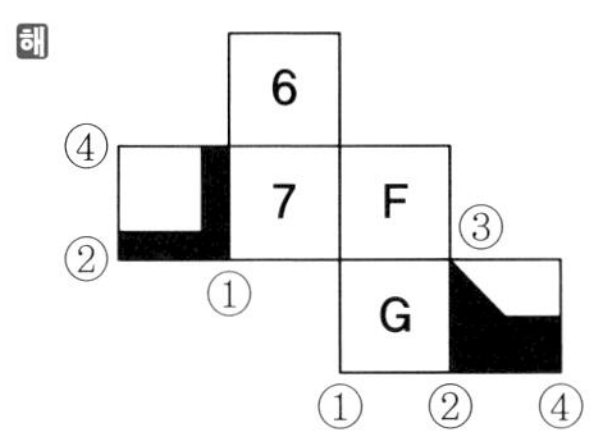

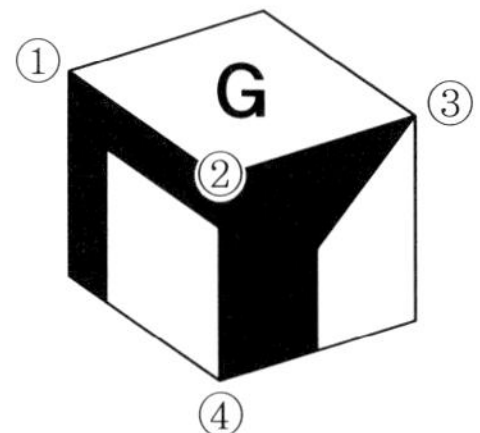

09

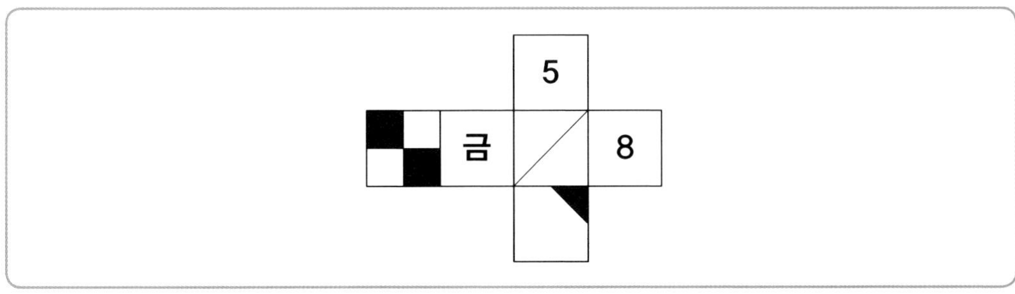

①
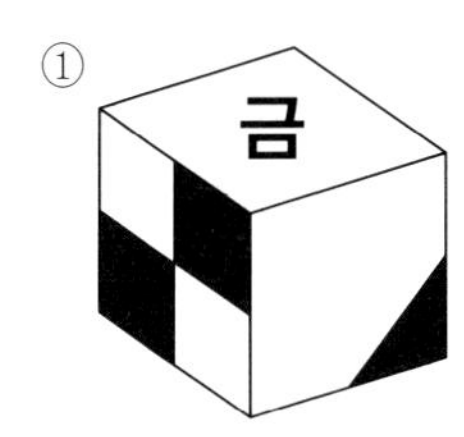

②
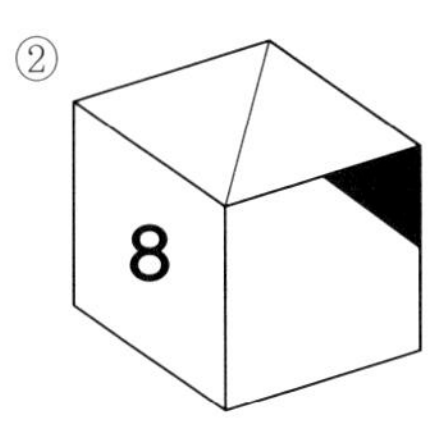

③
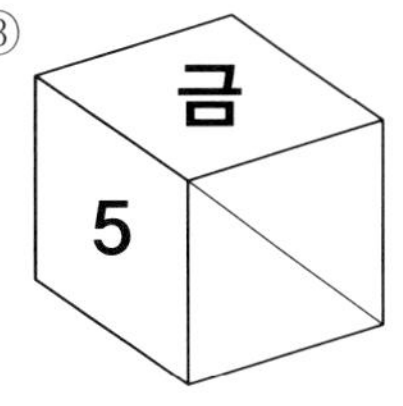

④
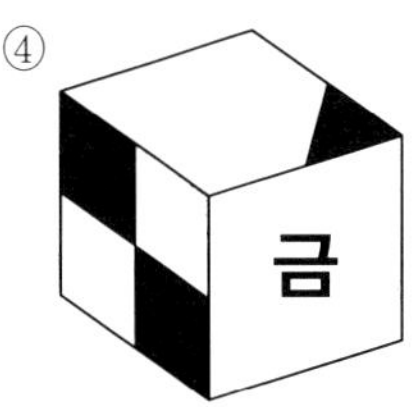

답 07 ② 08 ③ 09 ①

해

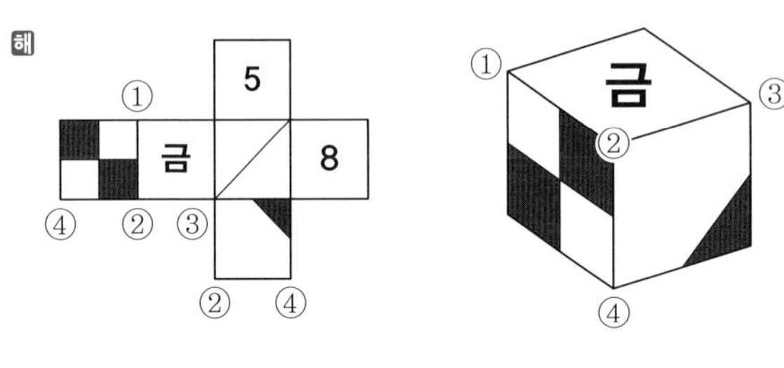

10

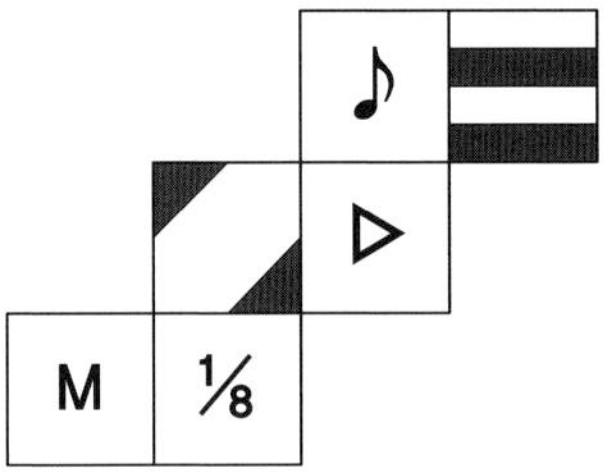

①

②

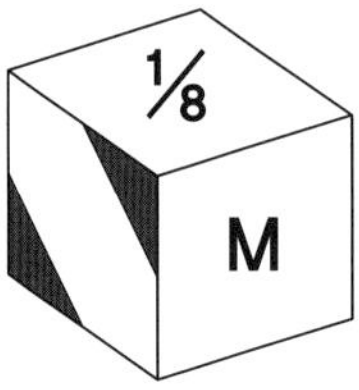

③

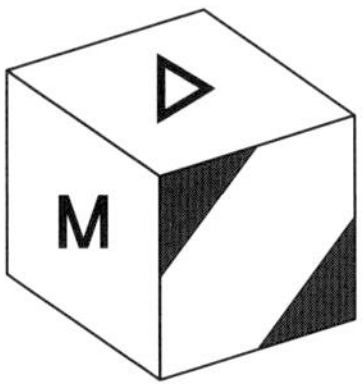

④

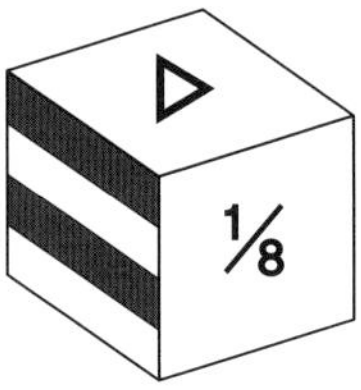

해

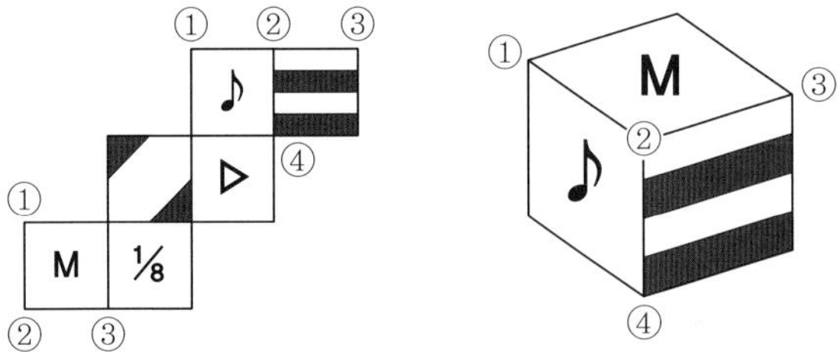

[11~15] 다음 제시된 블록의 개수를 고르시오.(단, 보이지 않는 뒤의 블록은 없다고 생각한다.)

11

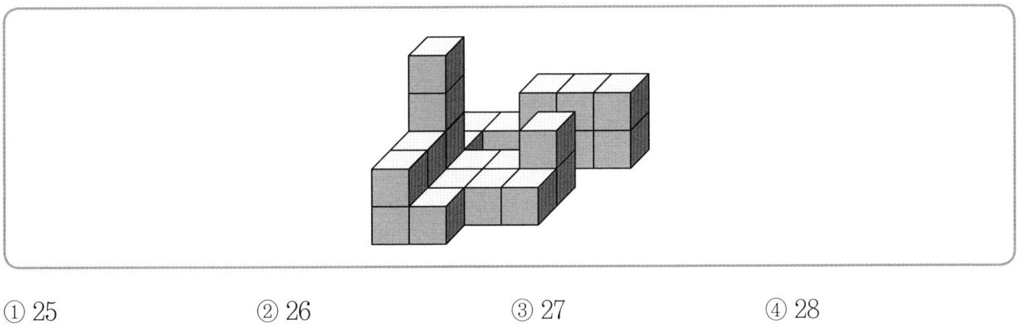

① 25　　② 26　　③ 27　　④ 28

해 왼쪽 열부터 차례로 세어보면 10+4+4+5+2=25개

12

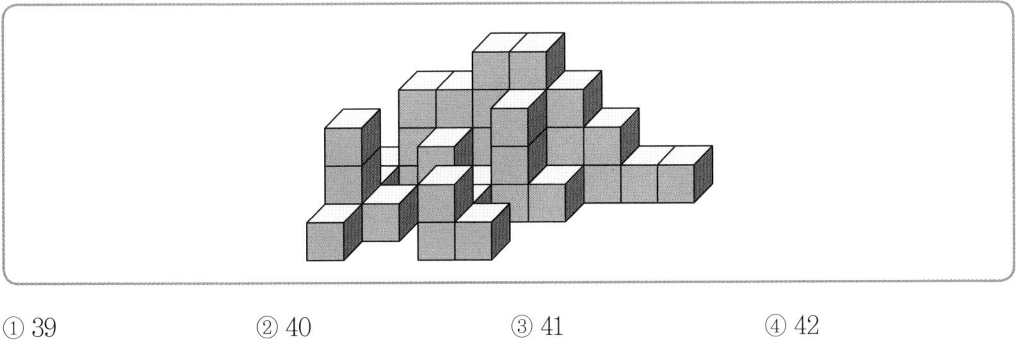

① 39　　② 40　　③ 41　　④ 42

해 왼쪽 열부터 차례대로 세어 보면 6+4+5+8+8+4+2+1+1=39개

13

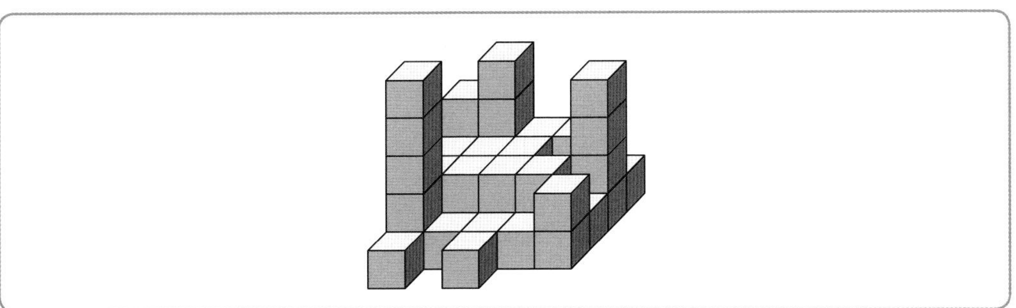

답 10 ①　11 ①　12 ①　13 ④

① 40　　② 41　　③ 42　　④ 43

해 왼쪽 열부터 차례대로 세어 보면 13+9+8+5+8=43개

14

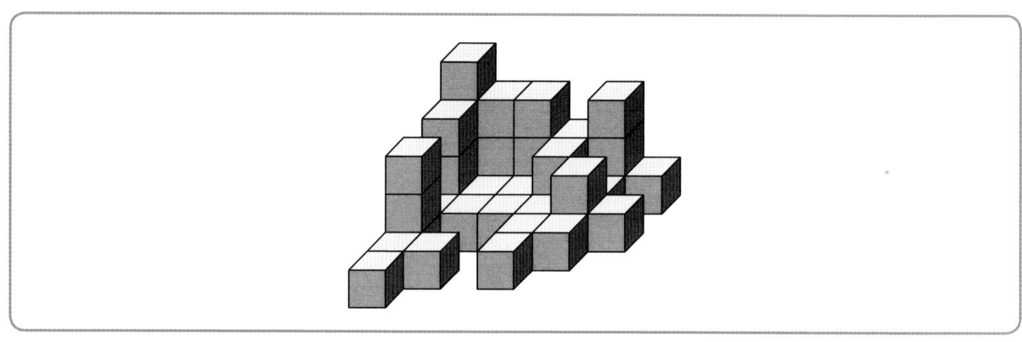

① 40　　② 41　　③ 42　　④ 43

해 왼쪽 열부터 차례대로 세어 보면 13+6+5+7+7+2=40개

15

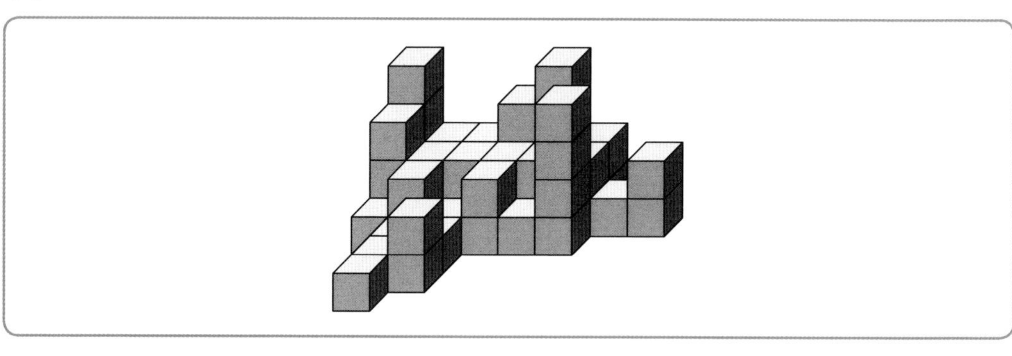

① 48　　② 49　　③ 50　　④ 51

해 왼쪽 열부터 차례대로 세어 보면 8+9+8+7+7+8+1+2=50개

[16~20] 다음 제시된 블록을 화살표 방향에서 바라봤을 때의 모양을 고르시오.

16

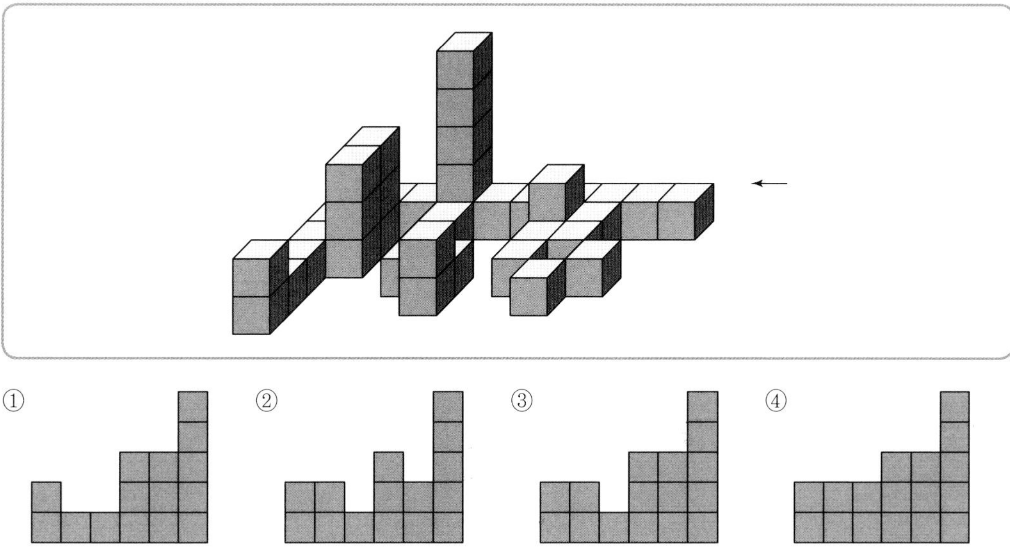

해 왼쪽 열부터 층을 세어 보면 '2-2-1-3-3-5'이다.

17

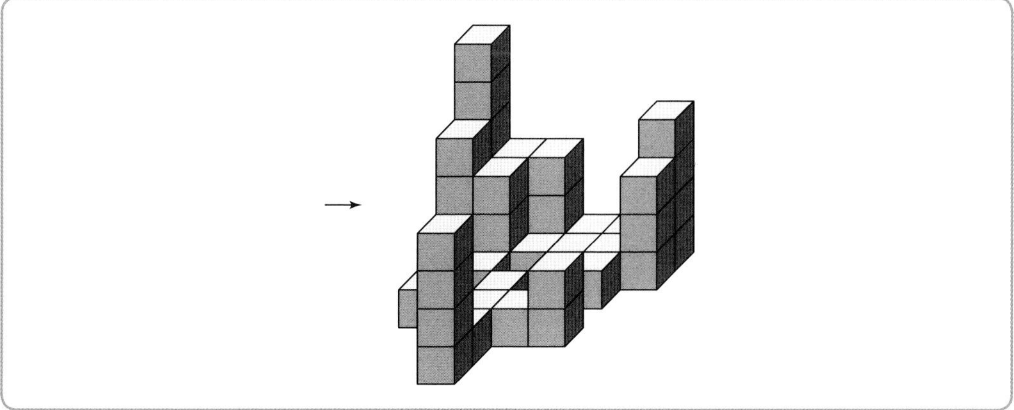

답 14 ① 15 ③ 16 ③ 17 ②

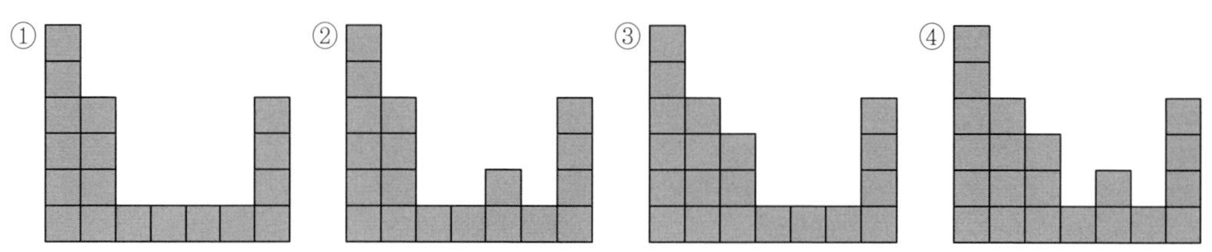

해 왼쪽 열부터 층을 세어 보면 '6-4-1-1-2-1-4'이다.

18

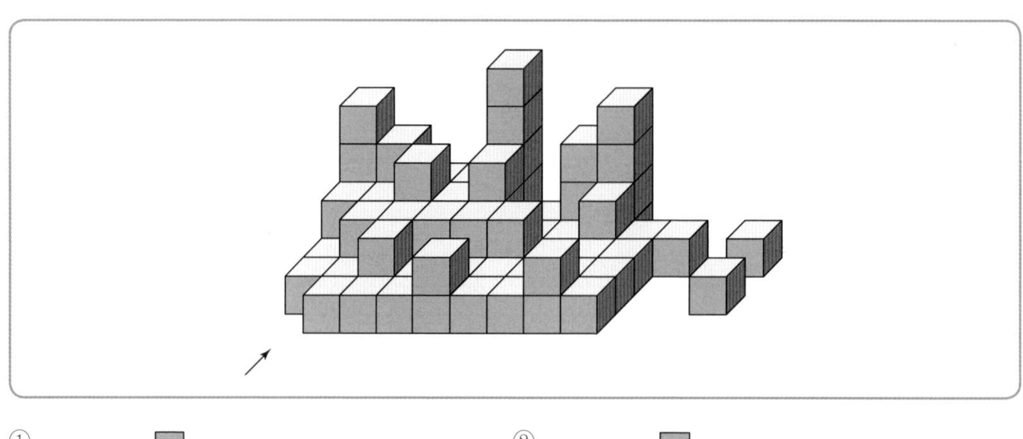

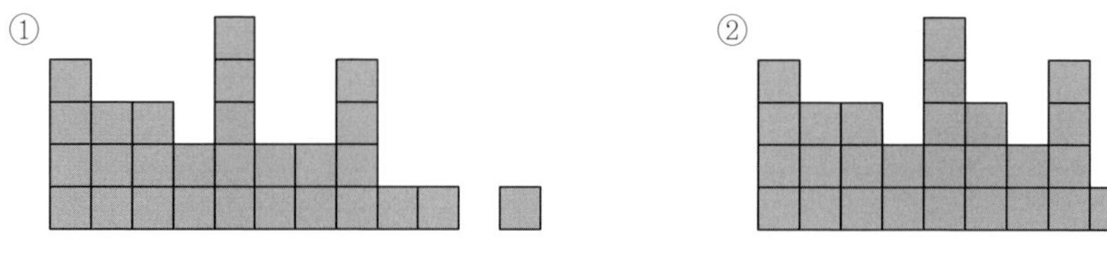

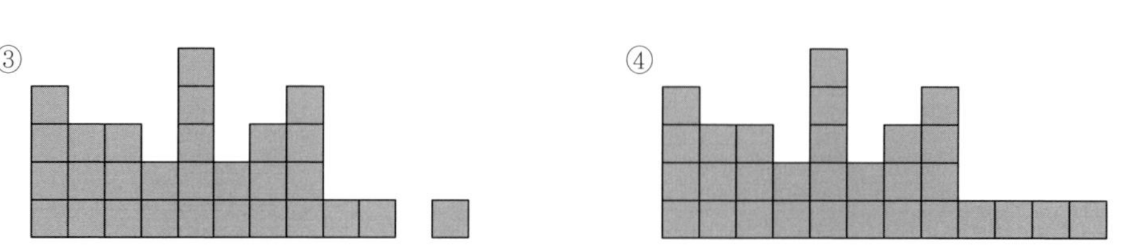

해 왼쪽 열부터 층을 세어 보면 '4-3-3-2-5-2-3-4-1-1-0-1'이다.

19

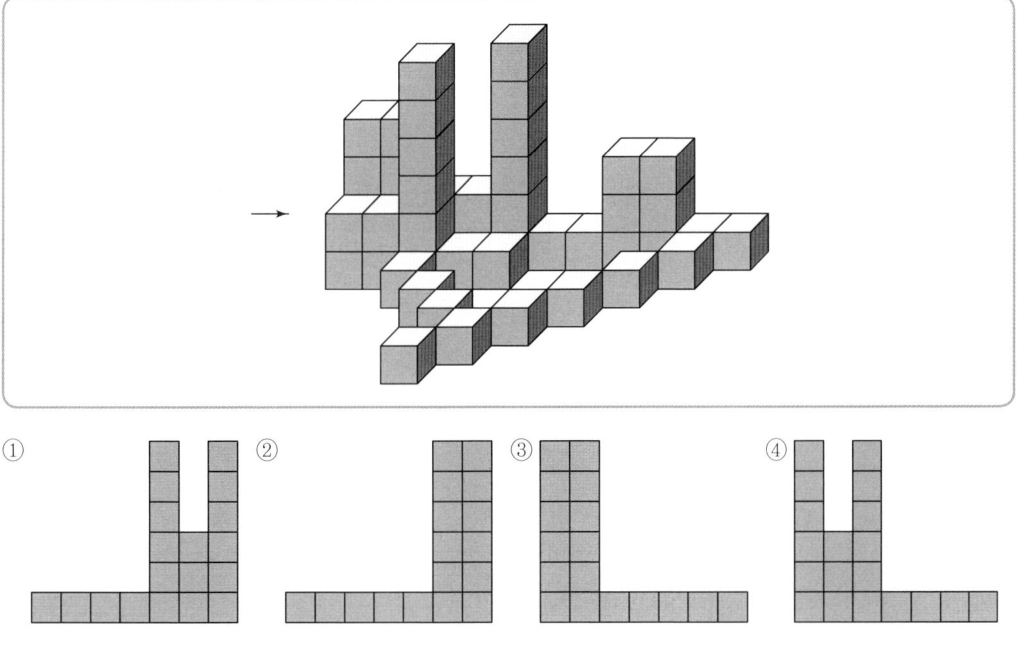

해 왼쪽 열부터 층을 세어 보면 '6–6–1–1–1–1–1'이다.

20

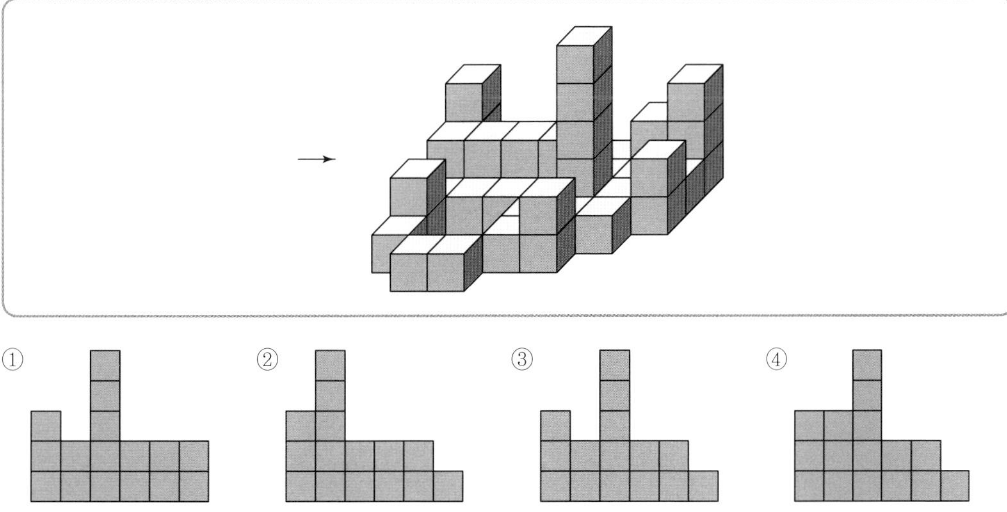

해 왼쪽 열부터 층을 세어 보면 '3–2–5–2–2–1'이다.

답 18 ③ 19 ③ 20 ③

Chapter 02

지각속도

[01~05] 다음 〈보기〉의 왼쪽과 오른쪽의 대응을 참고하여 각 문제의 대응이 같으면 답안지에 '① 맞음'을, 틀리면 '② 틀림'을 선택하시오.

〈보기〉

a=경 b=사 c=육 d=군 e=성 f=관 g=부 h=공

01

c d g b f – 육 군 부 사 관

① 맞음 ② 틀림

02

h g c e d – 공 사 육 성 군

① 맞음 ② 틀림

해 h g c e d – 공 부 육 성 군

03

관 성 경 부 군 – f e a g d

① 맞음 ② 틀림

04

관 사 부 군 육 – f b g h c

① 맞음 ② 틀림

해 관 사 부 군 육 – f b g d c

05

공 d g 육 a – h 군 부 c 경

① 맞음 ② 틀림

[06~10] 다음 〈보기〉의 왼쪽과 오른쪽의 대응을 참고하여 각 문제의 대응이 같으면 답안지에 '① 맞음'을, 틀리면 '② 틀림'을 선택하시오.

〈보기〉

◁=12	◀=14	▷=22	▶=25	♤=07	♠=08	♧=20	♣=11

06

11 20 08 07 14 – ♣ ♧ ♠ ♤ ◁

① 맞음 ② 틀림

해 11 20 08 07 14 – ♣ ♧ ♠ ♤ ◀

07

12 25 11 14 22 – ◁ ▶ ♣ ◀ ▷

① 맞음 ② 틀림

답 01 ① 02 ② 03 ① 04 ② 05 ① 06 ② 07 ①

08

♧ ▷ ♤ ◁ ♠ – 20 22 07 12 08

① 맞음　　　② 틀림

09

◀ ▶ ♧ ♣ ♤ – 14 12 20 11 07

① 맞음　　　② 틀림

해 ◀ ▶ ♧ ♣ ♤ – 14 25 20 11 07

10

08 ▷ ◁ 12 25 – ♠ 22 12 ◁ ◀

① 맞음　　　② 틀림

해 08 ▷ ◁ 12 25 – ♠ 22 12 ◁ ▶

[11~15] 다음 〈보기〉의 왼쪽과 오른쪽의 대응을 참고하여 각 문제의 대응이 같으면 답안지에 '① 맞음'을, 틀리면 '② 틀림'을 선택하시오.

〈보기〉

@=강릉　#=인천　$=서울　%=수원　&=부산　*=대전　~=제주　!=독도

11

@ * % & ~ – 강릉 대전 서울 부산 제주

① 맞음　　　② 틀림

해 @ * % & ~ – 강릉 대전 수원 부산 제주

12

! $ * % # – 독도 서울 대전 수원 인천

① 맞음 ② 틀림

13

제주 서울 부산 강릉 독도 – ~ $ & @ !

① 맞음 ② 틀림

14

대전 인천 수원 독도 서울 – * # % ! $

① 맞음 ② 틀림

15

! 수원 @ # 제주 – 독도 % 강릉 인천 &

① 맞음 ② 틀림

해 ! 수원 @ # 제주 – 독도 % 강릉 인천 ~

[16~20] 다음 〈보기〉의 왼쪽과 오른쪽의 대응을 참고하여 각 문제의 대응이 같으면 답안지에 '① 맞음'을, 틀리면 '② 틀림'을 선택하시오.

〈보기〉

←=口 ↑=小 →=文 ↓=山 ↖=立 ↗=田 ↘=大 ↙=羽

답 08 ① 09 ② 10 ② 11 ② 12 ① 13 ① 14 ① 15 ②

16

↑ ↓ ↘ ↗ → － 小 山 大 立 文

① 맞음　　② 틀림

해 ↑ ↓ ↘ ↗ → － 小 山 大 田 文

17

← ↖ ↘ → ↓ － 口 立 大 文 羽

① 맞음　　② 틀림

해 ← ↖ ↘ → ↓ － 口 立 大 文 山

18

山 文 羽 田 立 － ← → ↙ ↗ ↖

① 맞음　　② 틀림

해 山 文 羽 田 立 － ↓ → ↙ ↗ ↖

19

小 羽 田 山 大 － ↑ ↙ ← ↓ ↘

① 맞음　　② 틀림

해 小 羽 田 山 大 － ↑ ↙ ↗ ↓ ↘

20

→ 口 大 ↙ ↓ － 文 ← ↗ 羽 山

① 맞음　　② 틀림

해 → 口 大 ↙ ↓ ‒ 文 ← ↘ 羽 山

[21~30] 문제의 왼쪽에 제시된 굵은 글씨체의 기호, 문자, 숫자의 개수를 모두 세어 개수를 고르시오.

21

ㅇ	전쟁억제에 기여한다. 지상전에서 승리한다. 국민편익을 지원한다. 정예강군을 육성한다.

① 13 ② 14 ③ 15 ④ 16

해 전쟁억제에 기여한다. 지상전에서 승리한다. 국민편익을 지원한다. 정예강군을 육성한다.

22

ㅏ	부사관이란 병사와 장교 사이의 중간 간부로서 각급 제대의 지휘관을 보좌하고, 사병의 업무를 감독, 지시, 통제한다.

① 11 ② 12 ③ 13 ④ 14

해 부사관이란 병사와 장교 사이의 중간 간부로서 각급 제대의 지휘관을 보좌하고, 사병의 업무를 감독, 지시, 통제한다.

23

강	강강걍강겅겅강강강경강강경걍강걍강경강겅강강겅강겅강강강걍강강강강경강강강강강강강강강강강겅강강강강강

① 35 ② 36 ③ 37 ④ 38

해 강강걍강겅겅강강강경강강경걍강걍강경강겅강강겅강겅강강강걍강강강강경강강강강강강강강강강강겅강강강강강

답 16 ② 17 ② 18 ② 19 ② 20 ② 21 ④ 22 ③ 23 ③

24

e	There are difficulties that we cannot deal with right away, or perhaps ever.

① 9　② 10　③ 11　④ 12

해 There are difficulties that we cannot deal with right away, or perhaps ever.

25

r	People unconsciously signal that they are lying through inconsistencies in their nonverbal behavior.

① 3　② 4　③ 5　④ 6

해 People unconsciously signal that they are lying through inconsistencies in their nonverbal behavior.

26

9	368933689636898368983669836898368933889636898368993689

① 11　② 12　③ 13　④ 14

해 368933689636898368983669836898368933889636898368993689

27

m	nnnnnnnnmnnnnnnnnnnnnnnnnmmnnnnnnnnnnnnmnnnnnnnnnnnmnnnnnnnmn

① 4　② 5　③ 6　④ 7

해 nnnnnnnnmnnnnnnnnnnnnnnnnmmnnnnnnnnnnnnmnnnnnnnnnnnmnnnnnnnmn

28

$	$%&S$%&S&%S&%SS&&S%&S$&%S$&%S&%S &$%&$S%&%&S$%&$S%&$S&$&%&

① 10　　② 11　　③ 12　　④ 13

해 $%&S$%&S&%S&%SS&&S%&S$&%S$&%S&%S&$%&$S%&%&S$%&$S%&$S&$&%&

29

↕	↑ ↓ ↑ ↕ ↓ ↓ ↕ ↓ ↑ ↕ ↓ ↑ ↓ ↑ ↕ ↓ ↕ ↕ ↓ ↓ ↑ ↓ ↑ ↑ ↓ ↕ ↑ ↓ ↑ ↕ ↑ ↓ ↑ ↓ ↕ ↓ ↑ ↓ ↕ ↑ ↕

① 10　　② 11　　③ 12　　④ 13

해 ↑ ↓ ↑ ↕ ↓ ↓ ↕ ↓ ↑ ↕ ↓ ↑ ↓ ↑ ↕ ↓ ↕ ↕ ↓ ↓ ↑ ↓ ↑ ↑ ↓ ↕ ↑ ↓ ↑ ↕ ↑ ↓ ↑ ↓ ↕ ↓ ↑ ↓ ↕ ↑ ↕

30

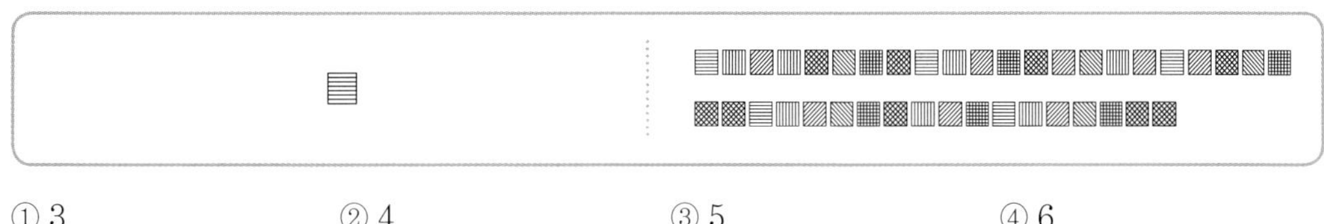

① 3　　② 4　　③ 5　　④ 6

해

답 24 ①　25 ③　26 ②　27 ③　28 ①　29 ②　30 ③

Chapter 03

언어논리

01 의미 관계가 유사한 한자 성어와 속담의 연결로 적절하지 않은 것은?

① 하석상대(下石上臺) – 언 발에 오줌 누기

② 만시지탄(晩時之歎) – 소 잃고 외양간 고친다

③ 동병상련(同病相憐) – 비렁뱅이가 하늘을 불쌍히 여긴다

④ 작학관보(雀學鸛步) – 뱁새가 황새를 따라가면 다리가 찢어진다

⑤ 망양보뢰(亡羊補牢) – 양을 잃고서 그 우리를 고친다

해 동병상련(同病相憐)이란 같은 병자(病者)끼리 가엾게 여긴다는 뜻으로, 어려운 처지(處地)에 있는 사람끼리 서로 불쌍히 여겨 동정(同情)하고 서로 도움을 뜻한다. 비렁뱅이가 하늘을 불쌍히 여긴다는 빌어먹는 형편에 하늘을 보고 처지가 가련하다고 한다는 뜻으로, 주제넘게 동정을 하거나 엉뚱한 일을 걱정하는 경우를 비유적으로 이르는 말이다. 따라서 두 속담과 한자성어의 뜻은 서로 유사하지 않다.

02 다음 글의 괄호에 알맞은 한자성어는?

> 일을 하다 보면 조화와 절제가 필요하다는 것을 알게 된다. 일의 수행 과정에서 부분적 잘못을 바로 잡으려다 정작 일 전체를 그르치는 경우가 종종 발생하기 때문이다. 흔히 속담에 "빈대 잡으려다 초가삼간 태운다"는 말은 여기에 해당할 것이다. 따라서 부분적 결점을 바로잡으려다 본질을 해치는 (   )의 어리석음을 저질러서는 안 된다.

① 개과불린(改過不吝)

② 경거망동(輕擧妄動)

③ 교각살우(矯角殺牛)

④ 부화뇌동(附和雷同)

⑤ 권토중래(捲土重來)

해 제시문의 "빈대 잡으려다 초가삼간 태운다."라는 속담처럼 부분적 결점을 바로잡으려다 본질을 해치는 어리석음을 의미하는 한자성어는 '교각살우(矯角殺牛)'이다. '교각살우(矯角殺牛)'란 소의 뿔을 바로잡으려다가 소를 죽인다는 뜻으로, 잘못된 점을 고치려다가 그 방법이나 정도가 지나쳐 오히려 일을 그르침을 이르는 말이다.

① '개과불린(改過不吝)'이란 허물을 고침에 인색(吝嗇)하지 않음을 이르는 말이다.

② '경거망동(輕擧妄動)'이란 가볍고 망령되게 행동한다는 뜻으로, 도리나 사정을 생각하지 아니하고 경솔하게 행동함을 의미한다.

④ '부화뇌동(附和雷同)'이란 우레 소리에 맞춰 함께한다는 뜻으로, 자신의 뚜렷한 소신 없이 그저 남이 하는 대로 따라가는 것을 의미한다.

⑤ '권토중래(捲土重來)'란 한번 싸움에 패하였다가 다시 힘을 길러 쳐들어오는 일, 또는 어떤 일에 실패한 뒤 다시 힘을 쌓아 그 일에 재차 착수하는 일을 의미한다.

03 다음의 상황에 어울리는 한자 성어로 가장 적절한 것은?

> 김만중의 '사씨남정기'에서 사씨는 교씨의 모함을 받아 집에서 쫓겨난다. 사악한 교씨는 문객인 동청과 작당하여 남편인 유한림마저 모함한다. 그러나 결국은 교씨의 사악함이 만천하에 드러나고 유한림이 유배지에서 돌아오자 교씨는 처형되고 사씨는 누명을 벗고 다시 집으로 돌아오게 된다.

① 교언영색(巧言令色)
② 절치부심(切齒腐心)
③ 만시지탄(晩時之歎)
④ 사필귀정(事必歸正)
⑤ 마이동풍(馬耳東風)

해 교씨는 결국 처형되고 사씨는 누명을 벗는 등 모든 일이 바른 길로 돌아오게 되었으니 '사필귀정'이 이 상황에서 가장 적절한 한자 성어이다.
① 교언영색(巧言令色) : 남에게 잘 보이려고 그럴듯하게 꾸며 대는 말과 알랑거리는 태도를 뜻한다.
② 절치부심(切齒腐心) : 이를 갈면서 속을 썩인다는 뜻으로, 매우 분하여 한을 품음을 이르는 말이다.
③ 만시지탄(晩時之歎) : 어떤 일에 알맞은 때가 지났음을 안타까워하는 탄식을 말한다.
⑤ 마이동풍(馬耳東風) : 말 귀에 봄바람이 스쳐간다는 뜻으로 남의 말을 귀담아듣지 않고 흘려버림 또는 전혀 관심이 없음을 비유이다.

04 다음의 교육 방법을 표현한 속담으로 적절한 것은?

> 이 교육은 자연 상태의 인간이 본래의 천진무구함을 유지하면서 정신적 · 육체적으로 스스로를 도야해 가는 과정을 따르는 것을 원리로 삼는다. 그래서 지식은 실제 생활에 필요한 정도만 배우게 하고, 심신의 발달 과정에 따라 어린이가 직접 관찰하거나 자유롭게 능동적인 경험을 하도록 하는 것이다.

① 아는 것이 병이다
② 장마 끝에 먹을 물 없다.
③ 세 살 버릇 여든까지 간다
④ 서당 개 삼년이면 풍월을 읊는다
⑤ 백 번 듣는 것이 한 번 보는 것만 못하다

해 주어진 글에서 말하는 '교육'은 실생활에 필요한 것 이외에는 인간 스스로 경험하고 깨우치도록 해야 한다는 의미이다. 여기에 가장 어울리는 속담은 '듣기만 하는 것보다는 직접 보는 것이 확실하다'는 의미의 속담인 '백 번 듣는 것이 한 번 보는 것만 못하다'이다.

05 다음 중 '일이 잘되도록 노력해야 할 사람이 도리어 엉뚱한 행동을 한다.'는 의미의 속담은?

① 논 팔아 굿하니 맏며느리 춤추더라
② 구슬이 서 말이라도 꿰어야 보배다

답 01 ③ 02 ③ 03 ④ 04 ⑤ 05 ①

③ 눈 어둡다 하더니 다홍고추만 잘 딴다

④ 동방삭이는 백지장도 높다고 하였단다

⑤ 봄에 깐 병아리 가을에 와서 세어 본다

해 '일이 잘되도록 노력해야 할 사람이 도리어 엉뚱한 행동을 한다'라는 뜻의 속담은 '논 팔아 굿하니 맏며느리 춤추더라'이다. 이 속담은 없는 형편에 빚까지 내서 굿을 하니 맏며느리가 분수도 없이 굿판에 뛰어들어 춤을 춘다는 의미이다.

06 다음 중 속담과 뜻풀이가 바르게 연결된 것은?

① 말이 씨가 된다 : 사람의 욕심이란 한이 없음

② 작은 고추가 더 맵다 : 잘될 사람은 어려서부터 장래성이 엿보임

③ 산 까마귀 염불한다 : 아무리 가공을 하여도 본바탕은 변하지 않음

④ 울며 겨자 먹기 : 아무리 익숙한 사람이라도 간혹 실수할 때가 있음

⑤ 벼린 도끼가 이 빠진다 : 공을 들여 잘 장만한 것이 오히려 빨리 못쓰게 됨

해 벼린 도끼가 이 빠진다는 속담은 애써서 벼린 도끼의 날이 그만 이가 빠져서 꼴사납게 되었다는 뜻으로, 공을 들여 잘 장만한 것이 오히려 빨리 못쓰게 되는 경우를 비유적으로 이르는 말이다.

07 다음 중 한자의 뜻이 잘못 설명된 것은?

① 전파(傳播) : 전하여 널리 퍼뜨림

② 독단(獨斷) : 홀로 판단하거나 결정함

③ 고루(固陋) : 한쪽으로 생각이 치우침

④ 교정(矯正) : 틀어지거나 잘못된 것을 바로잡음

⑤ 예지(叡智) : 사물의 이치를 꿰뚫어 보는 지혜롭고 밝은 마음

해 '고루(固陋)'는 '굳을 고(固)'와 '좁을 루(陋)'를 쓴 것으로, '견문이 좁고 고집이 셈' 또는 '생각하는 것이 낡고 새로운 것을 받아들이지 아니함'을 의미하는 말이다. 따라서 뜻이 잘못 설명되었다.

08 다음 제시된 문장의 빈칸에 들어갈 말로 가장 적합한 것은?

사태의 심각성 때문에 국민의 감정이 (　　)되었다.

① 고양(高揚)

② 고조(高調)

③ 배양(培養)

④ 가격(加擊)

⑤ 증진(增進)

해 '고조(高調)'는 '감정이나 사상, 세력 등이 한참 무르익거나 높아짐 또는 그런 상태'를 의미한다.

09 다음 제시된 두 문장의 빈칸에 들어갈 말로 가장 적합한 것은?

> 그는 자신의 지위와 ( )하는 대우를 요구했다.
> 외교 정책은 중국 사회의 변화에 ( )하여 신축성 있게 전개되어 갔다.

① 부응(符應) ② 대응(對應)
③ 호응(呼應) ④ 상통(相通)
⑤ 상응(相應)

해 '상응(相應)'은 '(~에, ~과) 서로 응하거나 어울리다. 서로 기맥이 통하다'의 뜻을 가진다. 따라서 빈칸에 들어갈 말로 가장 적절한 것은 상응(相應)이다.

10 〈보기〉의 밑줄 친 다의어의 의미를 잘못 말한 것은?

〈보기〉

> 지호 : 은수야, 나는 친구들이랑 내일 한라산으로 등산하러 ㉠ 간다!
> 은수 : 좋겠다. 그런데 민수는 종아리뼈에 금이 ㉡ 갔다며?
> 지호 : 응, 정확한 검사 결과는 내일에 ㉢ 가서야 나온대.
> 은수 : 그래, 너도 너무 무리하지는 마.
> 지호 : 응, 여름도 다 ㉣ 가서 선선하니까 많이 힘들지는 않을 거야.
> 은수 : 맞어, 근데 몇시에 ㉤ 간다고?

① ㉠ : 한 곳에서 다른 곳으로 장소를 이동하다.
② ㉡ : 금, 줄, 주름살, 흠집 따위가 생기다.
③ ㉢ : 일정한 시간이 되거나 일정한 곳에 이르다.
④ ㉣ : 기계 따위가 제대로 작동하다.
⑤ ㉤ : 어떤 대상이 다른 곳으로 이동하여 사라지다.

해 ㉣의 '가다'는 '지나거나 흐르다'의 의미로 사용되었다.

11 단어의 풀이가 적절하지 않은 것은?

① 맥쩍다 : 맥이 풀려 힘이 빠지다.
② 호도깝스럽다 : 경망하고 조급하다.
③ 행짜 : 심술을 부려 남을 해롭게 하는 행위.

답 06 ⑤ 07 ③ 08 ② 09 ⑤ 10 ④ 11 ①

④ 벌충 : 손실이나 모자라는 것을 보태어 채움.

⑤ 가량맞다 : 조촐하지 못하여 격에 조금 어울리지 아니하다.

해 '맥쩍다'는 '심심하고 재미가 없다.', '열없고 쑥스럽다.'의 뜻을 지닌다.

12 다음 중 밑줄 친 말들의 관계가 다른 하나는?

① 눈을 감고 추억에 잠긴다. – 머리를 깨끗이 감아라.

② 차를 타고 그곳에 갔다. – 입가심으로 차를 마셨다.

③ 집 앞에 큰 길이 났다. – 이것이 바로 우리 민족이 걸어온 길이다.

④ 초고를 교정하여 책을 완성하였다. – 허리가 자주 아프니 자세 교정을 해야겠다.

⑤ 엄마, 저 배 좀 보세요! 참 먹음직스럽죠? – 푸른 바다에 흰 돛을 단 배가 떠다니는 풍경이구나.

해 ①, ②, ④, ⑤는 동음이의(同音異義) 관계에 있는 단어들이다. ③의 '길'은 앞 문장에서는 '사람이나 동물 또는 자동차 따위가 지나갈 수 있게 땅 위에 낸 일정한 너비의 공간'의 의미, 뒤 문장에서는 '시간의 흐름에 따라 개인의 삶이나 사회적 · 역사적 발전 따위가 전개되는 과정'의 의미로 쓰였다. 의미상 서로 관련이 있으므로 다의 관계로 보아야 한다.

13 다음 밑줄 친 단어 중 문맥적 의미가 다른 것은?

① 비오기 전에 빨래를 거두어 놓아라.

② 그 짐을 한 번에 거두어들이기에는 좀 많다.

③ 끈질긴 노력 끝에 성공을 거둘 수 있었다.

④ 사진들을 주섬주섬 거두어서 포켓에 간직했다.

⑤ 떨어진 압정을 빨리 거두어야 사람이 다치지 않는다.

해 '끈질긴 노력 끝에 성공을 거둘 수 있었다.'에서 '거두다'는 '(사람이 성과나 결과를) 얻어내거나 이루다.'의 의미이다. ①, ②, ④, ⑤의 '거두다'는 '(사람이 무엇을) 널려 있는 것이나 흩어져 있는 것을 한데 모아들이다.'의 뜻으로 사용되었다.

14 밑줄 친 단어의 뜻풀이로 바르지 않은 것은?

① 그녀는 그가 떠날까 저어하였다. – 저어하다 : 염려하거나 두려워하다.

② 우리 누나는 너무 게저분하게 살고 있다. – 게저분하다 : 너절하고 지저분하다.

③ 나는 곰살궂게 이모의 팔다리를 주물렀다. – 곰살궂다 : 일이나 행동이 적당하다.

④ 나이도 먹을 만큼 먹었는데 어쩌면 저렇게 숫저울까? – 숫접다 : 순박하고 진실하다.

⑤ 아이들이 놀이방에서 새살거렸다. – 새살거리다 : 샐샐 웃으면서 재미있게 자꾸 지껄이다.

해 '곰살궂다'는 '태도나 성질이 부드럽고 친절하다', '꼼꼼하고 자세하다'라는 의미이다.

15 묶음표의 쓰임이 잘못된 것은?

① 나는 IMF(1997) 당시 중학생이었다.

② 그녀의 나이(年歲)가 80세일 때 세상을 떴다.

③ 젊음[희망(希望)의 다른 이름]은 가장 아름다운 꽃이다.

④ 학교에서 동료 교사를 부를 때는 이름 뒤에 '선생(님)'이라는 말을 덧붙인다.

⑤ 국가의 성립 요소 { 국토 / 국민 / 주권 }

해 고유어에 대응하는 한자어를 보일 때에는 대괄호를 사용해야 한다(나이[年歲]).

16 제시된 단어의 뜻풀이가 바르지 않은 것은?

① 궁도련님 : 부유한 집에서 자라나 세상의 어려운 일을 잘 모르는 사람

② 윤똑똑이 : 사리에 어둡고, 아는 것이 없는 사람

③ 책상물림 : 책상 앞에 앉아 글공부만 하여 세상일을 잘 모르는 사람

④ 두루치기 : 한 사람이 여러 방면에 능통함. 또는 그런 사람

⑤ 대갈마치 : 온갖 어려운 일을 겪어서 아주 야무진 사람

해 '윤똑똑이'는 자기만 혼자 잘나고 영악한 체하는 사람을 낮잡아 이르는 말이다.

17 다음의 〈보기〉를 참고하여 '서술어'에 대해 탐구할 때 적절하지 않은 것은?

〈보기〉

오늘은 ○○팀과 △△팀의 경기가 있는 날입니다. 양팀 선수 ㉠ 입장합니다. 이번 경기가 한마디로 창과 방패의 대결입니다. 어떻게 진행될까요? ㉡ 먼저 ○○팀이 공격을 시도합니다. ㉢ 찼습니다, ▷▷선수. 아쉽게 빗나갔습니다. 이번에는 △△팀. ◁◁선수가 공격합니다. 골인! 역시△△팀의 공격력은 ㉣ 뛰어나네요.

① ㉠과 ㉡을 보니 '입장하다', '시도하다' 같은 동사가 서술어가 되는군.

② ㉢을 비교해 보니 서술어가 꼭 문장의 마지막에 위치할 필요는 없네.

③ ㉢과 ㉣을 보니 서술어는 주어의 동작을 풀이하는 기능을 하는군.

④ ㉣을 보니 '뛰어나다' 같은 형용사도 서술어가 될 수 있네.

⑤ ㉣은 문장에서 생략할 수 없겠네.

해 ㉢은 주어의 동작을 풀이하는 기능을 하지만 ㉣은 주어의 성질을 나타내는 기능을 한다. 즉 '차다'의 품사는 동사이고 '뛰어나다'의 품사는 형용사이다.

답 12 ③ 13 ③ 14 ③ 15 ② 16 ② 17 ③

18 다음 〈보기〉의 대화 상황에서 높임 표현이 적절하지 않은 것은?

〈보기〉

나는 오늘 어머니와 병원을 방문했다. 혹시 몰라 진료실에 들어가기 전 어머니께 당부의 말을 꺼냈다.

나 : ㉠ 어머니! 의사 선생님께 편찮으신 곳을 상세하게 말씀드리세요.

어머니 : ㉡ 알았네. 내 걱정 말고 자네나 잘하게.

간호사 : ㉢ 손님! 1번 진료실로 들어가실게요.

의사 : ㉣ 어머님은 전체적으로 볼 때 어디가 가장 불편하신가요?

나 : ㉤ 어머니께서는 어제 종일 구토를 하시고 잠을 잘 못 주무셨습니다. 배탈이 심한 것 같습니다.

① ㉠
② ㉡
③ ㉢
④ ㉣
⑤ ㉤

해 '-ㄹ게'는 어떤 행동을 할 것을 약속하는 뜻을 나타내는 종결어미이므로 '내가 할게.'처럼 1인칭 주어와 호응한다. 상대에게 어떤 행동을 하도록 요청하는 경우에 '-ㄹ게'가 쓰이는 것은 자연스럽지 않으므로 '들어가실게요'는 올바른 표현이 아니다.

19 다음을 참고할 때, 객체높임법이 사용된 문장은?

우리말의 높임법에는 상대높임법, 주체높임법, 객체높임법이 있다. 상대높임법은 화자가 청자를 높이거나 낮추는 표현이다. 상대높임법에는 합쇼체, 하오체, 하게체, 해라체 등의 격식체와 해요체, 해체 등의 비격식체가 있다. 주체높임법은 서술상의 주체가 화자보다 나이가 많거나 사회적 지위가 높을 때 서술의 주체를 높이는 표현이다. 객체높임법은 목적어나 부사어가 지시하는 대상, 즉 서술의 객체를 높이는 표현이다.

① 할아버지, 어머니가 왔습니다.
② 우리 할머니 피부는 참, 고우시다.
③ 어서 오십시오! 회장님께서 기다리고 계십니다.
④ 아버님 뵌 지도 오래되었는데, 안부 전화나 드려야겠어요.
⑤ 재활용이 가능한 쓰레기는 꼭 분리수거해 주시기 바랍니다.

해 객체높임법은 말하는 이가 문장의 목적어나 부사어에 해당하는 대상, 곧 서술의 객체를 높이는 표현이다. '아버님 뵌 지도 오래되었는데, 안부 전화나 드려야겠어요.'에서는 동사 '하다' 대신에 '드리다'를 사용하여 객체인 '아버님'을 높이고 있다.

20 밑줄 친 말의 쓰임이 적절하지 않은 것은?

① 험한 말을 하는 그를 보고, 동료들은 모두 <u>아연실색할</u> 수밖에 없었다.

② 내가 하노라고 한 것이 이 모양 이 꼴이니 다른 사람들을 볼 낯이 없다.

③ 선생님 말씀이야 구구절절이 옳은 말씀입니다만, 요즘 세상에 그런 말이 통하기나 하겠어요?

④ 여러 사람의 의견이 엇갈리다 보니, 나도 이 일을 어떻게 처리해야 할지 판단하기가 곤혹스럽기만 했다.

⑤ 모두들 편안하게 잠든 와중에도 일터로 가기 위해 버스를 기다리는 사람들의 얼굴을 보며 삶의 의미를 생각해 보았다.

해 '와중에도'의 '와중(渦中)'은 '일이나 사건 따위가 시끄럽고 복잡하게 벌어지는 가운데'를 가리키는 말이다. 따라서 ⑤의 '모두들 평안하게 잠든 와중에도~'는 시끄럽고 복잡한 상황과는 거리가 먼 표현이므로 적절한 쓰임이 아니다.

21 문법적으로 올바른 문장은?

① 김 과장이 지각한 이유는 어제 늦잠을 잤다.

② 물품을 교체하는 일에는 많은 시간과 비용이 걸린다.

③ 잎은 꽃이 돋보이도록 자신을 낮출 줄 아는 존재이다.

④ 나는 자신에게 편지를 쓴 사실조차 잊힌 채 살아갈지도 모른다.

⑤ 선택의 순간에는 결정을 미루게 만드는 일들을 제지하는 것이 좋다.

해 제시된 문장 중에서 문장 성분 간의 호응과 단어의 선택이 적절하고 모호한 표현을 사용하지 않은 문장은 ③번이다.

① 문장의 서술어 부분에서 이유의 설명이 필요하므로 '잤기 때문이다.'로 고쳐야 한다.

② 문장의 서술어 부분에서 비용은 걸리는 것이 아니라 드는 것이므로 '많은 시간이 걸리고 많은 비용이 든다.'라고 고쳐야한다.

④ 이 문장의 주어는 자기 자신이므로 능동의 동사 형태가 적절하다. 따라서 '잊히다'가 아닌 '잊다'가 와야 한다.

⑤ '제지하다'는 누가 어떤 행동을 하려고 할 때 못하게 막는 것이다. 따라서 그 대상이 스스로 어떤 행동을 취할 수 있어야 한다. 하지만 결정을 미루게 만드는 일들은 능동적인 대상이 아니므로 적절하지 않다.

22 중의성을 해소한 문장으로 적절하지 않은 것은?

① 친구들이 다 오지 않았다. → 친구들이 다 오지는 않았다.

② 내가 사과를 먹지 않았다. → 사과를 먹은 것은 내가 아니다.

③ 준호는 야구를 상우보다 더 좋아한다. → 상우는 준호보다 야구를 덜 좋아한다.

④ 그녀는 이름표를 가슴에 달고 있었다. → 그녀는 이름표를 가슴에 다는 중이었다.

⑤ 엄마는 내게 귤과 사과 두 개를 주셨다. → 엄마는 내게 귤 한 개와 사과 한 개를 주셨다.

해 '준호는 야구를 상우보다 더 좋아한다.'는 '준호는 야구와 상우 중에 야구를 더 좋아한다.'의 의미와 '준호는 상우가 야구를 좋아하는 것보다 더 많이 야구를 좋아한다.'의 의미로 해석될 수 있다. 따라서 '상우는 준호보다 야구를 덜 좋아한다.'라고 고치는 것은 중의성이 해소된 문장으로 적절하지 않다.

① '친구들이 다 오지 않았다.'의 문장에서 친구들이 전부 다 오지 않은 것인지, 아니면 친구 몇 명이 오지 않은 것인지 두 가지로 해석된다. 수정된 문장은 '다 오지는'이라는 표현을 사용하여 중의성을 해소하였다.

② '내가 사과를 먹지 않았다.'의 문장은 사과를 먹은 사람이 중의적이다. 수정된 문장은 사과를 먹은 것은 내가 아니라고 표현함

답 18 ③ 19 ④ 20 ⑤ 21 ③ 22 ③

으로써 중의성을 해소하였다.

④ 그녀가 이름표를 달고 있는 상태인지, 아니면 이름표를 달고 있는 행동을 하는 중인지 두 가지로 해석된다. 수정된 문장은 '다는 중'이라는 표현을 사용하여 중의성을 해소하였다.

⑤ 엄마가 나에게 귤 2개, 사과 2개를 준 것인지, 아니면 귤과 사과를 합쳐서 2개를 준 것인지 명확하지 않다. 수정된 문장은 귤 1개, 사과 1개라고 각각의 개수를 명시하여 중의성을 해소하였다.

23 〈보기〉의 ㉠에 들어갈 예로 적절한 것은?

〈보기〉

효과적인 의사소통을 하기 위해서는 문장을 정확하게 구사해야 한다. "이 옷은 참 잘 어울린다."는 서술어인 '어울린다'가 필요로 하는 부사어가 빠져 의미가 제대로 전달되지 않는 문장이다. 이와 같이 문장에 필요한 성분이 빠져 있는 또 다른 문장의 예는 다음과 같다.

㉠

① 내 친구 영수는 얼굴이 닮았다.

② 그는 하얀색 운동화를 신고 있었다.

③ 기상청에서는 눈이 내릴 것이라고 미리 예고했다.

④ 저희는 소중한 고객님의 의견을 기다리고 있습니다.

⑤ 그는 절대로 그가 하고 싶은 일을 결국에는 하고야 말았다.

해 〈보기〉는 필요한 문장성분이 생략되어 의미가 제대로 전달되지 않는 문장에 대한 설명이다. '내 친구 영수는 얼굴이 닮았다.'는 문장에 필요한 부사어가 빠져 있어 의미가 제대로 전달되지 않는 문장이므로 ㉠에 들어갈 예로 적절하다.

② '그는 하얀색 운동화를 신고 있었다'는 '신고 있었다'의 의미가 중의적으로 해석되는 문장이다.

③ '예고'라는 단어에 '미리'라는 의미가 포함되어 있어 불필요한 요소가 포함된 문장이다.

④ '소중한'의 수식 범위가 모호하여 의미가 중의적으로 해석되는 문장이다.

⑤ 부사어인 '절대로'가 서술어와 호응이 되지 않는 문장이다.

24 다음 글에서 문맥상 빈칸 ㉠에 들어갈 문장으로 가장 적절한 것은?

과거를 이런 식으로 재현하고 기억하는 것은 참된 의미의 역사적 기술 양식이 아니다. 변화의 과정이 묘사되고 해석되기는 하지만, 오직 회상의 주제로서만 중요하며 근본적으로 불변하는 것을 잠식하고 타락시키는 환경으로서 묘사되고 해석되기 때문이다. 실로 전통은 기억과 유사하게 보이기는 하다. 그 둘의 절차와 기능은 유사하다. 하지만 기억과는 다르게 전통은 끊임없는 선택, 수정, 그리고 노골적 창작을 통해 사실상 만들어진 것이며, 그 기능은 다양성, 불연속성, 그리고 모순의 위협에 대항해 정체성을 지키는 것이다.

㉠

따라서 필연적으로 배제하는 것이다. 전통을 연속성이 당연시되는 일종의 관습으로 보기 쉽지만, 실제 그 과정은 불안으로 가득하다.

① 전통은 기억과 다르다.

② 전통은 기억과 유사하다.

③ 전통은 만들어지는 것이다.

④ 전통의 기능은 이처럼 다양하다.

⑤ 전통의 목적은 묶어 내는 것이다.

해 전통과 기억은 유사해 보이지만 전통은 끊임없는 선택, 수정, 노골적인 창작을 통해 사실상 만들어진 것이라고 하였으므로 전통의 목적은 묶어내는 일로 보는 것이 적절하다.

25 다음 문장을 읽고 밑줄 친 부분에 들어갈 내용으로 적절한 것은?

> 오페라를 좋아하는 사람은 뮤지컬을 좋아한다.
> 뮤지컬을 좋아하지 않는 사람은 연극도 좋아하지 않는다.
> 연극을 좋아하지 않는 사람은 영화도 좋아하지 않는다.
> 그러므로 ______________________________

① 뮤지컬을 좋아하는 사람은 오페라를 좋아한다.

② 뮤지컬을 좋아하지 않는 사람은 영화를 좋아한다.

③ 오페라를 좋아하는 사람은 연극을 좋아하지 않는다.

④ 영화를 좋아하는 사람은 뮤지컬과 오페라를 좋아한다.

⑤ 뮤지컬을 좋아하지 않는 사람은 영화를 좋아하지 않는다.

해 뮤지컬을 좋아하지 않는 사람은 연극을 좋아하지 않는 사람이다. 연극을 좋아하지 않는 사람은 영화를 좋아하지 않는 사람이다. 따라서 뮤지컬을 좋아하지 않는 사람은 영화를 좋아하지 않는다.

26 다음 중 빈칸 안에 들어갈 단어로 가장 적절한 것은?

> 모든 예술작품에 공통되고 그것들에만 특수한 속성은 무엇인가? 그 속성이 무엇이건 그것이 다른 속성들과 함께 발견된다는 점은 분명하다. 그러나 다른 속성들이 우연적인 반면 그 속성은 본질적이다. 그것을 갖고 있지 않으면 그 어떤 것도 예술작품이 아니고, 최소한이라도 그것을 소유하면 그 어떤 작품도 완전히 무가치할 수 없는 그러한 하나의 속성이 존재함에 틀림없다. 이 속성은 무엇일까? 어떤 속성이 우리의 미적 정서를 유발하는 모든 대상들에 의해 공유되는 것일까? 소피아 사원과 샤르트르 성당의 스테인드글라스, 멕시코의 조각품, 파도바에 있는 지오토의 프레스코 벽화들, 그리고 푸생, 피에로 델라 프란체스카와 세잔의 걸작들에 공통된 속성은 무엇일까? 오직 하나의 대답만이 가능해 보인다. 바로 '의미 있는 형식'이다. 방금 말한 대상들 각각에서 특수한 방식으로 연관된 선과 색들, 특정 형식과 형식들의 관계가 우리의 미적 정서를 불러일으킨

답 23 ① 24 ⑤ 25 ⑤ 26 ①

다. 선과 색의 이러한 관계와 연합체들, 미적으로 감동을 주는 이 형식을 나는 의미 있는 형식이라고 부르며 이것이 모든 예술작품에 공통적인 하나의 (　　)이다.

① 속성
② 형식
③ 특색
④ 정서
⑤ 소유

해 '소피아 사원과~공통된 속성은 무엇일까?'라는 질문과 이에 대한 대답과 부가설명인 '오직 하나의~부르며'를 통해 괄호 안에 들어갈 단어가 '속성'임을 알 수 있다.

[27~28] 다음 글을 읽고 물음에 답하시오.

2세기에 중국에서 종이가 발명된 이후 석판에 새겨진 고전 작품들의 인쇄가 용이해졌다. 부드러운 종이를 석판에 대고 누른 다음 먹물을 묻히고 종이를 떼어 내면 검정색 배경에 흰 글씨로 된 인쇄본이 나온다. 그 당시 중국인들은 이 '탁본' 방법으로 고전 작품들의 (㉠)을/를 만들었다. 8세기에 중국에서 널리 퍼진 목판 인쇄술은 글자를 양각으로 새긴 목판에 먹물을 바른 후 종이를 덮고 솔로 문질러 찍어내는 기술이다.

10세기에는 불교 성전인 삼장(三藏)이 13만여 개의 목판으로 5천 권이나 출판되었다. 활자는 11세기에 중국에서 처음 발명되었다. 그로부터 3세기 후에 한국에서는 활자를 금속으로 주조할 수 있는 최초의 주물을 만들었고, 일본이 곧 이를 모방했다.

27 위 글을 통해서 알 수 있는 사실은?

① 인쇄술은 탁본, 목판, 활자 순으로 발전했다.
② 탁본의 기술은 종이 발명에 앞서 개발되었다.
③ 금속활자는 중국에서 발명되어 한국으로 전파되었다.
④ 목판 인쇄술은 한국 불교의 전파와 함께 시작되었다.
⑤ 11세기 한국에서 활자를 금속으로 주조할 수 있는 최초의 주물을 만들었다.

해 윗글은 인쇄술의 역사를 2세기에서 11세기에 이르는 시대의 흐름에 따라 서술하고 있으며, 탁본, 목판, 활자의 순으로 발전했음을 알 수 있다.

28 ㉠에 들어갈 말로 가장 적절한 것은?

① 사본(寫本)
② 원본(原本)
③ 희귀본(稀貴本)
④ 필사본(筆寫本)
⑤ 단행본(單行本)

해 ㉠에는 '원본을 그대로 베낀 책'의 의미인 '사본(事本)'이 들어가는 것이 적절하다.
② 원본(原本) : 맨 처음 간행된 책
③ 희귀본(稀貴本) : 드물어서 매우 진귀한 책
④ 필사본(筆寫本) : 손으로 써서 만든 책
⑤ 단행본(單行本) : 한 권이 단독으로 간행되는 책

29 다음 문장을 의미맥락이 통할 수 있도록 논리적 순서에 맞게 나열한 것은?

(가) 개인주의는 또 이기주의와도 무관하다.
(나) 현대의 노마드들이 들고 다니는 휴대폰과 노트북은 그들이 지구 문명의 망 속에 긴밀히 연결돼 있다는 연합의 표시다.
(다) 개인주의자는 개인주의라는 가치를 실현하기 위해 다른 개인과 연합하는 것을 주저하지 않는다.
(라) 개인주의는 한 사람의 자유는 다른 사람의 자유가 시작되는 곳에서 멈춘다는 고전적 자유관의 심리적 표현이기 때문이다.

① (가) – (나) – (다) – (라)
② (가) – (다) – (나) – (라)
③ (다) – (나) – (가) – (라)
④ (다) – (나) – (라) – (가)
⑤ (라) – (나) – (가) – (다)

해 (다)에서 개인주의자는 ~ 하고 문제를 제기하였고, (나)는 이에 개인주의자 노마드들을 설명하고, (가)는 이기주의와도 무관하다고 문제를 제기하였고('또'라는 표현으로 (다)보다 뒤임을 알 수 있다.), (라)에서 왜 이기주의자와도 무관한지 설명하고 있다. 따라서 알맞은 순서는 (다) – (나) – (가) – (라)이다.

답 27 ① 28 ① 29 ③

30 다음 글의 연결 순서로 가장 적절한 것은?

(가) 과학은 현재 있는 그대로의 실재에만 관심을 두고 그 실재가 앞으로 어떠해야 한다는 당위에는 관심을 가지지 않는다.
(나) 그러나 각자 관심을 두지 않는 부분에 대해 상대방으로부터 도움을 받을 수 있기 때문에 상호 보완적이라고 보는 것이 더 합당하다.
(다) 과학과 종교는 상호 배타적인 것이 아니며 상호 보완적이다.
(라) 반면 종교는 현재 있는 그대로의 실재보다는 당위에 관심을 가진다.
(마) 이처럼 과학과 종교는 서로 관심의 영역이 다르기 때문에 배타적이라고 볼 수 있다.

① (가) – (라) – (나) – (다) – (마)
② (가) – (라) – (마) – (다) – (나)
③ (다) – (가) – (라) – (마) – (나)
④ (다) – (나) – (가) – (라) – (마)
⑤ (라) – (다) – (가) – (마) – (나)

해 (다)는 '과학과 종교'라는 화제를 제시하면서 과학과 종교의 관계가 상호 보완적이라고 단언하는 중심 문장이다. (가)와 (라)에서는 각각 '과학'과 '종교'에 대해 설명하고 있는데, (라)에 '반면'이라는 역접의 접속어가 있으므로 (라) 앞에 '과학'에 대한 언급이 와야 한다는 것을 알 수 있다. 즉, (가)와 (라)에서 과학과 종교의 차이점을 대조한 뒤 (마)에서 이를 요약 · 정리하는 것이다. (나)는 '그러나'라는 역접의 접속어를 통해 앞의 내용에 대한 반론을 제기하며 맨 처음 제시한 중심 문장의 내용을 강조하고 있으므로 맨 마지막에 오는 것이 적절하다.

자료해석

01 $0<x<3$일 때, $\sqrt{(x-3)^2}$의 값은?

① $-x+3$　② $-x-3$　③ $x+3$　④ $x-3$

해 $0<x<3$에서 $\sqrt{(x-3)^2}=|x-3|=-(x-3)=-x+3$

02 $A♤B=(A+B)-AB$, $A⊙B=A^2+B^2$이라 할 때, $2⊙(3♤1)$의 값은?

① 5　② 6　③ 7　④ 8

해 $2⊙(3♤1)=2⊙\{(3+1)-3\}=2⊙1=2^2+1^2=5$

03 다음 조건에 따른 자연수로 옳은 것은?

- 두 자리 자연수이다.
- 이 자연수는 각 자릿수를 더한 값의 8배이다.
- 이 자연수는 각 자릿수의 자리를 바꾼 값보다 45가 많다.

① 55　② 68　③ 72　④ 86

해 십의 자리 수를 x, 일의 자리 수를 y라고 하면 다음과 같은 두 방정식이 나온다.
$10x+y=(x+y)\times 8 \rightarrow 2x-7y=0$ … ㉠
$10x+y=x+10y+45 \rightarrow x-y=5$ … ㉡
㉠, ㉡을 연립하면 $x=7$, $y=2$이며 두 자리 자연수는 72가 된다.

04 신입 부사관들은 4박 5일로 연수를 갈 예정이다. 방 사용 인원을 5명씩, 6명씩, 8명씩 배정하면 항상 3명이 남는다고 한다. 이때, 연수에 참가하는 신입 부사관의 수를 고르면? (단, 숙소는 최대 200명까지 수용할 수 있다.)

① 121명　② 122명　③ 123명　④ 124명

해 신입 부사관의 수를 x라 하면, $x-3$은 5, 6, 8의 공배수이므로 120, 240, 360, …이다. 그런데 학생수가 200명 이하이므로 $x-3=120$, $x=123$(명)

답 30 ③ / 01 ① 02 ① 03 ③ 04 ③

05 **5%의 식염수 200g에 10%의 식염수 200g을 넣으면 몇 %의 식염수가 만들어지는가?**

① 7% ② 7.5% ③ 8% ④ 8.5%

해 5%의 식염수 200g의 식염 양 : $200\times\frac{5}{100}=10(g)$

10%의 식염수 200g의 식염 양 : $200\times\frac{10}{100}=20(g)$

$\therefore \frac{10+20}{200+200}\times100=7.5(\%)$

06 **어느 가게에서는 항상 상품들을 정상가격에서 20% 할인해서 판매하고, 세일 기간에는 할인가격에서 다시 30% 추가 할인을 해준다. 세일 기간에 이 가게에서는 물품을 정상가격에서 몇 % 할인하여 판매하는가?**

① 28% ② 30% ③ 42% ④ 44%

해 정상가격을 a라 하면 20% 할인했을 때의 가격은

$a-0.2a=0.8a$

30% 추가 할인했을 때의 가격은

$0.8a-(0.8\times0.3)a=0.56a$

∴ 세일 기간에는 물품을 정상가격에서 44% 할인하여 판매한다.

07 **A의 가게에서는 원가가 개당 4,000원인 물품에 6할의 이익을 붙여 정가로 팔았다. 이후 경기가 좋지 않아 결국 정가의 4할을 할인하여 팔았다. 이 물품을 할인해서 팔 때, 물품 하나당 발생하는 이익 또는 손실은?**

① 160원 이익 ② 160원 손실 ③ 80원 이익 ④ 80원 손실

해 여기서 정가는 '원가(1+이익률)'이 되며, 할인된 판매가는 '정가(1−할인율)'이 된다.

개당 원가가 4,000원이므로, 정가는 '4,000(1+0.6)=6,400(원)'이 된다.

또한 할인된 판매가는 '6,400(1−0.4)=3,840(원)'이 된다.

'판매가−원가'는 '3,840−4,000=−160(원)'이 되므로, 이 물품 하나를 팔 때 160원의 손실이 발생한다.

08 **150원짜리 우표와 200원짜리 우표를 합해서 21장을 사고 4,000원을 냈는데 200원의 잔돈을 거슬러 받았다. 150원짜리 우표의 수는?**

① 6장 ② 8장 ③ 10장 ④ 12장

해 150원짜리 우표 : x, 200원짜리 우표 : y

$x+y=21$(장)

$150x+200y=4,000-200$, $150x+200y=3,800$(원)

$y=21-x$를 $150x+200y=3,800$에 대입하여 풀면,

$150x+200(21-x)=3,800$(원)
$150x+4,200-200x=3,800$(원)
$\therefore x=8$장

09 현재 어머니와 딸의 나이를 합하면 64세이다. 8년 전에 어머니의 나이가 딸 나이의 3배였다고 하면, 현재 딸의 나이는 몇 세인가?

① 14세 ② 16세 ③ 20세 ④ 24세

해 현재 딸의 나이 : x, 현재 어머니의 나이 : y
$x+y=64$ … ①
$y-8=3(x-8)$, $y=3x-16$ … ②
①과 ②를 연립해서 풀면
$x+3x-16=64$, $4x=80$
$\therefore x=20$(세)

10 평균은 69, 중앙값은 83, 최빈값은 85인 자연수 5개가 있다. 가장 큰 수와 가장 작은 수의 차가 70일 때, 두 번째로 작은 수는?

① 77 ② 78 ③ 79 ④ 80

해 자연수 5개의 중앙값이 83이고 최빈값이 85이므로, 자연수의 5개는 ○, ○, 83, 85, 85이다. 가장 큰 수와 가장 작은 수의 차가 70이므로 가장 작은 수는 15이다. 평균이 69이므로 두 번째로 작은 수를 구하면
$(15+○+83+85+85)\div 5=69$, $○=77$

11 4개의 숫자 2, 4, 6, 8을 중복하여 세 자리 정수로 만든다면 모두 몇 개가 나오는가?

① 60개 ② 64개 ③ 68개 ④ 72개

해 중복을 허락하여 세 자리 정수를 만드는 것이므로 나올 수 있는 세 자리 정수는
$4\times4\times4=4^3=64$(개)

12 3종류의 빵과 5종류의 음료수가 있는 제과점에서 빵과 음료수를 각각 한 가지씩 고르는 모든 경우의 수를 구하면?

① 10가지 ② 12가지 ③ 14가지 ④ 15가지

해 3종류의 빵 중 한 가지를 고르는 것과 5종류의 음료수 중 한 가지를 고르는 사건은 동시에 일어나는 경우이다.
$\therefore 5\times3=15$(가지)

답 05 ② 06 ④ 07 ② 08 ② 09 ③ 10 ① 11 ② 12 ④

13 사진관에서 5명의 가족이 단체사진을 찍을 때 앞줄에 2명, 뒷줄에 3명이 서는 방법의 수는?

① 100가지　② 110가지　③ 120가지　④ 130가지

해 5명 중에 앞줄에 2명을 뽑아 세우는 방법은

$${}_5P_2 \times {}_3P_3 = \frac{5!}{(5-2)!} \times \frac{3!}{(3-3)!} = \frac{5!}{3!} \times 3! = 5! = 120\text{(가지)}$$

14 주머니 속에 빨간 공 5개와 흰 공 3개가 들어 있다. 1개를 꺼낼 때 빨간 공일 확률은?

① $\frac{1}{8}$　② $\frac{1}{4}$　③ $\frac{3}{8}$　④ $\frac{5}{8}$

해 공은 모두 8개이고, 그 중에 빨간 공은 5개이므로

1개를 꺼낼 때 빨간 공일 확률은 $\frac{5}{8}$

15 아래 〈표〉는 기업별 재직 임원의 수를 조사하여 나타낸 것이다. 다음 중 기업 당 평균 재직 임원의 수와 표준편차가 올바르게 짝지어진 것은?

〈표〉 기업별 재직 임원의 수

재직 임원 수(명)	기업 수(개)
0 이상 4 미만	9
4 이상 8 미만	1
8 이상 12 미만	3
12 이상 16 미만	5
16 이상 20 미만	2
합	20

① 6명, 10　② 7명, 7　③ 8명, 6　④ 10명, 6

해 구간값이 제시된 경우, 구간의 확정된 계급값을 알 수 없으므로 각 계급의 중간값을 해당 계급값으로 사용한다. 따라서 기업 당 평균 재직 임원의 수는 $\{(2\times9)+(6\times1)+(10\times3)+(14\times5)+(18\times2)\}\div20=8$(명)이 된다.

편차=계급값−평균이므로 평균이 8명일 때 각 계급의 편차는 순서대로 각각 −6, −2, 2, 6, 10이므로 편차의 제곱과 각 계급의 기업 수를 곱하여 합을 구하면 324+4+12+180+200=720이고 이를 전체 기업 수 20으로 나눈 값인 분산이 36이므로 표준편차는 36의 제곱근인 6이다.

16 다음은 (가), (나), (다) 생산 공장에서 생산하는 음료수의 1일 생산량을 나타낸 것이다. A~C 음료수에 대한 생산 비율 중 B음료수의 생산 비율이 가장 작은 공장은? (단, 소수점 이하는 절삭한다.)

음료수의 1일 생산량

(단위 : 개)

구분	A음료수	B음료수	C음료수
(가) 공장	15,000	22,500	7,500
(나) 공장	36,000	48,000	18,000
(다) 공장	9,000	14,000	5,000

① (가) 공장　② (나) 공장　③ (다) 공장　④ 모두 같음

해 각 공장의 B음료수 생산 비율을 구하면 다음과 같다.

(가) 공장 : $\frac{22,500}{15,000+22,500+7,500}\times 100=50(\%)$

(나) 공장 : $\frac{48,000}{36,000+48,000+18,000}\times 100 \fallingdotseq 47(\%)$

(다) 공장 : $\frac{14,000}{9,000+14,000+5,000}\times 100=50(\%)$

따라서 (나) 공장의 생산 비율이 약 47%로 가장 작다.

17 다음 〈표〉는 연령별 스마트폰 1회 이용 시 평균 이용시간이다. 이에 대한 설명으로 옳지 않은 것은?

〈표〉 연령별 스마트폰 1회 이용 시 평균 이용시간

(단위 : %)

구분	5분 미만	5분~10분 미만	10분~20분 미만	20분~30분 미만	30분 이상
유아(만3세~9세)	29.9	10.8	32.5	10.6	16.2
청소년(만10세~19세)	30.2	17.3	29	12.2	11.3
성인(만20세~59세)	30.5	11.5	13.4	23.7	20.9
60대(만60세~69세)	34.3	19.5	24.3	19.8	2.1

① 10분~20분 미만 사용자들의 비율은 유아가 가장 많다.

② 30분 이상 사용자들의 비율은 성인이 가장 많다.

답 13 ③　14 ④　15 ③　16 ②　17 ③

③ 60대에는 20분~30분 미만 사용자들의 비율이 가장 많다.

④ 청소년들은 30분 이상 사용자들의 비율이 가장 낮다.

해 60대에는 5분 미만 사용자들이 가장 많다.

[18~19] 다음은 A시의 교육여건을 나타낸 자료이다. 표를 참고하여 물음에 답하시오.

A시의 교육여건

교육여건 학교급	전체 학교 수	학교당 학급 수	학급당 주간 수업시수(시간)	학급당 학생 수	학급당 교원 수	교원당 학생 수
초등학교	150	30	28	32	1.3	25
중학교	70	36	34	35	1.8	19
고등학교	60	33	35	32	2.1	15

18 중학교와 고등학교의 총 학생 수의 차이는?

① 24,810명　② 24,820명　③ 24,830명　④ 24,840명

해 총 학생 수＝전체 학교 수×학교당 학급 수×학급당 학생 수
중학교의 총 학생 수 : 70×36×35＝88,200(명)
고등학교의 총 학생 수 : 60×33×32＝63,360(명)
∴ 88,200－63,360＝24,840(명)

19 초등학교의 주간 수업시수의 합과 중학교의 주간 수업시수의 합은?

	초등학교	중학교
①	85,680	69,300
②	85,680	85,680
③	126,000	69,300
④	126,000	85,680

해 총 주간 수업시수＝전체 학교 수×학교당 학급 수×학급당 주간 수업시수(시간)
초등학교의 주간 수업시수 : 150×30×28＝126,000(시간)
중학교의 주간 수업시수 : 70×36×34＝85,680(시간)

[20~21] 다음은 온라인쇼핑 동향에 관한 자료이다. 자료를 참고하여 물음에 답하시오.

온라인쇼핑 거래액 동향

(단위 : 억 원)

구분	2023년		2024년	
	4월	5월	4월	5월
총 거래액	71,000	73,821	87,355	90,544
모바일 거래액	42,790	42,055	53,556	56,285

20 위의 자료에 대한 설명으로 〈보기〉 중 옳은 것을 고르면? (단, 소수점 둘째 자리에서 반올림한다.)

〈보기〉

ㄱ. 2024년 4월 온라인쇼핑 거래액은 전년동월대비 약 20% 증가했다.
ㄴ. 2023년 5월 온라인쇼핑 거래액은 전월대비 약 4% 증가했다.
ㄷ. 2024년 5월 모바일 거래액은 전월대비 약 5.1% 증가했다.
ㄹ. 2023년 5월 온라인쇼핑 거래액 중 모바일 거래액의 비율은 60%가 넘는다.

① ㄱ, ㄴ　② ㄴ, ㄷ　③ ㄷ, ㄹ　④ ㄴ, ㄷ, ㄹ

해 ㄴ. 2023년 5월 온라인쇼핑 거래액은 전월대비 $\frac{(73,821-71,000)}{71,000} \times 100 ≒ 4\%$ 증가했다.

ㄷ. 2024년 5월 모바일 거래액은 전월대비 $\frac{(56,285-53,556)}{53,556} \times 100 ≒ 5.1\%$ 증가했다.

ㄱ. 2024년 4월 온라인쇼핑 거래액은 전년동월대비 $\frac{(87,355-71,000)}{71,000} \times 100 ≒ 23\%$ 증가했다.

ㄹ. 2023년 5월 온라인쇼핑 거래액 중 모바일 거래액의 비율은 $\frac{42,055}{73,821} \times 100 ≒ 57\%$이다.

21 2024년 4월에서 5월까지 총 거래액 중 모바일 거래액의 비율이 늘어난 만큼 6월에도 일정하게 증가한다고 했을 때, 6월 온라인쇼핑 거래액이 100,000억 원이라면 모바일 거래액을 얼마인가? (단, 소수점 둘째 자리에서 반올림한다.)

① 62,100억 원　② 63,100억 원　③ 64,100억 원　④ 65,100억 원

해 4월 모바일 거래액의 비율 : $\frac{53,556}{87,355} \times 100 ≒ 61.3\%$

5월 모바일 거래액의 비율 : $\frac{56,285}{90,544} \times 100 ≒ 62.2\%$

즉, $62.2-61.3=0.9\%$ 증가하므로 6월 모바일 거래액의 비율은 $62.2+0.9=63.1\%$

$\therefore 100,000 \times 0.631 = 63,100$(억 원)

답 18 ④　19 ④　20 ②　21 ②

[22~23] 다음의 〈표〉는 4개 국가의 산술적 인구밀도와 경지 인구밀도를 조사한 자료이다. 이를 토대로 다음에 물음에 알맞은 답을 고르시오.

〈표〉 4개 국가 인구밀도

국가	인구수(만 명)	산술적 인구밀도(명/km^2)	경지 인구밀도(명/km^2)
A	1,000	25	75
B	1,500	40	50
C	3,000	20	25
D	4,500	45	120

※ 산술적 인구밀도=인구수÷국토 면적
※ 경지 인구밀도=인구수÷경지 면적
※ 경지율=경지 면적÷국토 면적×100

22 인구 1인당 경지 면적이 가장 넓은 국가는 어디인가?

① A국　② B국　③ C국　④ D국

해 인구 1인당 경지 면적은 경지 면적을 인구수로 나눈 것이다$\left(\text{인구 1인당 경지 면적}=\frac{\text{경지면적}}{\text{인구 수}}\right)$. 그런데 '경지 인구밀도 $=\frac{\text{인구 수}}{\text{경지면적}}$'이라 하였으므로, 인구 1인당 경지 면적은 경지 인구밀도의 역수가 된다. 따라서 경지 인구밀도가 가장 낮은 국가가 인구 1인당 경지 면적이 가장 넓은 국가가 된다. 따라서 C국의 인구 1인당 경지 면적이 가장 넓다.

23 다음 중 옳지 않은 것은?

① 국토 면적은 C국이 가장 넓다.
② 경지 면적은 B국이 가장 좁다.
③ B국의 경지율은 D국보다 높다.
④ 경지율이 가장 낮은 국가는 A국이다.

해 '경지 인구밀도=인구수÷경지 면적'이므로 '경지 면적=인구수÷경지 인구밀도'가 된다. 이를 통해 경지 면적을 구하면 A국의 경지 면적은 대략 13.3만(km^2), B국은 30만(km^2), C국은 120만(km^2), D국은 37.5만(km^2)이다. 따라서 A국의 경지 면적이 가장 좁다.

① '산술적 인구밀도=인구수÷국토 면적'이므로 '국토 면적=인구수÷산술적 인구밀도'가 된다. 이를 통해 국토 면적을 구하면, C국이 150만(km^2)로 가장 크다.
③ '경지율=경지 면적÷국토 면적×100'이라 하였고, '경지 면적=인구수÷경지 인구밀도'이며 '국토 면적=인구수÷산술적 인구밀도'가 된다. 여기서 '경지 면적'과 '국토 면적'을 앞의 경지율 공식에 대입하면, '경지율=산술적 인구밀도÷경지 인구밀도×100'이 된다. 이를 이용해 경지율을 구하면 B국은 80(%), D국은 37.5(%)이므로 B국의 경지율이 D국의 경지율보다 높다.
④ A국의 경지율은 대략 33.3(%), C국의 경지율은 80(%)이다. 따라서 4개 국가 중 A국의 경지율이 가장 낮다.

24 다음 자료는 도로 교통 현안에 대한 글을 쓰기 위해 수집한 자료이다. 이를 활용하여 이끌어 낸 내용으로 적절하지 않은 것은?

(가) 보도자료의 일부

도로 교통량의 증가와 자동차 과속으로 인해 야생동물이 교통사고로 죽는 일이 지속적으로 발생하고 있다. 이를 막기 위해 생태 통로를 건설하였으나, 동물의 행동 특성에 대한 고려가 부족해 기대만큼의 성과는 거두지 못하고 있다.

(나) 도로 교통 지표 추이

구분	2023년	2024년	2025년
도로 연장(km)	2,599	2,659	2,850
차량 대수(천 대)	12,914	14,586	15,396
교통 혼잡비용*(십억 원)	21,108	22,769	23,698

*교통 혼잡비용 : 교통 혼잡으로 인하여 추가로 발행하는 사회적 비용

(다) 자동차 배출 가스의 오염 물질 농도

〈1km 주행 시 일산화탄소(CO)의 농도〉

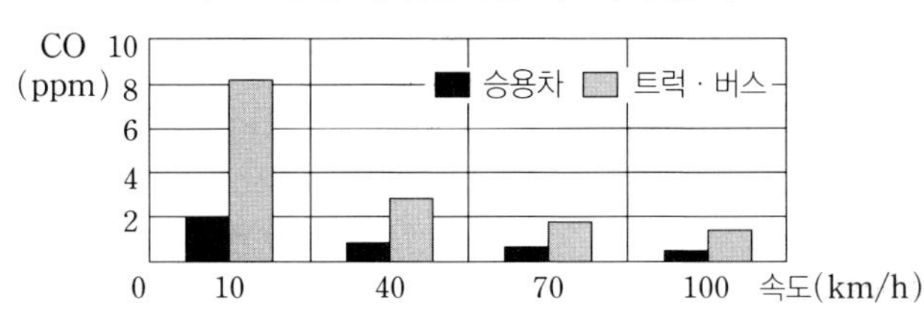

① (가)+(나) : 교통 혼잡을 개선하기 위해 도로를 신설할 때에는 동물의 행동 특성을 고려한 생태 통로를 만들 필요가 있다.

② (가)+(다) : 자동차 속도를 줄일수록 야생동물의 교통사고와 일산화탄소의 농도가 줄어든다.

③ (나)+(다) : 교통 혼잡은 사회적 비용을 증가시킬 뿐 아니라 자동차 배출 가스의 오염 물질 농도를 증가시킨다.

④ (다) : 자동차의 배출 가스에 함유된 오염 물질의 양은 차량 종류 및 속도와 밀접하게 관련된다.

해 (가)에서 야생 동물의 교통사고의 원인으로 자동차 과속을 들고 있으므로 속도를 줄일수록 사고를 줄일 수 있다고 해석할 수 있다. 또한 (다)에서 속도가 낮을 때 배출되는 일산화탄소의 농도가 더 높게 나타나므로 ②가 적절하지 않다.

① (나)에서는 교통 혼잡비용이 증가하는 것을 보여주고 있으므로 이를 통해 '교통 혼잡을 개선하기 위해서 도로를 신설'해야 한다는 내용을, (가)에서는 생태 도로가 동물의 행동 특성을 고려하지 못했다고 했으므로 이를 통해 '동물의 행동 특성을 고려한 생태 도로'를 만들어야 한다는 내용을 이끌어낼 수 있다.

③ (나)를 통해 교통이 혼잡하면 사회적 비용이 증가한다는 내용을 알 수 있다. 또 교통이 혼잡하면 속도가 줄어들게 되는데 (다)를 통해 속도가 줄면 자동차 배출 가스의 오염 물질 농도가 증가한다는 것을 알 수 있다.

④ (다)는 일산화탄소의 농도를 차량의 종류(승용차, 트럭 · 버스)와 속도에 따라 제시하였으므로 적절한 내용이다.

답 22 ③ 23 ② 24 ②

25 주어진 자료들을 바탕으로 도출해 낼 수 있는 결론이 아닌 것은?

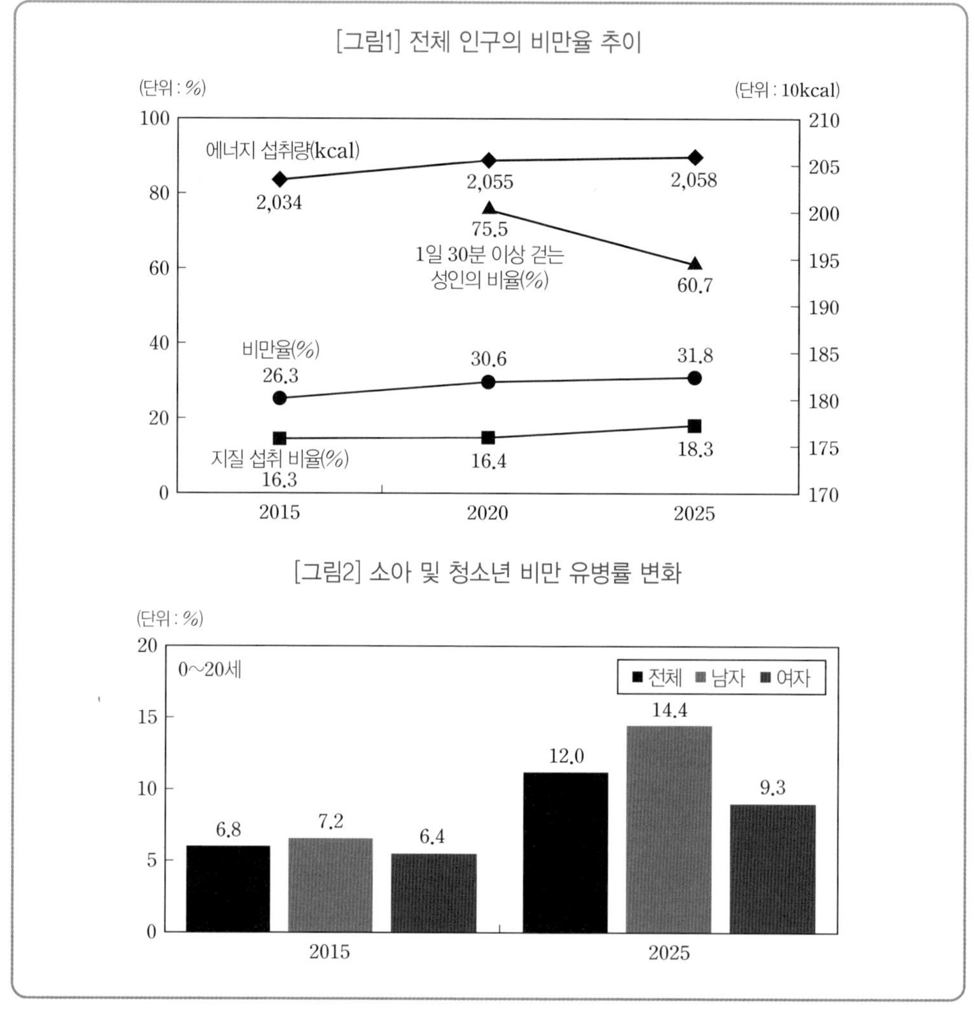

① 전체 인구의 비만율은 점차 증가하고 있는 추세이다.

② 조사기간에 에너지 섭취량과 활동량은 모두 증가했다.

③ 2025년의 지질 섭취 비율은 2020년보다 약 2% 증가했다.

④ 소아 및 청소년 비만은 10년 동안 약 2배 가까이 증가했다.

해 에너지 섭취량은 2015년에는 2,034kcal, 2020년에는 2,055kcal, 2025년에는 2,058kcal로 24kcal 증가했으나 활동량은 2020년 75.5%에서 2025년 60.7%로 14.8% 감소했다.

26 다음은 취업자 및 취업자 증감률에 관한 표이다. 취업자가 가장 많은 달을 찾아 전년도 동월의 취업자 수를 구하면? (단, 천 단위 미만은 절삭한다.)

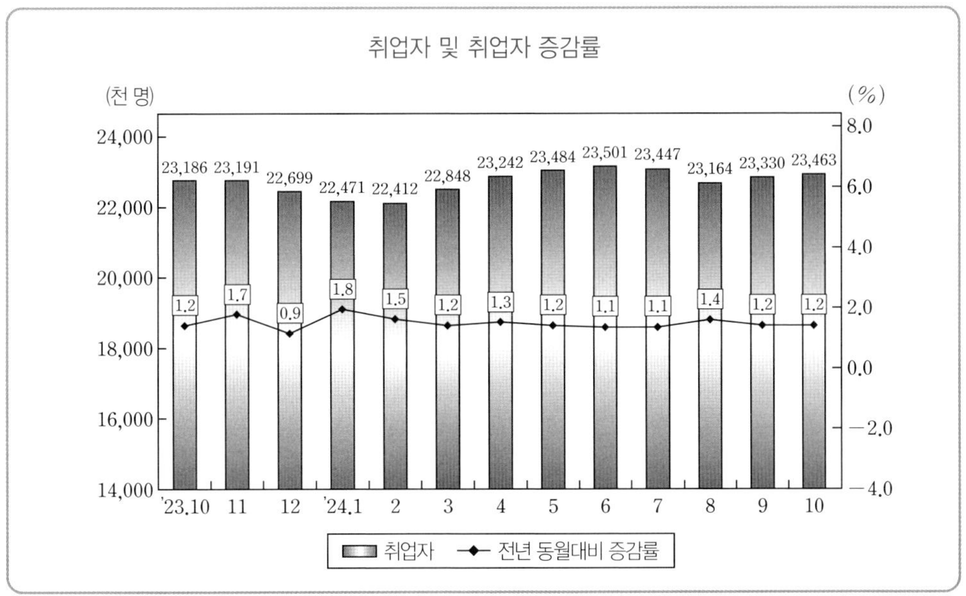

① 19,570천 명 ② 21,315천 명

③ 22,315천 명 ④ 23,245천 명

해 취업자가 가장 많은 달은 2024년 6월이고, 이 달의 전년 동월대비 증감률은 1.1%이므로

$x+0.011x=23,501,000$(명)

$1.011x=23,501,000$(명), $x=23,245,301.6815\cdots$

따라서 취업자가 가장 많은 2024년 6월의 전년도 동월인 2023년 6월의 취업자 수는 23,245천 명(천 단위 미만 절삭)이다.

답 25 ② 26 ④

27 다음은 사원 여행지 결정을 위해 60명에게 설문을 한 결과이다. 이에 따라 2024년 자원 봉사를 선택한 사람의 수는 2023년에 비해 몇 % 증가했는가?

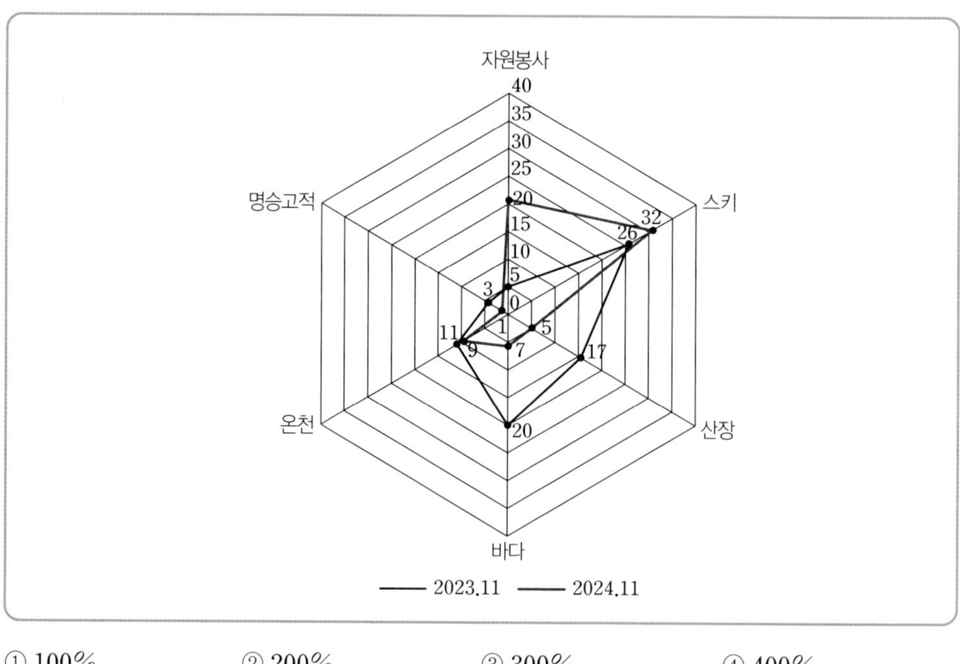

① 100%　　② 200%　　③ 300%　　④ 400%

해 2023년의 설문에서 자원봉사라고 응답한 사람은 모두 5명이다. 2024년 같은 항목에 응답한 사람은 모두 20명이므로 전년 대비 15명 증가했다.

따라서 2023년 대비 2024년은 $\frac{15}{5}\times100=300(\%)$ 증가했다.

28 다음 〈표〉와 그림은 신 · 재생에너지 발전량과 신 · 재생에너지 발전량비율을 나타낸 것이다. 2025년 신 · 재생에너지 발전량비율은 전년대비 얼마나 증가했는가? (단, 소수점 셋째자리에서 반올림함)

〈표〉 신 · 재생에너지 발전량

(단위 : GWh, %)

구분	2019년	2020년	2021년	2022년	2023년	2024년	2025년
총발전량	474,660	501,527	532,191	543,098	546,249	560,974	561,586
신 · 재생 에너지 발전량	5,890	17,346	19,346	21,438	26,882	37,079	40,656

※ 신 · 재생에너지발전량비율=(신 · 재생에너지발전량÷총발전량)×100

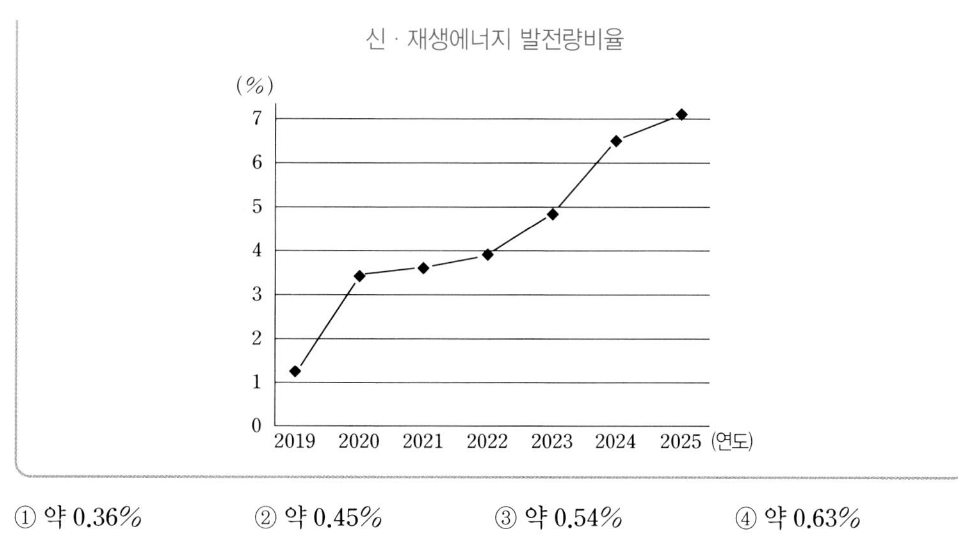

① 약 0.36%　　② 약 0.45%　　③ 약 0.54%　　④ 약 0.63%

해 2024년 신 · 재생에너지 발전량비율$=\frac{37,079}{560,974}\times100\fallingdotseq6.61$

2025년 신 · 재생에너지 발전량비율$=\frac{40,656}{561,826}\times100\fallingdotseq7.24$

따라서 전년대비 2025년 신 · 재생에너지발전량비율은 $7.24-6.61=0.63\%$ 증가했다.

[29~30] 다음 제시된 통계 자료는 어느 국가의 지역별 문자해독률과 문맹률에 대한 자료이다. 이를 토대로 물음에 가장 알맞은 답을 고르시오.

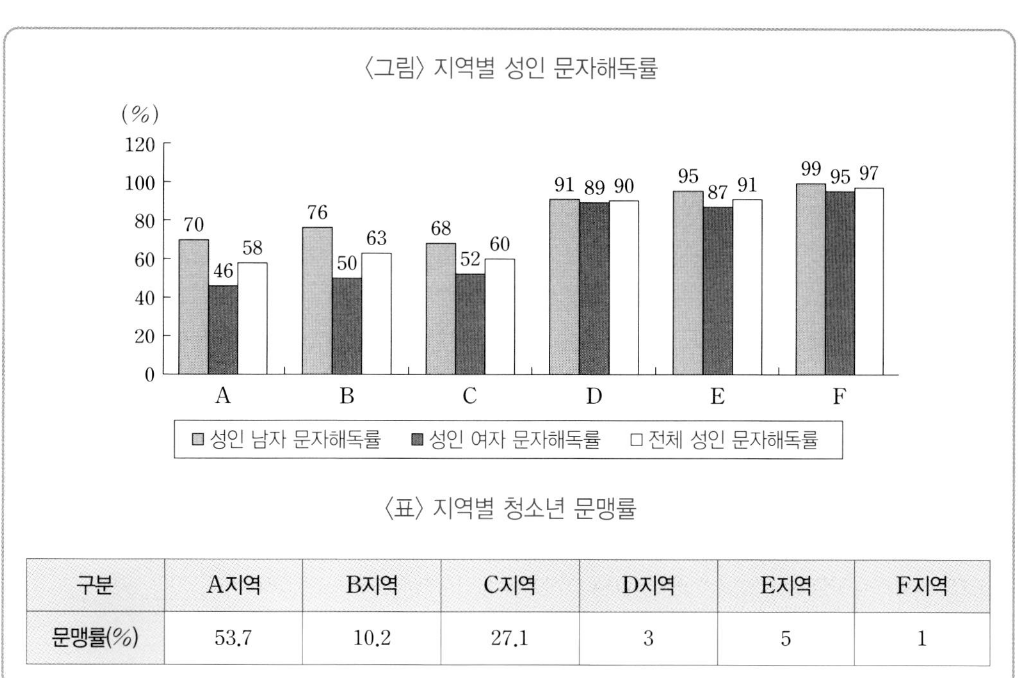

〈표〉 지역별 청소년 문맹률

구분	A지역	B지역	C지역	D지역	E지역	F지역
문맹률(%)	53.7	10.2	27.1	3	5	1

답 27 ③　28 ④

29 **다음 중 가장 올바르지 않은 설명은?**

① 성인 남녀 간 문맹률의 차이가 가장 큰 지역은 B이다.

② C지역의 성인 여자 문맹률은 성인 남자 문맹률보다 높다.

③ 성인 남자 문맹률이 높은 지역일수록 청소년 문맹률이 높다.

④ 청소년 문맹률과 성인 남자의 문맹률이 같은 지역은 두 지역이다.

해 성인 남자의 문맹률이 가장 높은 지역은 C지역(32%)이다. 그런데 C지역의 청소년 문맹률은 27.1%로 두 번째로 높은 것에 비해 성인 남자 문맹률이 두 번째로 높은 A지역의 청소년 문맹률은 53.7%로 가장 높으므로 ③의 내용은 옳지 않다.

30 **성인 남녀 간 문맹률의 차이가 가장 큰 지역의 청소년 문맹률(%)과 청소년 문맹률이 네 번째로 높은 지역의 남녀 간 성인 문맹률의 각각 차이(%)는?**

① 10.2%, 8%

② 53.7%, 2%

③ 10.2%, 2%

④ 27.1%, 4%

해 성인 남녀 간 문맹률의 차이가 가장 큰 B지역의 청소년 문맹률은 10.2%이며, 청소년 문맹률이 네 번째로 높은 E지역의 남녀 간 성인 문맹률 차이는 '95%−87%=8%'이다.

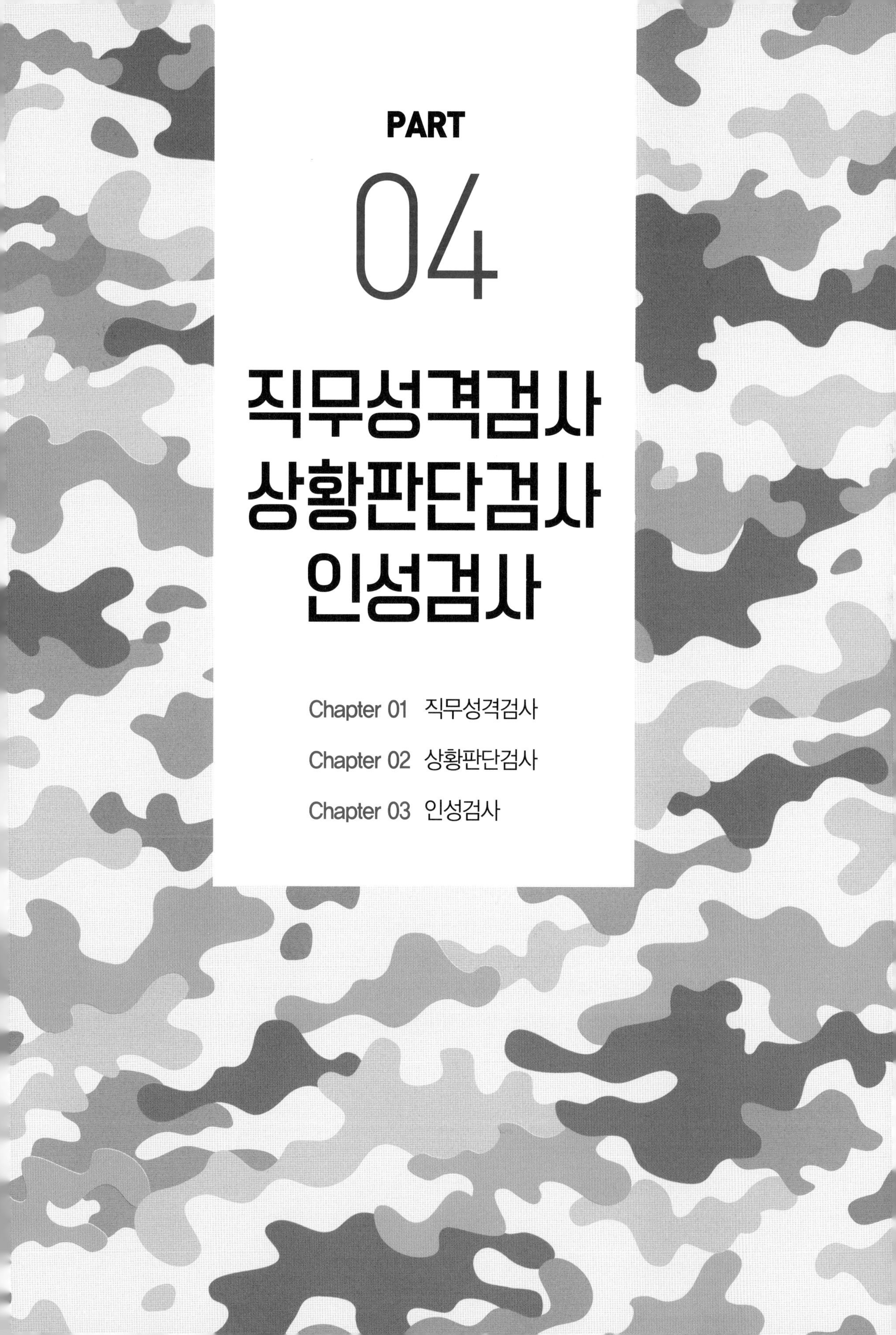

PART

04

직무성격검사 상황판단검사 인성검사

Chapter 01

직무성격검사

직무성격검사는 말 그대로 간부에게 요구되는 인성, 행동, 성격, 특성 등을 중점적으로 평가하는 검사이다. 따라서 다채롭고 많은 질문들이 주어지며, 이를 통해 수험생이 부사관으로서 임무수행 및 군 생활에 있어 적합함을 평가한다. 직무성격검사는 추후에 진행되는 면접의 자료로 사용되기도 한다.

1 직무성격검사 확인

(1) 대응법

직무성격검사는 짧은 질문에 대한 자신의 생각을 답변을 하는 것이다. 30분이라는 시간 안에 180문항에 답변을 해야 하므로, 솔직한 자신의 생각을 답하면 된다. 대신 자신의 생각은 일관성 있게 유지되어야 하며, 모든 질문에 답변을 할 수 있도록 해야 한다.

(2) 유형파악

대체적으로 길지 않은 질문이 주어지고, 이에 따른 자신의 생각을 ①~⑤로 지정된 답변을 택하면 된다. 질문의 내용을 정확히 이해하되, 심오한 고민을 하지 않는 것이 좋다. 평상시의 자신의 모습을 생각하여 답변하는 것이 가장 좋다.

대표유형

[01~10] 다음 제시된 상황을 읽고 자신의 성향을 기준으로 판단하여 제시된 보기 ①~⑤ 중에서 본인이 해당된다고 생각하는 것을 고르시오.

전혀 그렇지 않다	그렇지 않다	보통이다	그렇다	매우 그렇다
①	②	③	④	⑤

번호	내용	선택
01	작은 일에도 걱정을 많이 한다.	① ② ③ ④ ⑤
02	나와 친밀한 사람에게 불행한 일이 있을 때, 내 일처럼 느낀다.	① ② ③ ④ ⑤

03	일을 할 때 새로운 방법을 고안해서 하는 것을 좋아한다.	①	②	③	④	⑤
04	자신에 대해 엄격하다.	①	②	③	④	⑤
05	혼자 할 수 있는 취미나 여가생활이 좋다.	①	②	③	④	⑤
06	주변 사람들은 나의 능력을 인정해준다.	①	②	③	④	⑤
07	법과 규칙은 엄격히 집행되어야 한다고 생각한다.	①	②	③	④	⑤
08	마음이 대개 편안한 상태이다.	①	②	③	④	⑤
09	주변 사람들의 기분이나 감정을 잘 파악한다.	①	②	③	④	⑤
10	일상적인 것보다는 새로운 것을 더 좋아한다.	①	②	③	④	⑤

Tip 직무성격검사에는 정확한 답이 없으니 솔직한 자신의 생각을 일관성 있게 답변하는 것이 좋다.

2 직무성격검사 연습

[01~180] 다음 제시된 상황을 읽고 자신의 성향을 기준으로 판단하여 제시된 보기 ①~⑤ 중에서 본인이 해당된다고 생각하는 것을 고르시오.

전혀 그렇지 않다	그렇지 않다	보통이다	그렇다	매우 그렇다
①	②	③	④	⑤

번호	내용	선택				
01	금방 싫증이 나는 편이다.	①	②	③	④	⑤
02	다른 사람에게 나의 생각을 분명히 주장한다.	①	②	③	④	⑤
03	교통사고를 당하지 않을까 항상 신경이 쓰인다.	①	②	③	④	⑤
04	지금까지도 가슴 아픈 과거의 실패가 있다.	①	②	③	④	⑤
05	고생은 사서라도 하는 편이다.	①	②	③	④	⑤
06	의견이나 생각이 자주 바뀌는 편이다.	①	②	③	④	⑤
07	다른 사람의 험담을 한 번도 해본 적이 없다.	①	②	③	④	⑤
08	내 주위의 사람들이 나를 어떻게 생각하는지 신경 쓰인다.	①	②	③	④	⑤
09	친하거나 가까운 사람에게 의존하는 경향이 있다.	①	②	③	④	⑤
10	학교를 그만두고 싶다는 생각을 한 적이 있다.	①	②	③	④	⑤
11	나쁜 일이 생기면 계속 이어질 것 같은 생각이 든다.	①	②	③	④	⑤
12	개성 있는 사람이 좋다.	①	②	③	④	⑤

13	나는 기분파라고 생각한다.	①	②	③	④	⑤
14	친구와 만나는 것도 귀찮다고 생각한 적이 있다.	①	②	③	④	⑤
15	알고 보면 이 세상에 싫은 사람은 없다.	①	②	③	④	⑤
16	화를 잘 내지 않는 편이다.	①	②	③	④	⑤
17	어떤 일에 일단 흥분되면 잘 진정되지 않는 편이다.	①	②	③	④	⑤
18	하는 일이 잘못되면 내 책임이 크다고 생각한다.	①	②	③	④	⑤
19	남에게 시끄럽다는 소리를 들은 적이 있다.	①	②	③	④	⑤
20	맘에 드는 일에는 금방 빠져드는 타입이다.	①	②	③	④	⑤
21	지루한 것은 참기 어렵다.	①	②	③	④	⑤
22	남에게 폐를 끼친 적이 한 번도 없다.	①	②	③	④	⑤
23	혼자만의 고독을 즐긴다.	①	②	③	④	⑤
24	화날 만한 일이 생기면 곧바로 화를 낸다.	①	②	③	④	⑤
25	주위의 속삭이는 말은 나에 대한 이야기라는 느낌이 든다.	①	②	③	④	⑤
26	신경질적인 면이 있다.	①	②	③	④	⑤
27	나 자신은 감정적인 인간이라고 생각한다.	①	②	③	④	⑤
28	종종 다른 사람이 바보 같다는 생각이 든다.	①	②	③	④	⑤
29	다른 사람에 대한 칭찬에 인색하지 않다.	①	②	③	④	⑤
30	언행에 있어 다른 사람의 이목이 신경 쓰인다.	①	②	③	④	⑤
31	나는 자부심이 대단한 사람이다.	①	②	③	④	⑤
32	거짓말을 한 적이 없다.	①	②	③	④	⑤
33	사소한 일에도 끙끙대며 걱정하는 편이다.	①	②	③	④	⑤
34	나만의 신념을 가지고 있다.	①	②	③	④	⑤
35	나는 융통성이 별로 없다.	①	②	③	④	⑤
36	나는 낙천적인 사람이다.	①	②	③	④	⑤
37	뉴스에서 범죄 소식을 들으면 불안한 마음이 든다.	①	②	③	④	⑤
38	솔직히 논쟁 시 다른 사람의 의견을 듣는 것이 싫다.	①	②	③	④	⑤
39	과제를 잊은 적이 한 번도 없다.	①	②	③	④	⑤
40	남의 생각이나 행동 패턴을 분석하여 잘 파악하는 편이다.	①	②	③	④	⑤
41	일상적 현상이나 일에 대해서도 곰곰이 생각해 보는 편이다.	①	②	③	④	⑤
42	일을 처리하는데 있어 더 나은 방법이 있는지 따져보는 편이다.	①	②	③	④	⑤
43	세세한 일까지 챙기는 편이다.	①	②	③	④	⑤

44	낯선 상황을 접할 때도 거의 긴장하지 않는다.	①	②	③	④	⑤
45	항상 혁신적인 태도를 유지하는 편이다.	①	②	③	④	⑤
46	신중하고 꼼꼼하다는 주위의 평가가 있다.	①	②	③	④	⑤
47	나는 인정이 넘치는 사람이다.	①	②	③	④	⑤
48	새로운 사람을 사귀는 것이 어렵지 않다.	①	②	③	④	⑤
49	나는 아주 진취적인 사람이다.	①	②	③	④	⑤
50	낯선 사람과의 술자리에서는 조용히 있는 편이다.	①	②	③	④	⑤
51	꼬치꼬치 따지는 사람은 짜증이 난다.	①	②	③	④	⑤
52	남을 귀찮게 하는 것은 큰 실례이다.	①	②	③	④	⑤
53	어떤 모임에서든 분위기를 잘 띄우는 편이다.	①	②	③	④	⑤
54	동료와의 유대관계 유지를 위해 사생활을 포기할 수 있다.	①	②	③	④	⑤
55	위험을 감수하지 않고는 성공할 수 없다고 생각한다.	①	②	③	④	⑤
56	결국 더 중요한 것은 과정보다는 결과이다.	①	②	③	④	⑤
57	내가 속한 조직이나 분야에서 언젠가는 최고가 되고 싶다.	①	②	③	④	⑤
58	실패한 일은 반드시 되짚어 보고 원인을 분석한다.	①	②	③	④	⑤
59	어떤 일이든 도전해서 성공할 자신이 있다.	①	②	③	④	⑤
60	방이나 책상 정리를 항상 깔끔히 하는 편이다.	①	②	③	④	⑤
61	나는 나만의 개성이 넘치는 사람이다.	①	②	③	④	⑤
62	나는 마음만 먹으면 어떤 사람도 설득시킬 수 있다.	①	②	③	④	⑤
63	승부근성이 강하다.	①	②	③	④	⑤
64	종종 사소한 일에 예민하게 반응한다.	①	②	③	④	⑤
65	아무것도 하지 않고 멍하게 있는 것을 무척 싫어한다.	①	②	③	④	⑤
66	옳다고 생각하는 일은 끝까지 밀어붙이는 편이다.	①	②	③	④	⑤
67	기분이 들떠 잠을 못 잔 적이 많다.	①	②	③	④	⑤
68	안 되는 일에는 포기가 남들보다 빠르다.	①	②	③	④	⑤
69	남에게 상처가 될 말은 절대 하지 않는다.	①	②	③	④	⑤
70	사람을 사귀는 것이 성가시다고 생각한 적이 있다.	①	②	③	④	⑤
71	남에게 칭찬받기 위해 하기 싫은 일도 곧잘 한다.	①	②	③	④	⑤
72	타인에 대한 배려심이 남달리 강하다고 생각한다.	①	②	③	④	⑤
73	친절한 사람이라는 말을 자주 듣는다.	①	②	③	④	⑤
74	다수의 의견은 절대 존중한다.	①	②	③	④	⑤

75	가까운 사람에게는 쉽게 비밀을 털어 놓는다.	①	②	③	④	⑤
76	일을 처리하는데 있어 나만의 노하우가 있다.	①	②	③	④	⑤
77	가끔 아무것도 의식하지 않고 함부로 말할 때가 있다.	①	②	③	④	⑤
78	기분을 솔직하게 표현하는 편이다.	①	②	③	④	⑤
79	감정의 기복이 심한 편이다.	①	②	③	④	⑤
80	친한 친구가 다른 사람을 욕하면 동조해 주는 편이다.	①	②	③	④	⑤
81	공공장소에서 시끄럽게 이야기하는 사람은 꼴 보기 싫다.	①	②	③	④	⑤
82	아주 늦게 가느니 차라리 안 가는게 낫다고 생각한다.	①	②	③	④	⑤
83	법이나 규칙은 어떠한 경우에도 지켜야 한다.	①	②	③	④	⑤
84	스포츠 경기에서 응원하는 팀이 지면 그날 기분이 우울하다.	①	②	③	④	⑤
85	어떤 일을 함에 있어 비교적 구체적인 계획을 세우는 편이다.	①	②	③	④	⑤
86	주위 환경 변화에 그다지 동요하지 않는다.	①	②	③	④	⑤
87	능력이 뛰어난 사람을 보면 무척 부럽다는 생각이 든다.	①	②	③	④	⑤
88	유행에 민감한 편이다.	①	②	③	④	⑤
89	해야 할 일은 신속히 처리하는 편이다.	①	②	③	④	⑤
90	전통이나 관습에 구애받지 않는 편이다.	①	②	③	④	⑤
91	고집이 세다는 이야기를 가끔 듣는다.	①	②	③	④	⑤
92	불평불만을 늘어놓는 사람은 한심해 보인다.	①	②	③	④	⑤
93	부끄러운 일을 당하면 얼굴이 화끈거린다.	①	②	③	④	⑤
94	나는 의지가 강한 사람이다.	①	②	③	④	⑤
95	나와 무관한 일에 관련되는 것은 언제나 성가시다.	①	②	③	④	⑤
96	뻔뻔하다는 말을 듣는 것은 정말 싫다.	①	②	③	④	⑤
97	무서운 영화를 보면서 안 무서운 척 한 적이 있다.	①	②	③	④	⑤
98	여간해서는 병원에 가지 않는다.	①	②	③	④	⑤
99	세상에는 불의가 눈감아질 때가 많다.	①	②	③	④	⑤
100	손해를 감수하면서까지 정직할 필요는 없다.	①	②	③	④	⑤
101	진실은 언제나 밝혀지기 마련이다.	①	②	③	④	⑤
102	양심에 어긋난 행동은 하지 않는다.	①	②	③	④	⑤
103	일처리는 마감 일정에 맞추기보다 항상 조금 일찍 끝낸다.	①	②	③	④	⑤
104	내가 유치하게 느껴질 때가 종종 있다.	①	②	③	④	⑤
105	윗사람들로부터 고분고분하다는 말을 듣는 편이다.	①	②	③	④	⑤

번호	문항					
106	내면의 과시욕을 억누르는 편이다.	①	②	③	④	⑤
107	내가 생각하는 이상 세계와 지금의 현실 세계는 차이가 크다.	①	②	③	④	⑤
108	아는 사람과 만나는 것이 불편할 때가 종종 있다.	①	②	③	④	⑤
109	1등을 제외하고 2등 이하는 잘 모를 때가 많다.	①	②	③	④	⑤
110	읽기 시작한 책은 대부분 끝까지 읽는 편이다.	①	②	③	④	⑤
111	비 오는 날과 맑은 날에 느끼는 기분 차가 큰 편이다.	①	②	③	④	⑤
112	뜻밖에 시간이 빌 때는 무엇을 할지 모를 때가 많다.	①	②	③	④	⑤
113	자신이 지나치게 신중하다고 느낄 때가 있다.	①	②	③	④	⑤
114	우산을 챙겨오지 못해 비를 맞은 적이 많다.	①	②	③	④	⑤
115	남이 하는 칭찬이 유쾌하지만은 않다.	①	②	③	④	⑤
116	화려한 옷차림보다는 수수한 것을 더 선호한다.	①	②	③	④	⑤
117	남의 배려가 귀찮게 느껴질 때가 있다.	①	②	③	④	⑤
118	작은 일에 연연해 하지 않는 것이 성공의 지름길이다.	①	②	③	④	⑤
119	주변 사람들은 나의 재능을 과소평가한다.	①	②	③	④	⑤
120	규칙을 지키는 것이 경쟁에서의 승리보다 중요하다.	①	②	③	④	⑤
121	약속은 반드시 지켜야 한다.	①	②	③	④	⑤
122	책임감이 강하다.	①	②	③	④	⑤
123	조직이나 어떤 모임에서 눈에 띄는 행동을 하지 않는다.	①	②	③	④	⑤
124	갑자기 이유 없이 화가 날 때가 있다.	①	②	③	④	⑤
125	자신의 결점보다 남의 결점을 잘 찾아낸다.	①	②	③	④	⑤
126	어떤 상황에서든 결정이 빠른 편이다.	①	②	③	④	⑤
127	상사의 부당한 명령도 언제나 수용해야 한다.	①	②	③	④	⑤
128	어떤 상황에서든 차분함을 잃지 않는다.	①	②	③	④	⑤
129	기왕이면 새로운 것이 좋다.	①	②	③	④	⑤
130	말보다는 행동이 중요하다.	①	②	③	④	⑤
131	가끔 주위의 물건을 때려 부수고 싶을 때가 있다.	①	②	③	④	⑤
132	낯선 상황에도 빨리 적응한다.	①	②	③	④	⑤
133	스스로에 대해서는 아주 엄격한 편이다.	①	②	③	④	⑤
134	혼자 노는 것보다는 여럿이 어울려 노는 것이 좋다.	①	②	③	④	⑤
135	때로는 선의의 거짓말이 필요하다.	①	②	③	④	⑤
136	주변 사람들의 불행한 일은 나의 일 같이 느껴진다.	①	②	③	④	⑤

137	다른 사람들의 기분이나 감정 상태를 잘 파악한다.	①	②	③	④	⑤
138	가끔 불을 지르고 싶은 충동을 느낀다.	①	②	③	④	⑤
139	일을 처리하는데 있어 나만의 기준이 있다.	①	②	③	④	⑤
140	어렸을 때 혼자 논 적이 많았다.	①	②	③	④	⑤
141	약자에게 약하고 강자에게 강하다.	①	②	③	④	⑤
142	중요한 일은 일단 결정을 내리고 그 후 합당한 이유를 찾는 편이다.	①	②	③	④	⑤
143	스스로 판단해 볼 때 자신은 머리가 아주 좋은 편이다.	①	②	③	④	⑤
144	나는 무척 용기 있는 사람이다.	①	②	③	④	⑤
145	남에서 아픈 모습을 보이는 것을 싫어하는 편이다.	①	②	③	④	⑤
146	나는 다른 사람으로부터 영향을 받기 쉬운 타입이다.	①	②	③	④	⑤
147	어떤 사람이든 끝까지 미워하기는 어렵다.	①	②	③	④	⑤
148	사실 세상은 불공평하다.	①	②	③	④	⑤
149	욕심이 많은 것과 목표가 큰 것은 아주 비슷하다고 생각한다.	①	②	③	④	⑤
150	과욕은 나쁘지만 아무런 욕심이 없는 것보다는 낫다.	①	②	③	④	⑤
151	가끔 혼자 살고 싶다는 생각을 한다.	①	②	③	④	⑤
152	나의 평소 심적 상태는 무척 안정되어 있다.	①	②	③	④	⑤
153	취미가 다양한 편이다.	①	②	③	④	⑤
154	다른 사람들과 잘 협조하는 편이다.	①	②	③	④	⑤
155	근거 없는 소문은 무시하는 편이다.	①	②	③	④	⑤
156	자랑할 만한 남다른 특기가 많다.	①	②	③	④	⑤
157	규칙적으로 운동한다.	①	②	③	④	⑤
158	스스로 생각해봐도 대견한 일을 많이 한 편이다.	①	②	③	④	⑤
159	사람들이 나쁘다고 생각할 때가 있다.	①	②	③	④	⑤
160	고민을 털어놓을 친구가 많은 편이다.	①	②	③	④	⑤
161	남이 재촉할 때는 화부터 난다.	①	②	③	④	⑤
162	강한 의지보다는 바른 생각이 우선이다.	①	②	③	④	⑤
163	나의 미래는 밝다고 생각한다.	①	②	③	④	⑤
164	다른 사람이 답답하다고 느낄 때가 많다.	①	②	③	④	⑤
165	여러 일이 한꺼번에 닥치면 포기하고 싶다.	①	②	③	④	⑤
166	문제가 발생하면 그 원인부터 따진다.	①	②	③	④	⑤
167	쉽게 감동받는 편이다.	①	②	③	④	⑤

168	후회를 자주 하는 편이다.	①	②	③	④	⑤
169	말다툼을 자주 한다.	①	②	③	④	⑤
170	스트레스는 바로바로 풀려고 노력한다.	①	②	③	④	⑤
171	어떤 일을 끝마치지 않고는 다른 일에 집중할 수 없다.	①	②	③	④	⑤
172	매일 한 가지씩은 반성한다.	①	②	③	④	⑤
173	열심히 일하다가도 갑자기 하기 싫을 때가 있다.	①	②	③	④	⑤
174	세상을 바꾸고 싶다는 생각이 자주 든다.	①	②	③	④	⑤
175	지나치게 긴장해 일을 망친 적이 있다.	①	②	③	④	⑤
176	사회생활에서는 인간관계가 무엇보다 중요하다.	①	②	③	④	⑤
177	정이 많은 사람이 능력 있는 사람보다 좋다.	①	②	③	④	⑤
178	돈을 허비한 적이 한 번도 없다.	①	②	③	④	⑤
179	한 번 믿은 사람은 끝까지 믿는 편이다.	①	②	③	④	⑤
180	세상이 나아지는데 이바지하고 싶은 꿈을 가지고 있다.	①	②	③	④	⑤

Chapter 02

상황판단검사

상황판단검사는 수험생이 부사관으로서 인성 · 적성검사에서 측정하기 어려운 직무관련 시나리오에 대해 주어진 답변 중 어떻게 대처하는지를 검사한다. 이를 통해 수험생의 상황판단능력과 위기대처능력 등을 평가하고, 나아가 수험생의 직무 적합도를 평가한다. 따라서 해당 검사는 병사가 아닌 부사관으로서 자신의 판단을 답변하여야 한다.

1 상황판단검사 확인

(1) 대응법

상황판단검사는 주어진 시나리오에 군 간부, 부사관으로서의 답변을 하는 것이다. 20분이라는 시간 안에 15문항의 상황을 파악하고 답변해야 하므로, 부사관으로서의 기본 자질과 소양을 평상시에도 기를 수 있도록 노력해야 한다.

(2) 유형파악

주어진 시나리오에 대하여 가장 할 것 같은 행동과 가장 하지 않을 것 같은 행동을 주어진 보기 중에 답변하는 것이다. 따라서 자신의 생각과 일치하는 것이 없다면 자신의 생각과 가장 비슷한 답변을 골라야 함을 주의해야 한다.

대표유형

다음 상황을 읽고 제시된 질문에 적합하다고 생각하는 답을 적으시오.

당신은 소대장이다. 어느 날 중대장이 당신이 보기에 잘못된 것으로 보이는 결정을 내렸다. 당신은 그가 가능한 그 결정을 취하할 수 있도록 설득하려 노력했으나, 그는 이미 확고한 결단을 내렸으니 따르라고 한다. 그러나 당신의 동료 소대장들과 부사관들도 모두 중대장이 잘못된 결정을 내린 것 같다는 것에 동의하고 있다.

이 상황에서 당신이 ⓐ 가장 할 것 같은 행동은 무엇입니까? (　　)
이 상황에서 당신이 ⓑ 가장 하지 않을 것 같은 행동은 무엇입니까? (　　)

① 대대장에게 가서 상황을 설명하고, 조언을 부탁한다.
② 소대로 돌아가서 나는 중대장의 결정에 찬성하니, 모두 명령을 따라야 한다고 설득한다.
③ 부사관들에게 나는 중대장의 결정에 찬성하지는 않지만, 어쩔 수 없으니 명령을 그냥 따르자고 말한다.
④ 부사관들에게 나는 중대장의 결정에 따르지 않는다는 것을 말하고, 이 상황에서 어떻게 처신해야 할지 조언을 구한다.
⑤ 소대로 돌아가서 나는 중대장의 결정에 찬성하지는 않지만, 어쩔 수 없으니 명령을 일단 따르라고 이야기한다.
⑥ 중대장에게 다시 가서, 나는 그 결정이 문제가 있다고 생각하며, 부사관들과 대원들에게 잘못된 명령을 시행하라고 하기는 어렵다고 이야기한다.
⑦ 한 시간 정도의 시간이 지난 후, 중대장에게 다시 가서 대안을 제시한다.

Tip 주어진 상황에 따라 답변의 방향을 달라질 수 있으나, 상황판단검사에서도 역시 일관성 있게 군 간부로서, 부사관으로서의 신분과 지위에 맞게 답변하는 것이 중요하다.

2 상황판단검사 연습

[01~15] 다음 상황을 읽고 제시된 질문에 적합하다고 생각하는 답을 적으시오.

01

A부대의 B중사는 현재의 훈련 방식보다 좀 더 효율적인 새로운 훈련 방식을 찾아 이를 제안하였다. 그런데 C원사는 이를 무시하고 기존의 방식의 훈련을 고수하고자 한다.

이 상황에서 당신이 B중사라면 ⓐ 가장 할 것 같은 행동은 무엇입니까? (　　)
ⓑ 가장 하지 않을 것 같은 행동은 무엇입니까? (　　)

① C원사와의 갈등으로 인해 문제를 일으키기를 원하지 않으므로 C원사의 지시대로 훈련을 진행시킨다.
② 다른 부사관들과 상의하여 새로운 훈련 방식을 수용하도록 한다.
③ 대대장에게 가서 기존의 방식보다 훨씬 효율적이라는 점을 부각시키면서 직접 새로운 방식을 제안한다.
④ 부사관들에게 나는 C원사의 결정에 찬성하지는 않지만, 어쩔 수 없으니 그 명령을 따르자고 말한다.
⑤ C원사에게 두 가지 훈련을 같이 실시해보고 나서 다시 결정하자고 한다.
⑥ C원사에게 기존의 훈련 방식을 고수하려는 이유가 무엇인지 물어보고, 그 이유에 해당되는 내용을 새로운 훈련 방식에 추가하여 C원사로 하여금 따르도록 유도한다.

⑦ 결정된 훈련 방식을 바꿔치기하여 자신이 제안한 새로운 방식으로 명령이 하달되도록 한다.

02

D라는 부사관은 H대대에서 근무하고 있다. 특정 사안에 따른 K중대장의 업무상 명령이 있었으나 D부사관은 그 명령이 불합리하다고 생각하고 있다.

이때 당신이 D부사관이라면 ⓐ 가장 할 것 같은 행동은 무엇입니까? (　　)
ⓑ 가장 하지 않을 것 같은 행동은 무엇입니까? (　　)

① 소대원들에게 나는 중대장의 결정에 찬성하지는 않지만, 어쩔 수 없으니 그 명령을 일단 따르라고 지시한다.
② K중대장에게 다시 가서 그 결정에 따른 명령에는 문제가 있다는 자신의 생각을 밝히고, 또한 부사관들과 소대원들에게 잘못된 명령을 지시하기는 어렵다고 말한다.
③ 다른 부사관들에게 자신은 K중대장의 결정에 따르지 않겠다고 말하고, 이 상황에서 어떻게 처신해야 할지 조언을 구한다.
④ H대대의 대대장에게 가서 상황의 불합리성을 설명하고, K중대장에게 시정 명령을 내려줄 것을 건의한다.
⑤ 다른 동료 부사관들과 단합하여 K중대장에게 다른 대안을 제시해달라는 의견을 모아 전달한다.
⑥ 계급 사회에서 상사의 명령에 따르는 것은 당연하므로, 그 명령이 불합리하다 생각할지라도 무조건적으로 K중대장의 명령에 따라 행동한다.
⑦ 일단 K중대장의 명령에 따라 행동하고, 그 이후 나타나는 불합리한 부분을 중대장 스스로가 느끼도록 하기 위해 불합리한 부분이 더 잘 나타날 수 있도록 부각시켜 행동한다.

03

J병장이 여러 소대원들에게 몇천 원에서 몇만 원씩의 돈을 빌려갔다가 차일피일 미루며 아직까지 갚지 않고 있다. 돈을 빌려주었던 소대원들끼리 이에 대해 하는 이야기를 하는 것을 L부소대장이 듣게 되었다.

이때 당신이 L부소대장이라면 ⓐ 가장 할 것 같은 행동은 무엇입니까? (　　)
ⓑ 가장 하지 않을 것 같은 행동은 무엇입니까? (　　)

① 상관에게 보고하여 J병장이 영창 등 합당한 처벌을 받도록 조치한다.

② J병장을 불러 어떠한 이유로 그렇게 했는지 물어본 후 잘 알아듣게 타이른다.
③ J병장이 소대원들에게 공개적으로 사과하게 하고 매월 월급에서 갚으라고 한다.
④ J병장 대신 돈을 갚아주고 J병장에게 돈이 필요하면 나에게 빌리라고 한다.
⑤ 돈을 빌려준 소대원들에게 J병장에게 빌려준 돈만큼 빌리라고 말해준다.
⑥ J병장의 월급을 몇 달간 감봉하여 그 감봉된 금액으로 빌려준 소대원들에게 일정 금액씩을 갚아준다.
⑦ J병장 부모님에게 전후 사실을 알려주고 대신하여 돈을 갚게 하여 일을 수습한다.

04

M대대에서 근무하고 있는 위관급 장교 P는 M대대 내의 군사기밀 중 일부를 누설하였다. 그리고 같은 부대에서 근무하고 있는 S상사가 우연히 이 사실을 알게 되었다.

이때 당신이 S상사라면 ⓐ 가장 할 것 같은 행동은 무엇입니까? (　　)
ⓑ 가장 하지 않을 것 같은 행동은 무엇입니까? (　　)

① M대대의 대대장에게 사실 그대로를 보고하여 P장교가 군사재판에 의해 처벌받도록 한다.
② P장교에게 부대 기밀을 누설한 것은 어떤 이유에서든 잘못되었다고 따진다.
③ P장교에게 스스로 대대장에게 찾아가서 사실을 보고하고 자신이 저지른 잘못에 대해 처벌을 받음으로써 사태를 수습하라고 설득한다.
④ 둘 만의 비밀유지를 약속하고 P장교에게 기밀을 공유하자고 한다.
⑤ P장교가 처음 한 행동이니 눈감아준다고 말하고 이를 못 본 척 한다.
⑥ 대대장에게 알리지 않고 계속 P장교의 행동을 감시한다.
⑦ 자신이 한 일이 아니므로 그냥 무시하고 지나친다.

05

Y부사관은 복무 중에 소대 내에서 W상병을 비롯한 몇몇의 선임병들이 후임병을 구타하고 있는 현장을 목격하였다.

이때 당신이 Y부사관이라면 ⓐ 가장 할 것 같은 행동은 무엇입니까? (　　)
ⓑ 가장 하지 않을 것 같은 행동은 무엇입니까? (　　)

① 구타를 당장 중지시키고 W상병 등의 선임병들을 불러 이유 불문하고 체벌을 가한다.
② 상급자에게 보고하여 군사재판에 회부되게 하여 구타를 가한 선임병들이 폭행죄로 처벌을 받도록 한다.

③ W상병 등 구타를 가한 선임병들에게 그 이유를 물어보고 다시는 이런 일이 재발되지 않도록 따끔하게 주의를 준다.

④ 어떤 이유에서건 구타는 잘못된 행위라는 것을 분명히 인지시키고 다시는 이러한 행위를 하지 않겠다는 약속을 받는다.

⑤ 구타를 당한 후임병들에게 사과하게 한 후 그냥 눈감아준다.

⑥ 구타를 가한 선임병들을 세워놓고 반대로 후임병들이 한 대씩 때릴 수 있도록 한다.

⑦ 못 본 척하고 그냥 지나친다.

06

A부대의 B부소대장은 C소대장을 보좌하여 부대 내의 소대원들을 나누어 인솔하여 전투 훈련을 나갔다. 훈련을 실시하던 중 D일병이 부상을 당했는데 다른 소대원들은 모두 환자를 돌볼 수 있는 상황이 아니고 C소대장도 다른 소대원들을 지휘하고 있는 상황이다.

이때 당신이 B부소대장이라면 ⓐ 가장 할 것 같은 행동은 무엇입니까? (　　)
ⓑ 가장 하지 않을 것 같은 행동은 무엇입니까? (　　)

① 훈련 중인 몇몇 소대원들로 하여금 D일병을 군의 병원으로 옮겨 치료받게 한다.

② C소대장에게 연락하여 훈련을 전면 중단시키고 D일병을 군의 병원으로 옮겨 치료받게 한다.

③ 군의 병원에 연락하여 D일병을 후송할 장비와 인력을 보내 줄 것을 요청한다.

④ 소대의 훈련지휘를 분대장에게 맡기고 직접 D일병을 군의 병원으로 후송한다.

⑤ 중대장에게 연락하여 현재의 상황을 설명하고 어떻게 할 것인지를 묻는다.

⑥ 훈련을 전면 중단시킬 수는 없으므로 일단 급한 대로 자신이 응급처치를 실시하고, 훈련이 끝날 때까지는 참으라고 한다.

⑦ 큰 부상이 아니니 훈련을 마칠 때까지 그냥 참고 견디라고 한다.

07

H이병은 논산 훈련소에 입소하여 훈련을 받은 후 J부대로 자대 배치를 받아 온 지 약 2주일 정도 되었다. 그런데 H이병은 평소 숫기가 없고 소심한 성격 탓에 군 생활에 적응하지 못하고 힘들어 했는데, 이 사실을 K부소대장이 처음 알게 되었다.

이때 당신이 K부소대장이라면 ⓐ 가장 할 것 같은 행동은 무엇입니까? (　　)
ⓑ 가장 하지 않을 것 같은 행동은 무엇입니까? (　　)

① 같은 내무반에서 생활하고 있는 제일 선임병에게 H이병을 특별히 신경 써서 보살펴 주라고 지시한다.
② H이병에게 성격을 바꾸어 같은 내무반 병들과 빨리 어울리며 적응할 수 있도록 노력해 보라고 충고한다.
③ 군 생활에 적응이 될 때까지 어려움을 견디게 해줄 수 있는 취미 생활을 가져보라고 한다.
④ 중대장에게 이를 알리고 휴가를 보내 줄 것을 건의한다.
⑤ 모르는 척 무시하고 그냥 내버려둔다.
⑥ 다른 방법이 없으므로 그냥 꾹 참고 견디라고 한다.
⑦ 당분간 모든 훈련에서 제외시켜 내무반에서 편히 쉴 수 있도록 선처해준다.

08

진급 심사를 얼마 남겨두지 않은 L부소대장이 근무 종료 후 부대 인근의 한 주점에서 음주를 한 후 취기가 있는 상태에서 근처를 지나던 N중대장에게 발각되었다.

이때 당신이 L부소대장이라면 ⓐ 가장 할 것 같은 행동은 무엇입니까? (　　)
ⓑ 가장 하지 않을 것 같은 행동은 무엇입니까? (　　)

① 딱 한 잔 마셨을 뿐이라고 잡아떼고 선처를 빈다.
② 다른 소대장이 고민 상담을 해달라며 하도 졸라 어쩔 수 없이 마셨다고 변명한다.
③ 근무 종료 후의 음주를 묵인해주는 다른 부대의 관례를 말하며 봐달라고 한다.
④ 음주로 인해 사고를 저지르거나 소란을 피우지 않았으니 그냥 눈감아 달라고 당당히 요구한다.
⑤ N중대장을 설득하여 술자리로 끌어들이고 잘 대접한다.
⑥ 음주를 한 다른 소대장들의 이름을 전부 말해 자신에 대한 처벌을 막거나 혼자만 처벌받는 일이 없도록 한다.
⑦ 자신의 실수를 인정하고 용서를 빌며, 재발방지와 시정의 약속을 한다.

09

M소대장은 지난 인사발령으로 다른 부대의 소대를 맡게 되었다. 그런데 그 소대에는 M소대장보다 나이가 많은 다수의 소대원이 있다.

이때 당신이 M소대장이라면 ⓐ 가장 할 것 같은 행동은 무엇입니까? (　　)
ⓑ 가장 하지 않을 것 같은 행동은 무엇입니까? (　　)

① 소대원 중 선임이나 분대장을 등을 꽉 휘어잡고 기선을 제압하기 위해 노력한다.
② 자신의 지시나 명령 수행에 불성실한 소대원에게 아주 혹독한 정신교육을 시키고 중대장에게 보고한다.
③ 계급의 차이를 분명히 주지시키고 나이가 많은 사병이라도 엄격하게 대한다.
④ 선임 소대장이나 그 밖에 비슷한 경험이 있는 다른 소대장들에게 조언을 구한다.
⑤ 자신보다 나이가 많은 사병들은 그만큼 충분히 예우해 준다.
⑥ 새로 맡게 된 소대의 관례를 우선시하고 소대원들을 최대한 배려한다.
⑦ 소대원 중 실질적인 영향력이 가장 큰 병들과 친목을 도모하고 소대 분위기를 화기애애하도록 만든다.

10

P소대장은 자신의 직속상관인 O중대장이 부대의 업무와 관련된 중요한 실수를 하는 것을 목격했다. 그런데 O중대장은 자신의 실수를 P소대장이 눈감아주면 진급 심사 등에 있어 특혜를 주겠다고 하며 설득했다.

이때 당신이 P소대장이라면 ⓐ 가장 할 것 같은 행동은 무엇입니까? (　　)
ⓑ 가장 하지 않을 것 같은 행동은 무엇입니까? (　　)

① 직속 상사의 부탁이라도 부당한 것이므로 단호히 거부한다.
② O중대장의 상관을 찾아 중대장의 실수와 부당한 제안을 모두 보고한다.
③ O중대장에게 자신의 실수를 사실대로 보고하도록 설득한다.
④ 특혜 제안은 수용하지 않고 그냥 실수를 못 본 척 해준다.
⑤ 관련 사실에 대해 입을 다물고 다른 부대로의 전출을 요구한다.
⑥ 다른 동료 소대장에게 전후 사실을 설명하고 어떻게 처신해야 할 것인지 조언을 구한다.
⑦ 제안을 수용하는 조건으로 특혜를 확실히 보장받을 수 있도록 중대장의 서명날인을 받아둔다.

11

S소대장은 우연히 소대원들이 자신에 대해 불평을 늘어놓고 비난하는 것을 듣게 되었다.

이때 당신이 S소대장이라면 ⓐ 가장 할 것 같은 행동은 무엇입니까? (　　)
ⓑ 가장 하지 않을 것 같은 행동은 무엇입니까? (　　)

① 자신을 비난하는 부하들을 모두 불러 경고하고 얼차려를 시킨다.
② 자신에 대한 비난을 다 알고 있다는 것을 넌지시 알려 주의를 환기시키고 우회적으로 경고한다.

③ 상급자에게 모두 보고하여 규정대로 처리하게 한다.

④ 그냥 못 들은 척 하고 넘어간다.

⑤ 다른 소대의 소대장들에게 조언을 구하여 대처한다.

⑥ 자신을 비난하는 소대원들 모두와 더 친분을 쌓아 가까워지도록 한다.

⑦ 불평불만의 내용을 모두 수용 · 파악하여 잘못된 부분은 시정한다.

12

Y소대장은 우연히 같은 부대의 부하인 W부소대장이 부대의 비품을 횡령하고 있다는 사실을 알게 되었다. 그런데 그 내막을 알아보던 중 W부소대장의 다른 가족들의 형편이 무척 곤궁하다는 것을 알게 되었다.

이때 당신이 Y소대장이라면 ⓐ 가장 할 것 같은 행동은 무엇입니까? (　　)
ⓑ 가장 하지 않을 것 같은 행동은 무엇입니까? (　　)

① 자신의 상관에게 W부소대장의 횡령 사실을 그대로 보고 한다.

② 횡령 사실을 직접 보고하기보다는 우회적으로 다른 부대원들이 알게 한다.

③ 부대의 비품 관리 강화 캠페인을 벌여 W부소대장이 횡령 행위를 멈추도록 간접적인 압박을 가한다.

④ W부소대장을 개인적으로 불러 횡령 사실을 알고 있다고 말하고 그만두라고 지시한다.

⑤ W부소대장의 가족을 금전적으로 도울 수 있는 방안을 모색해 본다.

⑥ 그의 딱한 처지를 이해하고 발각되지 않게 조언을 해준다.

⑦ 다른 가족들의 형편을 고려하여 그냥 못 본 척한다.

13

C소대장이 통솔하고 있는 D소대원의 실수로 부대에 문제가 발생하였다. 이에 C소대장은 상관에게 불려가 소대원을 제대로 관리하지 못한 것에 대해 심한 문책을 받고 인격적인 모멸감까지 당했다.

이때 당신이 C소대장이라면 ⓐ 가장 할 것 같은 행동은 무엇입니까? (　　)
ⓑ 가장 하지 않을 것 같은 행동은 무엇입니까? (　　)

① 자신의 직접 잘못이 아님에도 인격적 모멸을 가한 것에 대해 상관에게 항의한다.

② 소대나 보직의 변경을 요구한다.

③ 상관에게 당한 일은 깨끗이 잊고 자신의 업무를 계속한다.

④ 다른 소대장들에게 관련 사실을 말하고 조언을 구하여 어떻게 할 지 결정한다.

⑤ D소대원에게도 자신이 당한 만큼의 모멸감을 안겨 준다.

⑥ 소대원 전체의 정신 기강을 확립하는 차원에서 혹독한 정신교육과 얼차려를 실시한다.

⑦ D소대원을 적절히 관리하지 못한 점을 반성하고 소대원 관리에 더욱 노력한다.

14

H부사관은 같은 부대로 배치받은 동기인 J부사관과 함께 근무하면서 평소 자신이 더 성실하고 지휘관으로서의 능력도 뛰어나다고 생각하고 있었다. 그런데 이후 진급 심사에서 J부사관만 진급하고 H부사관은 진급하지 못했다.

이때 당신이 H부사관이라면 ⓐ 가장 할 것 같은 행동은 무엇입니까? (　　)

ⓑ 가장 하지 않을 것 같은 행동은 무엇입니까? (　　)

① 진급 심사 결과가 부당하다고 상관에게 항의한다.

② 가능한 경로를 통해 공식적으로 재심사를 요구한다.

③ 부대 내에서 자신이 J부사관보다 뛰어나며 진급 심사가 잘못되었다는 여론을 형성하려 노력한다.

④ 부대 내에서의 문제 제기보다는 다른 부대로의 전출을 요구한다.

⑤ 어쩔 수 없으므로 진급 심사 결과를 수용하고 J를 상사로 인정한다.

⑥ 진급 심사의 결과는 수용하되 J부사관을 상사로 인정하지는 않는다.

⑦ 자신이 탈락한 이유를 알아보고 부족한 점을 보충하고 개선하려 노력한다.

15

L소대장은 부하인 M부소대장에게 공적인 업무를 명령했다. 그런데 M부소대장은 명령을 수행하기 전, 중대장의 개인적인 심부름도 받게 되어 결국 N중대장의 심부름만 하고 L소대장의 명령은 이행하지 못했다.

이때 당신이 L소대장이라면 ⓐ 가장 할 것 같은 행동은 무엇입니까? (　　)

ⓑ 가장 하지 않을 것 같은 행동은 무엇입니까? (　　)

① 군대는 계급이 우선이므로, 상상의 명령에 따른 M부소대장의 행동에 대하여 칭찬한다.

② N중대장에게 찾아가 개인적인 심부름을 시킨 것에 대해 항의한다.

③ M부소대장을 불러 자신이 명령한 업무를 하지 않은 이유에 대해 물어본다.

④ M부소대장의 난처한 상황을 고려하여 그냥 넘긴다.

⑤ 군대 내에서 상관의 개인적인 심부름은 부당한 것이라고 군 관련 홈페이지에 익명의 글을 남긴다.

⑥ M부소대장에게 공적인 업무와 사적인 일이 충돌할 때는 공적인 업무가 우선이라고 설교한다.

⑦ M부소대장이 명령을 수행하지 못한 것에 대해 처벌한다.

Chapter 03

인성검사

인성검사는 부사관 중에서도 육군에서만 실시되는 검사로, 수험생의 정신건강상태를 평가한다. 50분 동안 338문항에 답변해야 하므로, 이를 통해 집중력과 성실함, 일관성을 평가할 수 있을 뿐만 아니라 인성검사의 자료가 면접 자료에 사용되기도 한다.

1 인성검사

(1) 인성검사 의의

인성검사는 성격이나 인간성 등 사람의 성품을 검사하는 것을 말한다. 부사관 시험에서 이를 실시하는 가장 큰 목적은 이상 성격자를 미리 판별하여 입영을 억제하거나 부적격자에 대한 핵심 및 위험물 취급직위에 대한 군사특기 부여를 제한하여 사고예방에 기여하고자 하는 것이다. 이러한 인성검사는 인재선발시 이러한 인성과 관련된 문제나 결함 여부를 판단하여 면접시 반영하도록 하고 있다. 그동안 우리나라의 인사선발제도는 인간성보다는 학력이나 성적, 경력 등에 치중하여 시행됨으로써 선발된 사람의 정서불안과 직업 부적응 등에 따른 사건 · 사고의 발생에 미리 대처하지 못하는 문제가 있었다. 이에 따라 부적격자와 위험요인 보유자를 적절히 차단 · 제한함으로써 이들로 인한 문제를 예방할 수 있는 평가의 필요성이 제기되었고, 이것이 곧 인성검사의 시행으로 이어졌다.

(2) 유의사항

① 모든 문제에 답을 해야 한다. 답을 하지 않는 것은 응시자의 응답태도로도 평가된다.

② 가급적 솔직하게 평소 모습대로 답한다. 자신을 잘 보이기 위한 거짓 대답은 허구성 척도가 높아져 좋지 않다.

③ 신중하게 답한다. 일관되지 못하거나 아무렇게나 하는 답변은 신뢰성과 응답태도에서 부정적 평가를 받을 수 있다.

2 인성검사 평가

(1) 평가항목

항목	내용
안정성	정서적 안정성의 정도
외향성	대인관계, 사교성, 협동성, 사회적 관용성 등
책임감	인내력과 자기통제력, 의지력, 자율성, 신뢰성, 자발성 등
주도성	적극적 참여 및 주체성
자신감	자신감의 정도
우울 및 불안조절력	우울 또는 불안 경향의 조절 정도
자기주장능력	자신의 욕구나 주장을 적절히 표현하는 정도
대인관계능력	대인관계능력과 사회적 활동 정도
행동화경향	대인관계에서의 부적응성 및 공격성, 충동성 정도
타인에 대한 의식	대인관계에서 예민하고 심각하게 생각하는 정도
스트레스 지수	스트레스 정도
생활만족도	일상생활에서의 만족도 및 신체적 고통이나 심리적 불편감이 적은 정도
타당도	평가 결과의 타당성과 신뢰성

(2) 유형파악

인성검사는 예비 부사관의 인성과 내면을 파악하기 위한 검사로, 예비 부사관의 일관적인 태도와 인간성을 파악한다. 따라서 자신의 스타일에 맞는 일관성을 유지하여 성실히 검사에 임하도록 하여야 한다.

대표유형

(일반선택형) **다음의 질문 내용을 읽고 자신의 생각과 일치하거나 자신을 가장 잘 나타내는 것을 Ⓐ~Ⓔ 중에서 고르시오.**

전혀 그렇지 않다	그렇지 않다	보통이다	그렇다	매우 그렇다
Ⓐ	Ⓑ	Ⓒ	Ⓓ	Ⓔ

내용	선택				
한 번 실패해도 포기하지 않고 계속 시도하는 편이다.	Ⓐ	Ⓑ	Ⓒ	Ⓓ	Ⓔ

(양자택일형) **다음 질문을 잘 읽고 자신의 성격이나 생각에 해당된다고 생각하면 Y(YES), 해당되지 않는다고 생각하면 N(NO)을 골라 체크하시오.**

내용	선택	
나는 혼자서 자유롭게 사는 것을 좋아한다.	Y	N

3 MMPI(Minnesota Multiphastic Personality Inventory)

(1) MMPI 검사의 특징

세계적으로 시행되고 있는 다면적 성격검사의 하나로 1차적으로는 정신질환이나 심리적 장애를 진단하고, 2차적으로는 수검자의 성격이나 방어기제를 평가한다. 4개의 타당도와 10개의 임상척도를 합쳐 총 14개의 척도로 구성되어 있다.

(2) MMPI 검사의 구성

① **타당도척도** : 피검자의 왜곡된 검사태도를 탐지하고, 임상척도의 해석을 풍부하게 해 주는 보충적 정보를 제공한다.

타당도 유형	측정내용
?(CanNotSay)척도	• 무응답, 혹은 '예'와 '아니오' 모두에 대답한 개수를 확인한다. • 30개 이상이면 전체 검사자료는 타당하지 않다. • 실제로 답을 할 수 없는지, 혹은 고의적인지 확인한다.
L(Lie)척도	• 자신을 좋게 보이려는 다소 고의적이고 세련되지 못한 시도를 확인한다. • 높은 점수는 방어적 태도를 시사한다. • 너무 낮은 점수는 지나치게 솔직함을 나타낸다.
F(Frequency)척도	• 심리적 고통과 부적응의 정도를 나타내는 척도이다. • 높은 점수는 과장된 증상의 표현과 실질적인 장애를 의미한다. • 낮은 점수는 적응력도 높고 스트레스가 없음을 나타낸다.

K(Defensiveness)척도	• 개인적 정보를 노출하지 않으려는 저항적 태도를 반영하는 척도이다. • L척도보다는 은밀하고 세련된 방어를 나타낸다. • 높은 점수는 강한 정서적 독립성, 친밀감의 문제를 시사한다. • 낮은 점수는 솔직성, 의존성, 자신감의 부족을 시사한다. • 1번, 4번, 7번, 8번, 9번 척도의 감별력을 증진하기 위해 K교정점수를 사용한다.

② **임상척도** : 피검자의 비정상 행동의 종류를 측정하고, 성격 진단을 통해 그 유형을 해석한다.

임상척도	측정내용
Hs(Hypochondriasis) 건강염려증	• 만성적인 신체적 증상, 신체기능에 대한 불안을 측정한다. • 신체증상은 의학적 검사를 통해 확인되지 않는다. • 높은 점수는 자기중심적, 의존 및 주의집중 욕구가 강함을 시사한다. • 낮은 점수는 건강에 대한 자신감, 낙관론, 통찰력을 시사한다.
D(Depression) 우울증	• 우울한 기분, 다양한 우울증상을 측정한다. • 높은 점수는 우울, 불안, 자기비하, 무기력, 죄의식을 시사한다. • 낮은 점수는 능동적, 낙천적, 정서적 안정, 자기 과시적 성향을 나타낸다.
Hy(Hysteria) 히스테리	• 현실적 어려움을 회피하기 위해 거부와 억압기제를 사용하는 정도를 측정한다. • 높은 점수는 거부와 억압, 신체적 증상을 통해 스트레스에 대처함을 시사한다. • 낮은 점수는 일상생활에 순응적, 현실적, 논리적임을 시사한다.
Pd(Psychopathic Deviate) 반사회성	• 권위적 대상, 사회체제에 대한 불만, 도덕적 경향을 측정한다. • 높은 점수는 분노감, 반항, 충동성, 예측불허성을 시사한다. • 낮은 점수는 통속적, 순응적, 복종적, 낮은 경쟁심을 시사한다.
Mf(Masculinity-Feminity) 남성-여성 특징	• 직업 및 취미에 대한 남성과 여성의 특성을 각각 측정한다. • 높은 점수는 성역할에서의 갈등을 시사한다. • 낮은 점수는 전통적인 성역할에 대한 무비판적인 수용을 시사한다.
Pa(Paranoia) 편집증	• 대인관계에의 민감성, 의심, 집착, 피해의식의 정도를 측정한다. • 높은 점수는 의심 많고 적대적이며, 경계와 타인을 비난함을 시사한다. • 낮은 점수는 고집 세고 회피적이며 자기중심적임을 시사한다.
Pt(Psychasthenia) 강박증	• 강박증과 관련된 불안과 긴장을 측정한다. • 높은 점수는 불안, 걱정, 내성적, 강박적, 열등감을 시사한다. • 낮은 점수는 적응적, 자신만만, 성공지향적 성향을 시사한다.
Sc(Schizophrenia) 정신분열증	• 정신적 혼란, 기괴한 사고 및 행동방식을 측정한다. • 높은 점수는 냉담, 사고 및 의사소통 장애를 시사한다. • 낮은 점수는 실용적인 현실주의자, 비창조적, 경직성을 시사한다.
Ma(Hypomania) 경조증	• 정신적 에너지를 측정한다. • 높은 점수는 과도하게 활동적이거나 정서적으로 불안정함을 시사한다. • 낮은 점수는 활동수준이 낮고 우울함을 시사한다.

Si(Socialintroversion) 사회적 내향성	• 성격의 외 · 내향성, 대인관계의 회피성을 측정한다. • 높은 점수는 내향적, 회피적, 위축, 열등감을 시사한다. • 낮은 점수는 외향적, 대인관계가 좋음을 시사한다.

4 인성검사 연습

[01~50] 다음 질문 내용을 읽고 자신의 생각과 일치하거나 자신을 가장 잘 나타내는 것을 Ⓐ~Ⓔ 중에서 고르시오.

전혀 그렇지 않다	그렇지 않다	보통이다	그렇다	매우 그렇다
Ⓐ	Ⓑ	Ⓒ	Ⓓ	Ⓔ

번호	내용	선택
01	나는 꼭 성공하고 싶은 욕구가 있다.	Ⓐ Ⓑ Ⓒ Ⓓ Ⓔ
02	일이 아무리 힘들어도 주위에 내색하지 않는다.	Ⓐ Ⓑ Ⓒ Ⓓ Ⓔ
03	'아마', '대충'과 같은 단어를 사용하지 않으면 생각이 더 명확해질 것이다.	Ⓐ Ⓑ Ⓒ Ⓓ Ⓔ
04	진정한 종교는 단 하나뿐이라 생각한다.	Ⓐ Ⓑ Ⓒ Ⓓ Ⓔ
05	어떤 긴박한 상황에서도 침착하며 신속하게 대처한다.	Ⓐ Ⓑ Ⓒ Ⓓ Ⓔ
06	나는 어떤 것에 푹 빠진 적이 있다.	Ⓐ Ⓑ Ⓒ Ⓓ Ⓔ
07	남자는 여자보다 과감한 결정을 내린다.	Ⓐ Ⓑ Ⓒ Ⓓ Ⓔ
08	나는 사이코(psycho)이다.	Ⓐ Ⓑ Ⓒ Ⓓ Ⓔ
09	다른 사람을 배려하는 것도 중요하지만 나의 이익이 우선이다.	Ⓐ Ⓑ Ⓒ Ⓓ Ⓔ
10	가끔 야한 동영상을 본 적이 있다.	Ⓐ Ⓑ Ⓒ Ⓓ Ⓔ
11	싫어하는 사람과 함께 일하는 것은 질색이다.	Ⓐ Ⓑ Ⓒ Ⓓ Ⓔ
12	나는 낯선 사람들과도 잘 어울린다.	Ⓐ Ⓑ Ⓒ Ⓓ Ⓔ
13	나는 책임감보다 자율성에 따라 일을 한다.	Ⓐ Ⓑ Ⓒ Ⓓ Ⓔ
14	정적인 일보다는 활동적인 일을 좋아한다.	Ⓐ Ⓑ Ⓒ Ⓓ Ⓔ
15	일단 마음먹은 일은 곧바로 실천에 옮긴다.	Ⓐ Ⓑ Ⓒ Ⓓ Ⓔ
16	나는 업무보다는 가족의 일이 우선이다.	Ⓐ Ⓑ Ⓒ Ⓓ Ⓔ
17	주변에서 일어나는 일에 관심이 많다.	Ⓐ Ⓑ Ⓒ Ⓓ Ⓔ
18	일이 뜻대로 되지 않으면 신경질적이 된다.	Ⓐ Ⓑ Ⓒ Ⓓ Ⓔ
19	나는 여러 사람의 의견을 하나로 모으는 능력이 있다.	Ⓐ Ⓑ Ⓒ Ⓓ Ⓔ

20	소리에 예민하고 쉽게 반응한다.	Ⓐ	Ⓑ	Ⓒ	Ⓓ	Ⓔ
21	사람들과 함께 있을 때 나의 의견을 제안하기보다는 다른 사람들의 의견을 따르는 편이다.	Ⓐ	Ⓑ	Ⓒ	Ⓓ	Ⓔ
22	취미생활을 즐기는 것은 스트레스가 많은 현대인에게 있어 필수적이다.	Ⓐ	Ⓑ	Ⓒ	Ⓓ	Ⓔ
23	나는 주변에서 문제가 발생하면 중재자 역할을 잘한다.	Ⓐ	Ⓑ	Ⓒ	Ⓓ	Ⓔ
24	젊을 때는 누구나 한 번쯤은 인생을 걸고 무언가에 도전해야 한다.	Ⓐ	Ⓑ	Ⓒ	Ⓓ	Ⓔ
25	일이 잘 풀리지 않으면 부정적인 생각이 든다.	Ⓐ	Ⓑ	Ⓒ	Ⓓ	Ⓔ
26	걱정거리가 있으면 속으로 끙끙거린다.	Ⓐ	Ⓑ	Ⓒ	Ⓓ	Ⓔ
27	사소한 일에 신경을 쓰는 편이다.	Ⓐ	Ⓑ	Ⓒ	Ⓓ	Ⓔ
28	나는 변덕이 심하다.	Ⓐ	Ⓑ	Ⓒ	Ⓓ	Ⓔ
29	나는 귀가 얇다는 소리를 듣는다.	Ⓐ	Ⓑ	Ⓒ	Ⓓ	Ⓔ
30	문제가 생기면 너무 깊게 생각한다.	Ⓐ	Ⓑ	Ⓒ	Ⓓ	Ⓔ
31	의지가 약해 쉽게 포기하는 경향이 있다.	Ⓐ	Ⓑ	Ⓒ	Ⓓ	Ⓔ
32	혼자서 여행하기를 좋아한다.	Ⓐ	Ⓑ	Ⓒ	Ⓓ	Ⓔ
33	나의 일은 다른 사람과 상의하기보다는 혼자서 처리한다.	Ⓐ	Ⓑ	Ⓒ	Ⓓ	Ⓔ
34	여러 사람과 어울리기보다는 혼자 있는 것이 더 좋다.	Ⓐ	Ⓑ	Ⓒ	Ⓓ	Ⓔ
35	나는 자존심이 강한 편이다.	Ⓐ	Ⓑ	Ⓒ	Ⓓ	Ⓔ
36	나는 남들에게 지기 싫어한다.	Ⓐ	Ⓑ	Ⓒ	Ⓓ	Ⓔ
37	어떤 일을 하다가 어려운 문제에 부딪히면 스스로 해결하려고 노력한다.	Ⓐ	Ⓑ	Ⓒ	Ⓓ	Ⓔ
38	나는 나의 주장이 반영되지 않으면 화가 난다.	Ⓐ	Ⓑ	Ⓒ	Ⓓ	Ⓔ
39	다른 사람과 수다떨기를 좋아한다.	Ⓐ	Ⓑ	Ⓒ	Ⓓ	Ⓔ
40	나는 기분이 쉽게 들뜨고 좋아지는 편이다.	Ⓐ	Ⓑ	Ⓒ	Ⓓ	Ⓔ
41	다른 사람 앞에서 우쭐거리는 일이 많다.	Ⓐ	Ⓑ	Ⓒ	Ⓓ	Ⓔ
42	나는 낙천적이어서 일을 여유 있게 처리한다.	Ⓐ	Ⓑ	Ⓒ	Ⓓ	Ⓔ
43	나는 장난을 치거나 소란을 잘 피운다.	Ⓐ	Ⓑ	Ⓒ	Ⓓ	Ⓔ
44	나는 화를 내는 일이 거의 없다.	Ⓐ	Ⓑ	Ⓒ	Ⓓ	Ⓔ
45	거짓말을 해 본 적이 거의 없다.	Ⓐ	Ⓑ	Ⓒ	Ⓓ	Ⓔ
46	나는 주위 사람을 거의 의심하지 않는다.	Ⓐ	Ⓑ	Ⓒ	Ⓓ	Ⓔ
47	이성에 대해 호감을 가진 적이 거의 없다.	Ⓐ	Ⓑ	Ⓒ	Ⓓ	Ⓔ
48	나는 여러 사람 앞에서 혼자 나서 이야기하는 것을 좋아하지 않는다.	Ⓐ	Ⓑ	Ⓒ	Ⓓ	Ⓔ
49	나는 낯가림이 심해서 처음 만난 사람과 금방 친해지지 못한다.	Ⓐ	Ⓑ	Ⓒ	Ⓓ	Ⓔ
50	어린이가 엄마에게 심하게 혼나는 것은 교육상 오히려 좋지 않다고 생각한다.	Ⓐ	Ⓑ	Ⓒ	Ⓓ	Ⓔ

[51~100] 다음 질문을 잘 읽고 자신의 성격이나 생각에 해당된다고 생각하면 Y(YES), 해당되지 않는다고 생각하면 N(NO)을 골라 체크하시오.

번호	내용	선택	
51	처음 하는 일은 두려워 소극적으로 추진한다.	Y	N
52	나는 진지하고 사려 깊은 사람이므로 실제로 행동하기까지는 많은 시간이 걸린다.	Y	N
53	일단 시작한 일은 끝날 때까지 멈추지 않는다.	Y	N
54	한 가지 일에 몰두하여 집중할 때는 다른 일은 잊어버린다.	Y	N
55	나는 스케줄에 따라 계획대로 행동한다.	Y	N
56	일할 때는 꼼꼼하고 빈틈이 없다.	Y	N
57	즉흥적으로 일을 처리하지 않는다.	Y	N
58	리더십이 강하고 남들 앞에 나서기를 좋아한다.	Y	N
59	남이 시키기 전에 스스로 나서서 처리한다.	Y	N
60	나는 걱정과 근심이 많은 편이다.	Y	N
61	길을 가다가 휴지가 보이면 주워서 휴지통을 찾아 넣는 편이다.	Y	N
62	특별한 이유 없이 다른 사람을 미워할 때가 종종 있다.	Y	N
63	주위 사람들로부터 부지런하다는 말을 들을 때가 많다.	Y	N
64	일을 하다 보면 머리에 피로가 자주 온다.	Y	N
65	나는 단체생활의 경험이 풍부한 편이다.	Y	N
66	나는 다른 사람의 의견에 귀를 기울이고 지시에 잘 따르는 편이다.	Y	N
67	어떤 일이나 과제에 대해 끝맺음을 정확히 하는 편이다.	Y	N
68	나는 주위 사람들로부터 특이하다는 이야기를 가끔 듣는다.	Y	N
69	나는 아는 사람들의 부탁을 잘 거절하지 못한다.	Y	N
70	틀에 박힌 규율은 깨고 싶다.	Y	N
71	나는 정이 많은 사람이 제일 좋다.	Y	N
72	나는 내가 하는 일에서만큼은 일인자가 되고 싶다.	Y	N
73	나는 융통성이 없다는 말을 종종 듣는다.	Y	N
74	나는 나만의 가치관이 있다.	Y	N
75	나는 높은 도덕적 기준을 가지고 있다.	Y	N
76	나는 감성적인 성격이라 눈물도 많다.	Y	N
77	항상 뭔가를 해야 할 것 같아 불안하다.	Y	N
78	나는 익숙하지 않은 일은 여간해서는 시작하지 않는다.	Y	N

79	세상은 공평하지 않다고 생각한다.	Y	N
80	나는 사야 될 물건도 막상 사려면 망설일 때가 많다.	Y	N
81	나는 남보다 고집이 센 편이다.	Y	N
82	나는 친절하다는 말을 가끔 듣는다.	Y	N
83	스스로 생각해도 지나치게 솔직하다고 생각한 적이 있다.	Y	N
84	식사 시간은 거의 일정하게 유지한다.	Y	N
85	솔직히 자발적으로 봉사활동에 참여하고 싶지는 않다.	Y	N
86	나는 동창회 같은 모임에는 잘 나가지 않는다.	Y	N
87	다른 사람의 소리나 주위 소음은 신경쓰지 않는다.	Y	N
88	나는 가끔 불을 지르고 싶을 때가 있다.	Y	N
89	친구가 잘못했을 때 쉽게 용서한다.	Y	N
90	나는 기계의 분해나 조립을 할 수 있다.	Y	N
91	나는 무슨 일이든 남에게 의존하기가 싫다.	Y	N
92	나는 자신도 모르게 어떤 일에 끙끙 앓게 고민할 때가 있다.	Y	N
93	다른 사람이 한 행동의 이유를 잘 파악하는 편이다.	Y	N
94	가끔 지진이 일어나지나 않을지 불안할 때가 있다.	Y	N
95	운동 경기를 시청할 때 쉽게 흥분하는 편이다.	Y	N
96	다른 사람과 의견이 다르면 상대를 설득시키려 노력한다.	Y	N
97	의례적인 예의일지라도 다른 사람을 위해서 반드시 필요하다.	Y	N
98	나는 자기주관이 뚜렷하고 확고부동한 사람이 좋다.	Y	N
99	나는 체계적이고 조직적으로 행동하는 것을 좋아한다.	Y	N
100	나는 행동이 조심스럽고 신중한 편이다.	Y	N

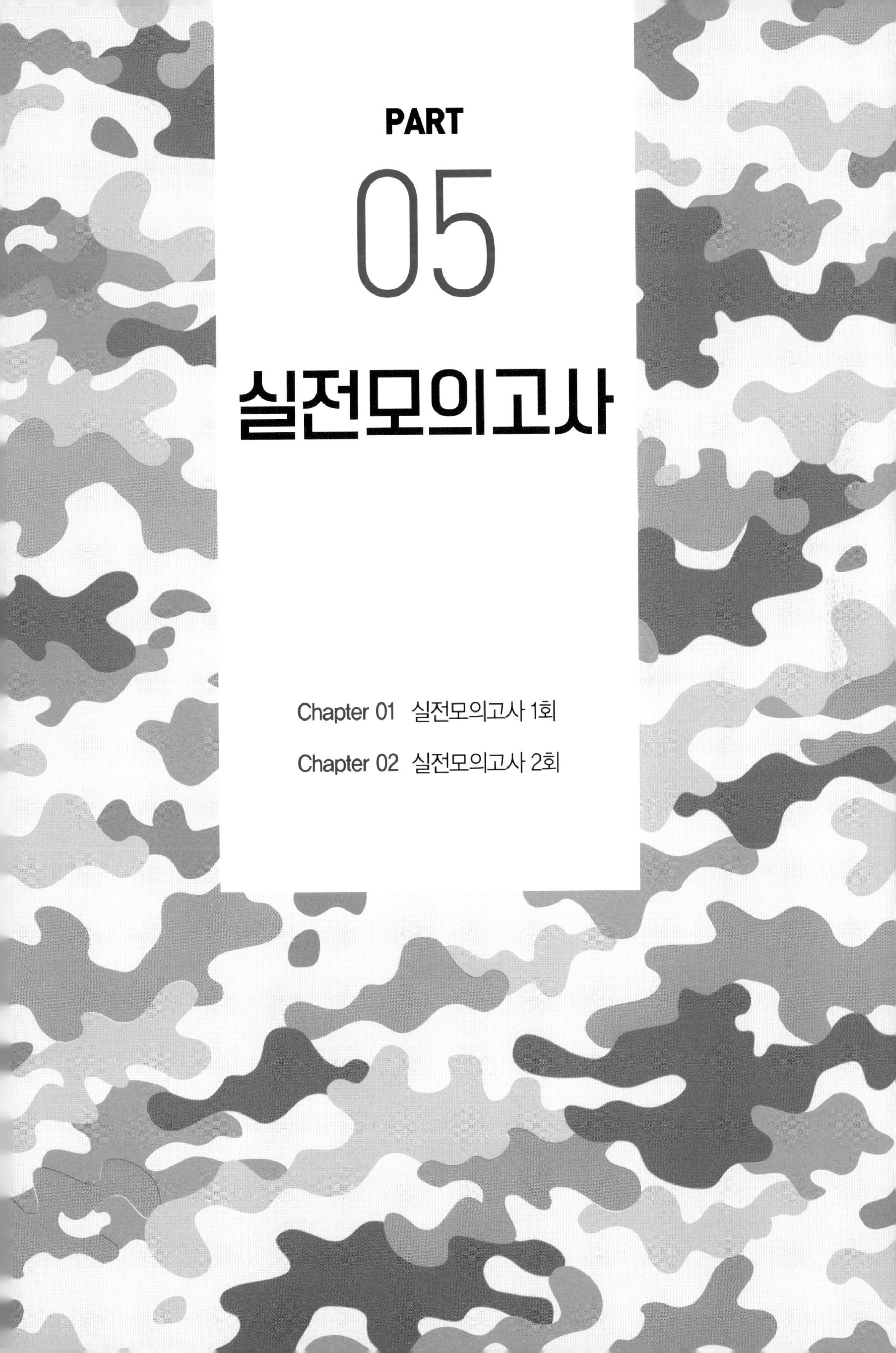

PART 05 실전모의고사

Chapter 01

실전모의고사 1회

정답 및 해설 P. 246

• 영역을 구별하여 공간능력 18문항(10분), 지각속도 30문항(3분), 언어논리 25문항(20분), 자료해석 20문항(25분)으로 구성으로 구성되어 있습니다.

공간능력

18문항 | 10분

[01~05] 다음 조건을 참고하여 제시된 입체도형의 전개도를 고르시오.

• 입체도형을 전개하여 전개도를 만들 때, 전개도에 표시된 그림(예 : ◧, ◪ 등)은 회전의 효과를 반영함. 즉, 본 문제의 풀이과정에서 보기의 전개도 상에 표시된 "◧"와 "⊟"은 서로 다른 것으로 취급함.
• 단, 기호 및 문자(예 : ☎, ♤, ♨, K, H)의 회전에 의한 효과는 본 문제의 풀이과정에 반영하지 않음. 즉, 입체도형을 펼쳐 전개도를 만들었을 때에 "☎"의 방향으로 나타나는 기호 및 문자도 보기에서는 "☎"방향으로 표시하며 동일한 것으로 취급함.

01

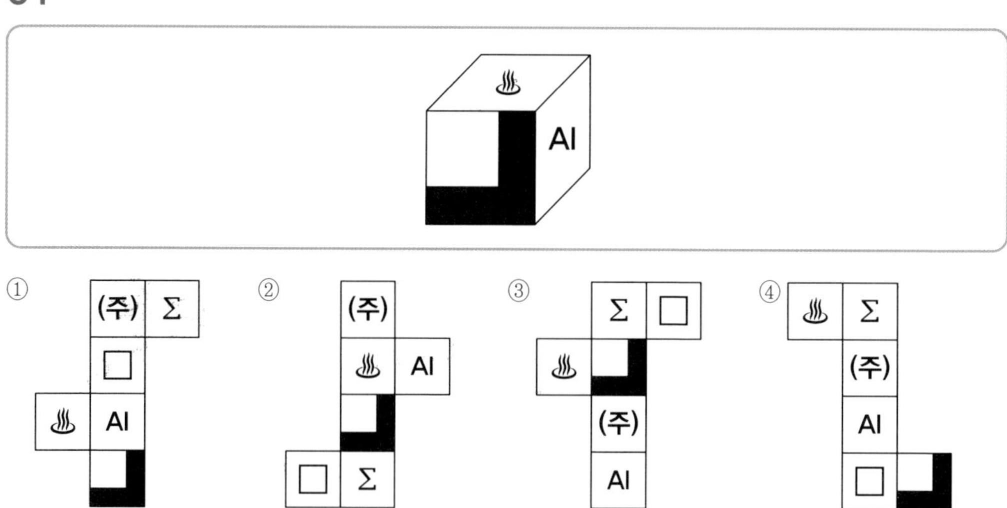

02

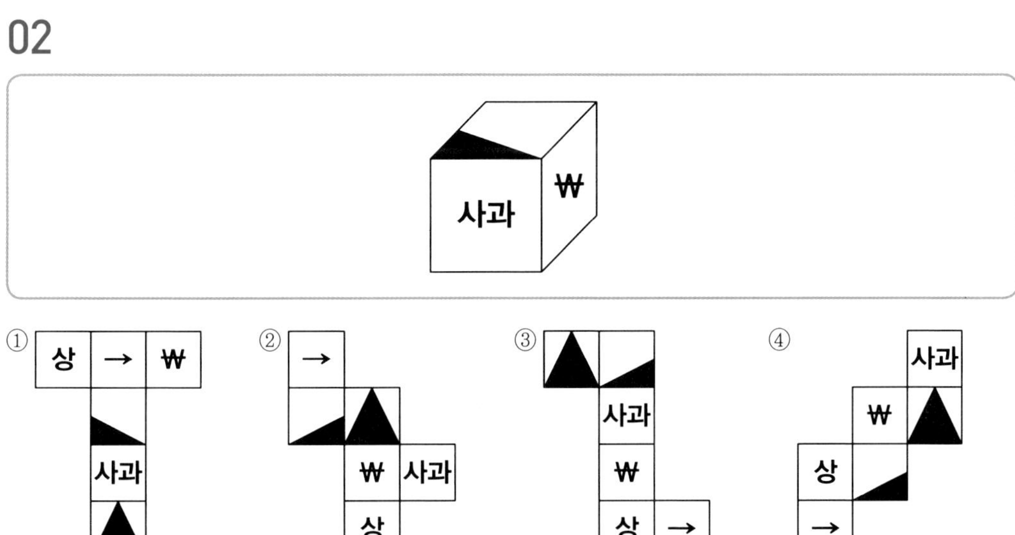

03

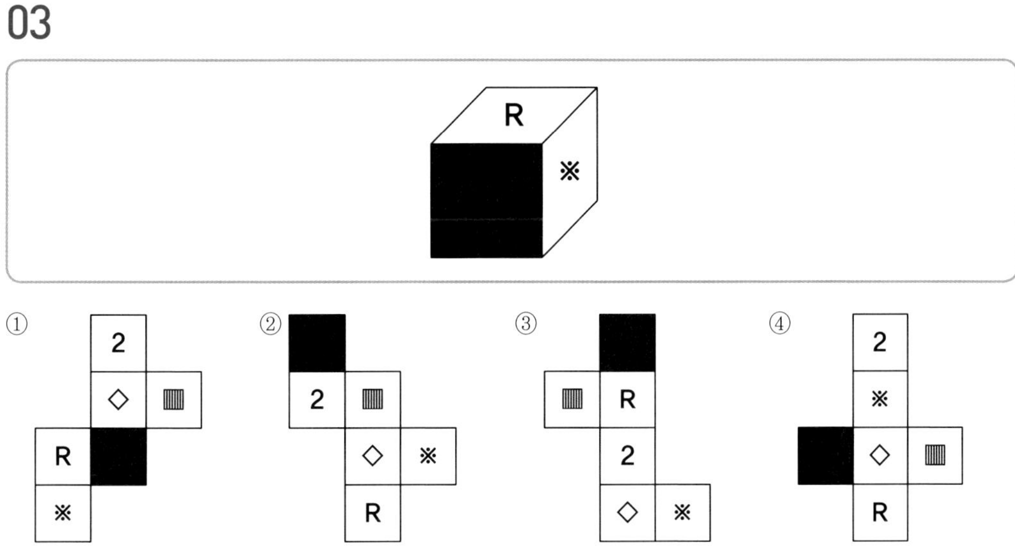

04

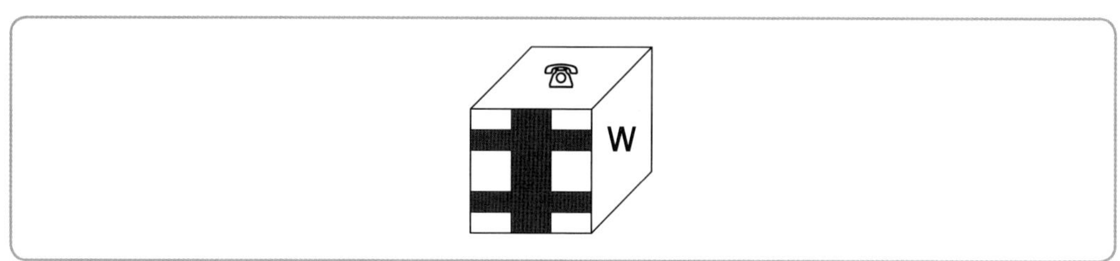

① 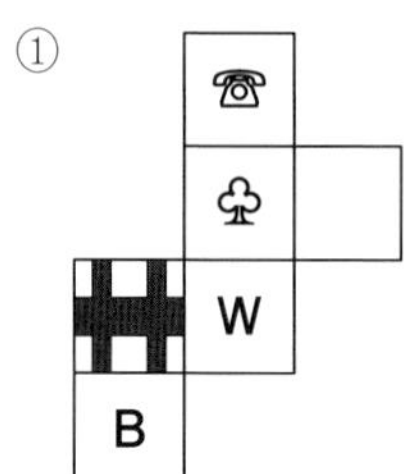

② 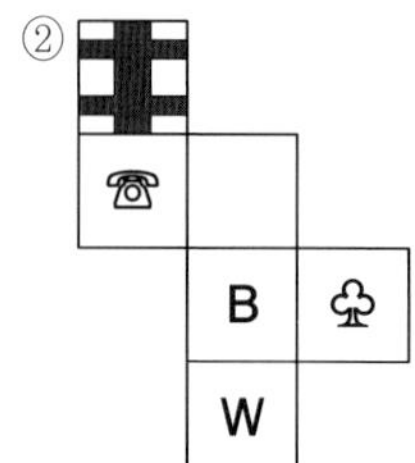

③ 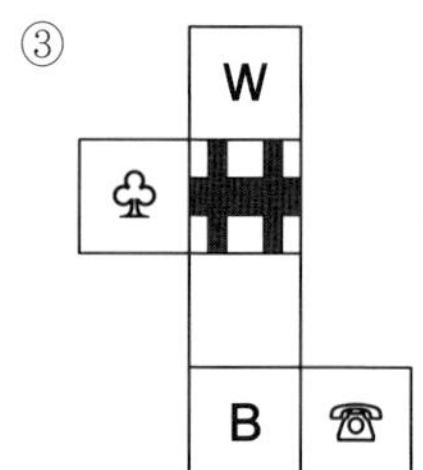

④ 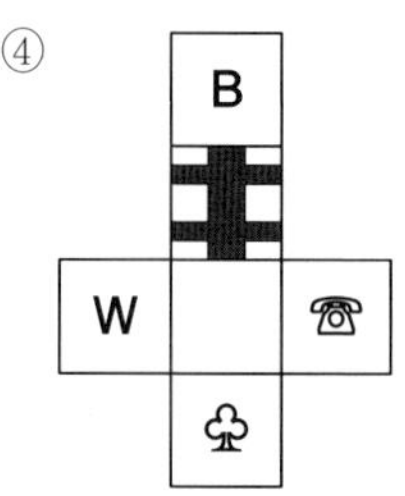

05

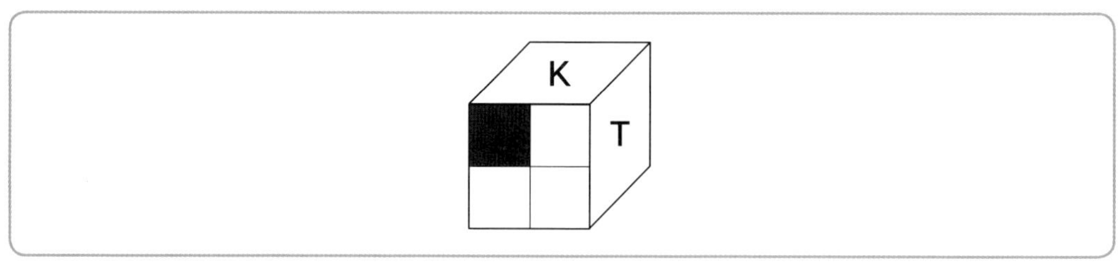

① 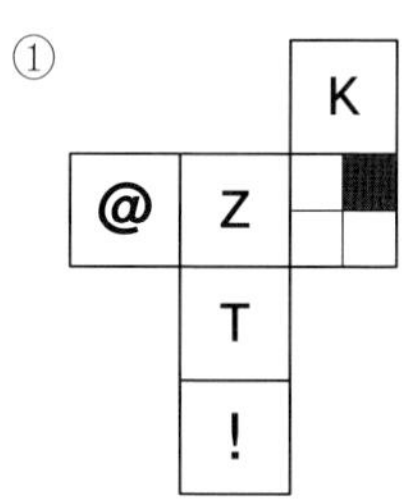

② 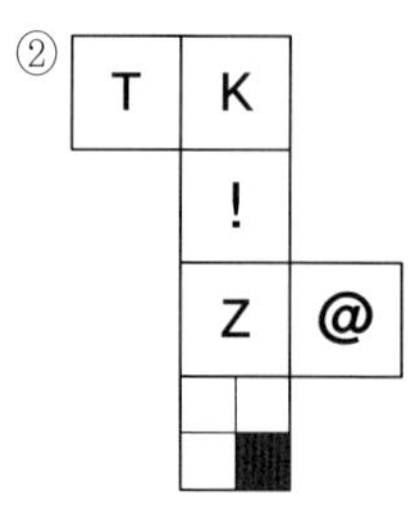

③ 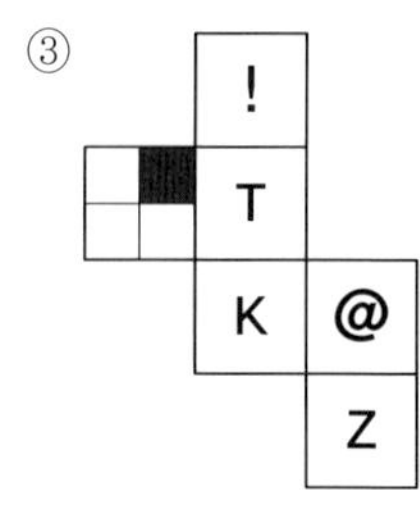

④ 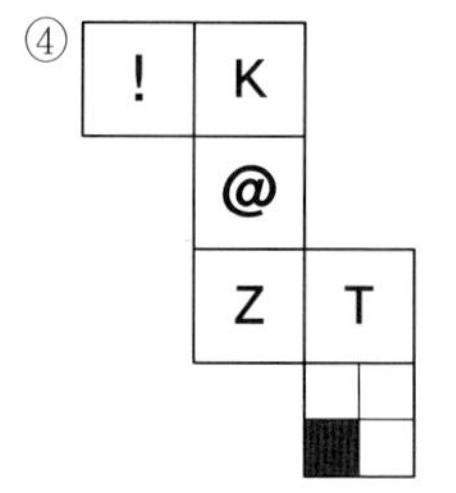

[06~10] 다음 조건을 참고하여 제시된 전개도의 입체도형을 고르시오.

- 입체도형을 전개하여 전개도를 만들 때, 전개도에 표시된 그림(예 : ▮, ◪ 등)은 회전의 효과를 반영함. 즉, 본 문제의 풀이과정에서 보기의 전개도 상에 표시된 "▮"와 "▬"은 서로 다른 것으로 취급함.
- 단, 기호 및 문자(예 : ☎, ♤, ♨, K, H)의 회전에 의한 효과는 본 문제의 풀이과정에 반영하지 않음. 즉, 입체도형을 펼쳐 전개도를 만들었을 때에 "☎"의 방향으로 나타나는 기호 및 문자도 보기에서는 "☎"방향으로 표시하며 동일한 것으로 취급함.

06

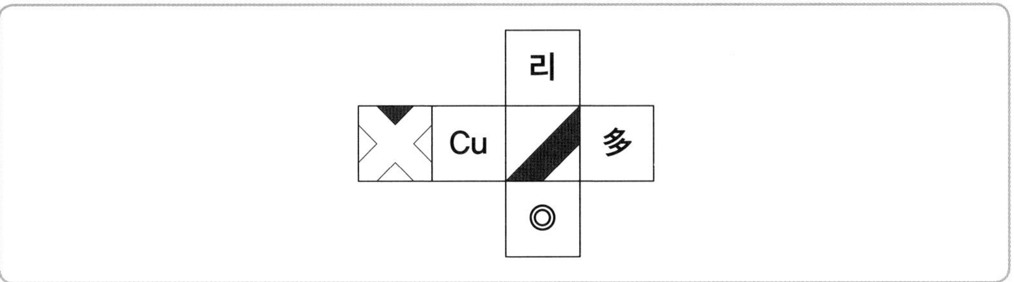

①
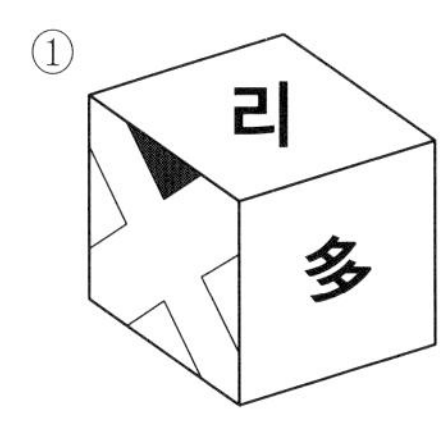

②
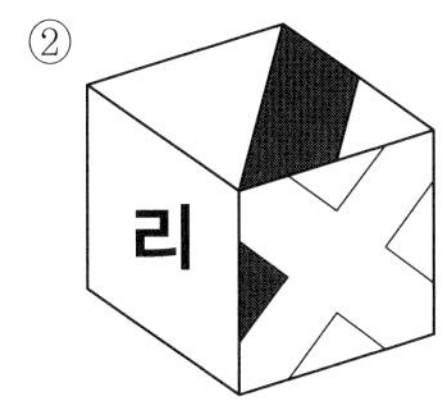

③
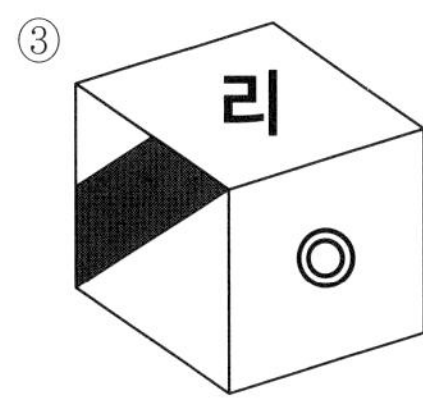

④
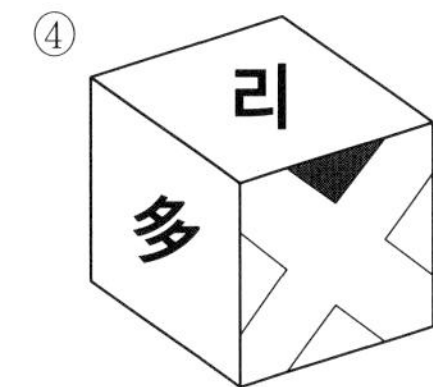

07

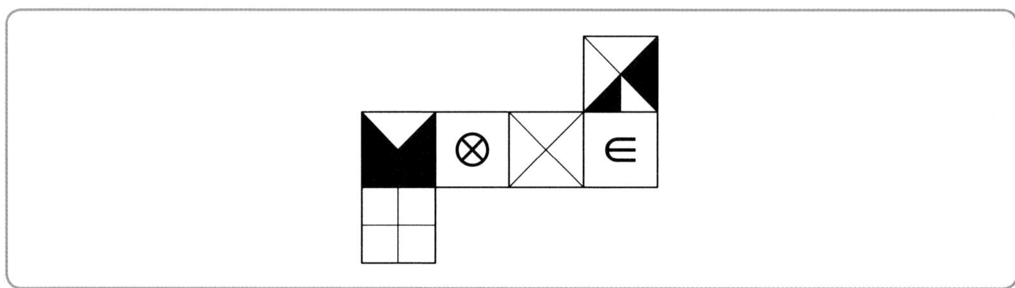

①
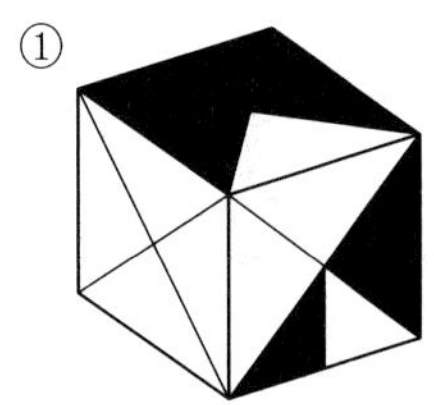
②
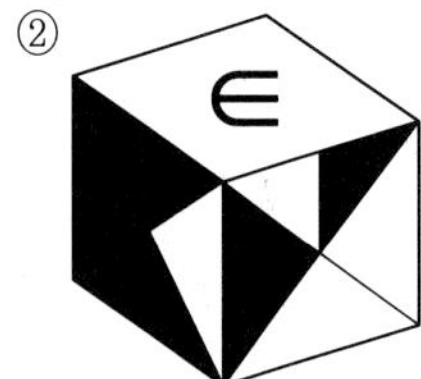
③
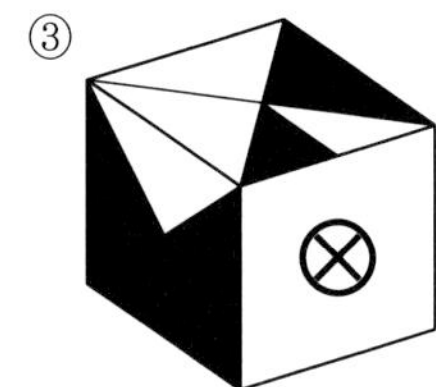
④
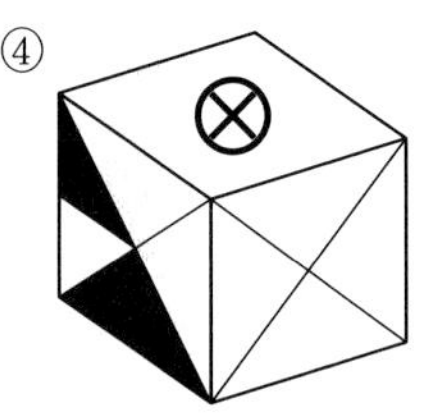

08

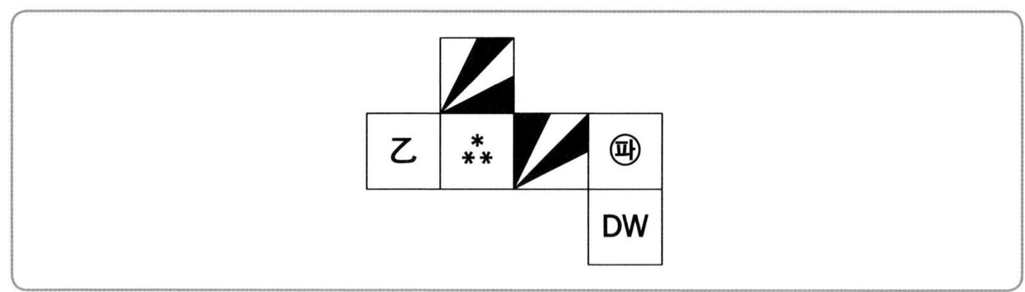

①
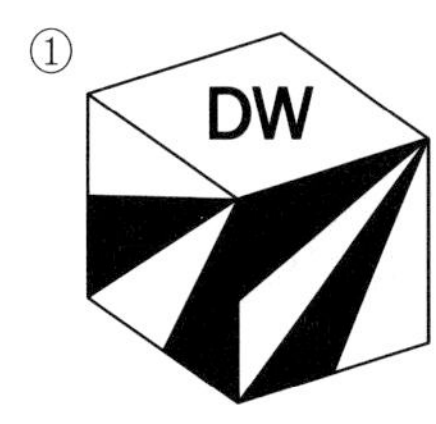
②
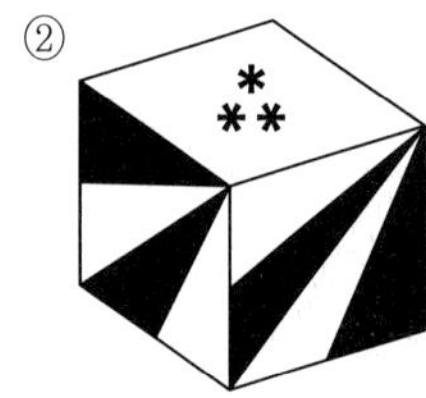
③
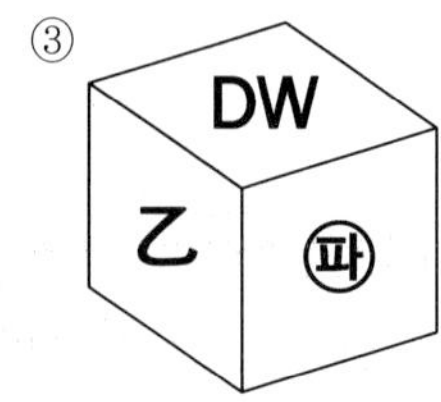
④
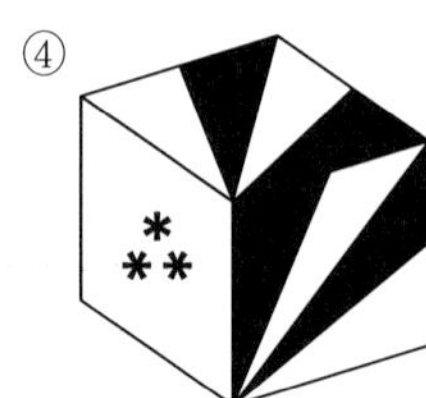

09

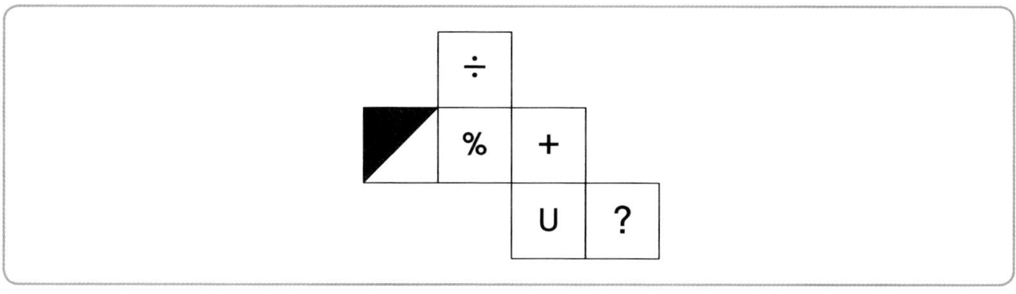

①
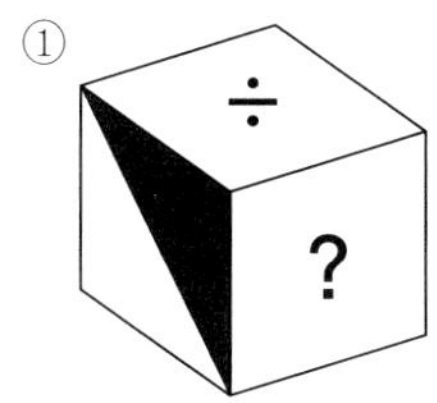

②
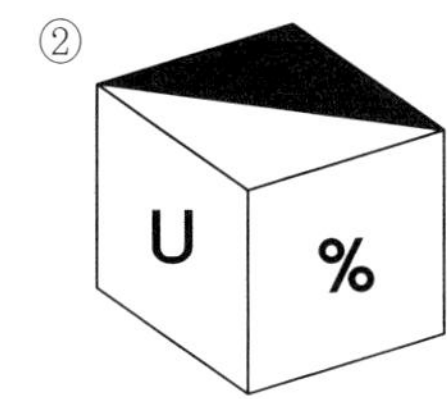

③
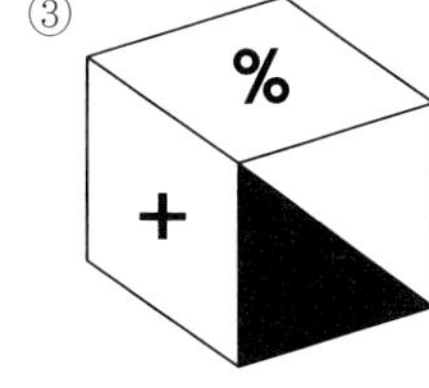

④
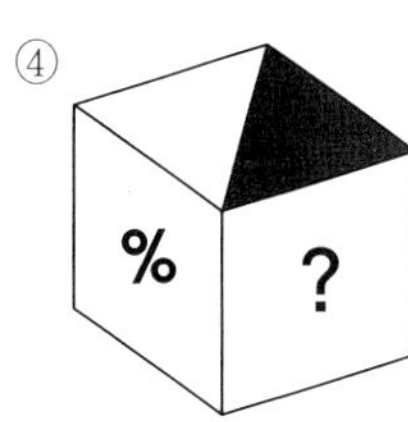

10

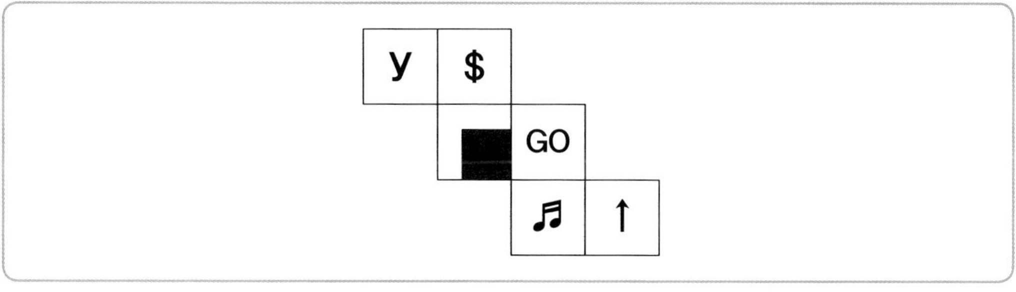

①
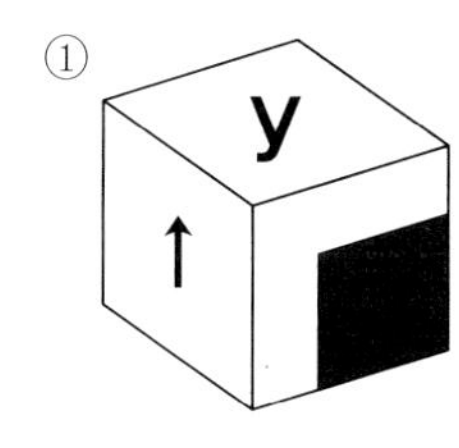

②
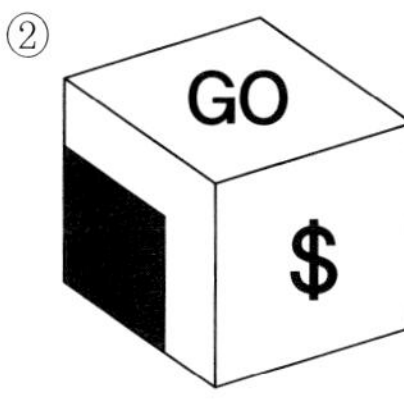

③
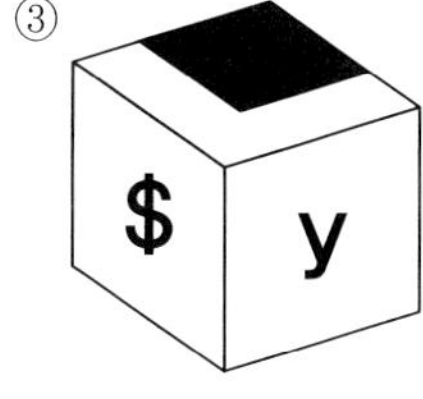

④
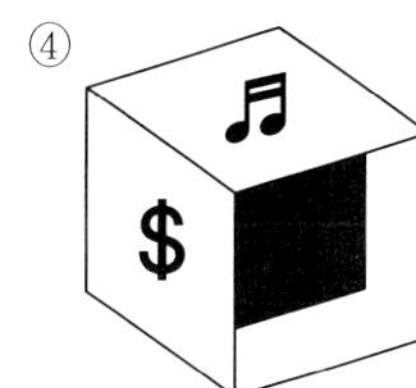

[11~14] 다음 제시된 블록의 개수를 고르시오.(단, 보이지 않는 뒤의 블록은 없다고 생각한다.)

11

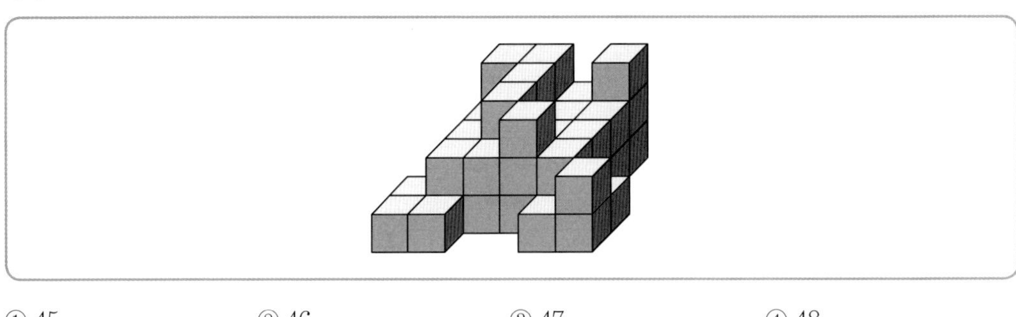

① 45 ② 46 ③ 47 ④ 48

12

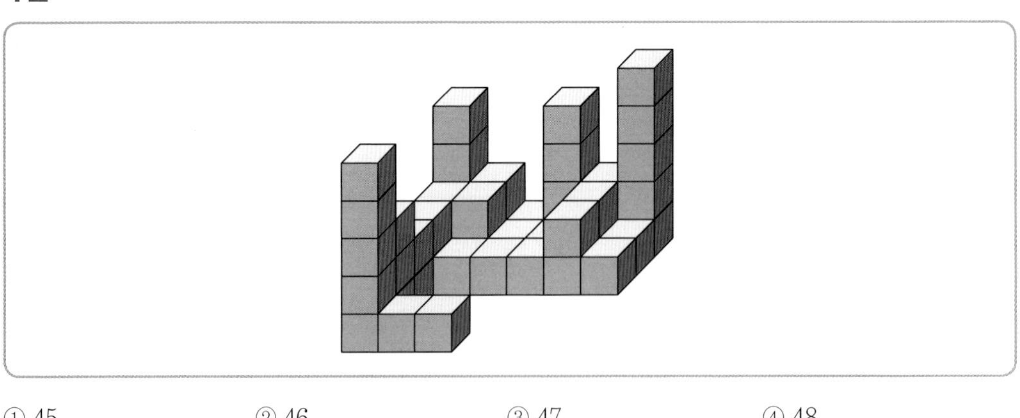

① 45 ② 46 ③ 47 ④ 48

13

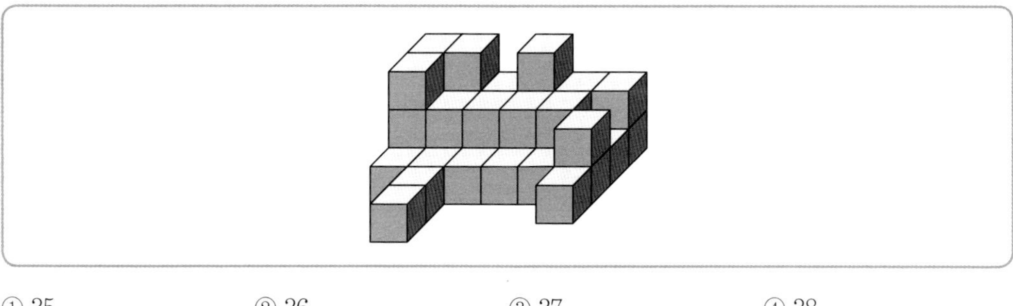

① 35　② 36　③ 37　④ 38

14

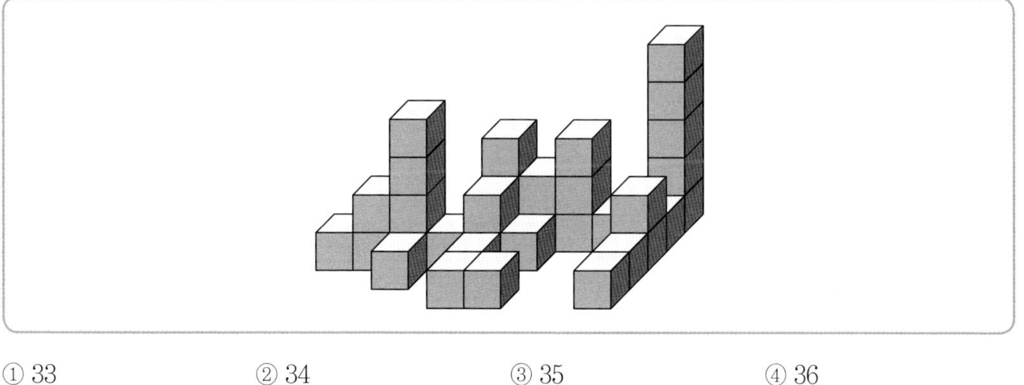

① 33　② 34　③ 35　④ 36

[15~18] 다음 제시된 블록을 화살표 방향에서 바라봤을 때의 모양을 고르시오.

15

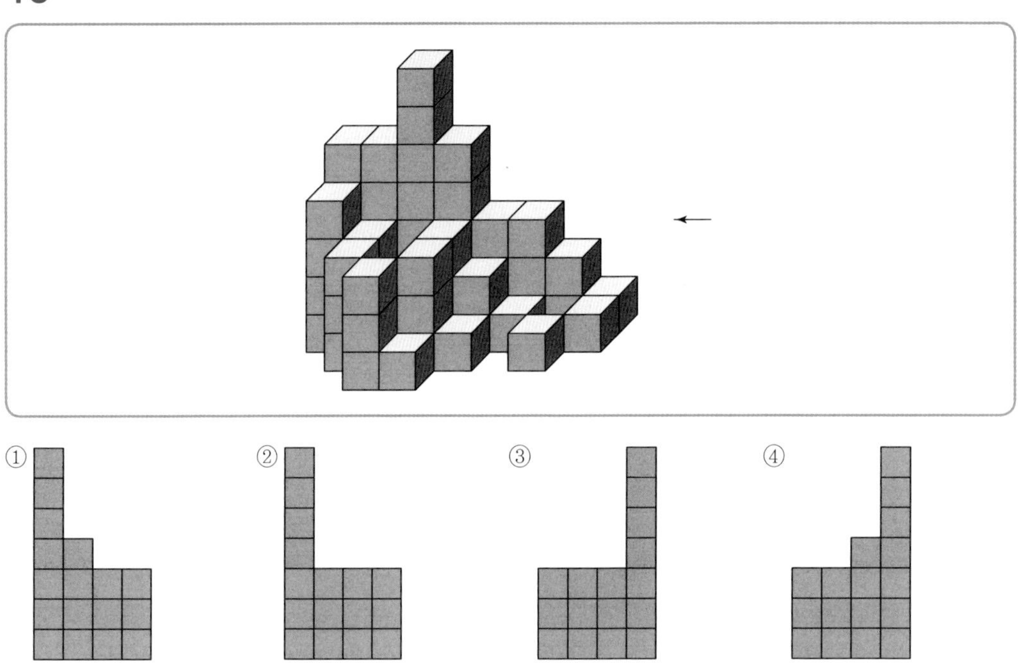

16

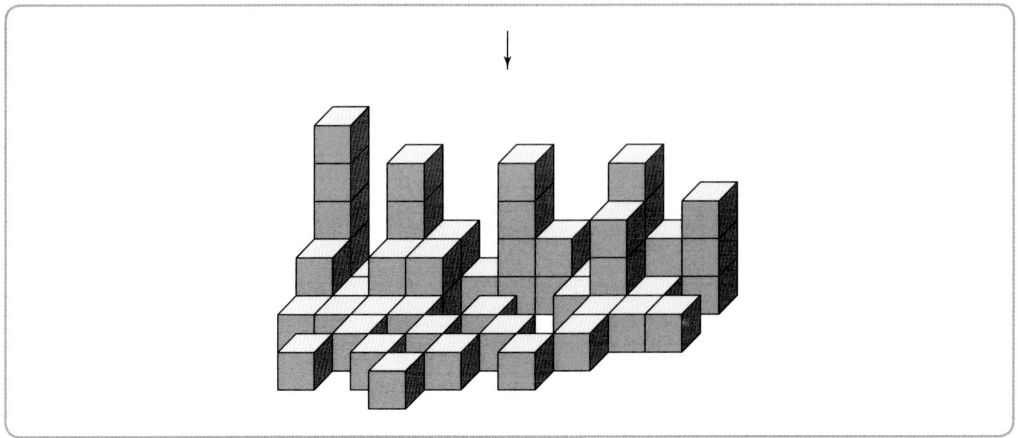

①
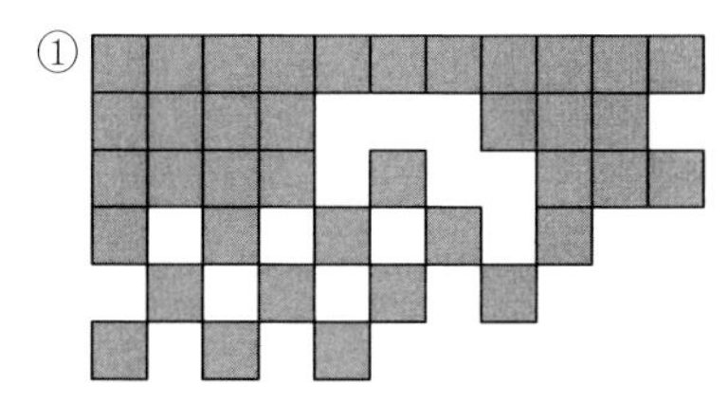

②
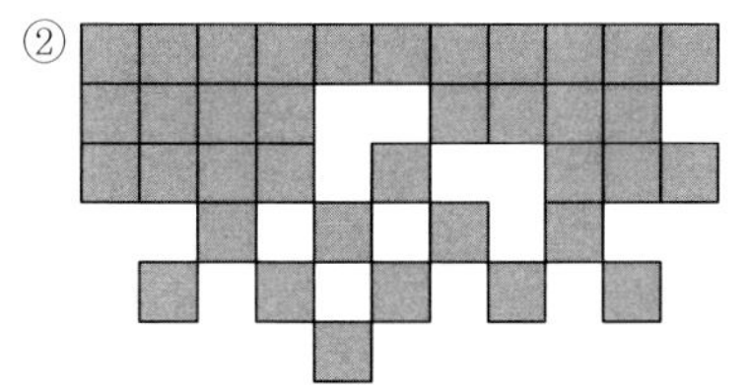

③
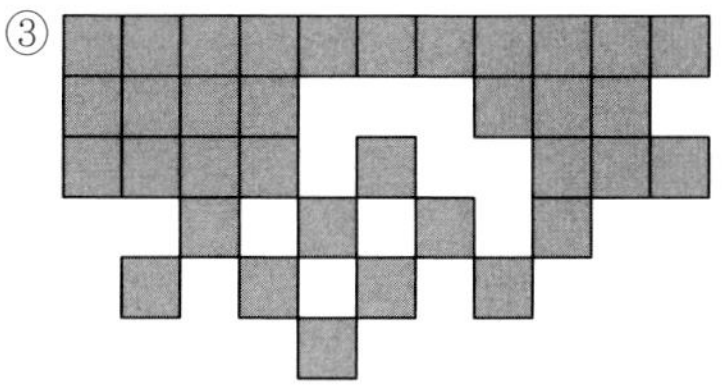

④
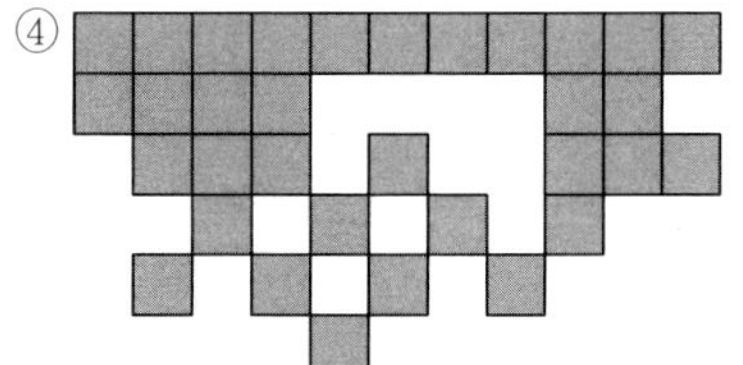

17

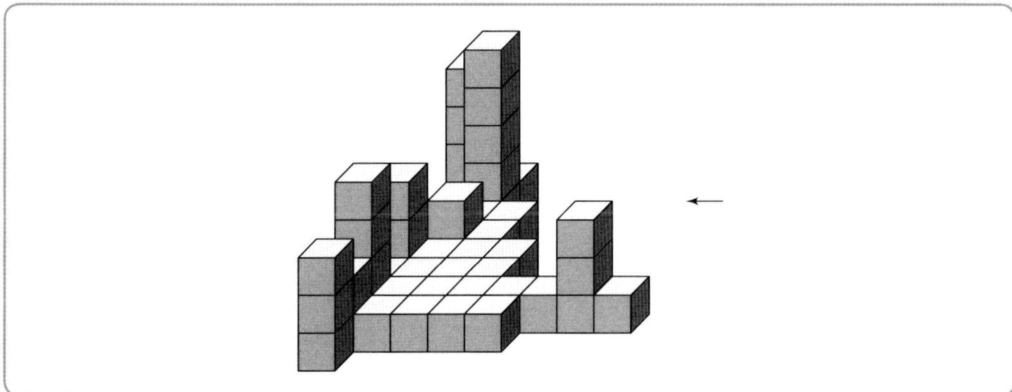

①
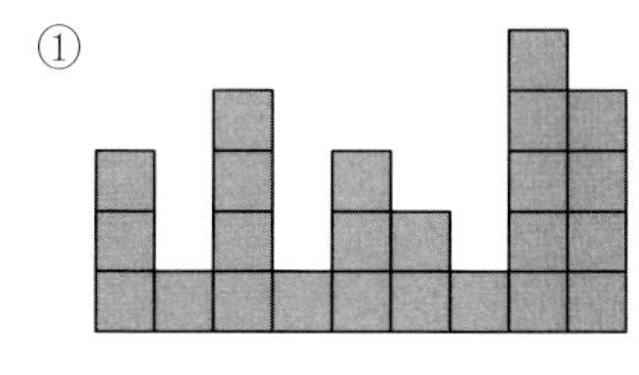

②
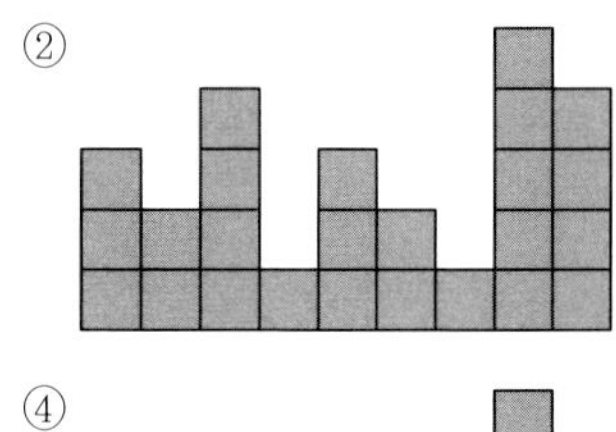

③
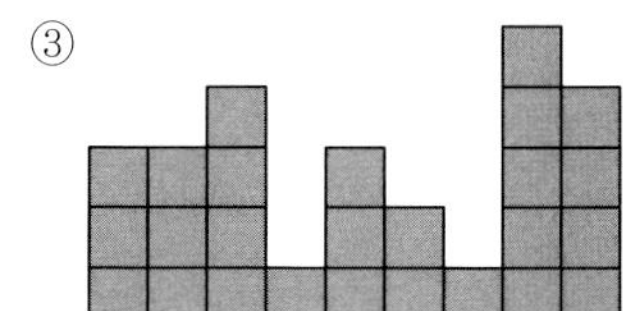

④
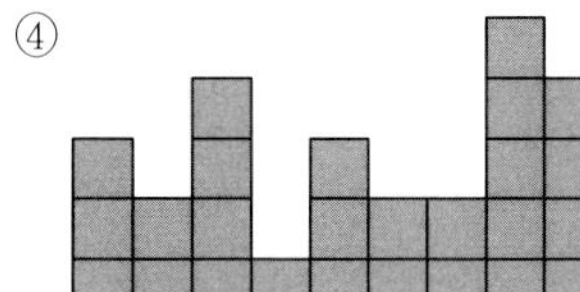

18

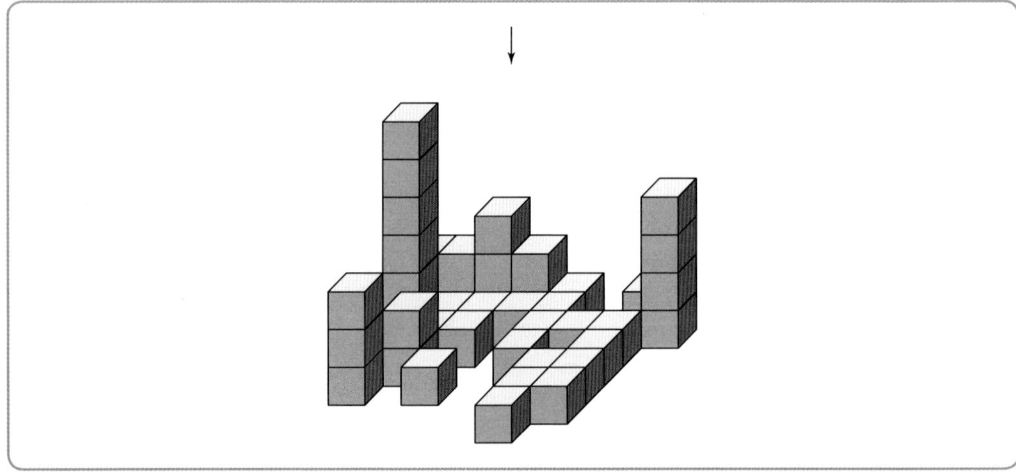

①

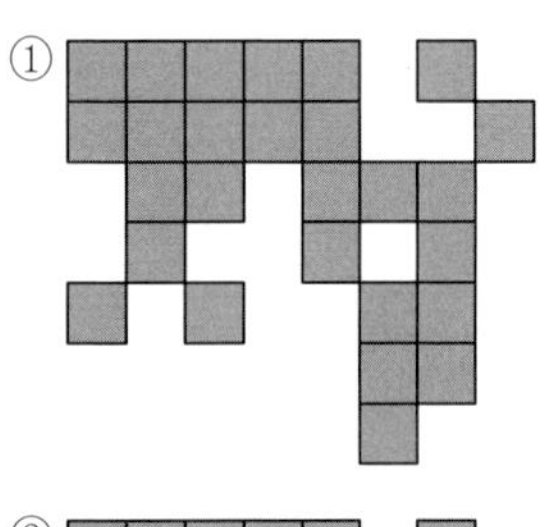

②

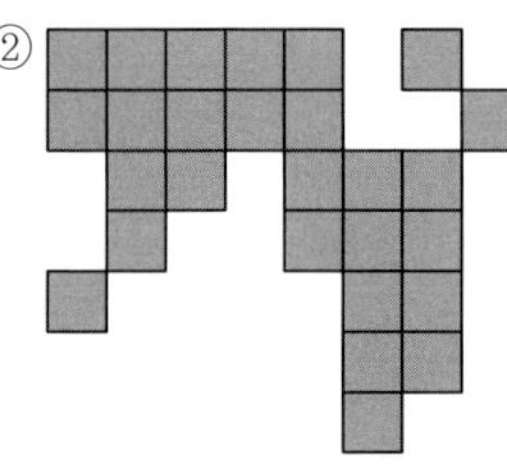

③

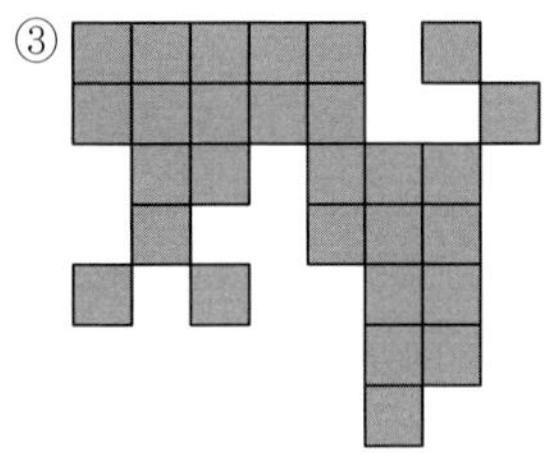

④

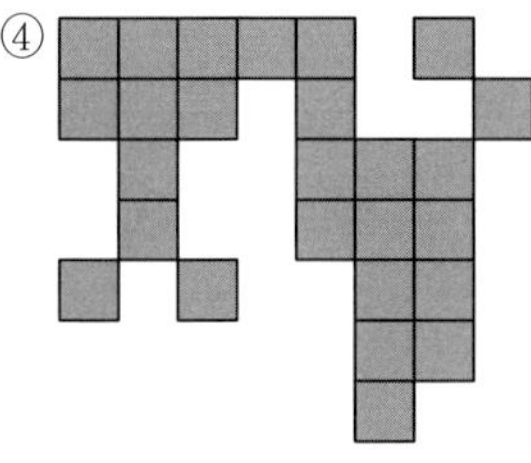

지각속도

30문항 | 3분

[01~05] 다음 〈보기〉의 왼쪽과 오른쪽의 대응을 참고하여 각 문제의 대응이 같으면 답안지에 '① 맞음'을, 틀리면 '② 틀림'을 선택하시오.

〈보기〉

월요일=110	화요일=957	수요일=216	목요일=302	금요일=224
토요일=975	일요일=119	일주일=777	일주년=365	영원히=416

01

월요일 화요일 수요일 금요일 - 110 957 216 224

① 맞음 ② 틀림

02

목요일 일주일 일요일 영원히 - 302 777 119 416

① 맞음 ② 틀림

03

토요일 일주일 일주년 수요일 - 957 777 365 216

① 맞음 ② 틀림

04

수요일 영원히 목요일 월요일 - 216 416 302 110

① 맞음 ② 틀림

05

일요일 일주일 일주년 금요일 – 119 777 365 957

① 맞음 ② 틀림

[06~10] 다음 〈보기〉의 왼쪽과 오른쪽의 대응을 참고하여 각 문제의 대응이 같으면 답안지에 '① 맞음'을, 틀리면 '② 틀림'을 선택하시오.

〈보기〉

work=☆	army=★	cash=♬	bumb=♪	turn=♩
corn=♫	date=☜	next=☝	best=☞	past=✍

06

cash bumb next past – ♬ ♪ ☝ ✍

① 맞음 ② 틀림

07

army turn work best – ★ ♫ ☆ ☞

① 맞음 ② 틀림

08

past date bumb best – ✍ ☜ ♬ ☞

① 맞음 ② 틀림

09

corn next work cash – ♫ ☞ ☆ ♬

① 맞음 ② 틀림

10

past army best turn – ☟ ★ ☞ ♩

① 맞음 ② 틀림

[11~15] 다음 〈보기〉의 왼쪽과 오른쪽의 대응을 참고하여 각 문제의 대응이 같으면 답안지에 '① 맞음'을, 틀리면 '② 틀림'을 선택하시오.

〈보기〉

병아리=나팔꽃	망아지=바람꽃	도마뱀=백일홍	햄스터=복수초	원숭이=데이지
다람쥐=수선화	호랑이=금불초	개구리=원추리	스컹크=금잔화	거북이=무궁화

11

햄스터 호랑이 다람쥐 망아지 – 복수초 금잔화 수선화 바람꽃

① 맞음 ② 틀림

12

거북이 개구리 병아리 스컹크 – 무궁화 원추리 나팔꽃 금잔화

① 맞음 ② 틀림

13

원숭이　도마뱀　스컹크　호랑이　－　데이지　백일홍　금잔화　금불초

① 맞음　　② 틀림

14

병아리　다람쥐　거북이　원숭이　－　나팔꽃　수선화　백일홍　데이지

① 맞음　　② 틀림

15

개구리　도마뱀　원숭이　햄스터　－　원추리　백일홍　데이지　복수초

① 맞음　　② 틀림

[16~20] 다음 〈보기〉의 왼쪽과 오른쪽의 대응을 참고하여 각 문제의 대응이 같으면 답안지에 '① 맞음'을, 틀리면 '② 틀림'을 선택하시오.

〈보기〉

sugar=거지	paper=기지	candy=놀부	mouth=농부	tiger=단어
eagle=단언	water=맹자	daddy=맹장	woman=부장	money=부자

16

candy　eagle　daddy　money　－　놀부　단언　맹장　부자

① 맞음　　② 틀림

17

water mouth sugar woman – 맹자 농부 기지 부장

① 맞음 ② 틀림

18

daddy money tiger eagle – 맹장 부자 단어 단언

① 맞음 ② 틀림

19

paper money water candy – 기지 부자 맹자 농부

① 맞음 ② 틀림

20

tiger mouth woman eagle – 단어 농부 부장 단언

① 맞음 ② 틀림

[21~25] 다음 〈보기〉의 왼쪽과 오른쪽의 대응을 참고하여 각 문제의 대응이 같으면 답안지에 '① 맞음'을, 틀리면 '② 틀림'을 선택하시오.

〈보기〉

01=◈◇	23=⟐◈	45=⧈◆	67=◎◎	89=△▲
▨❀=▽▲	❖☘=◀▶	卍✕=▲▼	◕☯=◀▶	✾❀=▲▼

21

01 89 ❖✇ ▨❀ − ◈◇ ◬▲ ◀▶ ◎◉

① 맞음 ② 틀림

22

▨❀ 67 01 ◓☯ − ▽◬ ◎◉ ◈◇ ◐◑

① 맞음 ② 틀림

23

❖✇ ✿❁ 23 卍✕ − ◬▲ ⬆⬇ ◈◇ ⬆⬇

① 맞음 ② 틀림

24

89 45 ◓◐ 23 − ◬▲ ▫◆ ⬆⬇ ◈◇

① 맞음 ② 틀림

25

67 ✿❁ 45 卍✕ − ◎◉ ⬆⬇ ▫◆ ⬆⬇

① 맞음 ② 틀림

[26~30] 문제의 왼쪽에 제시된 굵은 글씨체의 기호, 문자, 숫자의 개수를 모두 세어 개수를 고르시오.

26

ㅇ	커피는 커피나무 열매를 가공하여 만든 것으로, 특유의 향과 맛을 지닌 기호음료로 평가받고 있다.

① 11　② 12　③ 13　④ 14

27

3	48431513165435437518997865457647946451515 1512484345312456882 33

① 7　② 8　③ 9　④ 10

28

s	When I started to spend time in the region, I began hearing stories about sea otters.

① 4　② 5　③ 6　④ 7

29

㉷	㉮㉯㉹㉶㉹㉺㉸㉹㉺㉶㉶㉵㉶㉯㉰㉳㉴㉳㉶㉱㉱㉯ ㉮㉶㉯㉱㉲㉳㉴㉶㉸㉺㉳㉯㉮㉶㉯㉱㉳㉴㉵㉶㉷㉸ ㉹㉺㉻

① 1　② 2　③ 3　④ 4

30

빗	벗밧벗벗빝빅빕뷔빗비빙빌빝빛볍빔빈빗볶볏뱟 벳벤벡베발법불블밖빗뱡병빅빌빙받벌벵뱅백뱃빎 빗빅볍범밭빝빛벙반

① 1　② 2　③ 3　④ 4

언어논리

25문항 | 20분

01 괄호 안에 들어갈 고사성어로 적절한 것은?

> 좀 과장하자면, 그 집의 겉과 속은 (　　　　)라는 말이 떠오를 정도로 달랐다.

① 아비규환(阿鼻叫喚)　② 운니지차(雲泥之差)
③ 노기등천(怒氣登天)　④ 백난지중(百難之中)
⑤ 수주대토(守株待兎)

02 다음 글의 내용에 어울리는 고사성어로 가장 적절한 것은?

> 최근 여러 기업들이 상위 5% 고객에게만 고급 서비스를 제공하는 마케팅을 벌여 소비자뿐만 아니라 전문가들에게서도 우려의 소리를 듣고 있다. 실제로 모 기업은 지난해 초 'VIP 회원'보다 상위 고객을 노린 'VVIP 회원'을 만들면서 △매년 동남아 · 중국 7개 지역 왕복 무료 항공권 △9개 호텔 무료 숙박 △해외 유명 골프장 그린피 무료 등을 서비스로 내세웠다. 하지만 최근에 이 기업과 제휴를 맺고 있는 회사들이 비용 분담에 압박을 느끼면서 서비스 중단을 차례로 통보했다. 또 자사 분담으로 제공하고 있던 호텔 숙박권 역시 비용 축소를 위해 3월부터 서비스를 없앨 것으로 알려졌다.
>
> 한 업계 관계자는 "기존 회원 시장이 포화 상태가 되면서 업계가 저마다 지난해 VIP 마케팅을 내세웠지만 높은 연회비로 인해 판매 실적은 저조한 반면 무료 공연을 위한 티켓 구매, 항공권 구입 등에 소요되는 사업비 부담은 너무 크다 보니 오히려 어려움을 겪고 있는 실정"이라고 말했다.

① 견강부회(牽强附會)　② 비육지탄(髀肉之嘆)
③ 자승자박(自繩自縛)　④ 화이부동(和而不同)
⑤ 만시지탄(晩時之歎)

03 다음에 제시된 지문의 밑줄 친 부분과 같은 의미로 사용된 것은?

> 한류의 열풍으로 한국 노래, 드라마, 영화, 스타뿐 아니라 한국말까지도 배우고 싶어 하는 일본 인들이 늘어나는 추세이다. 이 때문에 일본 내 한국어 학원들이 호황을 누리고 있다. 문화원의 한국어강좌의 경우 14개 반에서 240명이 공부하고 있다. 지원 경쟁률이 세다보니 3~4차례 재수해서 들어오는 사람도 있다.

① 그는 술이 무척이나 세다.

② 힘이 세다고 꼭 이기는 것은 아니다.

③ 바람이 세게 불어 옷을 꼭 껴입고 나갔다.

④ 우물 옆에 있는 큰집은 집터가 세다.

⑤ 의장은 즉시 참석자의 수를 세어 보았다.

04 밑줄 친 어휘의 뜻풀이로 바르지 않은 것은?

① 그는 속이 매우 슬겁다. – 슬겁다 : 마음씨가 너그럽고 미덥다.

② 그는 해거름에 가겠다고 말했다. – 해거름 : 해가 서쪽으로 넘어갈 때.

③ 그는 길섶에 핀 코스모스를 보았다. – 길섶 : 시골 마을의 좁은 골목길.

④ 그는 뒷배가 두둑하여 여유가 있다. – 뒷배 : 겉으로 나서지 않고 뒤에서 보살펴 주는 일.

⑤ 그는 심판으로 공변되어야 한다. – 공변되다 : 행동이나 일 처리가 사사롭거나 한쪽으로 치우치지 않고 공평하다.

05 다음에 제시된 문장의 밑줄 친 부분과 같은 의미로 사용된 것은?

> 한밤중에 들리는 요란한 소리에 잠이 깼다.

① 한낮에는 외출을 삼가십시오.

② 사람의 욕심은 예나 지금이나 한이 없다.

③ 사거리에서 한 십 분쯤 걸으면 편의점이 있다.

④ 운동을 끝까지 하지 않는 한 살은 빠지지 않는다.

⑤ 특별한 변수가 없는 한 오늘 안에 회의결과를 보고하세요.

06 다음 밑줄 친 부분이 맞춤법에 맞게 쓰인 것은?

① 가슴을 에는 것 같은 슬픔을 느꼈다.

② 설레이는 마음에 잠을 이룰 수 없었다.

③ 이곳은 아이들이 다치기 쉽상인 곳이다.

④ 올해는 모두 건강하리라는 바램을 가져 본다.

⑤ 그 아이는 눈꼬리를 치켜뜨며 나를 노려봤다.

07 다음 중 밑줄 친 부분의 띄어쓰기가 옳은 것은?

① 듣고 보니 좋아할만 한 이야기이다.

② 그냥 모르는 척 살만도 한데 말이야.

③ 강아지가 집을 나간 지 사흘만에 돌아왔다.

④ 이런 곳에서 만나다니, 도대체 이게 얼마 만인가.

⑤ 마을사람들은 어느 말을 믿어야 옳은 지 몰라서 두 사람의 입만 쳐다보고 있었다.

08 다음 중 올바르게 표현된 문장은?

① 시험장에서는 조용한 정숙을 유지해야 한다.

② 이 숙제는 시간을 구애받지 말고 모두 풀어와.

③ 다음 상품을 보시면서 설명해 드리도록 하겠습니다.

④ 집에 가시는 할아버지를 부축하여 큰길을 건네 드렸다.

⑤ 생각해보니 지난해는 우리들의 만남이 아마 시작되었다.

09 다음 중 표준어 규정에 맞는 것은?

① 수쥐

② 숫염소

③ 수양

④ 숫돼지

⑤ 숫병아리

10 다음 글을 읽고 중심 내용으로 옳은 것은?

옛날에는 외국 오랑캐로서 중국에 자제를 보내어 입학시킨 자가 매우 많았다. 근세에도 유구(琉球) 사람들은 중국의 태학(太學)에 들어가서 10년 동안 전문적으로 새로운 문물과 기예를 배웠으며, 일본은 강소성(江蘇省)과 절강성(浙江省)을 왕래하면서 온갖 공장이들의 섬세하고 교묘한 기술을 배워 가기를 힘썼다.

이 때문에 유구와 일본은 바다의 한복판인 먼 지역에 위치해 있으면서도 그 기능이 중국과 대등하게 되었다. 그리하여 백성은 부유하고 군대는 강하여 이웃 나라가 감히 침범하지 못하게 되었으니, 나타나는 효과가 이처럼 뚜렷하다.

마침 지금은 중국의 규칙이 탁 트여서 좁지 않은데, 이런 기회를 놓쳐 버리고 도모하지 않았다가 만일 하루아침에 소식과 같은 자가 나와서 중화(中華)와 이적(夷狄)의 한계를 엄격히 하여 금지하는 명령을 내리도록 건의한다면, 비록 예물을 가지고 폐백을 받들어 그 기술의 찌꺼기나마 배우려 하더라도 어찌 뜻을 이룰 수 있겠는가.

–정약용, 『기예론(技藝論)』

① 유구와 일본을 배우자.
② 중국 문화를 적극적으로 수용하자.
③ 문물과 기예를 숭상하는 문화를 세우자.
④ 중국 문화를 수용하기 위해 예를 갖추자.
⑤ 유구와 일본을 통해 중국 문화를 수용하자.

11 다음 글을 읽고 중심 내용으로 옳은 것은?

이 기능은 우리가 세계를 이해하는 정도에 비례하여 수행된다. 그러면 세계를 이해한다는 것은 무엇인가? 그것은 이 세상에 존재하는 사물에 대하여 이름을 부여함으로써 발생한다. 여기 한 그루의 나무가 있다고 하자. 그런데, 그것을 나무라는 이름으로 부르지 않는 한 그것은 나무로서의 행세를 하지 못한다. 인류의 지식은 인류가 깨달아 알게 되는 모든 대상에 대하여 이름을 붙이는 작업에서 형성되는 것이라고 말해도 좋다. 어떤 사물이건 거기에 이름이 붙으면 그 사물의 개념이 형성된다. 다시 말하면 그 사물의 의미가 확정된다. 그러므로 우리가 쓰고 있는 언어는 모두가 사물을 대상화하여 그것에 의미를 부여하는 이름이라고 할 수 있다.

① 언어는 시적 기능을 지니고 있다.
② 언어는 정보적 기능을 지니고 있다.
③ 언어는 친교적 기능을 지니고 있다.
④ 언어는 함축적 기능을 지니고 있다.
⑤ 언어는 선동적 기능을 지니고 있다.

12 다음 글에서 추론할 수 있는 내용으로 옳은 것은?

전통은 물론 과거로부터 이어 온 것을 말한다. 이 전통은 대체로 사회 및 그 사회의 구성원인 개인의 몸에 배어 있다. 따라서 전통은 우리 스스로 깨닫지 못하는 사이 현실에 작용하는 경우가 있다. 그러나 과거로부터 이어 온 것을 무턱대고 모두 전통이라고 한다면, 인습이라는 것과의 구별이 서지 않을 것이다. 우리는 인습을 버려야 할 것이라고는 생각하지만, 계승해야 할 것이라고는 생각하지 않는다. 여기서 우리는 과거에서 이어 온 것을 객관화하고 이를 비판하는 입장에 서야 할 필요를 느끼게 된다. 우리는 그 비판을 통해서 현재의 문화 창조에 이바지할 수 있다고 생각되는 것만을 전통이라고 불러야 할 것이다. 이같이 전통은 인습과 구별될뿐더러, 또 단순한 유물과도 구별되어야 한다. 현재의 문화 창조와 관계가 없는 것을 우리는 문화적 전통이라고 부를 수가 없기 때문이다.

① 전통은 과거의 유산 중에서 현재적 기준으로 걸러진 것이다.
② 전통은 새로운 문화를 창조하는 과정에서 생기는 부산물이다.
③ 전통은 과거 지향적인 유물과는 달리 미래적 가치를 지니고 있다.
④ 전통은 인습과 달리 항상 의식되고 있는 과거의 문화적 유산이다.
⑤ 전통은 과거로부터 이어온 것이며 현재의 우리를 정립하는 불변의 가치이다.

13 다음에 제시된 글에서 추론할 수 있는 글의 주제 또는 제목으로 가장 적합한 것은?

우아함이 지나치면 고독을 면치 못하고, 소박함이 지나치면 생활에 활기가 떨어진다. 활기란 흥이 있는 곳에서 나오는데 흥이란 없는 것도 있는 척할 때 더 난다. 겸손이 지나치면 비굴함이 되고, 긍지가 지나치면 교만이 된다. 겸손이란 여유 있는 것이어야 하고, 긍지는 남이 매겨 주는 가치라야 한다. 엄격한 예의는 방색(防塞) 같은 것이나 우정이 오가지 않고 소탈함이 지나치면 대면하는 사람의 심정을 예민하게 파악하지 못하여 폐가 되는 경우도 있다. 욕심이 많으면 만족하는 일이 없고 욕심이 너무 없으면 이룸이 적다. 만족의 덕을 익히지 않으면 계급이 아무리 높아도 불만이요, 그래서 권력자는 폭군이 되고 폭군은 이웃까지 지배하려 한다.

① 인생살이의 요건
② 지나침을 피하여
③ 편안한 생활을 위하여
④ 권력자와 폭군의 폐단
⑤ 안빈낙도(安貧樂道)의 삶

14 다음에 제시된 문장을 글의 논리적 순서에 따라 바르게 배열한 것은?

㉠ 그리고 내 입장에서는 후자가 더 편할 것 같다.
㉡ 그것은 이야기를 전개하는 데에 필요한 모든 배경을 모두 내 상상의 우연에 맡겨 버리든지, 아니면 그런 배경만을 실제 모습 그대로 따오든지 하는 것이다.
㉢ 여러분들에게 명확히 설명하기 어려운 63빌딩 수족관의 매력을 가능한 한 완전히 이해시키기 위해서는 내가 63빌딩에 대해 알고 있는 여러 가지의 사실을 들어 설명하기보다는 내 상상 속에 생겨난 단 하나의 기묘한 이야기를 말해 주는 것이 더 이해시키기 편할 것이라 믿는다.
㉣ 왜냐하면, 나는 경험으로 상상이라고 하는 것은 어느 정도 제어 받으면 받을수록 강렬해진다는 것을 잘 알고 있기 때문이다.
㉤ 그런데 그런 이야기를 하기 위해서는 두 가지 방법이 가능하다고 볼 수 있다.

① ㉢-㉠-㉣-㉤-㉡
② ㉢-㉣-㉤-㉡-㉠
③ ㉢-㉤-㉡-㉠-㉣
④ ㉤-㉡-㉠-㉣-㉢
⑤ ㉤-㉢-㉠-㉡-㉣

15 다음의 제시된 아래 주어진 문장이 들어갈 곳으로 가장 알맞은 것은?

뉴밀레니엄을 전후해 각 언론을 통해 희망적인 대담과 칼럼을 읽으면서 한편으로는 걱정을 떨칠 수가 없었다. 정말 우리나라 문화의 일대 르네상스가 펼쳐질 것인가. 한 민족의 문화가 세계 속에서 르네상스의 꽃을 피우려면 거기에 합당한 근거가 있어야 한다. 문화의 수준은 곧 그 민족이나 국가 공동체의 의식 수준을 나타내는데, 과연 우리가 르네상스라 일컬을 만큼 의식이 성숙하여 있느냐는 것이다. 단적인 예로 우리 사회 곳곳에서 무시당하고 무너지는 원칙을 생각하면 아직 르네상스를 말하기는 어렵다는 절망감에 휩싸이게 된다. 지키면 편하고 아름다운 것이 원칙이다. (㉠) 그 평범한 이치를 우리는 너무 무시하고 살아온 것이 아닐까. (㉡) 물론 예외가 없는 원칙을 지나치게 강조하는 것도 바람직하지 않다. (㉢) 참다운 원칙에는 인간이 살아 숨쉬는 예외가 깃들어 있어야 한다. (㉣) 원칙도 지켜지지 않는데 어떻게 예외가 존재할 수 있겠는가. (㉤)

그러나 우리에게는 예외를 논하기에 앞서 우선 원칙을 세우는 일이 더 시급하다.

① ㉠
② ㉡
③ ㉢
④ ㉣
⑤ ㉤

16 다음 제시문의 내용 중 내용 및 논지 전개상 어울리지 않는 것은?

㉠ 사람은 귀보다 눈을 통하여 많은 값진 정보를 얻는다. ㉡ '백문불여일견(百聞不如一見)'이라는 말이 더 이상 들어맞지 않게 되어버린 것이다. ㉢ 텔레비전으로 본 것은 라디오를 통해 들은 것과는 비교도 안 될 만큼 오래도록 생생하게 남아 있다. ㉣ 또한 귀로 들을 때에는 잘 모르거나 불확실한 일이라도 눈으로 직접 확인하고 볼 때에는 명확한 지식으로 간직된다. ㉤ 더구나 귀로 들을 경우에는 전해주는 사람의 주관이나 악의가 개입되어 정확한 정보가 손상되는 일도 있을 수 있으나, 눈으로 보는 경우에는 그럴 염려가 거의 없다.

① ㉠
② ㉡
③ ㉢
④ ㉣
⑤ ㉤

17 다음 문장을 읽고 밑줄 친 부분에 들어갈 내용으로 적절한 것은?

권투 선수인 강철이는 시합을 앞두고 같은 체급인 네 명의 선수와 함께 체중 검사를 하였다. 60kg를 초과하면 검사에서 탈락한다. 측정 결과 다섯 선수의 평균 체중이 강철이의 체중과 동일한 60kg이므로 ______________________

① 강철을 포함하여 적어도 2명의 선수가 검사를 통과하였다.
② 강철을 포함하여 적어도 3명의 선수가 검사를 통과하였다.
③ 강철을 포함하여 적어도 4명의 선수가 검사를 통과하였다.
④ 강철을 제외하고 모든 선수가 검사를 통과하지 못하였다.
⑤ 모든 선수가 검사를 통과하였다.

18 다음 제시문의 내용 및 논지 전개상 빈칸에 들어갈 내용으로 가장 적합한 것은?

제목 : 우리나라의 수출 경쟁력 향상 전략
서론 : 수출 실적과 수출 경쟁력의 상관성
본론 : 수출 경쟁력의 실태 분석
1. 가격 경쟁력 요인
1) 제조 원가 상승
2) 고금리와 환율 불안정
2. 비가격 경쟁력 요인
1) 연구 개발 소홀

2) 품질 불량
3) 판매 후 서비스 부족

결론 : 분석 결과의 요약 및 수출 경쟁력 향상 방안 제시
주제 : 수출 경쟁력 향상을 위해서는 ______________________

① 내수산업의 기반을 시급히 강화해 나가야 한다.
② 정부에서 수출 분야의 산업을 적극적으로 지원해야 한다.
③ 가격 경쟁력과 비가격 경쟁력 요인을 철저하게 분석해야 한다.
④ 가격 및 비가격 경쟁력을 동시에 강화하는 방안을 모색하여야 한다.
⑤ 기업은 연구 개발에 대한 투자와 품질 향상에 더 많은 노력을 기울여야 한다.

[19~20] 다음 글을 읽고 물음에 답하시오.

벽돌은 흙을 구워 만드는 재료인 만큼 그 유서도 깊다. "벽돌 두 장을 조심스럽게 올려놓기 시작했을 때 건축이 시작된다."라고 이야기하는 건축가가 있을 정도로 벽돌은 건축을 대변한다. 벽돌의 기본 의미는 '쌓음'에 있다. 벽돌을 쌓아서 이루어진 벽은 점을 찍어 화면을 채워 나가는 그림에 비유될 수 있을 것이다. 점묘파라 불리던 19세기의 프랑스 화가들이 그린 그림을 보면 그들이 막상 이야기하려고 했다는 색채나 비례 이론을 다 떠나서 우선 보는 이를 압도하는 근면함이 화면 가득 묻어난다. 벽돌 건물을 보면 이처럼 그 차곡차곡 쌓아서 만들어지는 아름다움이 가장 먼저 우리에게 다가온다.

이 아름다움은 단지 벽돌을 쌓았다고 해서 드러나는 것이 아니다. 쌓았음을 보여 주어야 한다. 그것도 얼마나 '조심스럽게' 쌓았는가를 보여 주어야 한다. 또한 벽돌 무늬를 인쇄한 벽지를 바른 것이 아님을 보여 주어야 한다. 그 쌓음의 흔적은 줄눈*에 새겨진다. 건축가들은 시멘트 줄눈을 거의 손가락 하나 들어갈 정도의 깊이로 파낸다. 줄눈은 빛을 받으면서 그림자를 만들고 벽돌들이 '하나하나 쌓으면서 이루어졌음'을 확연히 보여 준다. 이처럼 벽돌 건물은 그 깊이감을 통해서 복잡하고 시끄러운 도심에서도 기품 있는 자태를 드러낸다.

서울의 동숭동 대학로에는 차분한 벽돌 건물들이 복잡한 도심 속에서 색다른 분위기를 형성하고 있다. 이 건물들을 볼 때 느낄 수 있는 특징은 우선 재료를 잡다하게 사용하지 않았다는 점이다. 건물의 크기를 떠나서 창문의 유리를 제외하고는 건물의 외부가 모두 한 가지 재료로 덮여 있다. 사실 솜씨가 무르익지 않은 요리사는 되는 대로 이런저런 재료와 양념을 쏟아 붓는다. 하지만 아무리 훌륭한 재료를 쓴들 적절한 불 조절이나 시간 조절이 없으면 범상한 요리를 뛰어넘을 수 없다. 재료 사용의 절제는 비단 건축가뿐만 아니라 모든 디자이너들이 원칙적으로 동의하면서도 막상 구현하기는 어려운 덕목이다.

벽돌 건물의 또 다른 예술적 매력은 벽돌을 반으로 거칠게 쪼갠 다음 그 쪼개진 단면이 외부로 노출되게 쌓을 때 드러난다. 햇빛이 이 벽면에 떨어질 때 드러나는 면의 힘은 가히 압도적이다. 일정하지 않게 생성되는 그림자가 이루어내는 조합이 쪼갠 벽돌의 단면과 어우러져 새로운 아름다움을 드러낸다. 또한 벽돌을 쪼갤 때 가해졌을 힘을 고스란히 느끼게 해 준다. 이런 방식으로 지어진 벽돌 건물들은 텁텁함의

아름다움과 박력을 잘 보여 준다고 할 수 있다. 이를 위해 건축가는 때때로 철거 현장과 폐허를 뒤져 뒤틀리고 깨진 벽돌만 모아서 벽을 만들기도 한다.

이처럼 건축에 있어서 재료는 단순히 물질적 속성을 지니고 있을 뿐만 아니라 디자인의 방향을 규정한다. 건축가들의 재료 선택에는 그 재료의 물질적 속성 이외에 그 재료가 갖는 의미에 관한 성찰이 깔려 있다. 바로 이러한 성찰로 인해 건물은 단순히 쌓아 올린 벽돌 덩어리가 아니라 인간과 자연의 숨결이 살아 숨 쉬는 생명체가 되는 것이다. 그리고 그 생명의 깊이를 들여다보는 것 역시 감상에서 빼놓을 수 없는 부분이다.

*줄눈 : 벽돌이나 돌을 쌓을 때 사이사이에 시멘트 따위를 바르거나 채워 넣는 부분

19 이 글의 제목으로 가장 적절한 것은?

① 건축에서 벽돌의 의미

② 벽돌 건물의 재료가 갖는 특성

③ 도심 속 벽돌 건물의 기품과 매력

④ 벽돌 건물에 투영된 세상과 인간의 삶

⑤ 벽돌 건물의 정제된 아름다움과 투박한 매력

20 이 글의 내용과 일치하지 않는 것은?

① 19세기 점묘파 화가들은 벽돌로 지은 건물을 선호했다.

② 건축가에 있어서 뒤틀리고 깨진 벽돌은 또 다른 매력을 가진 재료이다.

③ 건축에 있어 재료는 물질적 속성뿐만 아니라 디자인이 방향을 규정하기도 한다.

④ 벽돌 건물의 절제된 아름다움은 다른 재료의 다채로운 가미를 통해 선명하게 드러난다.

⑤ 도심 속에서 벽돌 건물의 기품 있고 아름다운 자태를 볼 수 있는 것은 건축가들의 '줄눈'에 새겨진 흔적 때문이다.

[21~22] 다음 글을 읽고 물음에 답하시오.

18세기 독일의 동물학자 하이네만 박사가 처음으로 시작한 동종 요법(同種療法)에서는 동양의 침술과 같이 인간의 육체적인, 심리적 현상을 지배하는 어떤 에너지, 즉 생명력의 변화로부터 병이 생긴다고 본다. 동종 요법은 '유사성의 원리'라는 생물학적 법칙에 근거한 것으로 동일한 증상을 인공적으로 만들어 치료하는 것이다.

한 예로 벨라도나를 건강한 사람이 먹을 경우 열이 나거나 얼굴에 반점이 생길 수 있다. 따라서 심한 감기에 걸렸거나 햇빛에 피부가 심하게 노출 되었을 경우 벨라도나를 아주 조금만 먹으면 증상을 없앨 수 있다. 그리고 피부병이 생겼을 때 수은을 사용하는 민간요법도 사실은 동종 요법의 원리를 적용한 것이다.

그러면 어떻게 해서 사람에게 해가 되거나 치명적이기도 한 유독 물질로 병을 치료할 수 있을까? 병원체가 우리 몸에 침입했을 때 가장 먼저 나타나는 증상이 발열이다. 이것은 우리 몸이 병과 싸우고 있다는 증거이다. 동종 요법은 우리 몸이 갖고 있는 이러한 특징을 이용하는 것이다. 열을 내리게 하는 아스피린 대신에 병과 싸우고 있는 몸의 기능을 자극함으로써 스스로 병을 물리치게 하는 것이다.

동종 요법의 경우 무엇보다 중요한 것은 신체 기능에 해를 끼치지 않을 만큼 동종 약품을 아주 소량만 희석해서 사용해야 한다는 것이다. 지나치게 복용하면 도리어 증상이 심해지기 때문에 농도가 더욱 약한 것을 사용한다.

물론 동종 약품이라고 모두 효과가 있는 것은 아니다. 효과를 얻고 반응을 유발하기 위해서는 환자가 너무 약해서는 안 된다. 다시 말해서 병이 너무 심해서는 안 되고 환자가 병과 싸울 수 있어야 한다. 따라서 불치병에는 효과가 없다.

21 윗글의 내용과 일치하지 않은 것은?

① 동종 약품은 환자가 병과 싸울 수 있을 때 효과가 있다.

② 벨라도나를 건강한 사람이 먹을 경우 아무런 반응이 없다.

③ 동종 요법은 병원체와 싸울 때 열을 내는 현상을 이용하는 것이다.

④ 동종 요법의 경우는 동종 약품을 아주 소량만 희석해서 사용해야 한다.

⑤ 모든 동종 약품이 효과가 있는 것은 아니므로 불치병에는 효과가 없다.

22 윗글의 '동종 요법'의 원리와 가장 어울리는 것은?

① 근묵자흑(近墨者黑)

② 설상가상(雪上加霜)

③ 천고마비(天高馬肥)

④ 이열치열(以熱治熱)

⑤ 순망치한(脣亡齒寒)

[23~25] 다음 글을 읽고 물음에 답하시오.

발해의 영토는 지금의 북한, 중국, 러시아에 걸쳐 있었다. 이와 같은 지역적 특수성으로 인해 발해사는 동아시아 각국의 이해관계와 맞물려 근래 동아시아 역사 논쟁의 중심에 있다. 그 대표적인 사례가 중국의 '동북 공정'이다. 동북 공정은 국가의 장기 통치와 오랜 안정을 위해 중국에서 진행된, 중국 동북 지역의 역사와 현황에 관한 대형 학술 사업이다. 이를 자세히 들여다보면 중국은 자신의 영토 안에서 일어난 과거의 역사를 모두 중국사라는 주장을 견지하고 있다. 이를 영토론이라고 하는데, 이에 따른다면 발해는 물론 부여와 고구려도 중국의 역사가 된다. 또한 중국 동북 공정의 대표 이론가들은 발해가 ㉠ 독립 국가가 아니었으며, 당나라의 지방 정권에 불과하다고 주장한다. 하지만 현재의 영토가 역사 귀속의 근거가 될 수는 없다. 발해의 영토는 현재 북한의 대부분, 중국 동북 3성의 대부분, 러시아 연해주의 대부분을 포함하고 있었다. 이들 지역에서는 발해의 유적이 다수 발견되었을 뿐 아니라 현재에도 계속해서 많은 유물이 출토되고 있어 고고학적 관심의 대상이 되고 있다. 이처럼 옛 발해의 영토를 근거로 볼 때, 발해의 역사를 어느 한 나라에 귀속시키기는 어렵다.

또한 역사적 자료를 검토함으로써 발해가 당나라의 지방 정권이 아니라는 사실을 찾을 수 있다. 발해 유학생들이 당나라에 가서 응시한 과거 시험이 빈공과였다는 사실이 그것이다. 빈공과는 손님으로 와 있는 외국학생들이 따로 치르는 시험이었다. 이것만 보더라도 발해인은 당나라에서 외국인으로 간주되었지 내국인은 분명 아니었다. 다른 한편으로 발해왕을 황제로 부르거나 ㉡ 천손으로 부른 사실도 사료를 통해 드러나는데, 이는 발해가 독립된 왕국이었을 뿐 아니라 당나라와 대등한 국가로서의 황제국을 지향했음을 보여준다.

중국의 역사서인『구당서』에는 발해의 ㉢ 풍속이 고구려의 풍속과 같다는 기록이 전해지고 있는데, 이처럼 발해의 역사적 뿌리는 고구려 부흥 운동에서 찾을 수 있다. 발해의 2대 왕인 무왕은 일본에 보낸 국서에서 고구려의 옛 영토를 회복하고 부여에서 전해 내려온 풍속을 간직하고 있다고 하며 고구려의 ㉣ 후예임을 자임하였다. 또한 발해인의 생활 문화도 발해가 고구려를 ㉤ 계승했음을 뚜렷하게 보여 주고 있다. (중략) 이런 발해를 국가로 인정하지 않고 지방 정권이라고 깎아내리는 중국의 주장은 재검토되어야 한다.

23 윗글의 집필의도로 가장 적절한 것은?

① 한반도 주변의 여러 영토분쟁을 제시하고 각각의 대처법을 제시한다.

② 동북 공정에서 발해사를 어떻게 다루고 있는지를 소개하고 근거를 들어 반박한다.

③ 발해사를 해석하는 다양한 학계의 관점을 제시하고 각각의 의의와 한계를 밝힌다.

④ 동북 공정이 등장한 배경과 과정을 정리하고 동북 공정이 갖는 현재적 의미를 전망한다.

⑤ 다양한 역사적 사실을 들어 발해사가 동아시아 역사 논쟁의 중심에 서 있음을 제시한다.

24 윗글의 내용과 일치하지 않는 것은?

① 발해의 영토는 북한, 중국, 러시아 연해주의 대부분을 포함하고 있다.
② 발해 무왕은 일본에 보낸 국서에서 발해는 고구려의 후예임을 내비쳤다.
③ 발해와 고구려의 문화적 유사성은 중국의 역사서에서도 찾아볼 수 있다.
④ 중국의 동북 공정 논리에 따르면 발해는 물론 부여와 고구려의 역사도 중국의 역사가 된다.
⑤ 발해 유학생들이 당나라에서 빈공과에 응시했다는 사실에서 발해는 당나라의 지방 정권임을 알 수 있다.

25 윗글 중 밑줄 친 단어의 한자어로 바르지 않은 것은?

① ㉠ 독립 : 獨立
② ㉡ 천손 : 天孫
③ ㉢ 풍속 : 風速
④ ㉣ 후예 : 後裔
⑤ ㉤ 계승 : 繼承

자료해석

20문항 | 25분

01 가로의 길이가 세로의 길이보다 2cm 더 길고 넓이가 120cm²인 직사각형이 있다. 세로의 길이를 처음보다 20% 더 늘였을 때, 이 직사각형의 넓이는 몇 cm²인가?

① 132cm²
② 144cm²
③ 156cm²
④ 168cm²

02 가은이가 집에서 800m 떨어진 도서관을 갈 때 처음에는 분속 50m로 걷다가 나중에는 분속 200m로 뛰어갔더니 10분이 걸렸다. 가은이가 걸은 거리는 얼마인가?

① 400m
② 420m
③ 450m
④ 480m

03 A는 10일, B는 20일 걸리는 일이 있다. 둘은 공동작업으로 일을 시작했으나, 도중에 A가 쉬었기 때문에 끝마치는 데 16일 걸렸다. A가 쉰 기간은 며칠인가?

① 10일
② 12일
③ 14일
④ 15일

04 12%의 소금물 200g에서 한 컵을 퍼낸 후 다시 퍼낸 양만큼 물을 붓고, 여기에 9%의 소금물을 더 넣어서 10%의 소금물 300g을 얻었다. 퍼낸 소금물의 양은 얼마인가?

① 24g
② 25g
③ 26g
④ 28g

05 12명이 5개씩 귤을 나누면 7개가 부족하다고 할 때, 8명이 3개씩 나누어 가질 경우 남는 귤의 수는?

① 11개
② 17개
③ 22개
④ 29개

06 다음은 어느 지역의 급식 시행 학교 수와 급식인력 현황을 나타낸 표이다. 전체 급식 시행 학교에서 급식인력은 평균 몇 명인가? (단, 소수점 이하는 반올림한다.)

학교별 급식 시행 학교 수와 급식인력 현황

(단위 : 개, 명)

구분	급식 시행 학교 수	직종별 급식인력					
		영양사			조리사	조리 보조원	급식인력 합계
		정규직	비정규직	소계			
초등학교	137	95	21	116	125	321	562
중학교	81	27	34	61	67	159	287
고등학교	63	56	37	93	59	174	326
특수학교	5	4	0	4	7	9	20
전체	286	182	92	274	258	663	1,195

① 약 3명 ② 약 4명 ③ 약 5명 ④ 약 6명

07 다음은 2024년 '갑' 국의 자동차 매출에 관한 자료이다. 이에 대한 설명으로 옳은 것은?

〈표〉 2024년 10월 매출액 상위 10개 자동차의 매출 현황

(단위 : 억 원, %)

순위	자동차	월 매출액	시장점유율	전월대비 증가율
1	A	1,139	34.3	60
2	B	1,097	33.0	40
3	C	285	8.6	50
4	D	196	5.9	50
5	E	154	4.6	40
6	F	149	4.5	20
7	G	138	4.2	50
8	H	40	1.2	30
9	I	30	0.9	150
10	J	27	0.8	40

※시장점유율(%) $= \frac{\text{해당 자동차 월 매출 액}}{\text{전체 자동차 월 매출총액}} \times 100$

〈그림〉 2024년 I 자동차 누적매출액

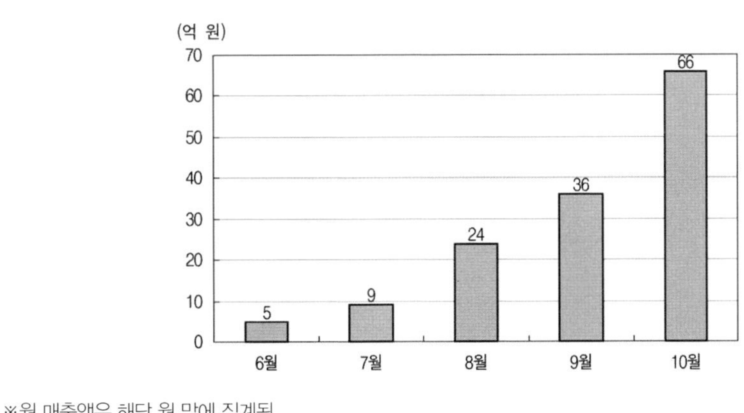

※월 매출액은 해당 월 말에 집계됨.

① 2024년 10월 매출액 상위 5개 자동차의 순위는 전월과 동일하다.

② 2024년 6월부터 9월 중 I 자동차의 매출액이 가장 큰 달은 9월이다.

③ 2024년 10월 '갑' 국의 전체 자동차 매출총액은 4,000억 원 이상이다.

④ 2024년 10월 매출액 1~3위 자동차의 10월 매출액 기준 시장점유율은 4~6위 자동차의 시장점유율의 5배 이상이다.

08 **다음은 사건 A, B, C, D, E가 어떤 순서로 일어났는지 알아보기 위해 다음의 갑, 을, 병, 정 네 사람에게 조언을 구했다. 이 조언이 참이라면, 네 번째로 일어난 사건으로 가장 알맞은 것은?**

갑 : "A는 B와 E(또는 E와 B) 사이에 일어났다."
을 : "C는 A와 D(또는 D와 A) 사이에 일어났다."
병 : "D가 가장 먼저 일어났다."
정 : "A와 C는 연이어 일어나지 않았다."

① A　② B
③ D　④ E

[09~10] 다음은 국가의 주요 범죄 발생건수 및 검거건수에 대한 자료이다. 물음에 알맞은 답을 고르시오.

〈표1〉 2020～2024년 4대 범죄 발생건수 및 검거건수

(단위 : 건, 천 명)

연도 \ 구분	발생건수	검거건수	총인구	인구 10만 명당 발생건수
2020	15,693	14,492	49,194	31.9
2021	18,258	16,125	49,346	(㉠)
2022	19,498	16,404	49,740	39.2
2023	19,670	16,630	50,051	39.3
2024	22,310	19,774	50,248	44.4

〈표2〉 2024년 4대 범죄 유형별 발생건수 및 검거건수

(단위 : 건)

범죄유형 \ 구분	발생건수	검거건수
강도	5,753	5,481
상해	132	122
절도	14,778	12,525
방화	1,647	1,646
계	22,310	19,774

09 다음 중 〈표1〉의 빈칸 ㉠에 들어갈 수치로 가장 알맞은 것은? (단, 소수점 아래 첫째 자리에서 반올림한다.)

① 35건　　② 36건
③ 37건　　④ 38건

10 다음 〈보기〉의 설명 중 옳지 않은 것을 모두 고르면?

〈보기〉

㉠ 2021년 이후, 전년대비 4대 범죄 발생건수 증가율이 가장 낮은 연도와 전년대비 4대 범죄 검거건수 증가율이 가장 낮은 연도는 동일하다.
㉡ 2024년 발생건수 대비 검거건수 비율이 가장 낮은 범죄 유형은 '상해'이다.
㉢ 2021년 강도와 살인 발생건수의 합이 4대 범죄 발생건수에서 차지하는 비율은 2024년 강도와 상해 검거건수의 합이 4대 범죄 검거건수에서 차지하는 비율보다 높다.
㉣ 4대 범죄의 발생건수와 검거건수는 매년 증가하고 있다.

① ㉠, ㉡　　② ㉠, ㉣
③ ㉡, ㉢　　④ ㉡, ㉣

11 다음 두 자료를 바탕으로 가장 바르게 추론한 것은?

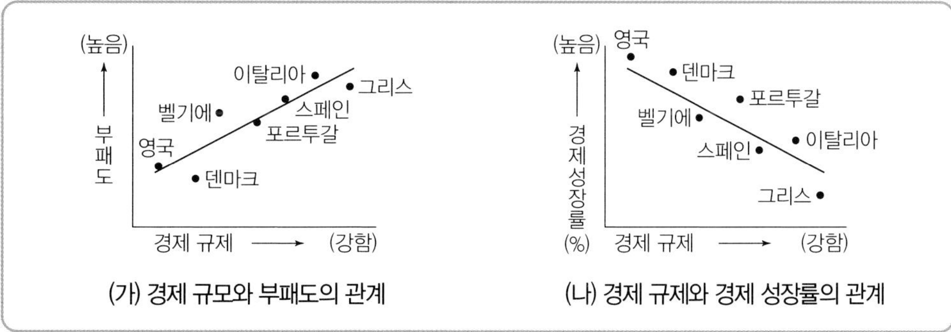

(가) 경제 규모와 부패도의 관계　　(나) 경제 규제와 경제 성장률의 관계

① 부패가 경제 성장에 장애가 될 수 있다.
② 공공 이익을 위한 정부의 규제는 부패와 무관하다.
③ 민주주의가 발전한 나라일수록 경제 성장률이 낮다.
④ 작은 정부일수록 공무원의 부패가 심하게 나타나는 경향이 있다.

12 다음 〈표〉는 소비자물가지수를 나타낸 것이다. 2024년 소비자물가상승률은 얼마인가? (단, 소수점 둘째자리에서 반올림함)

〈표〉 소비자물가지수

(단위 : %)

구분	2018년	2019년	2020년	2021년	2022년	2023년	2024년
소비자물가지수	94.7	96.8	98.0	99.3	100.0	101.0	102.9

※ 소비자물가지수는 2022년도를 기준으로 함

※ 소비자물가상승률＝{(금년도 소비자물가지수÷전년도 소비자물가지수)－1}×100

① 1.9%　② 2.0%

③ 2.1%　④ 2.2%

13 어느 직장인은 매일 출근 1시간 15분 전에 일어나 10분간 신문을 보고, 15분간 세수를 하며, 20분간 식사를 한 후 출근을 위해 집에서 나선다. 회사의 출근 시간이 오전 10시라면 집에서 출발한 시간의 시침과 분침의 각도는 얼마인가?

① 105°　② 115°

③ 125°　④ 135°

14 갑, 을, 병, 정, 무는 흰색, 분홍색, 노란색, 파란색, 검정색의 옷을 입고 있다. 다섯 명의 상의 색과 하의 색은 겹치지 않는다. 또한 각자가 입고 있는 상의와 하의의 색도 겹치지 않는다면 정이 입고 있는 하의 색은 무엇인가?

- 병은 분홍색 상의와 흰색 하의를 입고 있다.
- 갑의 상의 색과 병의 하의 색은 같다.
- 정은 파란색 상의를 입고 있으며, 병의 옷 색과 겹치지 않는다.
- 무는 검정색 하의를 입고 있으며, 갑의 옷 색과 겹치지 않는다.
- 을은 검정색 상의를 입고 있으며, 정의 옷 색과 겹치지 않는다.

① 흰색　② 분홍색

③ 파란색　④ 노란색

[15~16] 다음은 A, B 2개의 극장이 있는 어느 소도시에서 지난 일요일 하루동안 영화를 본 관람객 수를 연령대별로 조사한 것이다. 이날 하루 두 극장에서 영화를 본 사람이 모두 5,000명이고, 이 중 60%가 A극장에서, 40%가 B극장에서 영화를 봤다고 할 때 다음 물음에 적절한 답을 고르시오.

구분	20대 비율(%)	30대 비율(%)	40대 비율(%)	50대 이상 비율(%)
A극장	29	36	24	11
B극장	14	27	39	20

15 지난 일요일 하루 동안 A극장에서 영화를 본 30대 관람객은 모두 몇 명인가?

① 810명　② 870명
③ 1,080명　④ 1,170명

16 다음 중 옳지 않은 것은?

① 지난 일요일 A극장을 찾은 50대 이상의 관람객수는 B극장을 찾은 20대 관람객수보다 많다.
② 지난 일요일 B극장을 찾은 40대 관람객수는 780명이다.
③ 지난 일요일 30대 관람객수는 A극장이 B극장의 2배이다.
④ 지난 일요일 50대 이상의 관람객수는 B극장보다 A극장이 더 많다.

[17~18] 다음은 A씨가 1~8월간 사용한 지출 내역이다. 자료를 보고 이어지는 질문에 답하시오.

〈1~8월 지출 내역〉

종류	내역
신용카드	2,500,000원
체크카드	3,500,000원
현금영수증	–

※ 연봉의 25%를 초과한 금액에 한해 신용카드 15% 및 현금영수증, 체크카드 30% 공제
※ 공제는 초과한 금액에 대해 공제율이 높은 종류를 우선 적용

17 **A씨의 연봉 예상 금액이 35,000,000원일 때 연말정산에 대비하기 위한 전략 또는 위의 자료에 대한 설명으로 적절한 것은?**

① 신용카드의 사용금액이 연봉의 15%, 체크카드는 30%를 넘어야 공제가 가능하다.

② 2,750,000원보다 적게 사용해야 소득공제가 가능하다.

③ 만약 체크카드를 5,000,000원 더 사용한다면, 2,250,000원이 소득공제금액에 포함되고 공제액은 675,000원이다.

④ 신용카드 사용금액이 더 적기 때문에 체크카드보다 신용카드를 많이 사용하는 것이 공제에 유리하다.

18 **A씨는 8월 이후로 신용카드를 4,000,000원 더 사용했고 현금영수증 금액을 확인해보니 5,000,000원이었으며 연봉이 40,000,000원으로 상승하였다. 아래의 표를 적용하여 신용카드, 현금영수증 등 소득공제 금액에 대한 세금을 구하면?**

과표	세율
연봉 1,200만원 이하	6%
연봉 4,600만원 이하	15%
연봉 8,800만원 이하	24%
연봉 15,000만원 이하	35%
연봉 15,000만원 초과	38%

① 90,000원
② 225,000원
③ 247,500원
④ 450,000원

[19~20] 다음은 2019년과 2024년 어떤 도시 가구별 평균 소비지출 내역을 나타낸 그래프이다. 다음 물음에 답하시오.

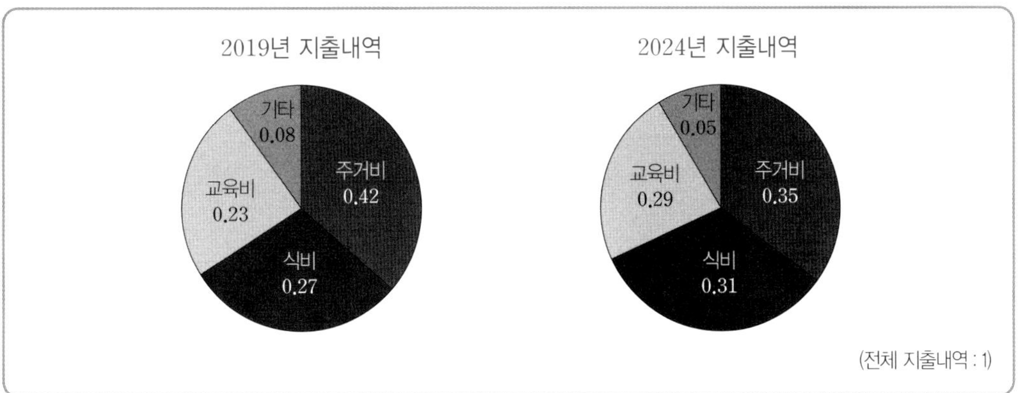

19 2019년도 가구당 총지출액이 평균 2,000만 원이었고 2024년도 가구당 총지출액이 평균 3,000만 원이었다면, 2024년 가구당 교육비는 2019년에 비해 얼마나 증가하였는가?

① 230만 원 ② 300만 원
③ 360만 원 ④ 410만 원

20 다음 설명 중 옳은 것은?(단, 2019년도 가구당 총지출액은 2,000만 원, 2024년도 가구당 총지출액은 3,000만 원이라 가정한다.)

① 2024년의 가구당 주거비 지출액은 2019년에 비해 줄었다.
② 2024년 주거비와 식비, 교육비를 제외한 지출액은 가구당 150만 원이다.
③ 2019년 가구당 식비 지출액은 월 40만 원이다.
④ 도시 가정에서의 교육비 비중은 감소하는 추세이다.

Chapter 01

실전모의고사 2회

정답 및 해설 P. 259

• 영역을 구별하여 공간능력 18문항(10분), 지각속도 30문항(3분), 언어논리 25문항(20분), 자료해석 20문항(25분)으로 구성으로 구성되어 있습니다.

공간능력

18문항 | 10분

[01~05] 다음 조건을 참고하여 제시된 입체도형의 전개도를 고르시오.

• 입체도형을 전개하여 전개도를 만들 때, 전개도에 표시된 그림(예 : ◨, ◪ 등)은 회전의 효과를 반영함. 즉, 본 문제의 풀이과정에서 보기의 전개도 상에 표시된 "◨"와 "⊟"은 서로 다른 것으로 취급함.
• 단, 기호 및 문자(예 : ☎, ♤, ♨, K, H)의 회전에 의한 효과는 본 문제의 풀이과정에 반영하지 않음. 즉, 입체도형을 펼쳐 전개도를 만들었을 때에 "☎"의 방향으로 나타나는 기호 및 문자도 보기에서는 "☎"방향으로 표시하며 동일한 것으로 취급함.

01

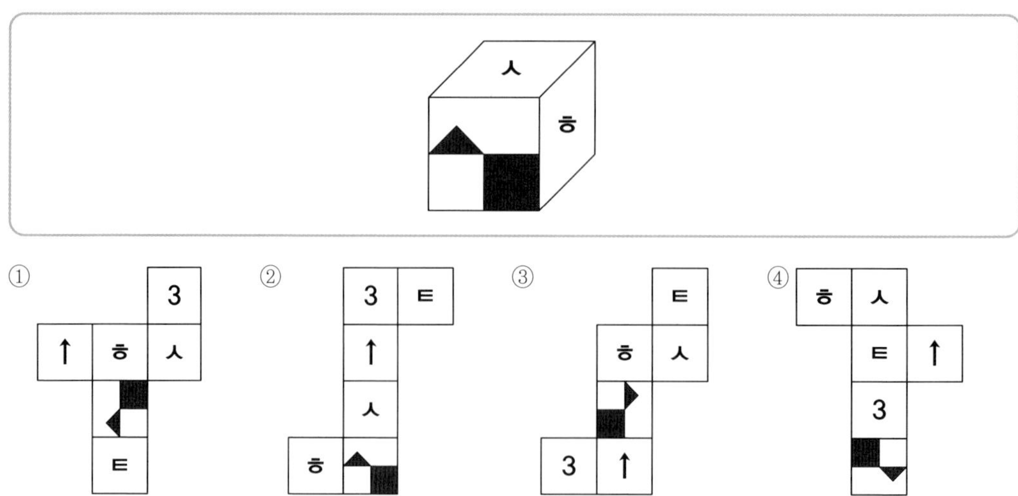

02

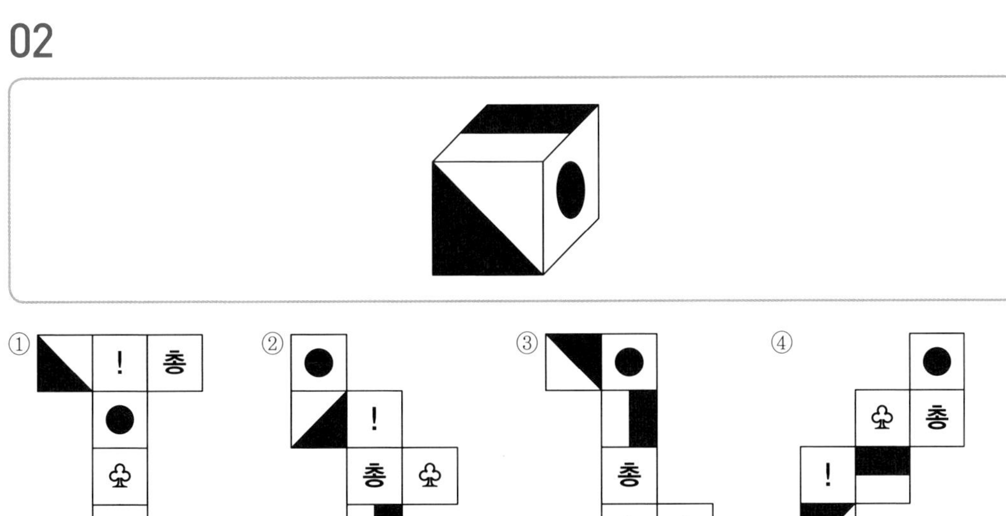

03

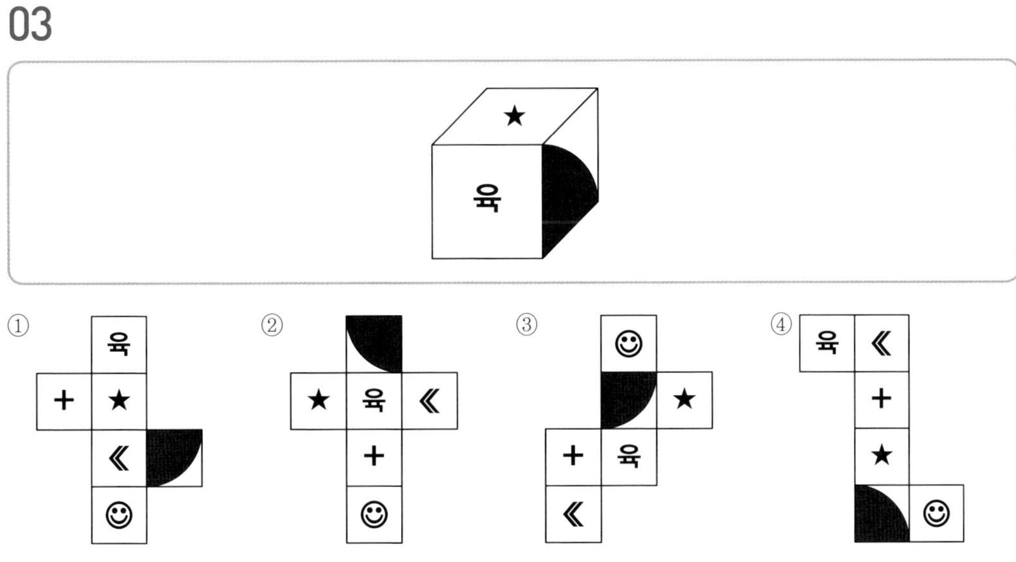

04

①

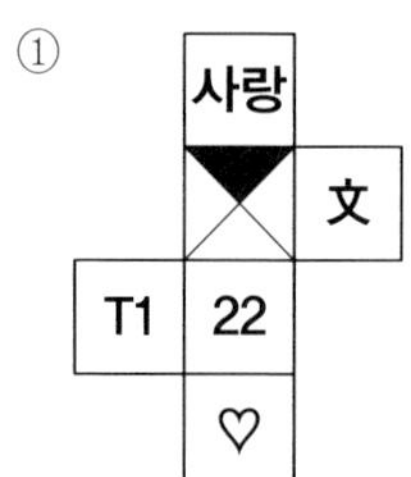

②

③

④

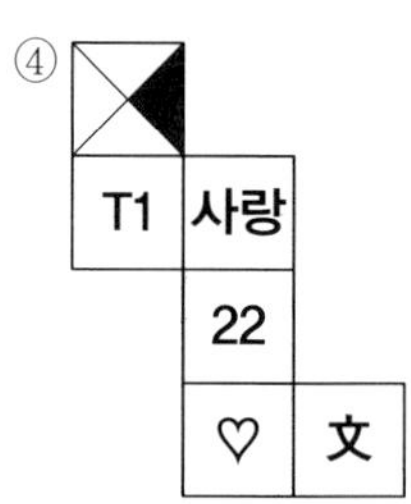

05

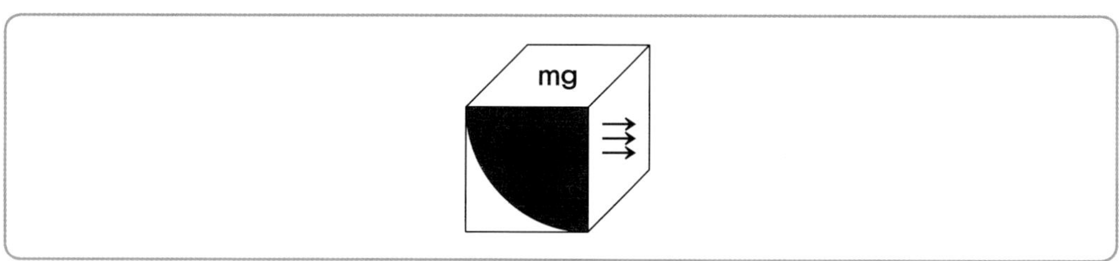

①

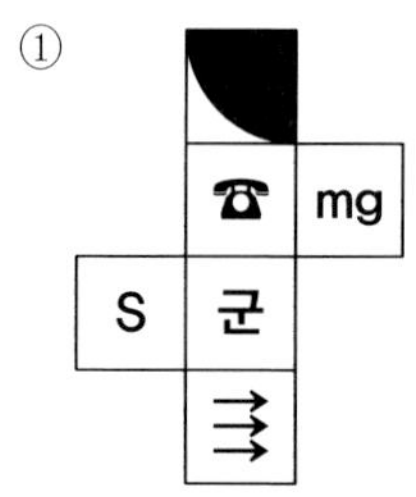

②

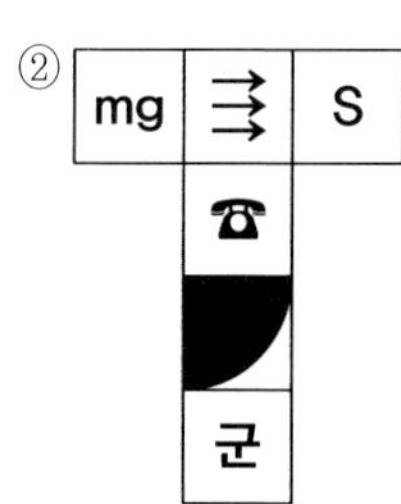

③

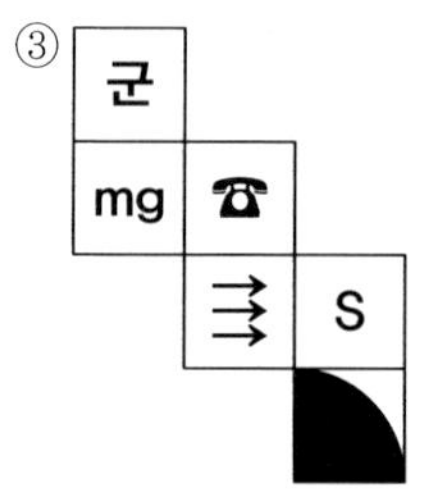

④

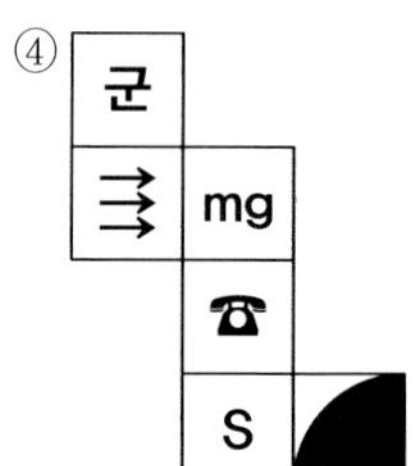

[06~10] 다음 조건을 참고하여 제시된 전개도의 입체도형을 고르시오.

- 입체도형을 전개하여 전개도를 만들 때, 전개도에 표시된 그림(예 : ◨, ◪ 등)은 회전의 효과를 반영함. 즉, 본 문제의 풀이과정에서 보기의 전개도 상에 표시된 "◨"와 "⊟"은 서로 다른 것으로 취급함.
- 단, 기호 및 문자(예 : ☎, ♤, ♨, K, H)의 회전에 의한 효과는 본 문제의 풀이과정에 반영하지 않음. 즉, 입체도형을 펼쳐 전개도를 만들었을 때에 "☎"의 방향으로 나타나는 기호 및 문자도 보기에서는 "☎"방향으로 표시하며 동일한 것으로 취급함.

06

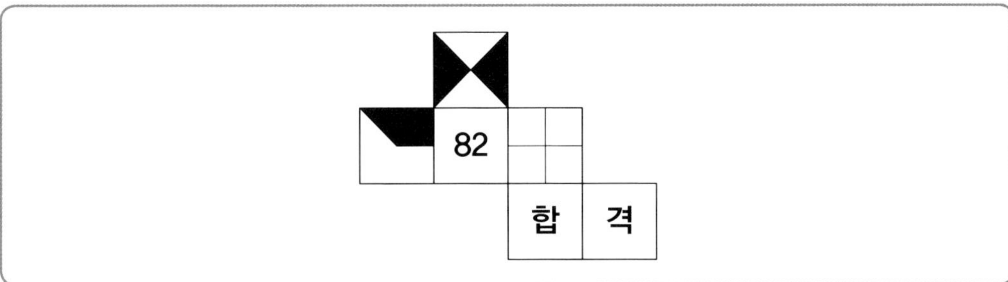

①
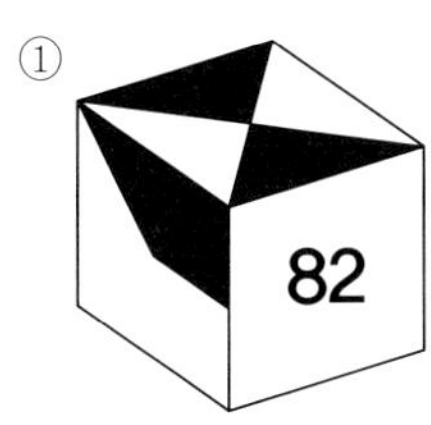

②
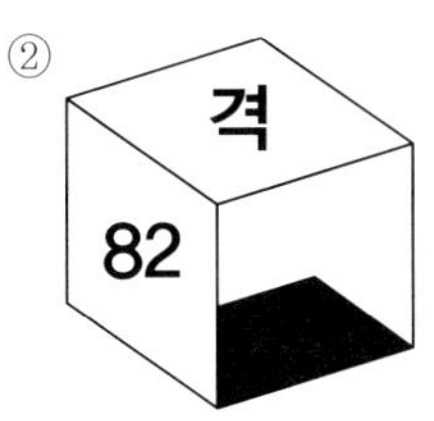

③
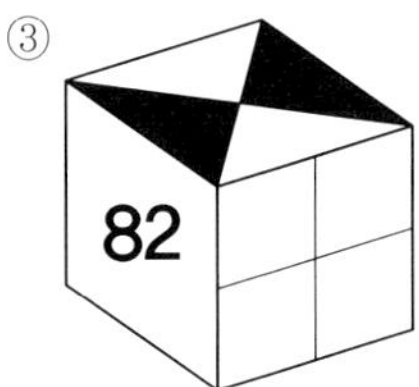

④
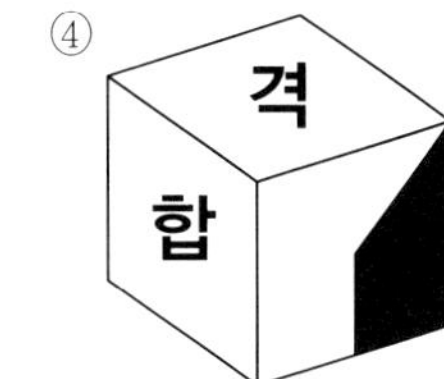

07

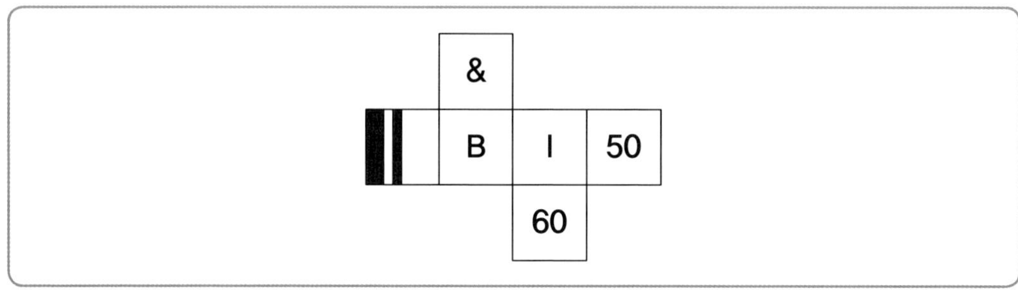

①
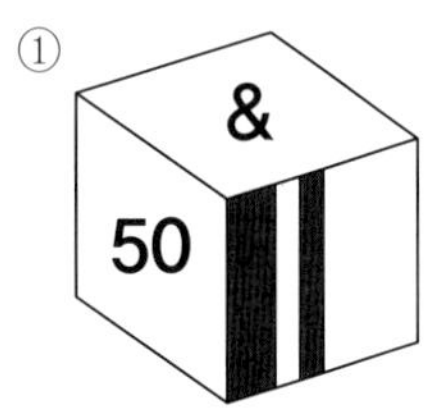

②
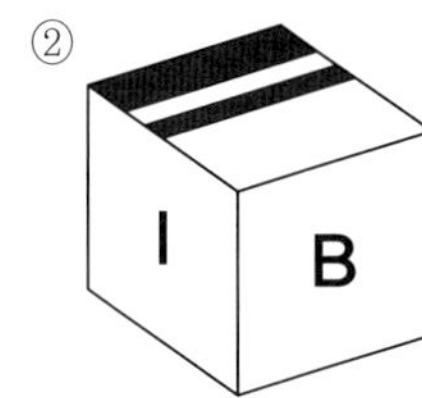

③
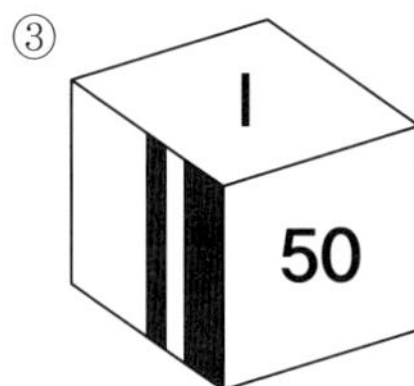

④

08

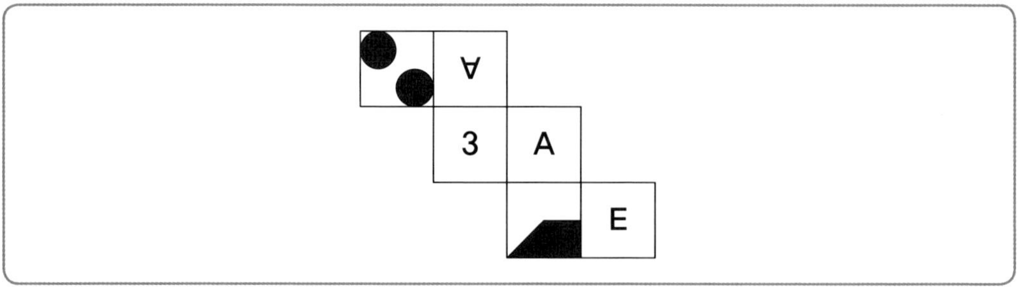

①
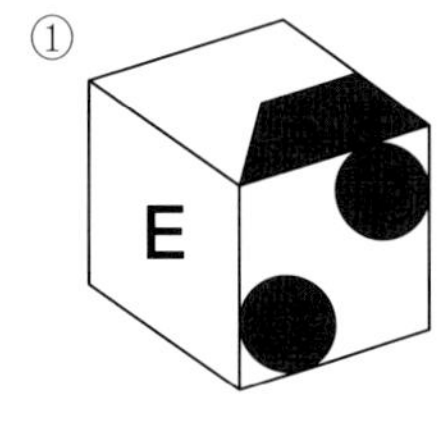

②
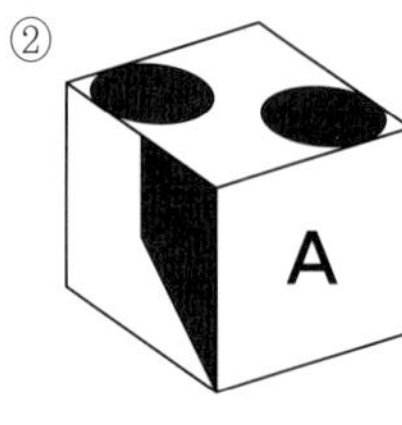

③
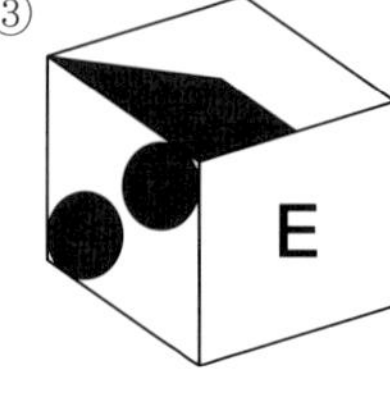

④
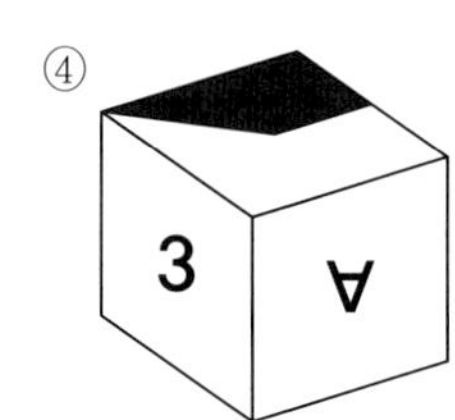

09

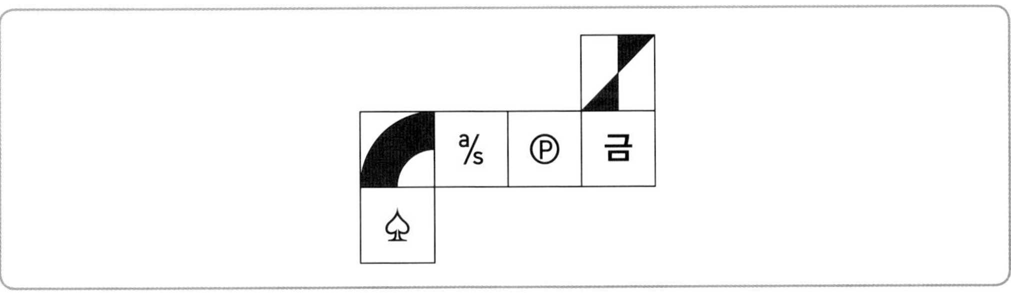

①
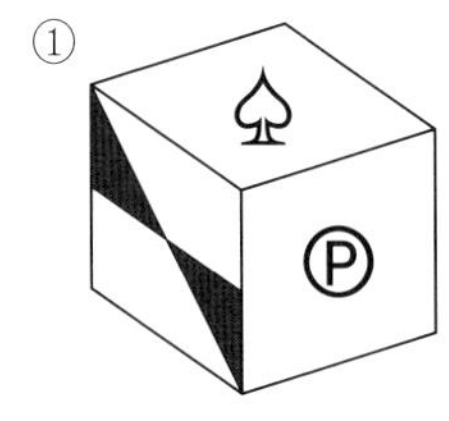
②
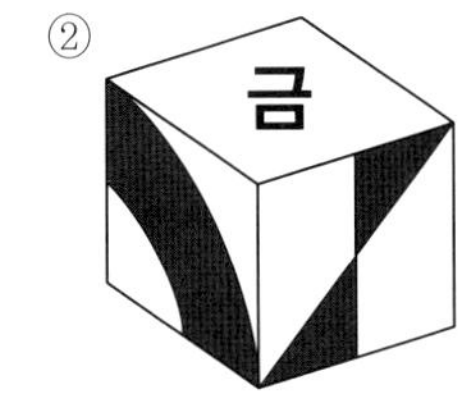
③
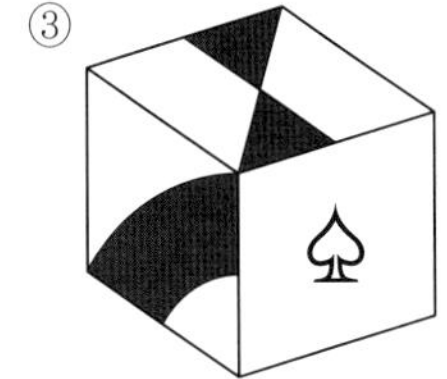
④
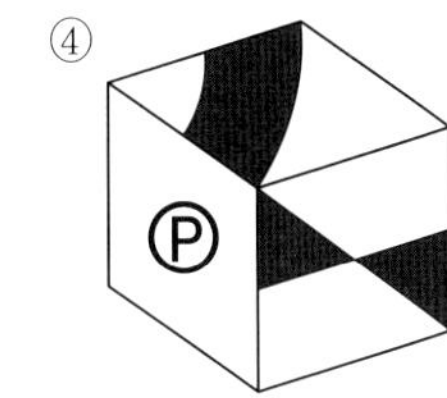

10

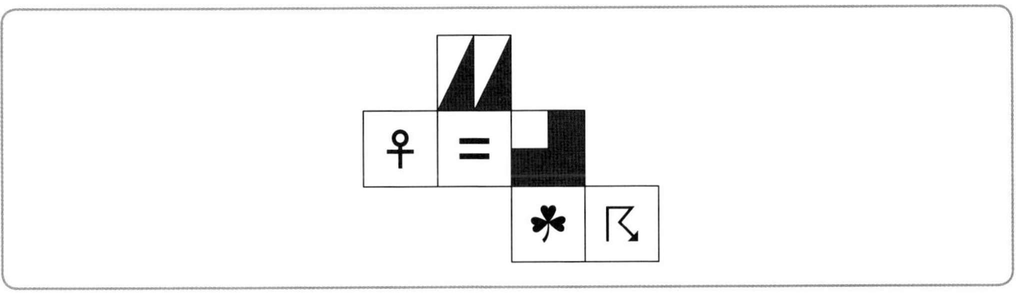

①
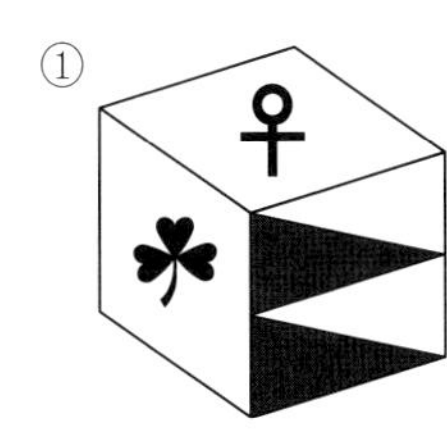
②
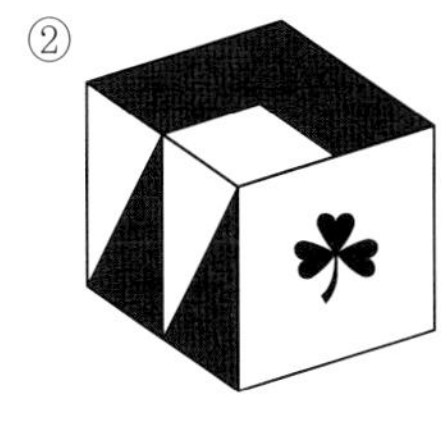
③
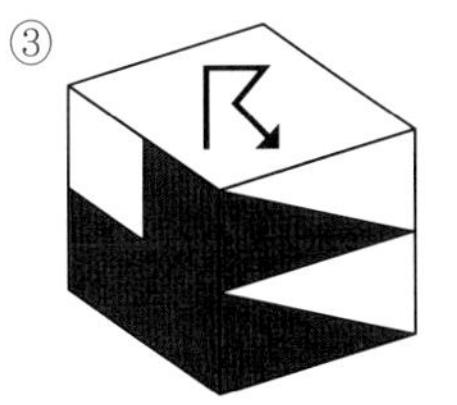
④
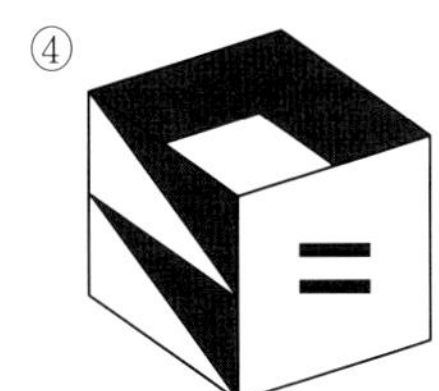

[11~14] 다음 제시된 블록의 개수를 고르시오.(단, 보이지 않는 뒤의 블록은 없다고 생각한다.)

11

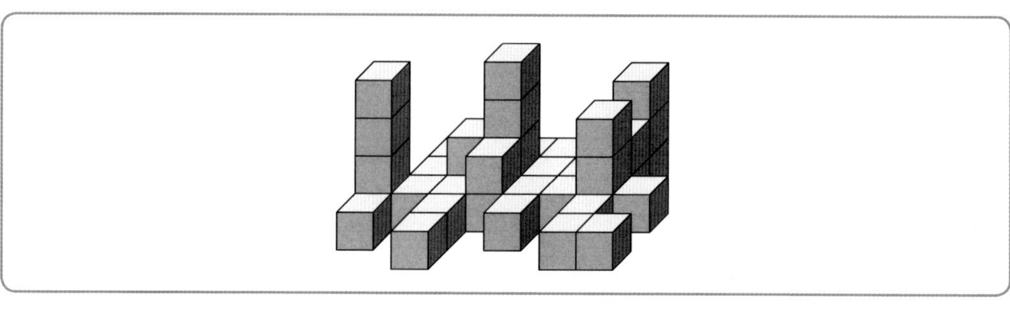

① 36 ② 37 ③ 38 ④ 39

12

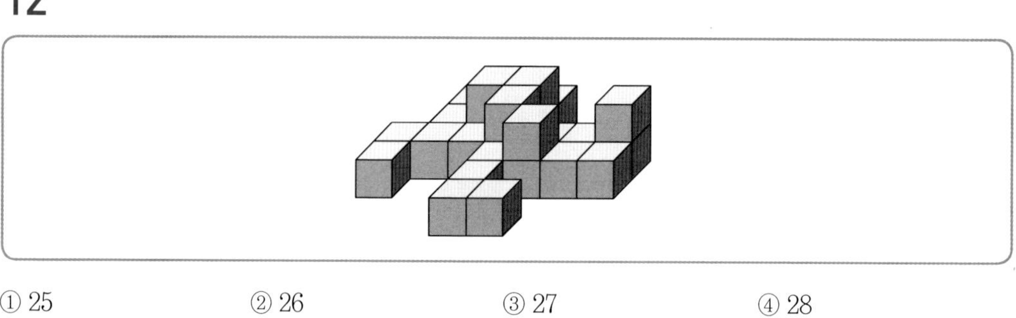

① 25 ② 26 ③ 27 ④ 28

13

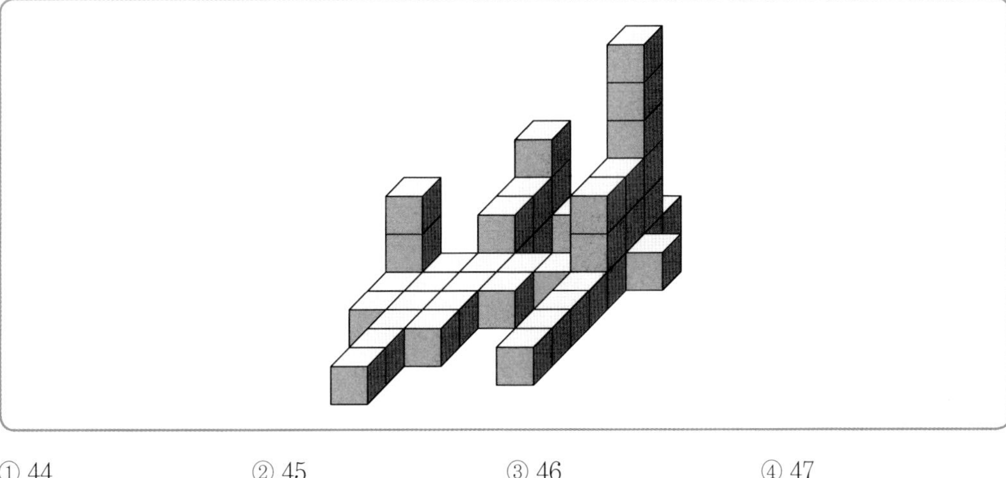

① 44　② 45　③ 46　④ 47

14

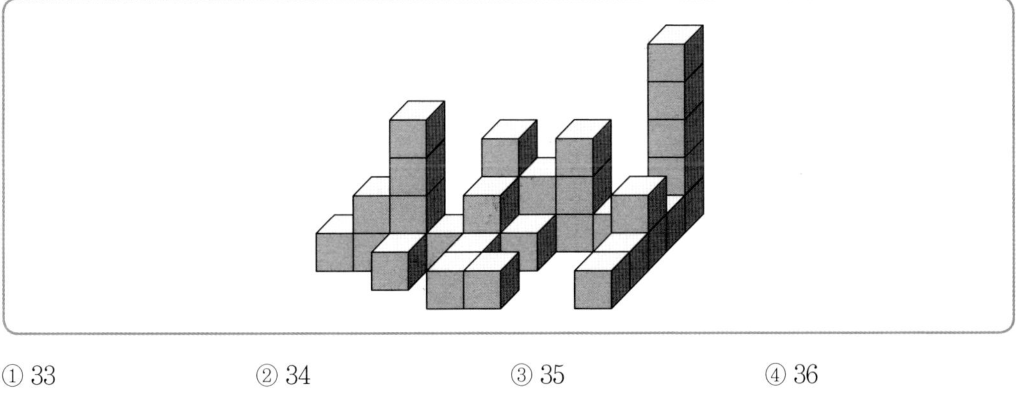

① 33　② 34　③ 35　④ 36

[15~18] 다음 제시된 블록을 화살표 방향에서 바라봤을 때의 모양을 고르시오.

15

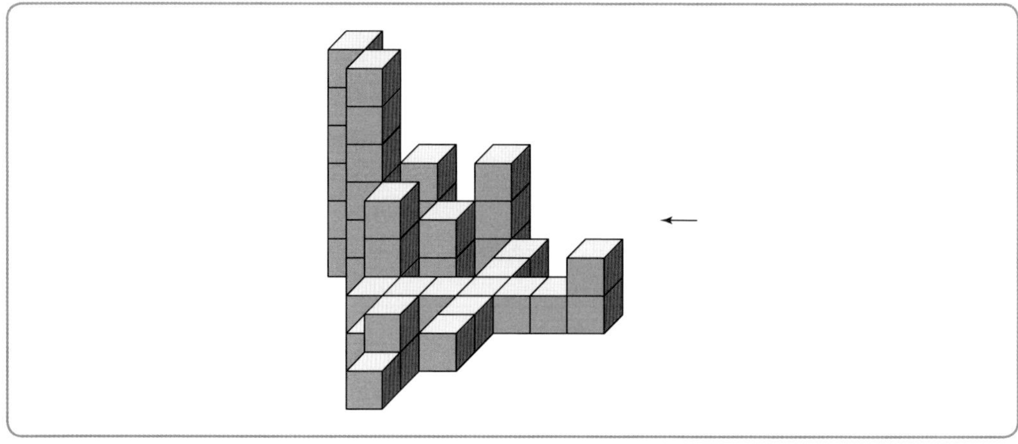

①
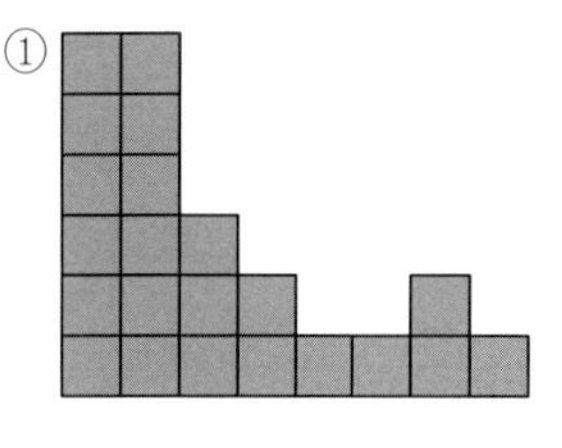

②
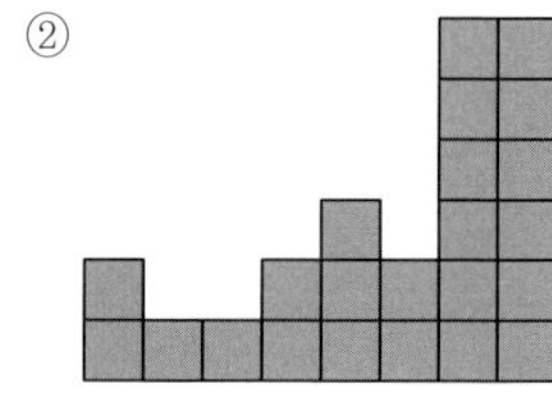

③
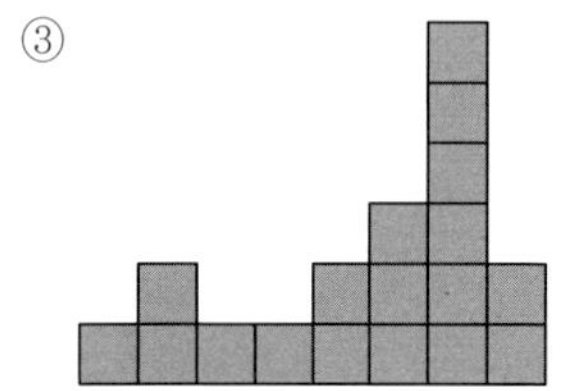

④
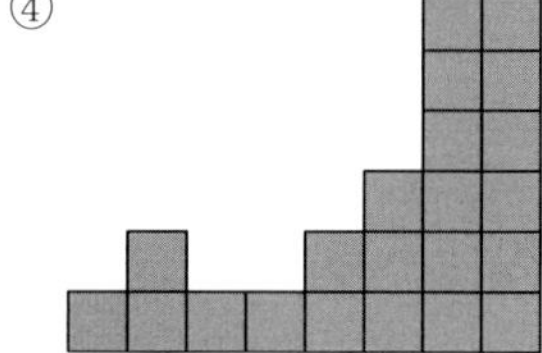

16

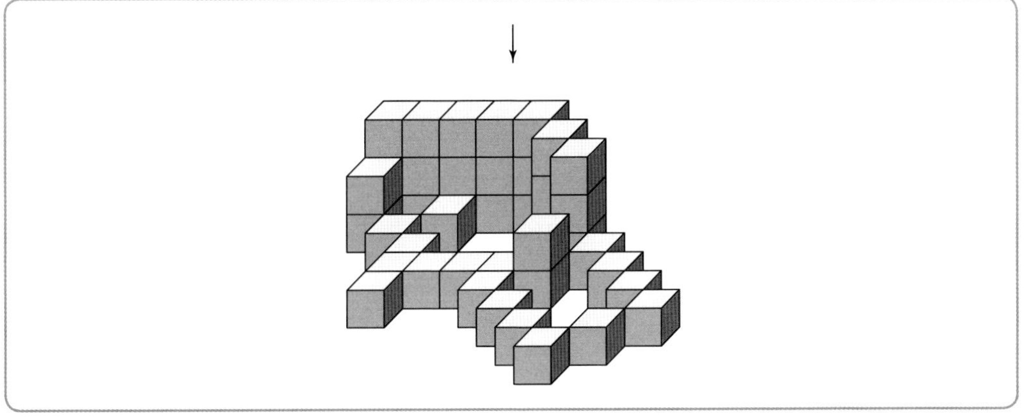

① 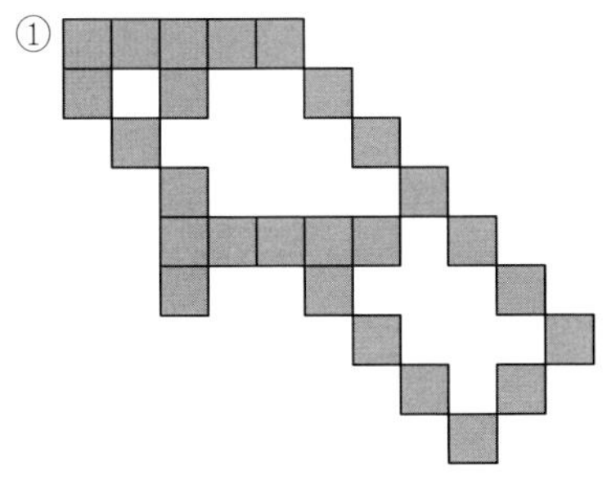

② 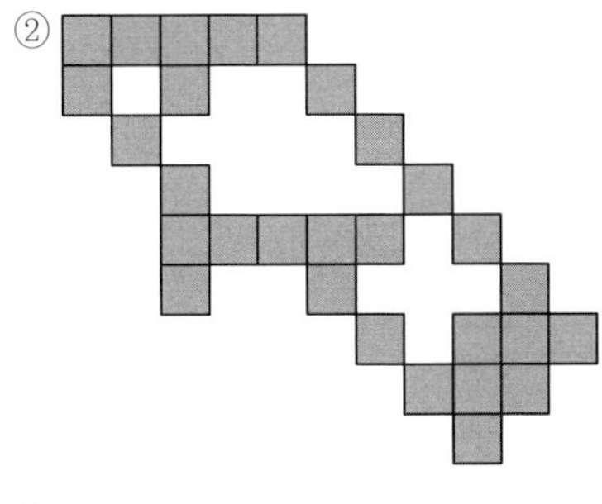

③ 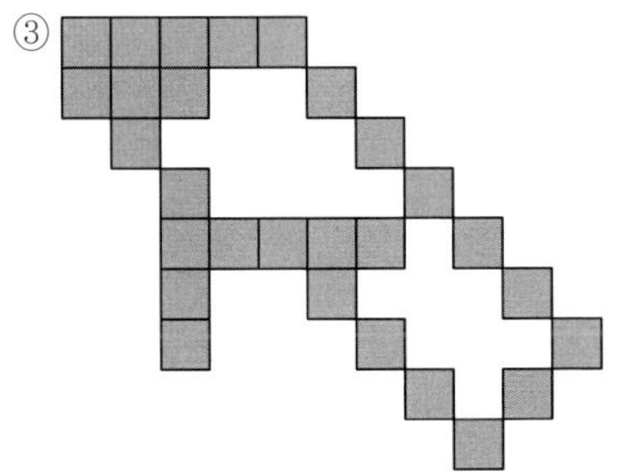

④ 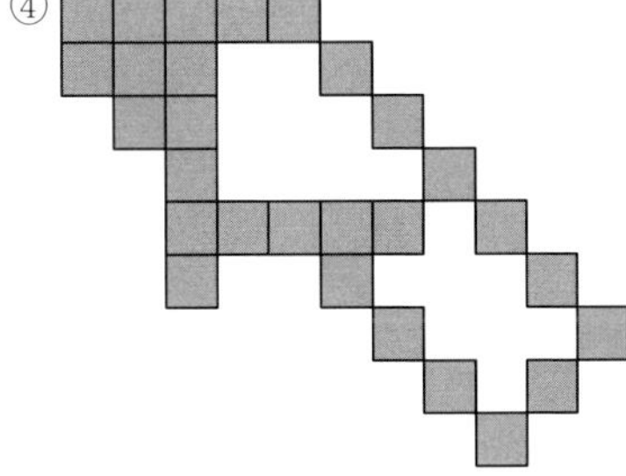

17

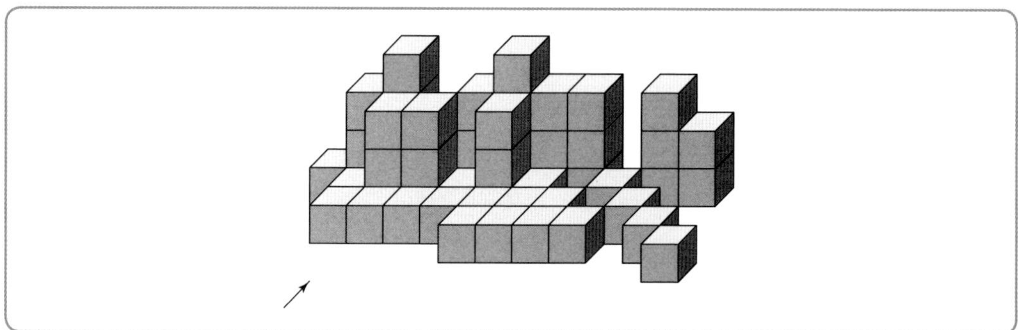

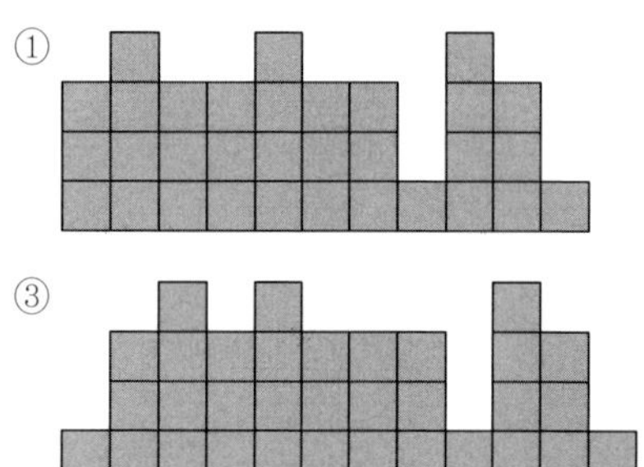

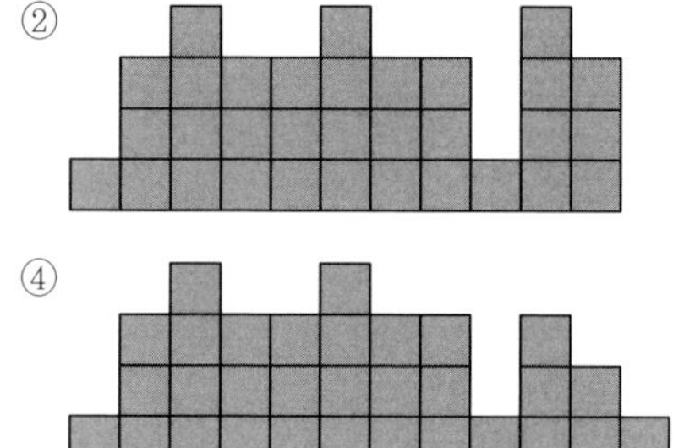

18

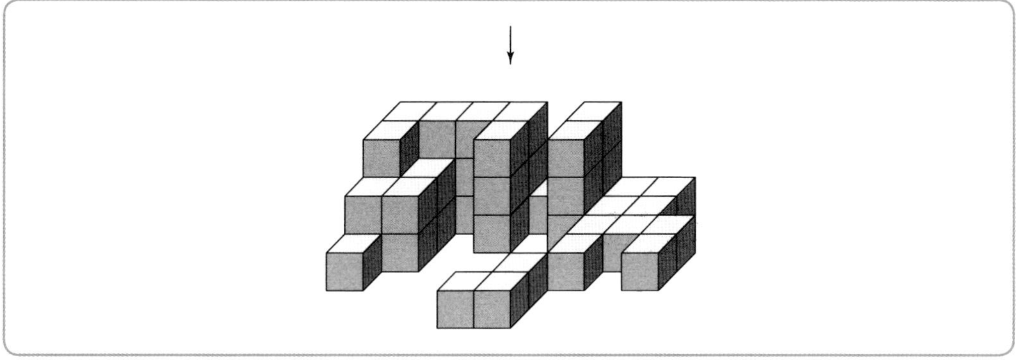

① ③

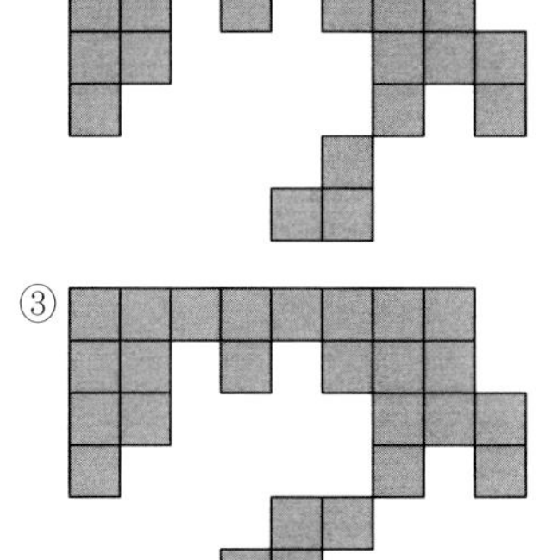

② ④

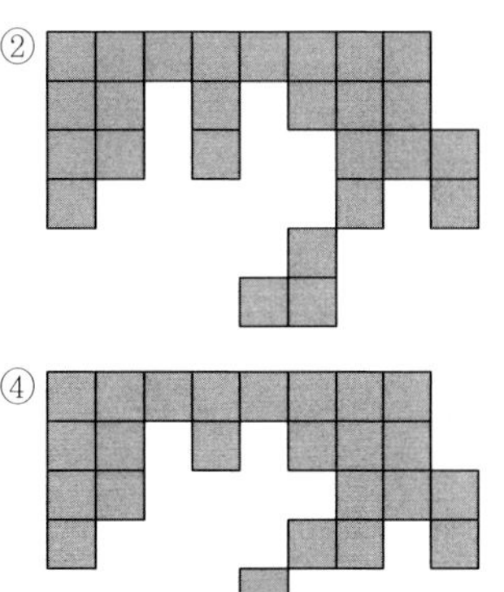

지각속도

30문항 | 3분

[01~05] 다음 〈보기〉의 왼쪽과 오른쪽의 대응을 참고하여 각 문제의 대응이 같으면 답안지에 '① 맞음'을, 틀리면 '② 틀림'을 선택하시오.

〈보기〉

입춘=㈀㉠	우수=㈀㉡	경칩=㈁㉡	춘분=㈁㉢	청명=㈂㉢
곡우=㈂㉣	입하=㈃㉣	소만=㈃㉤	망종=㈄㉤	하지=㈄㉥

01

입하 우수 입춘 곡우 – ㈃㉣ ㈀㉡ ㈀㉠ ㈂㉣

① 맞음 ② 틀림

02

춘분 망종 하지 소만 – ㈁㉢ ㈄㉤ ㈂㉢ ㈃㉤

① 맞음 ② 틀림

03

청명 경칩 소만 입하 – ㈂㉢ ㈁㉡ ㈃㉤ ㈂㉣

① 맞음 ② 틀림

04

하지 우수 입춘 춘분 – ㈃㉣ ㈀㉡ ㈀㉠ ㈁㉢

① 맞음 ② 틀림

05

망종 우수 하지 소만 – ㈅㉤ ㈀㉡ ㈅㉥ ㈃㉤

① 맞음 ② 틀림

[06~10] 다음 〈보기〉의 왼쪽과 오른쪽의 대응을 참고하여 각 문제의 대응이 같으면 답안지에 '① 맞음'을, 틀리면 '② 틀림'을 선택하시오.

〈보기〉

age=017	bed=270	cat=389	dog=201	fog=692
hat=760	leg=010	mad=627	net=038	pet=921

06

dog cat pet net – 201 398 921 038

① 맞음 ② 틀림

07

fog hat mad bed – 692 760 627 276

① 맞음 ② 틀림

08

net pet age leg – 038 921 017 010

① 맞음 ② 틀림

09

cat dog net bed – 389 201 038 270

① 맞음　　② 틀림

10

leg mad pet age – 010 627 921 201

① 맞음　　② 틀림

[11~15] 다음 〈보기〉의 왼쪽과 오른쪽의 대응을 참고하여 각 문제의 대응이 같으면 답안지에 '① 맞음'을, 틀리면 '② 틀림'을 선택하시오.

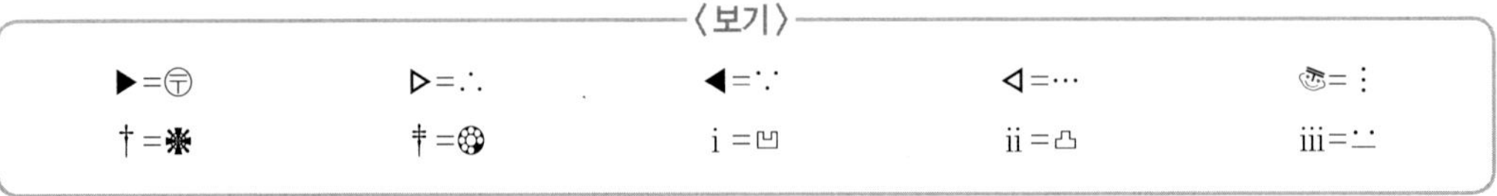

11

† [symbol] i iii – ❋ ⋮ ㅃ ∴

① 맞음　　② 틀림

12

ii ◀ ◁ ▶ – 凸 ∵ ⋯ ㊦

① 맞음　　② 틀림

13

▷ ǂ ☺ ◀ – ∴ ❂ ⋮ ∵

① 맞음 ② 틀림

14

① 맞음 ② 틀림

15

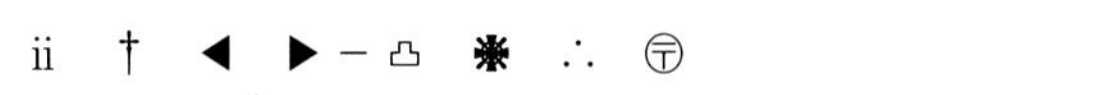

① 맞음 ② 틀림

[16~20] 다음 〈보기〉의 왼쪽과 오른쪽의 대응을 참고하여 각 문제의 대응이 같으면 답안지에 '① 맞음'을, 틀리면 '② 틀림'을 선택하시오.

〈보기〉

한숨=92	들숨=12	들깨=16	참깨=61	참수=03
기수=02	기마=59	낙마=11	낙상=20	상상=29

16

기마 한숨 낙마 들깨 – 59 92 11 61

① 맞음 ② 틀림

17

상상 참깨 들숨 참수 - 29 61 92 03

① 맞음 ② 틀림

18

기수 낙상 들깨 기마 - 02 20 16 11

① 맞음 ② 틀림

19

참수 들숨 기수 낙마 - 03 12 02 11

① 맞음 ② 틀림

20

상상 한숨 낙상 참깨 - 29 92 20 61

① 맞음 ② 틀림

[21~25] 다음 〈보기〉의 왼쪽과 오른쪽의 대응을 참고하여 각 문제의 대응이 같으면 답안지에 '① 맞음'을, 틀리면 '② 틀림'을 선택하시오.

〈보기〉

cherish=장곡	foolish=남궁	devoted=동방	superb=독고	honest=황보
blossom=황목	patient=선우	positive=제갈	charming=어금	courage=사공

21

honest patient foolish superb – 황보 제갈 남궁 독고

① 맞음 ② 틀림

22

courage devoted charming cherish – 사공 동방 어금 장곡

① 맞음 ② 틀림

23

positive blossom devoted patient – 제갈 황목 동방 선우

① 맞음 ② 틀림

24

cherish superb courage honest – 장곡 독고 사공 황보

① 맞음 ② 틀림

25

positive blossom charming foolish – 제갈 황목 사공 남궁

① 맞음 ② 틀림

[26~30] 문제의 왼쪽에 제시된 굵은 글씨체의 기호, 문자, 숫자의 개수를 모두 세어 개수를 고르시오.

26

한	핸햔함햔햔함하함핸힌히행햔함항하항학핫햔하한 함함하핯학항형향헹힁하홍햔횽헌항한후헤헙협허 함함헌헝항함합햅항헤헐한헐헐헌햔핟힌항향한행

① 1 ② 2 ③ 3 ④ 4

27

mg	sdfwermewfwemgefsfefwewemgeesawmgffrwe fsdfmwqergmgmwerqfsefwfresdgfsdfwersdfm wergmwergwermwegfdhnmgretase

① 4 ② 5 ③ 6 ④ 7

28

131	123121321312313215432163542465753132435731 8919119191976316411447147142741327417417241

① 1 ② 2 ③ 3 ④ 4

29

▤▥▧▨	▤▥▦▧▨▩▤▨▩▤▤▥▧▨▩▤▥▤▥▦▧▥ ▦▧▥▨▩▦▩▦▧▤▥▨▩▦▩▤▧▨▩▩▤▧ ▨▥▧▩▥▦▨▤▦▨▤▦▨▤▦▨▤▦▨▩▦▧ ▨▤▦▨▩▦▧▤▥▨▤▦▨▩▥▦▨▤▥▧▩▥ ▧▩▥▨▤▦▨▤▦▨▤▦▨▤▦▨▤▦▨▤▦▨

① 0 ② 1 ③ 2 ④ 3

30

영	영영열연영엳역열연영열연영엳역열연영열연영엳역열연영영영영영열연영열연영엳역열연영열연영엳역열영영열연영엳

① 15　② 16　③ 17　④ 18

언어논리

25문항 | 20분

01 ㉠, ㉡에 어울리는 한자성어는?

> 스스로의 형편이 초라함을 보고 (㉠)을(를) 발할 것이 아니라, 사명감을 가지고 힘을 기른다면, 우리 민족은 오래 지나지 않아 (㉡)하게 될 것이다.

	㉠	㉡
①	자격지심(自激之心)	사상누각(沙上樓閣)
②	자포자기(自暴自棄)	청출어람(靑出於藍)
③	자굴지심(自屈之心)	괄목상대(刮目相對)
④	방약무인(傍若無人)	자화자찬(自畫自讚)
⑤	심기일전(心機一轉)	작심삼일(作心三日)

02 다음 밑줄 친 한자 성어의 쓰임이 적절하지 않은 것은?

① 이번 면접은 유비무환(有備無患)하여 굉장히 마음이 편하다.

② 시험에 떨어진 후 그는 간담상조(肝膽相照)하며 밤새워 공부하고 있다.

③ 난리가 나자 마을 사람들은 모두 남부여대(男負女戴)하고 피란길에 올랐다.

④ 고장난명(孤掌難鳴)이라고, 도와주는 사람이 없으니 일을 하기가 너무 어려웠다.

⑤ 상대방이 온화한 표정으로 협상에 임할수록 구밀복검(口蜜腹劍)의 유형이 아닌지를 잘 살펴야 한다.

03 다음 중 인간의 소유욕과 관련된 속담이 아닌 것은?

① 소 잃고 외양간 고친다
② 감기 고뿔도 남은 안 준다
③ 말 타면 경마 잡히고 싶다
④ 한 섬 빼앗아 백 섬 채운다
⑤ 범을 보니 무섭고 범 가죽을 보니 탐난다

04 다음의 상황과 관련이 깊은 속담은?

> 아무도 그에게 수심(水深)을 일러준 일이 없기에
> 흰 나비는 도무지 바다가 무섭지 않다.
>
> – 김기림, 「바다와 나비」 중에서

① 까마귀 날자 배 떨어진다
② 가랑비에 옷 젖는 줄 모른다
③ 하룻강아지 범 무서운 줄 모른다
④ 물에 빠지면 지푸라기라도 잡는다
⑤ 바다는 메워도 사람의 욕심은 못 메운다

05 다음 문장에서 밑줄 친 고유어와 유의 관계를 이루는 한자어를 틀리게 연결한 것은?

① 어제보다 오늘 더 키가 자랐다.→ 성장(成長)하다
② 뜻밖의 상황에 열차가 멈추었다. → 정지(停止)하다
③ 기계의 고장으로 일을 멈추었다. → 중단(中斷)하다
④ 그는 놀라운 광경에 시선을 멈추었다. → 종료(終了)하다
⑤ 그는 이제 어른스럽게 마음도 자랐다.→ 성숙(成熟)하다

06 다음 제시된 설명에 가장 부합하는 것은?

> 쌀쌀한 태도로 비웃음

① 미소(微笑)
② 냉소(冷笑)
③ 실소(失笑)
④ 고소(苦笑)
⑤ 홍소(哄笑)

07 다음 중 밑줄 친 고유어의 쓰임이 잘못된 것은?

① 고슴도치도 제 새끼는 함함하다고 한다.

② 비록 부족하지만 제 깜냥에는 최선을 다 한 것입니다.

③ 우리 소대장님은 사분사분하여 볼 때마다 기분이 좋다.

④ 자신의 잘못에 대해 모르쇠하고 있는 것은 나쁜 태도야.

⑤ 친한 친구로서 우리야말로 데면데면하게 지내야 하지 않겠니?

08 다음 중 고유어의 뜻풀이가 옳지 않은 것은?

① 노느매기 : 물건을 여러 몫으로 나누는 일

② 비나리치다 : 갑자기 내린 비를 피하려고 허둥대다.

③ 가리사니 : 사물을 판단할 수 있는 지각이나 실마리

④ 곰상스럽다 : 성질이나 행동이 싹싹하고 부드러운 데가 있다.

⑤ 던적스럽다 : 하는 짓이 보기에 매우 치사하고 더러운 데가 있다.

09 다음 설명 중 옳지 않은 것은?

① 하늘, 바람, 심지어, 어차피, 주전자와 같은 단어들은 한자로 적을 수 없는 고유어이다.

② 학교, 공장, 도로, 자전거, 자동차와 같은 단어들은 모두 한자로도 적을 수 있는 한자어이다.

③ '손에 땀을 쥐다, 발등 찍히다'와 같이 의미나 구조가 관습상 굳어져 특별한 뜻을 가진 것을 관용어라 한다.

④ 고무, 담배, 가방, 빵, 냄비와 같은 단어들은 외국에서 들어온 말이지만 우리말처럼 되어 버린 귀화어이다.

⑤ 눈깔, 아가리, 주둥아리, 모가지, 대가리와 같이 사람의 신체 부위를 점잖지 못하게 낮추어 부르는 단어들은 비어(卑語)에 속한다.

10 〈보기〉의 규정에 따를 때, 부사형의 표기가 적절하지 않은 것은?

〈보기〉

한글 맞춤법 제51항 부사의 끝음절이 분명히 '이'로만 나는 것은 '-이'로 적고, '히'로 만나거나 '이'나 '히'로 나는 것은 '-히'로 적는다.

① 의젓이　　② 급급히
③ 엄격히　　④ 깨끗이
⑤ 틈틈히

11 다음의 〈보기〉는 한글 맞춤법의 띄어쓰기 규정이다. 이에 대해 논의한 내용으로 적절하지 않은 것은?

〈보기〉

제42항 의존 명사는 띄어 쓴다.
제43항 단위를 나타내는 명사는 띄어 쓴다. 다만, 순서를 나타내는 경우나 숫자와 어울리어 쓰이는 경우에는 붙여 쓸 수 있다.
제47항 보조 용언은 띄어 씀을 원칙으로 하되, 경우에 따라 붙여 씀도 허용한다. 다만, 앞말에 조사가 붙거나 앞말이 합성 동사인 경우, 그리고 중간에 조사가 들어갈 적에는 그 뒤에 오는 보조 용언은 띄어 쓴다.

① '할 수 있다.'에서 '수'는 의존명사이므로 띄어 써야 해.
② '신 두 켤레'에서 '켤레'는 단위를 나타내는 명사이니까 띄어 써야 해.
③ '먹을 수 있는 만큼'에서 '수'와 '만큼'은 의존명사이니까 띄어 써야 해.
④ '어머니를 도와 드린다.'에서 '드린다'는 보조 용언이므로 띄어 써도 되고, 붙여 써도 괜찮아.
⑤ '강물에 떠내려가 버렸다.'에서 '떠내려가 버렸다'는 본용언에 조사가 붙은 경우이므로 띄어 써야 해.

12 〈보기〉의 ㉠과 ㉡에 해당하는 단어를 바르게 묶은 것은?

〈보기〉

【한글 맞춤법 제27항】
㉠ 둘 이상의 단어가 어울리거나 접두사가 붙어서 이루어진 말은 각각 그 원형을 밝히어 적는다.
㉡ 단, 어원이 분명하지 아니한 것은 원형을 밝히어 적지 아니 한다.

	㉠	㉡
①	며칠	밑천
②	오라비	아재비
③	골병	꺾꽂이
④	부리나케	시꺼멓다
⑤	낮잡다	업신여기다

13 높임법의 사용이 적절하지 않은 것은?

① 그분께서는 아들이 둘이시다.
② 언니, 할머니께서 오라고 하셔.
③ 우리 사장님께서는 귀가 밝으시다.
④ 교장 선생님의 말씀이 계시겠습니다.
⑤ 어머님, 아범이 출근하지 않았습니다.

14 〈보기〉를 참고할 때 표준어의 사용이 올바른 것은?

〈보기〉

원래 '두째'와 '둘째'는 구별되던 말이었다. '두째'는 "이 아이가 두째 아들이다."처럼 차례를 나타내고, '둘째'는 "사과를 둘째 먹는다."처럼 수량을 나타내는 것으로 구별되었다. 그러나 오늘날 이러한 구별이 어렵고 혼란만 일으킨다고 보아 '첫째, 둘째, 셋째, 넷째'만을 표준어로 삼는다. 다만 십 단위 이상에서 차례를 나타낼 때는 '두째'의 형태를 취한다. 한편, 차례의 표현으로 '열한째', 수량의 표현으로 '열하나째'가 쓰인다.

① 감을 열한째 먹는다. (수량)
② 그녀는 하나째 아이를 낳았다. (차례)
③ 사과를 스물세째 먹는다. (수량)
④ 그 아이는 열네째다. (차례)
⑤ 철수는 포도를 스물둘째 먹는다. (수량)

15 다음 중 맞춤법이 잘못된 것은?

① 교실 문을 잘 잠가야 한다.
② 갑자기 웅성대며 지꺼리는 소리가 들려왔다.
③ 이번에 새로 지은 건물의 안팎을 둘러보았다.
④ 밤새 얼굴이 많이 해쓱해져서 보기에 안쓰럽다.
⑤ 어찌나 미안하던지 멋쩍게 머리를 긁적이고 서 있었다.

16 〈보기〉의 자료를 바탕으로 '주어'에 대해 탐구했을 때, 적절하지 않은 것은?

〈보기〉

ㄱ. 새가 날아간다.
ㄴ. 어디 갔니, 영희는?
ㄷ. 우리 지금부터 조용히 하자.
ㄹ. 우리 반이 승리했음이 분명하다.
ㅁ. 어서 빨리 밥 먹고 학교에 가거라.

① 'ㄱ'과 'ㄷ'을 보면, 주격 조사는 생략될 수도 있어.
② 'ㄱ'과 'ㄹ'을 보면, 주격 조사의 형태는 앞말과 관계가 없어.
③ 'ㄱ'과 'ㅁ'을 보면, 상황에 따라 주어가 생략될 수도 있어.
④ 'ㄴ'과 'ㄷ'을 보면, 주어의 위치는 이동할 수 있어.
⑤ 'ㄷ'과 'ㄹ'을 보면, 주어는 한 단어뿐 아니라 절이 될 수도 있어.

17 〈보기〉의 문장은 문법에 맞지도 않고 어색하다. 이 문장을 다듬을 때 고려할 사항으로 <u>잘못된</u> 것은?

〈보기〉

세계 환경 정치에서 주요한 문제 중 하나는 일국 또는 복수의 나라가 다국간의 합의를 저지한다든가 또는 합의를 무의미하게 만들어 버리는 힘을 가지고 있을 때 어떻게 반대를 극복하는가에 있다.

① 전체 문장의 주어가 없기 때문에 주어를 넣어야 한다.
② 목적어 '합의를'이 반복되기 때문에 뒤쪽의 것은 생략해도 무방하다.
③ 문장이 길기 때문에 두 개 이상의 문장으로 나누는 것이 이해하기 쉽다.
④ '환경'이란 어휘는 문맥에 어울리지 않기 때문에 생략하는 것이 올바르다.
⑤ 의미를 알기 어려운 한자어가 많기 때문에 한자어를 적당한 고유어로 바꾸어야 한다.

18 다음의 제시된 개요에서 빈칸에 들어갈 내용으로 가장 적절한 것은?

제목 : 과학기술자의 책임과 권리
서론 : 과학 기술의 사회적 영향력에 대한 인식
본론 : 1. 과학기술자의 책임
1) 과학기술 측면 : 과학기술 개발을 위한 지속적인 노력
2) 윤리 측면 : 사회윤리 의식의 실천
2. 과학기술자의 권리
1) 연구의 자율성을 보장받을 권리
2) 비윤리적인 연구수행을 거부할 권리
결론 : (　　　　　　　　　　　　)

① 연구 환경의 확보
② 과학기술자와 사회윤리
③ 과학기술 개발의 중요성
④ 과학기술자의 책임의식과 권리 확보
⑤ 과학기술자의 자율성 비대의 문제점

19 다음 글의 빈칸에 들어갈 문장으로 가장 적절한 것은?

> 딱정벌레의 단단한 껍데기는 갑옷을 능가하고, 파리는 선회, 회전, 후진, 팔자 비행 등 다양한 비행 기술을 가지고 있다. 이렇듯 생명체들이 보여 주는 놀라운 능력을 모방해 인간 생활에 적용 가능한 형태로 만들어 내려는 연구가 본격화되고 있다. '생체 모방 공학'이 바로 그것이다.
>
> 이는 '생체'와 '모방'이란 단어의 합성어로, 살아있는 생물의 독특한 행동이나 구조, 그들이 만들어 내는 물질 등을 모방함으로써 새로운 기술을 만드는 전자 및 기계 분야의 학문이다. 그러므로 생체 모방의 모든 것은 자연에 존재한다. ______________________

① 공학은 자연을 재창조한다.
② 자연은 학문에 표준을 부여한다.
③ 생체 모방 공학은 자연을 보존한다.
④ 자연이 과학의 훌륭한 스승인 셈이다.
⑤ 자연은 언제나 우리의 곁에서 우리 지켜보고 있다.

20 다음 글로부터 추론할 수 있는 '확신인간'은?

> 반 보크트(A. E. van Vogt)는 히틀러(Hitler)나 스탈린(Stalin) 등으로부터 '확신인간'이라는 인간상을 만들어냈다. 그는 이들의 비인도적 행위에 대해 이렇게 묻는다. "이런 인간의 행동에 깔려 있는 동기는 도대체 무엇인가? 자기와 생각이 다른 사람을 부정직하거나 나쁜 사람이라고 단정하는데, 그러한 단정은 도대체 어디에 근거하는가? 마음속 깊이 자기는 한 점의 잘못도 범하지 않는 신이라고 믿는 것은 아닐까?"
>
> 반 보크트는 확신인간은 이상주의자라고 지적한다. 이들은 자기만의 고립된 정신세계에 살면서 현실의 다양한 측면이 자신의 세계와 어긋나고 부딪힐 때 이를 무시하려 안간힘을 쓴다. 힘을 쥐게 되면 이들은 자신이 그리는 이상적인 세계의 틀에 맞추어 현실을 멋대로 조정하려 한다.
>
> 그러나 확신인간도 아내와 자기와 밀접한 관계에 있는 사람이 그를 버리면 한순간에 심리적 공황상태에 빠져버리는 경향이 있다. 이러한 상황에 이르면 그는 완전히 기가 꺾여 앞으로는 행실을 고치겠다고 약속한다. 하지만 그렇게 해도 상황이 원상으로 복구되지 않으면 알코올 중독에 빠지거나 마약에 손을 대며 최악의 경우 자살에 이르기도 한다. 그에게 있어 근본 문제는 자기감정을 통제하지 못한다는 것과 뿌리 깊은 열등감이다. 설혹 외형적으로 성공한다 하더라도 그러한 성공이 마음속 깊은 근원적 문제에까지 영향을 미치지는 못한다.
>
> 확신인간은 결코 타인에 의해 통제받지 않겠다는 성격적 특징을 갖는다. 인간은 누구나 현실사회에서, 특히 타인과의 관계에서 자제심을 배울 수밖에 없다. 그러나 이들은 쉽게 자제심을 잃고 미친 사람처럼 행동한다. 심각한 문제는 그 후에도 이들은 전혀 반성하지 않고 이를 '당연하다'고 생각한다는 점이다. 확신인간에게 분노와 같은 격렬한 감정의 폭발은 그의 이러한 '당연하다'는 생각을 강화한다. 당연하다는 생각은 감정 폭발에 대한 자기 통제력을 약화시켜 감정 폭발을 더욱 강화한다. 이러한 경향이 폭력 심리의 기본이며 범죄의 기본이다.

① 확신인간의 폭력성은 불가피한 상황에서 우발적으로 발생한다.

② 확신인간의 감정 폭발은 자신의 폭력적 행동을 더욱 심화시킨다.
③ 확신인간은 자신을 둘러싼 주위 환경의 변화에 괴로워하지 않는다.
④ 확신인간의 교정 불가능한 폭력적 성향은 생물학적 본능에 기초하고 있다.
⑤ 확신인간은 외형적으로 성공한다면 마음속 깊은 근원적 문제에까지 영향을 미칠 수 있다.

[21~22] 다음 글을 읽고 물음에 답하시오.

'본질'이 존재론적 개념이라면 거기에 언어적으로 상관하는 것은 '정의'이다. 그런데 어떤 대상에 대해서 완벽하고 정확한 정의를 내리기 어렵다는 사실은 반(反)본질주의의 주장에 힘을 실어 준다. 사람을 예로 들어 보자. 이성적 동물은 사람에 대한 정의로 널리 알려져 있다. 그러면 이성적이지 않은 갓난아이나, 이성제어의 어려움을 겪는 사람을 사람의 본질에 반례로 제시할 수 있다.

본질주의는 사람뿐만 아니라 자유나 지식 등의 본질을 찾는 시도를 계속해왔지만, 대부분의 경우 아직까지 본질적인 것을 명확히 찾는 데 성공하지 못했다. 그래서 숨겨진 본질을 밝히려는 철학적 탐구는 실제로는 부질없는 일이라고 반본질주의로부터 비판을 받는다. 우리가 본질을 명확히 찾지 못하는 까닭은 우리의 무지 때문이 아니라 그런 본질이 있다는 잘못된 가정에서 출발했기 때문이라는 것이다. 사물의 본질이라는 것은 단지 인간의 가치가 투영된 것에 지나지 않는다는 것이 반본질주의의 주장이다.

21 위 글에 포함된 진술 방식으로 적절하지 않은 것은?

① 예시
② 묘사
③ 대조
④ 정의
⑤ 열거

22 다음 중 '반본질주의'에 해당하는 것은?

① 인간이 밝히지 못한 숨겨진 본질이 있다.
② 사람의 본질이 무엇인지를 규명할 수 있다.
③ 어떤 대상이든 정확한 정의를 내릴 수 있다.
④ 자유나 지식은 인간의 가치가 투영된 산물이다.
⑤ 어떤 대상이든지 다름 대상과 구분되는 불변의 고유성이 있다.

23 다음 문장을 의미맥락이 통할 수 있도록 논리적 순서에 맞게 나열한 것은?

(가) 외국의 사례를 참조하여 대응하면 충분하였다.
(나) 우리나라는 그동안 선진국을 따라가는 기술 축적 과정을 밟아왔기 때문에 첨단과학기술의 순기능과 역기능을 조직적으로 연구하고 평가하는 기능은 별로 필요하지 않았다.
(다) 따라서 우리나라도 첨단과학기술의 경제 · 사회적 영향을 보다 조직적으로 연구하고 평가 하는 체제를 강화하여야 하며, 그 결과에 따라 우리의 법령과 제도도 적절히 수정 · 보완해야 할 것이다.
(라) 그러나 한국의 첨단과학기술 수준은 급속히 높아지고, 그것이 산업과 사회에 광범위하게 응용되는 단계에 이르게 되었다.

① (가) – (나) – (다) – (라)
② (가) – (다) – (라) – (나)
③ (나) – (가) – (라) – (다)
④ (나) – (가) – (다) – (라)
⑤ (다) – (나) – (라) – (가)

24 다음을 논리적 순서로 배열한 것은?

(가) 그 덕분에 인류의 문명은 발달될 수 있었다.
(나) 그 대신 사람들은 잠을 빼앗겼고 생물들은 생체 리듬을 잃었다.
(다) 인간은 오랜 세월 태양의 움직임에 따라 신체 조건을 맞추어 왔다.
(라) 그러나 밤에도 빛을 이용해 보겠다는 욕구가 관솔불, 등잔불, 전등을 만들어 냈고, 이에 따라 밤에 이루어지는 인간의 활동이 점점 많아졌다.

① (가) – (나) – (다) – (라)
② (나) – (가) – (라) – (다)
③ (다) – (라) – (가) – (나)
④ (다) – (나) – (라) – (가)
⑤ (라) – (다) – (나) – (가)

25 다음 글의 전개 순서로 가장 자연스러운 것은?

(가) 상품 생산자, 즉 판매자는 화폐를 얻기 위해 자신의 상품을 시장에 내놓는다. 하지만 생산자가 만들어 낸 상품이 시장에 들어서서 다른 상품이나 화폐와 관계를 맺게 되면, 이제 그 상품은 주인에게 복종하기를 멈추고 자립적인 삶을 살아가게 된다.
(나) 이처럼 상품이나 시장 법칙은 인간에 의해 산출된 것이지만, 이제 거꾸로 상품이나 시장 법칙이 인간을 지배하게 된다. 이때 인간 및 인간들 간의 관계가 소외되는 현상이 나타난다.
(다) 상품은 그것을 만들어 낸 생산자의 분신이지만, 시장 안에서는 상품이 곧 독자적인 인격체가 된다. 사람이 주체가 아니라 상품이 주체가 된다.

(라) 또한 사람들이 상품들을 생산하여 교환하는 과정에서 시장의 경제 법칙을 만들어 냈지만, 이제 거꾸로 상품들은 인간의 손을 떠나 시장 법칙에 따라 교환된다. 이런 시장 법칙의 지배 아래에서는 사람과 사람 간의 관계가 상품과 상품, 상품과 화폐 등 사물과 사물 간의 관계에 가려 보이지 않게 된다.

① (가) – (다) – (나) – (라)
② (가) – (다) – (라) – (나)
③ (다) – (라) – (가) – (나)
④ (다) – (라) – (나) – (가)
⑤ (라) – (가) – (다) – (나)

자료해석

20문항 | 25분

01 58분이 1시간으로 설정되어 있는 시계가 있다. 시각을 1시에 맞춰 놓았는데 시계의 시각이 5시 30분이라면 실제 시간은?

① 5시 17분 ② 5시 19분 ③ 5시 21분 ④ 5시 23분

02 올해 C사단에 전입한 부사관은 250명이다. 내년에는 남자 부사관을 올해 전입한 남자 부사관의 8%만큼 적게 전입시킬 예정이고, 여자 부사관은 17%만큼 더 전입시켜 전체 255명을 전입시키려고 한다. 내년 새로 전입할 여자 부사관은 몇 명인가?

① 115명 ② 116명 ③ 117명 ④ 118명

03 A군은 4km/h로 걷는다. A군이 80분 동안 걷는 거리를 B군은 100분 만에 걷는다. B군의 속력은 얼마인가?

① 3.2km/h ② 3.4km/h ③ 3.8km/h ④ 4km/h

04 책을 한 권 복사하는 데 A 복사기는 12분, B 복사기는 8분이 걸린다. 처음 2분간은 A 복사기를 사용하고, 이후에 A와 B를 같이 사용한다면 총 복사 시간은 몇 분인가?

① 5분 ② 6분 ③ 7분 ④ 8분

05 A제품의 구매 후 보증기간 내에 A/S가 신청된 제품의 경우, 제품의 불량으로 인한 수리 신청은 30%이고 나머지는 사용주의 의무의 위반이나 관리상의 문제 등으로 인한 신청이라고 한다. 보증기간 내에 A/S가 신청된 10개의 제품에서 임의로 3개의 제품을 선택할 때, 적어도 1개가 제품의 불량일 확률을 구하면? (단, 선택한 제품은 다시 넣지 않는다고 가정한다.)

① $\frac{7}{24}$ ② $\frac{3}{10}$ ③ $\frac{3}{8}$ ④ $\frac{17}{24}$

06 다음은 이동통신 사용자의 통신사별 구성비와 향후 통신사 이동 성향에 관한 자료이다. 1년 뒤 총 사용자 중 A사의 사용자는 몇 %인가?

〈이동통신 사용자의 통신사 이동 성향〉

(단위 : %)

현재 \ 1년 뒤	A사	B사	C사	합계
A사	80	10	10	100
B사	10	70	20	100
C사	40	10	50	100

〈현재 이동통신 사용자의 통신사별 구성비〉

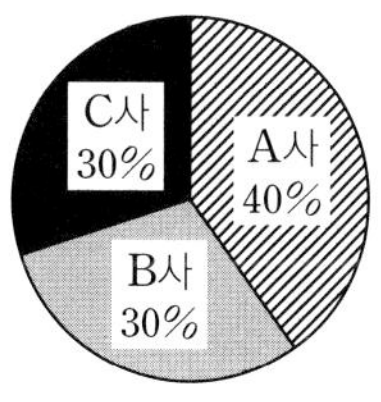

① 35% ② 39% ③ 43% ④ 47%

07 다음은 박은식의 『한국독립운동지혈사』에서 발췌한 3 · 1 운동 관련 자료이다. 가, 나, 다, 라, 마 지역의 3 · 1 운동 참여자 중 사망자의 비율은? (단, 소수점 셋째 자리에서 반올림한다.)

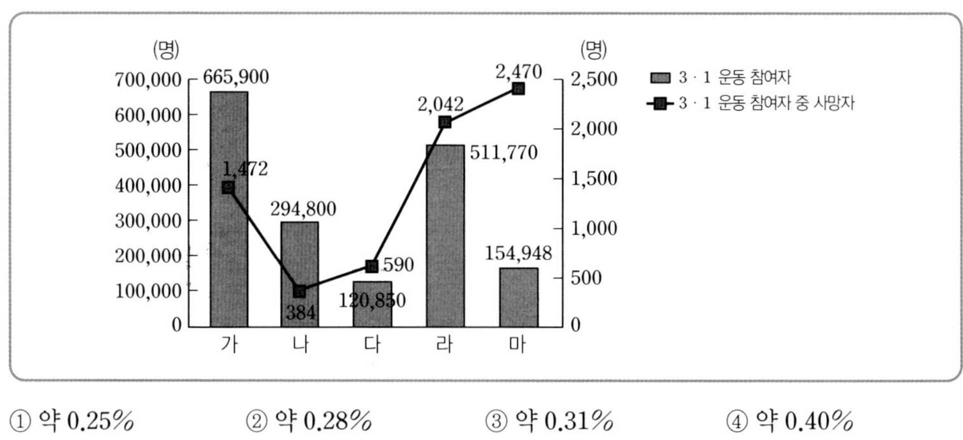

① 약 0.25% ② 약 0.28% ③ 약 0.31% ④ 약 0.40%

08 다음 그림은 A씨와 B씨의 체중 변화를 나타낸 것이다. 3년 전 동월 대비 2024년 3월 A씨와 B씨의 체중 증가율을 바르게 비교한 것은? (단, 소수점 첫째 자리에서 반올림한다.)

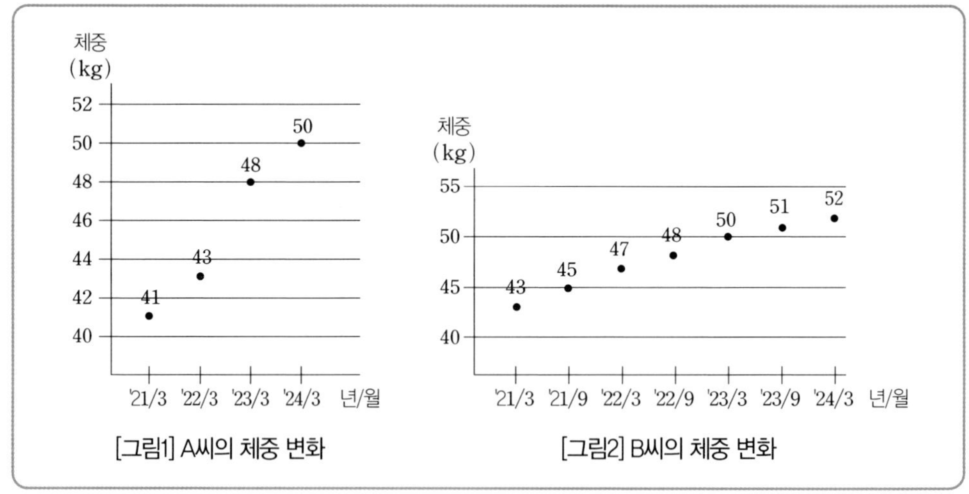

[그림1] A씨의 체중 변화

[그림2] B씨의 체중 변화

① A씨의 체중 증가율은 B씨의 체중 증가율보다 약 1% 더 높다.
② A씨의 체중 증가율은 B씨의 체중 증가율보다 약 10% 더 높다.
③ A씨의 체중 증가율은 B씨의 체중 증가율보다 약 1% 더 낮다.
④ A씨의 체중 증가율은 B씨의 체중 증가율보다 약 10% 더 낮다.

09 다음은 5개 국가가 어떤 국제기구에 납부한 최근 4년간의 자발적 분담금 현황을 나타낸 것이다. 〈보기〉의 설명에 비추어 볼 때, 다음 〈표〉의 A, B, C, D, E에 해당하는 국가를 바르게 나열한 것은?

〈표1〉 국가별 자발적 분담금 총액

(단위 : 백만 달러)

국명	국가별 자발적 분담금			
	2022년	2023년	2024년	2025년
A	500	512	566	664
B	422	507	527	617
C	314	401	491	566
D	379	388	381	425
E	370	374	392	412

〈표2〉 각국의 1인당 자발적 분담금

(단위 : 달러)

국명	국가별 자발적 분담금			
	2022년	2023년	2024년	2025년
A	119	143	158	196
B	46	55	56	78
C	251	277	282	290
D	137	150	189	205
E	35	41	43	47

〈보기〉

㉠ 스웨덴과 이탈리아는 국가별 자발적 분담금 총액의 증가액이 다른 국가들에 비해 낮다.

㉡ 노르웨이와 영국은 2022년 대비 2023년 국가별 자발적 분담금 총액의 증가율이 다른 국가들에 비해 높다.

㉢ 노르웨이와 스웨덴에 살고 있는 1인당 자발적 분담금은 다른 국가들에 비해 크다.

	A	B	C	D	E
①	스페인	영국	노르웨이	스웨덴	이탈리아
②	영국	이탈리아	노르웨이	스웨덴	스페인
③	스페인	노르웨이	영국	스웨덴	이탈리아
④	영국	스페인	노르웨이	스웨덴	이탈리아

10 **다음은 신입사원 채용지침과 지원자의 성적이다. 이에 따라 선발될 수 있는 사람(들)은?**

〈신입사원 채용지침〉

ㄱ. 모든 조건에 우선하여 어학 성적이 90점 이상인 어학 우수자를 최소한 한 명은 선발해야 한다.
ㄴ. 최대 3명까지만 선발할 수 있다.
ㄷ. A를 선발할 경우 D를 같이 선발해야 한다.
ㄹ. A를 선발할 수 없는 경우 C도 F도 선발할 수 없다.
ㅁ. D를 선발할 경우 B를 선발해야 하지만 C는 선발할 수 없다.
ㅂ. B를 선발하면 F를 선발해야 한다.
ㅅ. 합격한 사람이 불합격한 사람보다 학업 성적이 나쁘면 안 된다.
ㅇ. 어느 점수든 70점 미만이 있으면 선발할 수 없다.

〈표〉 지원자의 성적

(단위 : 점)

지원자	어학 성적	학업 성적	인적성
A	95	90	80
B	80	90	75
C	80	80	75
D	70	95	75
E	95	95	90
F	85	90	70
G	85	85	65

① B, F ② E ③ A, B, C ④ C, G, E

11 다음 〈표〉는 갑, 을, 병 회사의 부서 간 정보교환을 나타낸 것이다. 〈표〉와 〈조건〉을 이용하여 작성한 각 회사의 부서 간 정보교환 형태가 〈그림〉과 같을 때, 〈그림〉의 (A)~(C)에 해당하는 회사를 바르게 나열한 것은?

〈표1〉 '갑' 회사의 부서 간 정보교환

부서	a	b	c	d	e	f	g
a	–	1	1	1	1	1	1
b	1	–	0	0	0	0	0
c	1	0	–	0	0	0	0
d	1	0	0	–	0	0	0
e	1	0	0	0	–	0	0
f	1	0	0	0	0	–	0
g	1	0	0	0	0	0	–

〈표2〉 '을' 회사의 부서 간 정보교환

부서	a	b	c	d	e	f	g
a	–	1	0	0	0	0	1
b	1	–	1	0	0	0	0
c	0	1	–	1	0	0	0
d	0	0	1	–	1	0	0
e	0	0	0	1	–	1	0
f	0	0	0	0	1	–	1
g	1	0	0	0	0	1	–

〈표3〉 '병' 회사의 부서 간 정보교환

부서	a	b	c	d	e	f	g
a	–	1	1	0	0	0	0
b	1	–	0	1	1	0	0
c	1	0	–	0	0	1	1
d	0	1	0	–	0	0	0

e	0	1	0	0	–	0	0
f	0	0	1	0	0	–	0
g	0	0	1	0	0	0	–

※ 갑, 을, 병 회사는 각각 a∼g의 7개 부서만으로 이루어지며, 부서 간 정보교환이 있으면 1, 없으면 0으로 표시함.

〈조건〉

- 점(•)은 부서를 의미한다.
- 두 부서 간 정보교환이 있으면 두 점을 선(–)으로 직접 연결한다.
- 두 부서 간 정보교환이 없으면 두 점을 선(–)으로 직접 연결하지 않는다.

〈보기〉

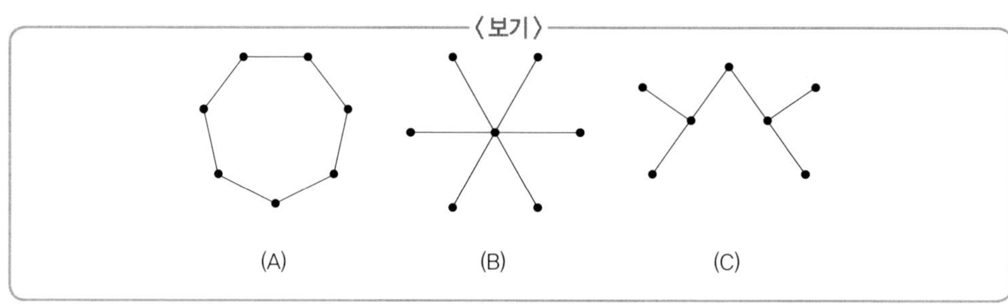

	(A)	(B)	(C)
①	갑	을	병
②	갑	병	을
③	을	갑	병
④	을	병	갑

[12~13] 다음의 표는 지하층이 없고 건물마다 각 층의 바닥 면적이 동일한 건물 A, B, C, D의 건물 정보를 나타낸 것이다. 여기서 건축면적은 건물 1층의 바닥 면적을 말하며, 연면적은 건물의 각 층 바닥 면적의 총합을 말한다. 이 정보를 토대로 다음에 물음에 알맞은 답을 고르시오.

건물명	건폐율(%)	대지면적(m^2)	연면적(m^2)
A	50	300	600
B	60	300	
C	60	200	720
D	50	200	800

※건폐율(%)=(건축면적÷대지면적)×100

12 건물 A와 D의 층수를 합하면 얼마인가?

① 6층　② 8층　③ 10층　④ 12층

13 건물 B와 C의 층수가 같다고 할 때, 건물 B의 연면적은 얼마인가?

① 1,240m^2　② 1,080m^2　③ 960m^2　④ 800m^2

[14~15] 아래의 표는 한 사학자가 고려시대 문헌을 통하여 당시 상류층(왕족, 귀족, 승려) 남녀 각각 160명에 대한 자료를 분석하여 작성한 것이다. 이를 토대로 다음 물음에 알맞은 답을 고르시오.

고려시대 상류층의 혼인연령, 사망연령 및 자녀 수

구분		평균 혼인연령(세)	평균 사망연령(세)	평균 자녀 수(명)
승려(80명)	남(50명)	–	69	–
	여(30명)	–	71	–
왕족(40명)	남(30명)	19	42	10
	여(10명)	15	46	3
귀족(200명)	남(80명)	15	45	5
	여(120명)	20	56	6

※ 승려를 제외한 모든 남자는 혼인하였고 이혼하거나 사별한 사례는 없음

14 다음 진술 중 옳지 않은 것은?

① 평균 사망연령의 남녀 간 차이는 승려가 귀족보다 작다.

② 승려의 평균 사망연령은 왕족이나 귀족의 경우보다 낮다.

③ 왕족 남자의 평균 혼인 기간은 귀족 남자의 평균 혼인 기간보다 짧다.

④ 귀족 남자의 평균 혼인연령은 왕족 남자의 경우보다 낮으며, 귀족 여자의 평균 혼인연령은 왕족 여자의 경우보다 높다.

15 귀족의 평균 자녀 수는 얼마인가?(소수점 둘째자리에서 반올림한다.)

① 5.4명 ② 5.5명 ③ 5.6명 ④ 5.7명

[16~17] 다음은 각 지점 당 연결망 지도, 각 지점 간의 거리를 나타낸 자료이다. 주어진 자료를 보고 물음에 답하시오.

〈그림〉 도시 간 연결망 지도

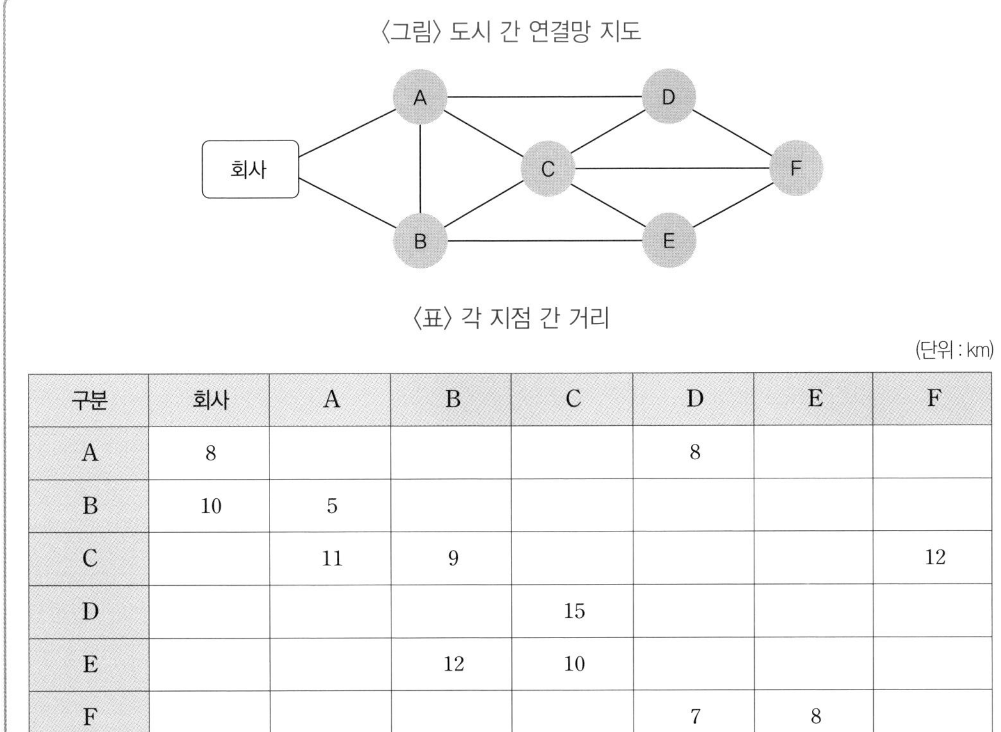

〈표〉 각 지점 간 거리

(단위 : km)

구분	회사	A	B	C	D	E	F
A	8				8		
B	10	5					
C		11	9				12
D				15			
E			12	10			
F					7	8	

16 한국전력공사 박대리는 회사에서 출발하여 A~F를 거쳐 다시 회사로 돌아오려고 한다. 다음 중 박대리가 출장을 다녀올 수 있는 최단거리를 고르면? (단, A~F를 모두 가야하며, 같은 곳은 한 번만 지날 수 있다.)

① 58km　② 60km　③ 62km　④ 64km

17 한국전력공사 한과장은 회사에서 출발하여 B를 경유하여 F에 도착하려고 한다. 이때 한과장이 갈 수 있는 최단거리를 고르면? (단, A~F를 모두 가지 않아도 되며, 마지막 출장지에 도착한 뒤 회사로 돌아오지 않는다.)

① 33km　② 32km　③ 31km　④ 30km

[18~20] 다음은 2024년 1월부터 2024년 6월까지의 특허 심사건수 및 등록률에 대한 자료이다. 표를 참고하여 물음에 답하시오.

특허 심사건수 및 등록률 추이

(단위 : 건, %)

구분	2024.1	2024.2	2024.3	2024.4	2024.5	2024.6
심사건수	840	860	920	945	1,000	1,225
등록률	55.0	51.5	58.0	61.0	63.0	67.5

특허 심사건수 증감 및 등록률 증감 추이(전년 동월 대비)

(단위 : 건, %)

구분	2024.1	2024.2	2024.3	2024.4	2024.5	2024.6
심사건수	125	100	130	145	190	325
등록률	1.3	−1.2	−0.5	1.6	3.3	4.2

※등록률=(등록건수/심사건수)×100

18 2024년 6월의 심사건수는 전월대비 몇 % 증가하였는가?

① 19.5% ② 20.5% ③ 21.5% ④ 22.5%

19 2024년 3월의 심사건수 및 등록률의 증가율은 전월대비 각각 얼마인가?

	심사건수	등록률
①	50건	6.0%p
②	55건	6.0%p
③	60건	6.5%p
④	65건	6.5%p

20 2023년 1월부터 6월까지의 기간 중 등록률이 가장 낮았던 시기는?

① 1월 ② 2월 ③ 3월 ④ 4월

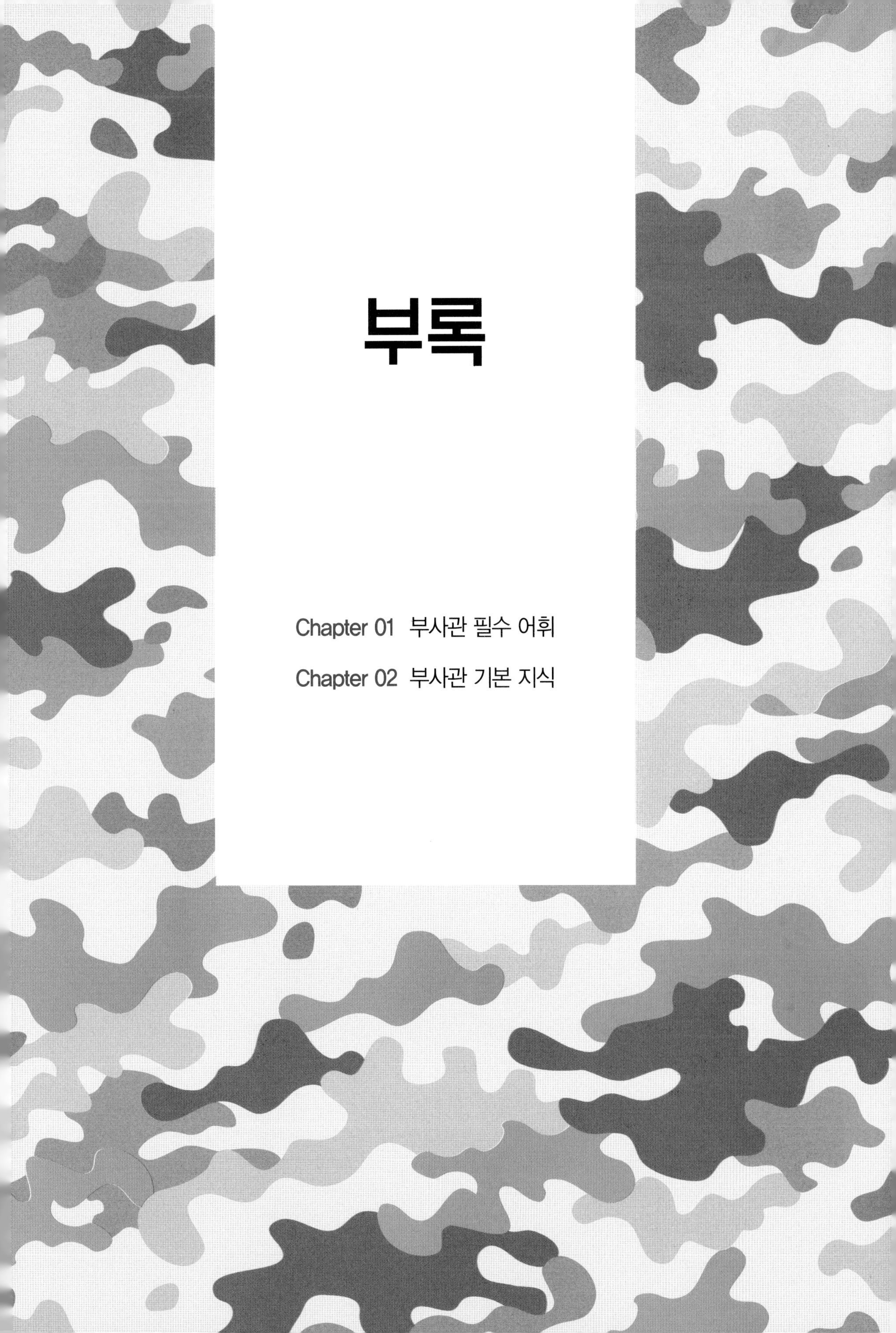

부록

Chapter 01 부사관 필수 어휘

Chapter 02 부사관 기본 지식

Chapter 01

부사관 필수 어휘

순 우리말

사람의 신체와 관련된 어휘

- **가는 귀** : 작은 소리까지 듣는 귀 또는 그런 귀의 능력
- **거위영장** : 여위고 키가 크며 목이 긴 사람을 놀림조로 이르는 말
- **곡두** : 눈앞에 없는 것이 있는 것처럼 보이는 것 = 환영(幻影)
- **광대등걸** : 1. 거칠고 보기 흉하게 생긴 나뭇등걸 2. 살이 빠져 뼈만 남은 앙상한 얼굴
- **굴때장군** : 키가 크고 몸이 굵으며 살갗이 검은 사람을 놀림조로 이르는 말
- **귀밑머리** : 1. 이마 한가운데를 중심으로 좌우로 갈라 귀 뒤로 넘겨 땋은 머리 2. 뺨에서 귀의 가까이에 난 머리털
- **나룻** : 수염. 성숙한 남자의 입 주변이나 턱 또는 뺨에 나는 털
- **눈시울** : 눈언저리의 속눈썹이 난 곳
- **눈두덩** : 눈언저리의 두두룩한 곳
- **눈망울** : 눈알 앞쪽의 도톰한 곳. 또는 눈동자가 있는 곳
- **더벅머리** : 1. 더부룩하게 난 머리털 2. 터부룩한 머리털을 가진 사람
- **덩저리** : 1. 좀 크게 뭉쳐서 쌓인 물건의 부피 2. '몸집'을 낮잡아 이르는 말
- **멱살** : 1. 사람의 멱 부분의 살 또는 그 부분 2. 사람의 멱이 닿는 부분의 옷깃
- **명치** : 사람의 복장뼈 아래 한가운데의 오목하게 들어간 곳. 급소의 하나이다.
- **몽구리** : 바싹 깎은 머리
- **배코** : 상투를 앉히려고 머리털을 깎아 낸 자리
- **샅** : 1. 두 다리의 사이 2. 두 물건의 틈
- **손아귀** : 1. 엄지손가락과 다른 네 손가락과의 사이 2. 손으로 쥐는 힘 3. 세력이 미치는 범위
- **오금** : 무릎의 구부러지는 오목한 안쪽 부분
- **정강이** : 무릎 아래에서 앞 뼈가 있는 부분
- **정수리** : 머리 위의 숫구멍이 있는 자리
- **제비초리** : 뒤통수나 앞이마의 한가운데에 골을 따라 아래로 뾰족하게 내민 머리털
- **콧마루** : 콧등의 마루가 진 부분

• 콧방울 : 코끝 양쪽으로 둥글게 방울처럼 내민 부분
• 허우대 : 겉으로 드러난 체격. 주로 크거나 보기 좋은 체격을 이른다.
• 허구리 : 허리 좌우의 갈비뼈 아래 잘쏙한 부분
• 허울 : 실속이 없는 겉모양

사람의 행위와 관련된 어휘

• 가탈 : 1. 일이 순조롭게 나아가는 것을 방해하는 조건 2. 이리저리 트집을 잡아 까다롭게 구는 일
• 각다귀판 : 서로 남의 것을 뜯어먹으려고 덤비는 판을 비유적으로 이르는 말
• 갈무리 : 1. 물건 따위를 잘 정리하거나 간수함 2. 일을 처리하여 마무리함
• 구나방 : 말이나 행동이 모질고 거칠고 사나운 사람을 이르는 말
• 내친걸음 : 1. 이왕 나선 걸음 2. 이왕에 시작한 일
• 너스레 : 수다스럽게 떠벌려 늘어놓는 말이나 짓
• 넉장거리 : 네 활개를 벌리고 뒤로 벌렁 나자빠짐
• 뒷갈망 : 일의 뒤끝을 맡아서 처리함 = 뒷감당, 뒷담당
• 뒷말 : 1. 계속되는 이야기의 뒤를 이음. 또는 그런 말 2. 일이 끝난 뒤에 뒷공론으로 하는 말. ≒ 뒷소리
• 뒷배 : 겉으로 나서지 않고 뒤에서 보살펴 주는 일
• 뒷손 : 1. 일을 마친 뒤에 다시 하는 손질 2. 몰래 또는 뒤에서 손을 써서 하는 일
• 드난살이 : 남의 집에서 드난으로 지내는 생활
• 마수걸이 : 1. 맨 처음으로 물건을 파는 일 또는 거기서 얻은 소득 2. 맨 처음으로 부딪는 일
• 모꼬지 : 놀이나 잔치 또는 그 밖의 일로 여러 사람이 모이는 일
• 선걸음 : 이미 내디뎌 걷고 있는 그대로의 걸음
• 아귀다툼 : 각자 자기의 욕심을 채우고자 서로 헐뜯고 기를 쓰며 다투는 일
• 아람치 : 개인이 사사로이 차지하는 몫
• 어둑서니 : 어두운 밤에 아무것도 없는데, 있는 것처럼 잘못 보이는 것
• 엉너리 : 남의 환심을 사기 위하여 어벌쩡하게 서두르는 짓
• 옴니암니 : 1. 다 같은 이인데 자질구레하게 어금니 앞니 따진다는 뜻으로, 아주 자질구레한 것을 이르는 말 2. 자질구레한 일에 대하여까지 좀스럽게 셈하거나 따지는 모양 ≒ 암니옴니
• 용고뚜리 : 지나치게 담배를 많이 피우는 사람을 놀림조로 이르는 말
• 잰걸음 : 보폭이 짧고 빠른 걸음
• 죽살이 : 죽고 사는 것을 다투는 정도의 고생
• 한동자 : 끼니를 마친 후 새로 밥을 짓는 일
• 허드렛일 : 중요하지 아니하고 허름한 일

사람의 특징·관계·직업 등과 관련된 어휘

- **가납사니** : 1. 쓸데없는 말을 지껄이기 좋아하는 수다스러운 사람 2. 말다툼을 잘하는 사람
- **가시버시** : '부부'를 낮잡아 이르는 말
- **갈가위** : 인색하여 제 욕심만을 채우려는 사람
- **갖바치** : 예전에, 가죽신을 만드는 일을 직업으로 하던 사람 ≒ 주피장, 혜장
- **골비단지** : 몹시 허약하여 늘 병으로 골골거리는 사람을 속되게 이르는 말
- **깜냥** : 스스로 일을 헤아림 또는 헤아릴 수 있는 능력
- **꽁무니바람** : 뒤쪽에서 불어오는 바람
- **꼽꼽쟁이** : 성질이 잘고 서두르는 사람을 낮잡아 이르는 말
- **대갈마치** : 온갖 어려운 일을 겪어서 아주 야무진 사람을 비유적으로 이르는 말
- **데퉁바리** : 말과 행동이 거칠고 미련한 사람
- **도섭쟁이** : 주책없이 능청맞고 수선스럽게 변덕을 아주 잘 부리는 사람을 낮잡아 이르는 말
- **따라지** : 보잘것없거나 하찮은 처지에 놓인 사람이나 물건을 속되게 이르는 말
- **뜨내기** : 1. 일정한 거처가 없이 떠돌아다니는 사람 2. 어쩌다가 간혹 하는 일
- **마당발** : 인간관계가 넓어서 폭넓게 활동하는 사람
- **마파람** : 뱃사람들의 은어로, '남풍'을 이르는 말
- **만무방** : 1. 염치가 없이 막된 사람 2. 아무렇게나 생긴 사람
- **망석중** : 1. 나무로 다듬어 만든 인형의 하나. 팔다리에 줄을 매어 그 줄을 움직여 춤을 추게 한다. 2. 남이 부추기는 대로 따라 움직이는 사람을 비유적으로 이르는 말
- **모도리** : 빈틈없이 아주 여무진 사람
- **몽니** : 정당한 대우를 받지 못할 때 권리를 주장하기 위하여 심술을 부리는 성질
- **무룡태** : 능력은 없고 그저 착하기만 한 사람
- **안다니** : 무엇이든지 잘 아는 체하는 사람
- **어정잡이** : 1. 겉모양만 꾸미고 실속이 없는 사람 2. 됨됨이가 조금 모자라 자기가 맡은 일을 제대로 처리하지 못하는 사람
- **자린고비** : 다라울 정도로 인색한 사람을 낮잡아 이르는 말
- **지체** : 어떤 집안이나 개인이 사회에서 차지하고 있는 신분이나 지위
- **트레바리** : 이유 없이 남의 말에 반대하기를 좋아함. 또는 그런 성격을 지닌 사람
- **하늬바람** : 서쪽에서 부는 바람. 주로 농촌이나 어촌에서 이르는 말
- **하리쟁이** : 하리노는 것을 일삼는 사람

자연현상이나 자연물과 관련된 어휘

- 가랑비 : 가늘게 내리는 비. 이슬비보다는 좀 굵다
- 간자미 : 가오리의 새끼
- 개부심 : 장마로 큰물이 난 뒤, 한동안 쉬었다가 다시 퍼붓는 비가 명개를 부시어 냄 또는 그 비
- 개호주 : 범의 새끼
- 고도리 : 1. 고등어의 새끼 2. '고등어'의 옛말
- 굼벵이 : 매미, 풍뎅이, 하늘소와 같은 딱정벌레목의 애벌레로 누에와 비슷하게 생겼으나 몸의 길이가 짧고 뚱뚱함
- 까막까치 : 까마귀와 까치를 아울러 이르는 말
- 너럭바위 : 넓고 평평한 큰 돌 = 반석(盤石)
- 너울 : 바다의 크고 사나운 물결
- 노가리 : 명태의 새끼
- 는개 : 안개비보다는 조금 굵고 이슬비보다는 가는 비
- 능소니 : 곰의 새끼
- 늦사리 : 제철보다 늦게 농작물을 수확하는 일 또는 그런 작물
- 도래샘 : 빙 돌아서 흐르는 샘물
- 동부레기 : 뿔이 날 만한 나이의 송아지
- 무녀리 : 한 태에 낳은 여러 마리 새끼 가운데 가장 먼저 나온 새끼
- 무서리 : 늦가을에 처음 내리는 묽은 서리
- 엇부루기 : 아직 큰 소가 되지 못한 수송아지
- 여우비 : 볕이 나 있는 날 잠깐 오다가 그치는 비
- 푸성귀 : 사람이 가꾼 채소나 저절로 난 나물 따위를 통틀어 이르는 말
- 하릅강아지 : 나이가 한 살 된 강아지
- 해거름 : 해가 서쪽으로 넘어가는 일 또는 그런 때
- 해넘이 : 해가 막 넘어가는 때 또는 그런 현상
- 해미 : 바다 위에 낀 아주 짙은 안개

사람의 성품과 관련된 어휘

- 감때사납다 : 1. 사람이 억세고 사납다. 2. 사물이 험하고 거칠다.
- 곰살맞다 : 몹시 부드럽고 친절하다.
- 공변되다 : 행동이나 일 처리가 사사롭거나 한쪽으로 치우치지 않고 공평하다.

- **괄괄스럽다** : 보기에 성질이 세고 급한 데가 있다.
- **굼슬겁다** : 성질이 보기보다 너그럽고 부드럽다.
- **끌밋하다** : 1. 모양이나 차림새 따위가 매우 깨끗하고 헌칠하다. 2. 손끝이 여물다.
- **뒤웅스럽다** : 생긴 꼴이 뒤웅박처럼 미련한 데가 있다.
- **맵짜다** : 1. 음식의 맛이 맵고 짜다. 2. 바람 따위가 매섭게 사납다. 3. 성미가 사납고 독하다. 4. 성질 따위가 야무지고 옹골차다.
- **맵차다** : 1. 맵고 차다. 2. 옹골차고 야무지다.
- **무람없다** : 예의를 지키지 않으며 삼가고 조심하는 것이 없다.
- **물색없다** : 말이나 행동이 형편에 맞거나 조리에 닿지 아니하다.
- **새살스럽다** : 성질이 차분하지 못하고 가벼워 말이나 행동이 실없고 부산한 데가 있다.
- **실팍지다** : 사람이나 물건 따위가 보기에 매우 실한 데가 있다.
- **아금받다** : 1. 야무지고 다부지다. 2. 무슨 기회든지 재빠르게 붙잡아 이용하는 소질이 있다.
- **암상스럽다** : 보기에 남을 시기하고 샘을 잘 내는 데가 있다.
- **어험스럽다** : 1. 짐짓 위엄이 있어 보이는 듯하다. 2. 굴이나 구멍 따위가 텅 비고 우중충한 데가 있다.
- **옹글다** : 1. 물건 따위가 조각나거나 손상되지 아니하고 본디대로 있다. 2. 조금도 축가거나 모자라지 아니하다. 3. 매우 실속 있고 다부지다.
- **의뭉하다** : 겉으로는 어리석은 것처럼 보이면서 속으로는 엉큼하다.
- **찬찬스럽다** : 보기에 성질, 솜씨, 행동 따위가 꼼꼼하고 자상한 데가 있다.
- **츱츱스럽다** : 보기에 너절하고 염치없는 데가 있다.

상황 또는 상태, 외양과 관련된 어휘

- **가년스럽다** : 보기에 가난하고 어려운 데가 있다.
- **가멸다** : 재산이나 자원 따위가 넉넉하고 많다.
- **가뭇없다** : 1. 보이던 것이 전혀 보이지 않아 찾을 곳이 감감하다. 2. 눈에 띄지 않게 감쪽같다.
- **거방지다** : 1. 몸집이 크다. 2. 하는 짓이 점잖고 무게가 있다. 3. 매우 푸지다.
- **깔밋하다** : 1. 모양새나 차림새 따위가 아담하고 깔끔하다. 2. 손끝이 야물다.
- **남우세스럽다** : 남에게 놀림과 비웃음을 받을 듯하다.
- **녹녹하다** : 1. 촉촉한 기운이 약간 있다. 2. 물기나 기름기가 있어 딱딱하지 않고 좀 무르며 보드랍다.
- **대근하다** : 견디기가 어지간히 힘들고 만만치 않다.
- **매캐하다** : 연기나 곰팡이 따위의 냄새가 맵고 싸하다.
- **몽실하다** : 통통하게 살이 쪄서 보드랍고 야들야들한 느낌이 있다.
- **스산스럽다** : 어수선하고 쓸쓸한 분위기가 있다.

- **시금떨떨하다** : 맛이나 냄새 따위가 조금 시면서도 떫다.
- **실팍하다** : 사람이나 물건 따위가 보기에 매우 실하다.
- **싱겁다** : 사람의 말이나 행동이 상황에 어울리지 않고 다소 엉뚱한 느낌을 주다.
- **어금지금하다** : 서로 엇비슷하여 정도나 수준에 큰 차이가 없다. = 어금버금하다.
- **영절스럽다** : 아주 그럴듯하다.
- **옴팡지다** : 1. 보기에 가운데가 좀 오목하게 쏙 들어가 있다. 2. 아주 심하거나 지독한 데가 있다.
- **잗다랗다** : 1. 꽤 잘다. 2. 아주 자질구레하다. 3. 볼만한 가치가 없을 정도로 하찮다.
- **좀스럽다** : 1. 사물의 규모가 보잘것없이 작다. 2. 도량이 좁고 옹졸한 데가 있다.
- **찹찹하다** : 1. 포개어 쌓은 물건이 엉성하지 아니하고 차곡차곡 가지런하게 가라앉아 있다. 2. 마음이 들뜨지 아니하고 차분하다.
- **푼푼하다** : 1. 모자람이 없이 넉넉하다. 2. 옹졸하지 아니하고 시원스러우며 너그럽다.
- **헌칠하다** : 키나 몸집 따위가 보기 좋게 어울리도록 크다.
- **헤식다** : 1. 바탕이 단단하지 못하여 헤지기 쉽다. 또는 차진 기운이 없이 푸슬푸슬하다. 2. 맺고 끊는 데가 없이 싱겁다. 3. 일판이나 술판 따위에서 흥이 깨어져 서먹서먹하다.
- **훗훗하다** : 1. 약간 갑갑할 정도로 훈훈하게 덥다. 2. 마음을 부드럽게 녹여 주는 듯한 훈훈한 기운이 있다.

음성 상징어

- **가붓가붓** : 여럿이 다 조금 가벼운 듯한 느낌
- **갈근갈근** : 목구멍에 가래 따위가 걸려 간지럽게 자꾸 가치작거리는 모양
- **감실감실** : 사람이나 물체, 빛 따위가 먼 곳에서 자꾸 아렴풋이 움직이는 모양
- **곰실곰실** : 작은 벌레 따위가 한데 어우러져 조금씩 자꾸 굼뜨게 움직이는 모양
- **깨죽깨죽** : 1. 자꾸 불평스럽게 종알거리는 모양 2. 자꾸 음식을 먹기 싫은 듯이 되씹는 모양
- **남상남상** : 1. 자꾸 좀 얄밉게 넘어다보는 모양 2. 남의 것을 탐내어 가지려고 좀스럽게 자꾸 기회를 엿보는 모양 3. 액체가 그릇에 가득 차서 넘칠 듯한 모양
- **녹신녹신** : 질기거나 차진 물체가 여럿이 다 또는 매우 무르고 보드라운 모양
- **다문다문** : 1. 시간적으로 잦지 아니하고 좀 드문 모양 2. 공간적으로 배지 아니하고 사이가 좀 드문 모양
- **데면데면** : 1. 사람을 대하는 태도가 친밀감이 없이 예사로운 모양 2. 성질이 꼼꼼하지 않아 행동이 신중하거나 조심스럽지 않은 모양
- **몬닥몬닥** : 작은 덩이로 자꾸 똑똑 끊어지거나 잘라지는 모양
- **미적미적** : 1. 무거운 것을 조금씩 앞으로 자꾸 내미는 모양 2. 해야 할 일이나 날짜 따위를 미루어 자

꾸 시간을 끄는 모양 = 미루적미루적 3. 자꾸 꾸물대거나 망설이는 모양

- 배죽배죽 : 언짢거나 비웃거나 울려고 할 때 소리 없이 입을 내밀고 샐룩거리는 모양
- 뿌득뿌득 : 억지를 부려 제 생각대로만 하려고 자꾸 우기거나 조르는 모양
- 스멀스멀 : 살갗에 벌레가 자꾸 기어가는 것처럼 근질근질한 느낌
- 슴벅슴벅 : 1. 눈꺼풀을 움직이며 눈을 자꾸 감았다 떴다 하는 모양 2. 눈이나 살 속이 찌르듯이 자꾸 시근시근한 모양
- 씨엉씨엉 : 걸음걸이나 행동 따위가 기운차고 활기 있는 모양
- 아등바등 : 무엇을 이루려고 애를 쓰거나 우겨 대는 모양
- 올강올강 : 단단하고 오돌오돌한 물건이 잘 씹히지 아니하고 입 안에서 요리조리 자꾸 미끄러지는 모양
- 워석버석 : 얇고 빳빳한 물건이나 풀기가 센 옷 따위가 부스러지거나 서로 크게 스치는 소리. 또는 그 모양
- 자밤자밤 : 나물이나 양념 따위를 손가락 끝으로 집을 만한 정도의 분량만큼 잇따라 집는 모양

숫자를 나타내는 어휘

- 강다리 : 쪼갠 장작을 묶어 세는 단위. 한 강다리는 쪼갠 장작 백 개비를 이른다.
- 거리 : 오이나 가지 따위를 묶어 세는 단위(한 거리는 오이나 가지 오십 개)
- 꾸러미 : 꾸리어 싼 물건을 세는 단위, 달걀 열 개를 묶어 세는 단위
- 담불 : 벼를 백 섬씩 묶어 세는 단위
- 매 : 젓가락 한 쌍을 세는 단위
- 모숨 : 길고 가느다란 물건의, 한 줌 안에 들어올 만한 분량을 세는 단위
- 뭇 : 1. 짚, 장작, 채소 따위의 작은 묶음을 세는 단위 2. 볏단을 세는 단위 3. 생선을 묶어 세는 단위(한 뭇은 생선 열 마리) 4. 미역을 묶어 세는 단위(한 뭇은 미역 열 장)
- 벌 : 옷, 그릇 따위가 두 개 또는 여러 개 모여 갖추는 덩어리를 세는 단위
- 섬 : 부피의 단위. 곡식, 가루, 액체 따위의 부피를 잴 때 쓴다(한 섬은 한 말의 열 배)
- 손 : 한 손에 잡을 만한 분량을 세는 단위. 조기, 고등어, 배추 따위 한 손은 큰 것 하나와 작은 것 하나를 합한 것을 이르고, 미나리나 파 따위 한 손은 한 줌 분량을 이른다.
- 쌈 : 1. 바늘을 묶어 세는 단위(한 쌈은 바늘 스물네 개) 2. 옷감, 피혁 따위를 알맞은 분량으로 싸 놓은 덩이를 세는 단위. 3. 금의 무게를 나타내는 단위(한 쌈은 금 백 냥쭝)
- 접 : 채소나 과일 따위를 묶어 세는 단위(한 접은 채소나 과일 백 개)
- 제 : 한약의 분량을 세는 단위. 한 제는 탕약 스무 첩. 또는 그만한 분량으로 지은 환약 따위를 이른다.
- 죽 : 옷, 그릇 따위의 열 벌을 묶어 이르는 말

- 줌 : 주먹으로 쥘 만한 분량
- 첩 : 반상기 한 벌에 갖추어진 쟁첩을 세는 단위
- 켤레 : 신, 양말, 버선, 방망이 따위의 짝이 되는 두 개를 한 벌로 세는 단위
- 쾌 : 1. 북어를 묶어 세는 단위(한 쾌는 북어 스무 마리) 2. 엽전을 묶어 세던 단위(한 쾌는 엽전 열 냥)
- 타래 : 사리어 뭉쳐 놓은 실이나 노끈 따위의 뭉치를 세는 단위
- 토리 : 실몽당이를 세는 단위
- 톳 : 김을 묶어 세는 단위. 한 톳은 김 100장을 이른다.

주요 관용구 · 속담

신체와 관련 있는 관용구

- 가슴을 저미다 : 생각이나 느낌이 매우 심각하고 간절하여 가슴을 칼로 베는 듯한 아픔을 느끼게 하다.
- 가슴에 칼을 품다 : 상대편에게 모진 마음을 먹거나 흉악한 생각을 하다.
- 가슴이 콩알만 하다(해지다) : 불안하고 초조하여 마음을 펴지 못하고 있다.
- 간도 쓸개도 없다 : 용기나 줏대 없이 남에게 굽히다.
- 간에 기별도 안 가다 : 먹은 것이 너무 적어 먹으나 마나 하다.
- 간장을 녹이다 : 감언이설, 아양 따위로 상대편의 환심을 사다.
- 귀를 씻다 : 세속의 더러운 이야기를 들은 귀를 씻는다는 뜻으로, 세상의 명리를 떠나 깨끗하게 삶을 비유적으로 이르는 말
- 눈에 어리다 : 어떤 모습이 잊혀지지 않고 머릿속에 뚜렷하게 떠오르다.
- 눈에 불을 켜다 : 1. 몹시 욕심을 내거나 관심을 기울이다. 2. 화가 나서 눈을 부릅뜨다.
- 다리가 길다 : 음식 먹는 자리에 우연히 가게 되어 먹을 복이 있다.
- 다리품을 팔다 : 1. 길을 많이 걷다. 2. 남에게 품삯을 받고 먼 길을 걸어서 다녀오다.
- 머리가 굳다 : 1. 사고방식이나 사상 따위가 완고하다. 2. 기억력 따위가 무디다.
- 머리에 서리가 앉다 : 머리가 희끗희끗하게 세다. 또는 늙다.
- 목에 힘을 주다 : 거드름을 피우거나 남을 깔보는 듯한 태도를 취하다.
- 발을 구르다 : 매우 안타까워하거나 다급해하다.
- 배를 두드리다 : 생활이 풍족하거나 살림살이가 윤택하여 안락하게 지내다.
- 배알이 꼴리다(뒤틀리다) : 비위에 거슬려 아니꼽게 생각된다.
- 손에 장을 지지다 : 어떤 사실이나 사건 따위를 전혀 믿을 수가 없다.
- 손톱도 안 들어가다 : 사람됨이 몹시 야무지고 인색하다.
- 어깨를 겨누다(겨루다) : 서로 비슷한 지위나 힘을 가지다.

- **얼굴이 넓다** : 사귀어 아는 사람이 많다.
- **엉덩이가 가볍다** : 어느 한자리에 오래 머물지 못하고 바로 자리를 뜨다.
- **입을 씻다(닦다)** : 이익 따위를 혼자 차지하거나 가로채고서는 시치미를 떼다.
- **코가 빠지다** : 근심에 싸여 기가 죽고 맥이 빠지다.
- **코빼기도 내밀지(나타나지) 않다** : 도무지 모습을 나타내지 아니함을 낮잡아 이르는 말
- **피가 거꾸로 솟다(돌다)** : 피가 머리로 모인다는 뜻으로, 매우 흥분한 상태를 비유적으로 이르는 말
- **허리가 휘다(휘어지다)** : 감당하기 어려운 일을 하느라 힘이 부치다.
- **허리띠를 졸라매다** : 1. 검소한 생활을 하다. 2. 마음먹은 일을 이루려고 새로운 결의와 단단한 각오로 일에 임하다.
- **허파에 바람 들다** : 실없이 행동하거나 지나치게 웃어 대다.

사물·자연물과 관련 있는 관용구

- **강 건너 불구경** : 자기에게 관계없는 일이라고 하여 무관심하게 방관하는 모양 = 강건너 불 보듯
- **경종을 울리다** : 잘못이나 위험을 미리 경계하여 주의를 환기시키다.
- **나발을 불다** : (속되게) 1. 당치 않은 말을 함부로 하다. 2. 터무니없이 과장하여 말을 하다. 3. 술이나 음료를 병째로 마시다. 4. 어떤 사실을 자백하다. 5. 어린아이가 소리 내어 시끄럽게 울다.
- **달밤에 체조하다** : 격에 맞지 않은 짓을 함을 핀잔하는 말
- **돌개바람에 먼지 날리듯** : 갑자기 모두 없어지는 것을 비유적으로 이르는 말
- **돌을 던지다** : 1. 남의 잘못을 비난하다. 2. 바둑을 두는 도중에 자기가 졌음을 인정하고 그만두다.
- **땅이 꺼지도록(꺼지게)** : 한숨을 쉴 때 몹시 깊고도 크게.
- **땅에 떨어지다** : 명예나 권위 따위가 회복하기 어려울 정도로 손상되다.
- **물 건너가다** : 일의 상황이 끝나 어떠한 조치를 할 수 없다.
- **물결을 타다** : 시대의 풍조나 형세에 맞게 처신하다.
- **물로 보다** : 사람을 하찮게 보거나 쉽게 생각한다.
- **물 위의 기름** : 서로 어울리지 못하여 겉도는 사이
- **물불을 가리지(헤아리지) 않다** : 위험이나 곤란을 고려하지 않고 막무가내로 행동하다.
- **바가지를 쓰다** : 1. 요금이나 물건값을 실제 가격보다 비싸게 지불하여 억울한 손해를 보다. 2. 어떤 일에 대한 부당한 책임을 억울하게 지게 되다.
- **바람을 일으키다** : 1. 사회적으로 많은 사람에게 영향을 미치다. 2. 사회적 문제를 만들거나 소란을 일으키다.
- **방아를 찧다** : 방아를 찧듯이 고개나 몸을 끄덕이다.
- **불을 받다** : 남에게 큰 모욕을 당하거나 재해를 입다.

- **불을 끄다** : 급한 일을 처리하다.
- **불을 보듯 뻔하다(훤하다)** : 앞으로 일어날 일이 의심할 여지가 없이 아주 명백하다.
- **불꽃이 튀다** : 1. 겨루는 모양이 치열하다. 2. 격한 감정이 눈에 내비치다.
- **붓을 꺾다(던지다)** : 1. 문필 활동을 그만두다. 2. 글을 쓰는 문필 활동에 관한 희망을 버리고 다른 일을 하다.
- **산통을 깨다** : 다 잘되어 가던 일을 이루지 못하게 뒤틀다.
- **하늘과 땅** : 둘 사이에 큰 차이나 거리가 있음을 비유적으로 이르는 말
- **하늘이 노래지다** : 갑자기 기력이 다하거나 큰 충격을 받아 정신이 아찔하게 되다.
- **해가 서쪽에서 뜨다** : 전혀 예상 밖의 일이나 절대로 있을 수 없는 희한한 일을 하려고 하거나 하였을 경우를 비유적으로 이르는 말

주요 속담

- **가난 구제는 나라님(임금)도 못한다** : 남의 가난한 살림을 도와주기란 끝이 없는 일이어서, 개인은 물론 나라의 힘으로도 구제하지 못한다는 말
- **가는 말에 채찍질** : 1. 열심히 하는데도 더 빨리 하라고 독촉함을 비유적으로 이르는 말 2. 형편이나 힘이 한창 좋을 때라도 더욱 힘써야 함을 비유적으로 이르는 말
- **가루는 칠수록 고와지고 말은 할수록 거칠어진다** : 가루는 체에 칠수록 고와지지만 말은 길어질수록 시비가 붙을 수 있고 마침내는 말다툼까지 가게 되니 말을 삼가라는 말
- **감나무 밑에 홍시 떨어지기를 기다린다(바란다)** : 아무런 노력도 아니하면서 좋은 결과가 이루어지기만 바람을 비유적으로 이르는 말
- **경주 돌이면 다 옥석인가** : 1. 좋은 일 가운데 궂은일도 섞여 있다는 말 2. 사물을 평가할 때, 그것이 나는 곳이나 그 이름만을 가지고서 판단할 수 없다는 말
- **곶감 꼬치에서 곶감 빼(뽑아) 먹듯** : 애써 알뜰히 모아 둔 재산을 조금씩 조금씩 헐어 써 없앰을 비유적으로 이르는 말
- **굿이나 보고 떡이나 먹지(먹으면 된다)**: 남의 일에 쓸데없는 간섭을 하지 말고 되어 가는 형편을 보고 있다가 이익이나 얻도록 하라는 말
- **꿈에 나타난 돈도 찾아 먹는다** : 매우 깐깐하고 인색하여 제 몫은 어떻게 해서든지 찾아가고야 마는 경우를 비유적으로 이르는 말
- **나무라도 고목이 되면 오던 새도 아니 온다** : 사람이 세도가 좋을 때는 늘 찾아오다가 그 처지가 보잘것없게 되면 찾아오지 아니함을 비유적으로 이르는 말 = 꽃이라도 십일홍이 되면 오던 봉접도 아니 온다.
- **낙숫물이 댓돌을 뚫는다** : 작은 힘이라도 꾸준히 계속하면 큰일을 이룰 수 있음을 비유적으로 이르는 말
- **남의 염병이 내 고뿔만 못하다** : 남의 괴로움이 아무리 크다고 해도 자기의 작은 괴로움보다는 마음이

쓰이지 아니함을 비유적으로 이르는 말

- **누울 자리 봐 가며 발을 뻗어라** : 1. 어떤 일을 할 때 그 결과가 어떻게 되리라는 것을 생각하여 미리 살피고 일을 시작하라는 말 2. 시간과 장소를 가려 행동하라는 말
- **다 된 죽에 코 풀기** : 1. 거의 다 된 일을 망쳐버리는 주책없는 행동을 비유적으로 이르는 말 2. 남의 다 된 일을 악랄한 방법으로 방해하는 것을 비유적으로 이르는 말
- **당장 먹기엔 곶감이 달다** : 1. 당장 먹기 좋고 편한 것은 그때 잠시뿐이지 정작 좋고 이로운 것은 못 된다는 말 2. 나중에 가서야 어떻게 되든지 당장 하기 쉽고 마음에 드는 일을 잡고 시작함을 비유적으로 이르는 말
- **도끼가 제 자루 못 찍는다** : 자기의 허물을 자기가 알아서 고치기 어려움을 비유적으로 이르는 말
- **뚝배기보다 장맛이 좋다** : 겉모양은 보잘것없으나 내용은 훨씬 훌륭함을 이르는 말
- **마른나무를 태우면 생나무도 탄다** : 안 되는 일도 대세를 타면 잘될 수 있음을 비유적으로 이르는 말
- **마파람에 게 눈 감추듯** : 음식을 매우 빨리 먹어 버리는 모습을 비유적으로 이르는 말 ㊌ 남양 원님 굴회 마시듯, 두꺼비 파리 잡아먹듯
- **말 많은 집은 장맛도 쓰다** : 1. 집안에 잔말이 많으면 살림이 잘 안 된다는 말 2. 입으로는 그럴듯하게 말하지만 실상은 좋지 못하다는 말
- **밑구멍으로 호박씨 깐다** : 겉으로는 점잖고 의젓하나 남이 보지 않는 곳에서는 엉뚱한 짓을 하는 경우를 비유적으로 이르는 말
- **바닷속의 좁쌀알 같다** : 넓고 넓은 바닷속에 뜬 조그만 좁쌀알만 하다는 뜻으로, 그 존재가 대비도 안 될 만큼 보잘것없거나 매우 작고 하찮은 경우를 비유적으로 이르는 말
- **비단옷 입고 밤길 가기** : 비단옷을 입고 밤길을 걸으면 아무도 알아주지 않는다는 뜻으로, 생색이 나지 않는 공연한 일에 애쓰고도 보람이 없는 경우를 비유적으로 이르는 말
- **산 까마귀 염불한다** : 산에 있는 까마귀가 산에 있는 절에서 염불하는 것을 하도 많이 보고 들어서 염불하는 흉내를 낸다는 뜻으로, 무엇을 전혀 모르던 사람도 오랫동안 보고 듣노라면 제법 따라 할 수 있게 됨을 비유적으로 이르는 말
- **삼밭에 쑥대** : 쑥이 삼밭에 섞여 자라면 삼대처럼 곧아진다는 뜻으로, 좋은 환경에서 자라면 좋은 영향을 받게 됨을 비유적으로 이르는 말
- **성난 황소 영각하듯** : 성난 황소가 크게 울듯이 무섭게 고함치는 모양을 비유적으로 이르는 말
- **소문난 잔치에 먹을 것 없다** : 떠들썩한 소문이나 큰 기대에 비하여 실속이 없거나 소문이 실제와 일치하지 아니하는 경우를 비유적으로 이르는 말
- **술 익자 체 장수(장사) 간다** : 술이 익어 체로 걸러야 할 때에 마침 체 장수가 지나간다는 뜻으로, 일이 공교롭게 잘 맞아 감을 비유적으로 이르는 말
- **얼음에 박 밀듯** : 말이나 글을 거침없이 줄줄 내리읽거나 내리외는 모양을 비유적으로 이르는 말

- **오뉴월 감주 맛 변하듯** : 매우 빨리 변하여 못 쓰게 됨을 비유적으로 이르는 말
- **입은 비뚤어져도 말은 바로 해라(하랬다)** : 상황이 어떻든지 말은 언제나 바르게 하여야 함을 이르는 말
㊎ 입은 비뚤어져도 주라는 바로 불어라
- **자빠져도 코가 깨진다** : 일이 안되려면 하는 모든 일이 잘 안 풀리고 뜻밖의 큰 불행도 생긴다는 말
- **치마가 열두 폭인가** : 남의 일에 쓸데없이 간섭하고 참견함을 비꼬는 말
- **코 막고 답답하다(숨막힌다)고 한다** : 제힘으로 쉽게 할 수 있는 일을 어렵게 생각하여 다른 곳에서 해결책을 찾으려 함을 비유적으로 이르는 말
- **터진 꽈리 보듯 한다** : 사람이나 물건을 아주 쓸데없는 것으로 여겨 중요시하지 아니함을 비유적으로 이르는 말
- **파방에 수수엿 장수** : 기회를 놓쳐서 이제는 별 볼 일 없게 된 사람이나 그런 경우를 비유적으로 이르는 말
- **하루가 여삼추(라)** : 하루가 삼 년과 같다는 뜻으로, 짧은 시간이 매우 길게 느껴짐을 비유적으로 이르는 말
- **혀 아래 도끼 들었다** : 말을 잘못하면 재앙을 받게 되니 말조심을 하라는 말
- **황소 뒷걸음치다가 쥐 잡는다** : 어쩌다 우연히 이루거나 알아맞힘을 비유적으로 이르는 말

주요 한자성어

ㄱ

- **가렴주구(苛斂誅求)** : 세금을 가혹하게 거두거나 백성의 재물을 무리하게 빼앗음을 이르는 말
- **각골난망(刻骨難忘)** : 남에게 입은 은혜가 뼈에 깊이 사무치어 결코 잊혀지지 아니함 ㊎ 백골난망(白骨難忘)
- **각주구검(刻舟求劍)** : '칼을 강물에 떨어뜨리자 뱃전에 그 자리를 표시했다가 나중에 그 칼을 찾으려 한다'라는 뜻으로, 융통성 없이 현실에 맞지 않는 생각을 고집하는 어리석음을 이르는 말
- **간담상조(肝膽相照)** : '간과 쓸개를 내놓고 서로에게 내보인다'라는 뜻으로, 서로 속마음을 털어놓고 친밀하게 사귐을 이르는 말
- **강구연월(康衢煙月)** : 태평한 세상의 평화로운 풍경을 이르는 말 ㊎ 고복격양(鼓腹擊壤), 태평성대(太平聖代)
- **견강부회(牽强附會)** : 이치에 맞지 않는 말을 억지로 끌어 붙여 자기에게 유리하게 함
- **고식지계(姑息之計)** : 우선 당장 편한 것만을 택하는 꾀나 방법. 임시변통의 계책. 고식책
- **고장난명(孤掌難鳴)** : '외손뼉만으로는 소리가 울리지 아니한다'라는 뜻으로, 혼자의 힘만으로 어떤 일을 이루기 어려움을 이르는 말

• 교각살우(矯角殺牛) : '소의 뿔을 잡으려다가 소를 죽인다'라는 뜻으로 잘못된 점을 고치려다가 수단이 지나쳐 오히려 일을 그르침을 이르는 말
• 구우일모(九牛一毛) : '아홉 마리의 소 가운데 박힌 하나의 털'이라는 뜻으로, 매우 많은 것 가운데 극히 적은 수를 이르는 말
• 권토중래(捲土重來) : '흙먼지를 날리며 다시 온다'라는 뜻으로, 한 번 실패에 굴하지 않고 몇 번이고 다시 일어남을 이르는 말

ㄴ

• 난형난제(難兄難弟) : '누구를 형이라 하고 누구를 아우라 하기 어렵다는 뜻'으로, 두 사물이 비슷하여 낫고 못함을 정하기 어려움을 이르는 말
• 낭중지추(囊中之錐) : '주머니 속에 있는 송곳'이란 뜻으로, 재능이 뛰어난 사람은 숨어 있어도 저절로 사람들에게 알려짐을 이르는 말
• 능소능대(能小能大) : 모든 일에 두루 능함

ㄷ

• 단사표음(簞食瓢飮) : '대나무로 만든 밥그릇에 담은 밥과 표주박에 든 물'이라는 뜻으로, 청빈하고 소박한 생활을 이르는 말
• 당랑거철(螳螂拒轍) : 자기 힘은 헤아리지 않고 강자에게 함부로 덤빔을 비유적으로 이르는 말
• 동상이몽(同床異夢) : 겉으로는 같이 행동하면서도 속으로는 각각 딴 생각을 하고 있음을 이르는 말
• 등고자비(登高自卑) : 1. 일을 순서대로 하여야 함을 이르는 말 2. 지위가 높을수록 스스로 몸을 낮춤

ㅁ

• 마부위침(磨斧爲針) : '도끼를 갈아 바늘을 만든다'라는 뜻으로, 아무리 이루기 힘든 일도 끊임없는 노력과 끈기 있는 인내로 성공하고야 만다는 뜻
• 마중지봉(麻中之蓬) : '구부러진 쑥도 꼿꼿한 삼밭에 나면 자연히 꼿꼿하게 자란다'라는 뜻으로 선한 사람과 사귀면 감화를 받아 자연히 선해짐을 이르는 말
• 망양보뢰(亡羊補牢) : '양을 잃고 우리를 고친다'라는 뜻으로, 이미 어떤 일을 실패한 뒤에 뉘우쳐도 아무 소용이 없음을 이르는 말
• 면종복배(面從腹背) : 겉으로는 복종하는 체하면서 속으로는 배반함을 이르는 말
• 묘두현령(猫頭懸鈴) : '고양이 목에 방울 달기'라는 뜻으로, 헛된 일을 의논함을 이르는 말
• 미생지신(尾生之信) : 미련하고 우직하게 지키는 약속을 이르는 말

ㅂ

- 백년하청(百年河淸) : 아무리 바라고 기다려도 이루어지기 어려움을 이르는 말
- 백척간두(百尺竿頭) : 매우 어렵고 위태로운 지경을 이르는 말
- 불공대천(不共戴天) : 하늘을 함께 이지 못한다는 뜻으로, 이 세상에서 같이 살 수 없을 만큼 큰 원한을 가짐을 비유적으로 이르는 말
- 불치하문(不恥下問) : 손아랫사람이나 지위나 학식이 자기만 못한 사람에게 모르는 것을 묻는 일을 부끄러워하지 아니함
- 빙탄지간(氷炭之間) : '얼음과 숯 사이'란 뜻으로, 둘이 서로 어긋나 맞지 않는 사이나 서로 화합할 수 없는 사이를 말함

ㅅ

- 사면초가(四面楚歌) : 사방이 모두 적으로 둘러싸인 형국이나 누구의 도움도 받을 수 없는 '고립된 상태'에 빠짐을 이르는 말
- 새옹지마(塞翁之馬) : 인생의 길흉화복은 변화가 많아 미리 헤아릴 수가 없다는 말
- 수주대토(守株待兎) : '그루터기를 지켜 토끼를 기다린다'라는 뜻으로, 달리 변통할 줄 모르고 한 가지 일에만 얽매여 발전을 모르는 어리석은 사람을 비유적으로 이르는 말
- 순망치한(脣亡齒寒) : '입술이 없으면 이가 시리다'라는 뜻으로, 서로 이해관계가 밀접한 사이에 어느 한쪽이 망하면 다른 한쪽도 그 영향을 받아 온전하기 어려움을 이르는 말

ㅇ

- 양두구육(羊頭狗肉) : '양의 머리를 걸어 놓고 개고기를 판다'라는 뜻으로, 겉은 훌륭해 보이나 속은 그렇지 못한 경우를 이르는 말
- 염량세태(炎凉世態) : 권세가 있을 때는 아부하고, 몰락하면 푸대접하는 세상인심을 비유적으로 이르는 말
- 오비이락(烏飛梨落) : '까마귀 날자 배 떨어진다'라는 뜻으로, 아무런 관계도 없이 한 일이 공교롭게 다른 일과 때가 일치해서 혐의를 받게 됨을 이르는 말
- 오상고절(傲霜孤節) : '서릿발이 심한 속에서도 굴하지 아니하고 외로이 지키는 절개'라는 뜻으로, 충신 또는 국화를 뜻함
- 우공이산(愚公移山) : '우공이 산을 옮긴다'는 말로 남이 보기엔 어리석은 일처럼 보이지만 어떤 일이라도 끊임없이 노력하면 반드시 이루어짐을 이르는 말
- 인면수심(人面獸心) : '사람의 얼굴을 하고 있으나 마음은 짐승과 같다'라는 뜻으로, 마음이나 행동이

몹시 흉악함을 이르는 말

ㅈ

- 적반하장(賊反荷杖) : '도둑이 도리어 매를 든다'라는 뜻으로, 잘못한 사람이 아무 잘못도 없는 사람을 나무라는 경우를 이르는 말
- 전인미답(前人未踏) : 이제까지 아무도 발을 들여 놓거나 손을 댄 일이 없음을 이르는 말
- 전전긍긍(戰戰兢兢) : 몹시 두려워서 벌벌 떨며 조심함을 이르는 말
- 절차탁마(切磋琢磨) : 부지런히 학문과 덕행을 갈고 닦음을 이르는 말
- 조령모개(朝令暮改) : 법령을 자꾸 고쳐서 갈피를 잡기가 어려움을 비유하는 말
- 조변석개(朝變夕改) : 아침저녁으로 뜯어 고친다는 뜻으로, 계획이나 결정을 일관성 없이 자주 고치는 것을 이르는 말
- 지어지앙(池魚之殃) : '연못에 사는 물고기의 재앙'이라는 뜻으로, 아무런 상관도 없는데 화를 당하는 경우를 이름

ㅊ

- 창해일속(滄海一粟) : 넓고 큰 바닷속의 좁쌀 한 알이라는 뜻으로, 아주 많거나 넓은 것 가운데 있는 매우 하찮고 작은 것을 이르는 말
- 천의무봉(天衣無縫) : '선녀의 옷에는 바느질한 자리가 없다'라는 뜻으로, 1. 성격이나 언동 등이 매우 자연스러워 조금도 꾸민 데가 없음 2. 시나 문장이 기교를 부린 흔적(痕跡)이 없어 극히 자연스러움을 이르는 말
- 천재일우(千載一遇) : '천 년에 한 번 만난다'라는 뜻으로, 좀처럼 얻기 어려운 좋은 기회를 말함
- 청출어람(靑出於藍) : '쪽에서 뽑아 낸 푸른 물감이 쪽보다 더 푸르다'라는 뜻으로, 제자나 후배가 스승이나 선배보다 나음을 비유적으로 이르는 말
- 초미지급(焦眉之急) : '눈썹이 타게 될 만큼 위급한 상태'란 뜻으로, 그대로 방치할 수 없는 매우 다급한 일이나 경우를 이르는 말

ㅌ

- 타산지석(他山之石) : '다른 산의 돌'이라는 뜻으로, 다른 사람의 하찮은 언행도 자기의 지식과 인격을 닦는 데 도움이 될 수 있음을 뜻함
- 토사구팽(兎死狗烹) : '토끼를 다 잡고 나면 사냥개를 삶는다'라는 뜻으로, 필요할 때 요긴하게 써 먹고 쓸모가 없어지면 가혹하게 버리는 경우를 이르는 말

ㅍ

- **파죽지세(破竹之勢)** : '대나무를 쪼개는 기세'라는 뜻으로, 적을 거침없이 물리치고 쳐들어가는 기세를 이르는 말
- **풍수지탄(風樹之嘆)** : 부모에게 효도를 다하려고 할 때에는 이미 돌아가셔서 그 뜻을 이룰 수 없음을 이르는 말
- **필부지용(匹夫之勇)** : 좁은 소견을 가지고 어떤 계획이나 방법도 없이 혈기만을 믿고 마구 날뛰는 행동을 뜻함

ㅎ

- **허장성세(虛張聲勢)** : 실속 없이 큰소리치거나 허세를 부림
- **호가호위(狐假虎威)** : '여우가 호랑이의 위세를 빌려 호기를 부린다'라는 뜻으로, 남의 권세를 빌려 위세를 부림
- **후생가외(後生可畏)** : 젊은 후학들을 두려워할 만하다는 뜻으로, 후진들이 선배들보다 젊고 기력이 좋아, 학문을 닦음에 따라 큰 인물이 될 수 있으므로 가히 두렵다는 말
- **흥진비래(興盡悲來)** : 즐거운 일이 다하면 슬픈 일이 닥쳐온다는 뜻으로, 세상일은 순환되는 것임을 이르는 말

주제별 한자성어

효(孝)

- **冬溫夏凊(동온하청)** : 부모에 효도함. 부모님을 겨울에는 따뜻하게 여름에는 시원하게 해드림을 이르는 말
- **望雲之情(망운지정)** : '멀리 구름을 바라보며 어버이를 생각한다'라는 뜻으로, 자식이 객지에서 고향에 계신 어버이를 생각하는 마음 ㊟ 望雲之懷(망운지회)
- **反哺之孝(반포지효)** : 자식이 자란 후에 어버이의 은혜를 갚는 효성을 이르는 말
- **白雲孤飛(백운고비)** : 멀리 떠나는 자식이 어버이를 그리워 함
- **伯俞之孝(백유지효)** : 중국 한나라 때 효자로 유명한 한백유(韓伯俞)와 관련된 고사에서 유래한 말로, 어버이에 대한 지극한 효심을 일컫는 말 ㊟ 伯俞泣杖(백유읍장)
- **出必告反必面(출필고반필면)** : 나갈 때는 반드시 가는 곳을 아뢰고, 되돌아와서는 반드시 얼굴을 보여 드림을 이르는 말 ㊟ 出告反面(출고반면)
- **風樹之歎(풍수지탄)** : 효도하고자 할 때에 이미 부모는 돌아가셔서, 효행을 다하지 못하는 슬픔을 이르

는 말

- **昊天罔極(호천망극)** : 어버이의 은혜가 넓고 큰 하늘과 같이 다함이 없음을 이르는 말
- **昏定晨省(혼정신성)** : '저녁에 잠자리를 살피고 아침에 일찍이 문안을 드린다'라는 뜻으로, 부모를 잘 섬기고 효성을 다함을 이르는 말

우정(友情)

- **肝膽相照(간담상조)** : '간과 쓸개를 내놓고 서로에게 보인다'라는 뜻으로, 서로 마음을 터놓고 친하게 사귐을 이르는 말
- **管鮑之交(관포지교)** : 관중과 포숙의 사귐이란 뜻으로, 우정이 아주 돈독한 친구 관계를 이르는 말
- **膠漆之交(교칠지교)** : 아주 친밀하여 서로 떨어질 수 없는 교분을 이르는 말
- **金蘭之契(금란지계)** : 친구 사이의 매우 두터운 정을 이르는 말 ㊌ 金蘭之交(금란지교)
- **金石之交(금석지교)** : 쇠와 돌처럼 굳고 변함없는 사귐을 이르는 말
- **斷金之交(단금지교)** : '쇠라도 자를 수 있을 만큼 우정이 단단히 맺어져 있다'라는 뜻으로, 매우 두터운 우정을 이르는 말 ㊌ 斷金之契(단금지계)
- **莫逆之友(막역지우)** : 허물이 없이 아주 친한 친구를 이르는 말 ㊌ 막역지간(莫逆之間)
- **刎頸之交(문경지교)** : 죽고 살기를 같이 할만한 아주 가까운 사이나 친구를 이르는 말
- **朋友有信(붕우유신)** : 친구 사이의 도리는 믿음에 있음을 뜻하는 말로 오륜(五倫)의 하나
- **水魚之交(수어지교)** : '물과 고기의 관계'처럼 아주 친밀하여 떨어질 수 없는 사이를 이르는 말
- **知音知己(지음지기)** : 소리를 듣고 나를 인정해 주는 친구를 이르는 말
- **布衣之交(포의지교)** : 베옷을 입고 다닐 때의 사귐이라는 뜻으로, 벼슬을 하기 전에 사귄 친구를 이르는 말

학문(學問)

- **曲學阿世(곡학아세)** : 바른 길에서 벗어난 학문으로 세상 사람에게 아첨함
- **教學相長(교학상장)** : 가르치는 사람과 배우는 사람이 서로의 학업을 증진시킨다는 뜻
- **讀書三到(독서삼도)** : 독서하는 데는 눈으로 보고, 입으로 읽고, 마음으로 깨우쳐야 한다는 뜻 ㊌ 讀書三昧(독서삼매), 讀書尙友(독서상우), 三餘(삼여)
- **亡羊之歎(망양지탄)** : '갈림길이 많아 양을 잃고 탄식한다'라는 뜻으로, 학문의 길이 여러 갈래여서 한 갈래의 진리도 얻기 어렵다는 말 ㊌ 多岐亡羊(다기망양)
- **發憤忘食(발분망식)** : 일을 이루려고 끼니조차 잊고 분발하여 노력함을 이르는 말
- **手不釋卷(수불석권)** : 손에서 책을 놓을 사이 없이 늘 책을 가까이 하여 열심히 공부함을 이르는 말

• 盈科後進(영과후진) : 구덩이에 물이 찬 후 밖으로 흐르듯 학문도 단계에 맞게 진행해야 한다는 뜻
• 日就月將(일취월장) : 학문이 날로 달로 성장함을 이르는 말 ㊌ 刮目相對(괄목상대)
• 切磋琢磨(절차탁마) : '옥 · 돌 따위를 갈고 닦아 빛을 낸다'라는 뜻으로, 부지런히 학문이나 인격을 배우고 닦음을 뜻함
• 走馬加鞭(주마가편) : '달리는 말에 채찍을 더한다'라는 뜻으로, 잘하는 사람을 더욱 장려함
• 換骨奪胎(환골탈태) : '뼈를 바꾸어 끼고 태를 바꾸어 쓴다'라는 뜻으로, 1. 옛사람이나 타인의 글에서 그 형식이나 내용을 취하거나 모방하여 자기의 작품인 것처럼 꾸미는 일 2. 용모가 환하고 아름다워 딴 사람처럼 됨
• 螢窓雪案(형창설안) : '반딧불이 비치는 창과 눈(雪)이 비치는 책상'이라는 뜻으로, 어려운 가운데서도 학문에 힘씀을 비유한 말 ㊌ 螢雪之功(형설지공)

부부(夫婦)

• 琴瑟之樂(금슬지락) : 거문고와 비파의 조화로운 소리라는 뜻으로, 부부 사이의 다정하고 화목함을 이르는 말
• 夫唱婦隨(부창부수) : 남편이 주장하면 부인이 이에 잘 따른다는 뜻으로, 부부 화합의 도리를 이르는 말
• 賢婦令夫貴和六親(현부영부귀화육친) : 현명한 부인은 남편을 귀하게 하고 또한 일가친척을 화목하게 함을 이르는 말
• 百年佳約(백년가약) : 젊은 남녀가 부부가 되어 평생을 같이 지낼 것을 굳게 다짐하는 아름다운 언약

세태(世態)

• 桑田碧海(상전벽해) : 뽕나무밭이 변하여 푸른 바다가 됨, 즉 세상이 몰라볼 정도로 바뀐 것을 이르는 말
• 天旋地轉(천선지전) : 세상일이 크게 변함을 이르는 말
• 吳越同舟(오월동주) : 서로 적의를 품은 사람들이 한자리에 있게 된 경우나 서로 협력하여야 하는 상황을 비유적으로 이르는 말

일의 형세(形勢)

• 鷄肋(계륵) : '닭의 갈비'라는 뜻으로, 먹자니 먹을 것이 없고 버리자니 아까워 이러지도 저러지도 못하는 형편
• 累卵之勢(누란지세) : 새알을 층층이 쌓아놓은 듯한 위태로운 형세를 이르는 말
• 命在頃刻(명재경각) : 거의 죽게 되어 숨이 끊어질 지경에 이름을 뜻하는 말
• 百尺竿頭(백척간두) : '백 척 높이의 장대 위에 올라섰다'라는 뜻으로, 몹시 어렵고 위태로운 지경을 이

르는 말

- 如履薄氷(여리박빙) : '살얼음을 밟는 것과 같다'라는 뜻으로, 아슬아슬하고 위험한 일을 비유적으로 이르는 말
- 一觸卽發(일촉즉발) : 한 번 건드리기만 해도 폭발할 것같이 몹시 위급한 상태
- 進退兩難(진퇴양난) : 앞으로 나아가기도 어렵고 뒤로 물러나기도 어려워 이러지도 저러지도 못하는 어려운 처지를 비유하는 말 ㊐ 進退維谷(진퇴유곡)
- 風前燈火(풍전등화) : '바람 앞에 놓인 등불'이라는 뜻으로, 매우 위태로운 처지에 놓여 있음을 비유하는 말

미인(美人)

- 傾國之色(경국지색) : 임금이 혹하여 나라가 기울어져도 모를 정도의 미인이라는 뜻으로, 뛰어나게 아름다운 미인을 이르는 말
- 傾城之美(경성지미) : 한 성(城)을 기울어뜨릴 만한 미색(美色)을 이르는 말
- 丹脣皓齒(단순호치) : 붉은 입술에 하얀 치아라는 뜻으로, 아름다운 여자를 이르는 말
- 花容月態(화용월태) : 꽃같은 얼굴과 달 같은 자태, 아름다운 여인의 얼굴과 맵시를 이르는 말

거리(距離)

- 咫尺之地(지척지지) : 매우 가까운 곳을 뜻함
- 咫尺之間(지척지간) : 매우 가까운 거리를 뜻함
- 指呼之間(지호지간) : 손짓하여 부를 만큼 가까운 거리를 뜻함

희생(犧牲)

- 先公後私(선공후사) : 공적인 것을 앞세우고 사적인 것은 뒤로 미룸을 이르는 말
- 大義滅親(대의멸친) : 큰 도리를 지키기 위하여 부모나 형제도 돌아보지 않음
- 見危致命(견위치명) : 나라가 위태로울 때 자기의 몸을 나라에 바침
- 滅私奉公(멸사봉공) : 사(私)를 버리고 공(公)을 위해 힘씀을 이르는 말

향수(鄕愁)

- 首邱初心(수구초심) : 여우가 죽을 때에 머리를 자기가 살던 굴 쪽으로 향한다는 뜻으로, 고향을 그리워하는 마음을 이르는 말

• **看雲步月(간운보월)** : 낮에는 구름을 바라보고 밤에는 달빛 아래 거닌다는 뜻으로, 객지에서 집을 생각함을 이르는 말

자연 친화적인 삶

• **吟風弄月(음풍농월)** : '바람을 읊고 달을 보고 시를 짓는다'라는 뜻으로, 시를 짓고 흥취를 자아내며 즐김을 뜻함
• **煙霞痼疾(연하고질)** : 자연의 아름다운 경치를 몹시 사랑하는 것이 마치 고치지 못할 병이 든 것과 같음을 이르는 말 ㊒ 泉石膏肓(천석고황)
• **羽化登仙(우화등선)** : 사람의 몸에 날개가 돋아 하늘로 올라가 신선이 됨을 이르는 말
• **風月主人(풍월주인)** : 맑은 바람과 밝은 달 따위의 아름다운 자연을 즐기는 사람을 이르는 말

독서(讀書)

• **韋編三絕(위편삼절)** : 옛날에 공자(孔子)가 주역(周易)을 즐겨 열심히 읽은 나머지 책을 맨 가죽 끈이 세 번이나 끊어졌다는 데서 유래한 말로, 책을 정독(精讀)함을 일컬음
• **男兒須讀五車書(남아수독오거서)** : 당(唐)의 두보(杜甫)가 한 말로, 남자라면 다섯 수레 정도의 책은 읽어야 한다는 뜻으로 책을 다독(多讀)할 것을 당부하는 말
• **晝耕夜讀(주경야독)** : 낮에는 밭을 갈고 밤에는 책을 읽는다는 뜻으로, 어려운 여건 속에서도 꿋꿋이 공부함을 이르는 말
• **三餘之功(삼여지공)** : 독서하기에 가장 좋은 '겨울, 밤, 음우(陰雨)'를 일컬음
• **汗牛充棟(한우충동)** : '수레에 실으면 소가 땀을 흘리고, 쌓아 올리면 들보에까지 찬다'라는 뜻으로, 가지고 있는 책이 매우 많음을 이르는 말
• **博而不精(박이부정)** : 여러 방면으로 널리 알고 있으나 정밀하지는 못함

소문(所聞)

• **街談巷語(가담항어)** : 거리나 항간에 떠도는 소문을 이르는 말 ㊒ 街談巷說(가담항설)
• **道聽途說(도청도설)** : 길거리에 퍼져 떠돌아다니는 뜬소문을 이르는 말
• **流言蜚語(유언비어)** : 아무 근거 없이 널리 퍼진 소문, 풍설, 떠돌아다니는 말을 뜻함

애정(愛情)

• **戀慕之情(연모지정)** : 이성을 사랑하여 간절히 그리워하는 마음

• 相思不忘(상사불망) : 서로 그리워하여 잊지 못함
• 同病相憐(동병상련) : 같은 병을 앓는 사람끼리 서로 가엾게 여김. 처지가 비슷한 사람끼리 동정함을 이르는 말

기쁨/좋음

• 錦上添花(금상첨화) : '비단 위에 꽃을 놓는다'는 뜻으로, 좋은 일이 겹침을 비유하는 말
• 弄璋之慶(농장지경) / 弄璋之喜(농장지희) : '장(璋)'은 사내아이의 장난감인 '구슬'이라는 뜻으로, 아들을 낳은 기쁨. 또는 아들을 낳은 일을 이르는 말
• 弄瓦之慶(농와지경) / 弄瓦之喜(농와지희) : '와(瓦)'는 계집아이의 장난감인 '실패'라는 뜻으로, 딸을 낳은 기쁨을 이르는 말
• 拍掌大笑(박장대소) : 손뼉을 치며 크게 웃음을 이르는 말
• 抱腹絕倒(포복절도) : 배를 끌어안고 넘어질 정도로 몹시 웃음을 이르는 말

슬픔

• 悲憤慷慨(비분강개) : 슬프고 분한 느낌이 마음속에 가득 차 있음을 뜻함
• 哀而不悲(애이불비) : 속으로는 슬프지만 겉으로는 슬픔을 나타내지 아니함을 이르는 말
• 哀而不傷(애이불상) : 슬퍼하되 정도를 넘지 아니함을 이르는 말
• 切齒腐心(절치부심) : 몹시 분하여 이를 갈면서 속을 썩임을 이르는 말
• 天人共怒(천인공노) : 하늘과 사람이 함께 분노한다는 뜻으로, 누구나 분노할 만큼 증오스럽거나 도저히 용납할 수 없음을 이르는 말
• 含憤蓄怨(함분축원) : 분하고 원통한 마음을 품는 것을 이르는 말

불행/행복

• 雪上加霜(설상가상) : '눈 위에 서리가 덮인다'라는 뜻으로, 불행한 일이 거듭하여 일어남을 비유함
• 七顚八倒(칠전팔도) : '일곱 번 구르고 여덟 번 거꾸러진다'라는 말로, 수없이 실패를 거듭하거나 매우 심하게 고생함을 이르는 말
• 鷄卵有骨(계란유골) : '달걀에도 뼈가 있다'라는 뜻으로, 운수가 나쁜 사람은 좋은 기회를 만나도 역시 일이 잘 안됨을 이르는 말
• 前途有望(전도유망) : 앞으로 잘 될 희망이 있음. 장래가 유망함을 일컫는 말
• 風雲兒(풍운아) : 좋은 기회를 타고 활약하여 세상에 두각을 나타내는 사람을 뜻하는 말
• 遠禍召福(원화소복) : 재앙을 물리치고 복을 불러들임

무례(無禮)

- 傍若無人(방약무인) : 곁에 사람이 없는 것처럼 거리낌 없이 함부로 행동하는 태도가 있음
- 眼下無人(안하무인) : 방자하고 교만하여 다른 사람을 업신여김을 이르는 말
- 回賓作主(회빈작주) : '손님으로 온 사람이 도리어 주인 행세를 한다'는 뜻으로, 남의 의견이나 주장을 무시하고 자기 마음대로 행동함을 이르는 말
- 厚顔無恥(후안무치) : 뻔뻔스러워 부끄러움이 없음

무식(無識)/어리석음

- 目不識丁(목불식정) : '고무래를 보고도 그것이 고무래 정(丁) 자인줄 모른다'라는 뜻으로, 글자를 전혀 모름, 또는 그런 사람을 비유하는 말
- 魚魯不辨(어로불변) : '어(魚)자와 노(魯)자를 구별하지 못한다'라는 뜻으로, 아주 무식함을 비유적으로 이르는 말
- 菽麥不辨(숙맥불변) : '콩인지 보리인지를 구별하지 못한다'라는 뜻으로 세상 물정을 잘 모름을 이르는 말
- 牛耳讀經(우이독경) : '쇠귀에 경 읽기'라는 뜻으로, 아무리 가르치고 일러주어도 알아듣지 못함을 이르는 말
- 緣木求魚(연목구어) : '나무에 올라가서 물고기를 구한다'라는 뜻으로, 불가능한 일을 굳이 하려 함을 비유적으로 이르는 말

인재(人才)

- 群鷄一鶴(군계일학) : '닭의 무리 가운데 있는 한 마리의 학'이란 뜻으로, 여럿 가운데서 가장 뛰어난 사람을 이르는 말
- 棟梁之材(동량지재) : 한 집안이나 한 나라의 기둥이 될 만한 훌륭한 인재를 이르는 말
- 鐵中錚錚(철중쟁쟁) : 평범한 사람들 가운데서 특별히 뛰어난 사람을 이르는 말
- 囊中之錐(낭중지추) : '주머니 속의 송곳'이란 뜻으로, 재능이 뛰어난 사람은 숨어 있어도 저절로 사람들에게 알려짐을 이르는 말
- 泰斗(태두) : '泰山北斗(태산북두)'의 준말로 남에게 존경받는 뛰어난 존재를 이르는 말

한자 유의어

가공(架空) = 허구(虛構)
가권(家眷) = 권솔(眷率)
가련(可憐) = 측은(惻隱)
가벌(家閥) = 문벌(門閥)
가정(苛政) = 패정(悖政)
각축(角逐) = 축록(逐鹿)
간난(艱難) = 고초(苦楚)
간병(看病) = 간호(看護)
간주(看做) = 치부(置簿)
갈등(葛藤) = 알력(軋轢)
감시(瞰視) = 부감(俯瞰)
강박(强迫) = 겁박(劫迫)
강탈(强奪) = 늑탈(勒奪)
개량(改良) = 개선(改善)
개전(改悛) = 반성(反省)
개제(皆濟) = 완료(完了)
검약(儉約) = 절약(節約)
격조(隔阻) = 적조(積阻)
결재(決裁) = 재가(裁可)
결핍(缺乏) = 부족(不足)
고무(鼓舞) = 고취(鼓吹)
공명(共鳴) = 수긍(首肯)
공헌(公憲) = 기여(寄與)
과격(過激) = 급진(急進)
광정(匡正) = 확정(廓正)
괴수(魁首) = 원흉(元兇)
교란(攪亂) = 요란(擾亂)
교사(敎唆) = 사주(使嗾)
교섭(交涉) = 절충(折衷)
구속(拘束) = 속박(束縛)
구축(驅逐) = 구출(驅出)
구획(區劃) = 경계(境界)
귀감(龜鑑) = 모범(模範)
귀향(歸鄕) = 귀성(歸省)
기대(企待) = 촉망(囑望)
기아(飢餓) = 기근(饑饉)
기질(氣質) = 성격(性格)
나태(懶怠) = 태만(怠慢)
낙담(落膽) = 실망(失望)
남상(濫觴) = 효시(嚆矢)
달변(達辯) = 능변(能辯)
대가(大家) = 거성(巨星)
독점(獨占) = 전유(專有)
등한(等閑) = 소홀(疏忽)
망각(忘却) = 망기(忘棄)
매료(魅了) = 매혹(魅惑)
매진(邁進) = 맥진(驀進)
명석(明晳) = 총명(聰明)
명함(名銜) = 명판(名判)
모반(謀反) = 반역(反逆)
목도(目睹) = 목격(目擊)
미연(未然) = 사전(事前)
민첩(敏捷) = 신속(迅速)
발췌(拔萃) = 선택(選擇)
백미(白眉) = 출중(出衆)
범상(凡常) = 심상(尋常)
불후(不朽) = 불멸(不滅)
사려(思慮) = 분별(分別)
산책(散策) = 소요(逍遙)
선철(先哲) = 선현(先賢)
쇄도(殺到) = 답지(遝至)
수척(瘦瘠) = 초췌(憔悴)
시사(示唆) = 암시(暗示)
시정(市井) = 여염(閭閻)
시조(始祖) = 비조(鼻祖)
알선(斡旋) = 주선(周旋)
압박(壓迫) = 위압(威壓)
연혁(沿革) = 변천(變遷)
영원(永遠) = 영구(永久)
요서(夭逝) = 요절(夭折)
위엄(威嚴) = 위신(威信)
유명(有名) = 고명(高名)
유미(唯美) = 탐미(耽美)
은닉(隱匿) = 은폐(隱蔽)
일률(一律) = 획일(劃一)
일치(一致) = 합치(合致)
일호(一毫) = 추호(秋毫)
자부(自負) = 자신(自信)
재능(才能) = 기량(器量)
저가(低價) = 염가(廉價)
전심(專心) = 몰두(沒頭)
질곡(桎梏) = 속박(束縛)
질책(叱責) = 문책(問責)
창공(蒼空) = 벽공(碧空)
천지(天地) = 건곤(乾坤)
초옥(草屋) = 모옥(茅屋)
최고(最高) = 지상(至上)
타계(他界) = 영면(永眠)
표변(豹變) = 돌변(突變)
풍부(豐富) = 윤택(潤澤)

풍정(風情) = 정취(情趣)	피력(披瀝) = 고백(告白)	하자(瑕疵) = 결함(缺陷)
횡사(橫死) = 비명(非命)	후락(朽落) = 퇴락(頹落)	힐난(詰難) = 지탄(指彈)

한자 반의어

가결(可決) ↔ 부결(否決)	간선(幹線) ↔ 지선(支線)	간섭(干涉) ↔ 방임(放任)
간헐(間歇) ↔ 지속(持續)	감퇴(減退) ↔ 증진(增進)	강건(剛健) ↔ 유약(柔弱)
강고(强固) ↔ 박약(薄弱)	개방(開放) ↔ 폐쇄(閉鎖)	개연(蓋然) ↔ 필연(必然)
객체(客體) ↔ 주체(主體)	거부(拒否) ↔ 승인(承認)	건조(乾燥) ↔ 습윤(濕潤)
걸작(傑作) ↔ 졸작(拙作)	경박(輕薄) ↔ 중후(重厚)	경상(經常) ↔ 임시(臨時)
경솔(輕率) ↔ 신중(愼重)	경직(硬直) ↔ 유연(柔軟)	경화(硬化) ↔ 연화(軟化)
계람(繫纜) ↔ 해람(解纜)	고답(高踏) ↔ 세속(世俗)	고상(高尙) ↔ 저속(低俗)
고아(高雅) ↔ 비속(卑俗)	곤란(困難) ↔ 용이(容易)	공명(共鳴) ↔ 반박(反駁)
공용(共用) ↔ 전용(專用)	관목(灌木) ↔ 교목(喬木)	관철(貫徹) ↔ 좌절(挫折)
교묘(巧妙) ↔ 졸렬(拙劣)	구심(求心) ↔ 원심(遠心)	균점(均霑) ↔ 독점(獨占)
근면(勤勉) ↔ 태타(怠惰)	근소(僅少) ↔ 과다(過多)	급성(急性) ↔ 만성(慢性)
급행(急行) ↔ 완행(緩行)	기결(既決) ↔ 미결(未決)	기립(起立) ↔ 착석(着席)
긴밀(緊密) ↔ 소원(疎遠)	긴장(緊張) ↔ 해이(解弛)	긴축(緊縮) ↔ 완화(緩和)
길조(吉兆) ↔ 흉조(凶兆)	낙관(樂觀) ↔ 비관(悲觀)	낙천(樂天) ↔ 염세(厭世)
낭독(朗讀) ↔ 묵독(默讀)	내포(內包) ↔ 외연(外延)	노마(駑馬) ↔ 준마(駿馬)
노회(老獪) ↔ 순진(純眞)	농후(濃厚) ↔ 희박(稀薄)	눌변(訥辯) ↔ 달변(達辯)
능멸(凌蔑) ↔ 추앙(推仰)	단축(短縮) ↔ 연장(延長)	담천(曇天) ↔ 청천(晴天)
도심(都心) ↔ 교외(郊外)	동요(動搖) ↔ 안정(安定)	둔감(鈍感) ↔ 민감(敏感)
둔탁(鈍濁) ↔ 예리(銳利)	득의(得意) ↔ 실의(失意)	만조(滿潮) ↔ 간조(干潮)
모두(冒頭) ↔ 말미(末尾)	모방(模倣) ↔ 창조(創造)	밀집(密集) ↔ 산재(散在)
박무(薄霧) ↔ 농무(濃霧)	박토(薄土) ↔ 옥토(沃土)	백발(白髮) ↔ 홍안(紅顔)
보수(保守) ↔ 혁신(革新)	부상(扶桑) ↔ 함지(咸池)	비번(非番) ↔ 당번(當番)
비범(非凡) ↔ 평범(平凡)	상술(詳述) ↔ 약술(略述)	세모(歲暮) ↔ 연두(年頭)
수리(受理) ↔ 각하(却下)	수절(守節) ↔ 훼절(毁節)	심야(深夜) ↔ 백주(白晝)
쌍리(雙利) ↔ 편리(片利)	애호(愛好) ↔ 혐오(嫌惡)	양수(讓受) ↔ 양도(讓渡)
억제(抑制) ↔ 촉진(促進)	엄격(嚴格) ↔ 관대(寬大)	역경(逆境) ↔ 순경(順境)
영겁(永劫) ↔ 편각(片刻)	영전(榮轉) ↔ 좌천(左遷)	요절(夭折) ↔ 장수(長壽)
우연(偶然) ↔ 필연(必然)	우회(迂廻) ↔ 첩경(捷徑)	원양(遠洋) ↔ 근해(近海)

유사(類似) ↔ 상위(相違)
임대(賃貸) ↔ 임차(賃借)
조객(弔客) ↔ 하객(賀客)
질서(秩序) ↔ 혼돈(混沌)
편파(偏頗) ↔ 공평(公平)
할인(割引) ↔ 할증(割增)

융기(隆起) ↔ 함몰(陷沒)
정산(精算) ↔ 개산(槪算)
조악(粗惡) ↔ 정교(精巧)
참신(斬新) ↔ 진부(陳腐)
폐지(廢止) ↔ 존속(存續)
호전(好轉) ↔ 악화(惡化)

이단(異端) ↔ 정통(正統)
정착(定着) ↔ 표류(漂流)
직계(直系) ↔ 방계(傍系)
치졸(稚拙) ↔ 세련(洗練)
하락(下落) ↔ 앙등(仰騰)
횡단(橫斷) ↔ 종단(縱斷)

Chapter 02

부사관 기본 지식

군대 계급

병사

병사는 이병, 일병, 상병, 병장의 4단계로 구성되어 있고, '이병→일병→상병→병장'의 순서대로 계급이 올라간다. 병사 계급장은 지구 요소인 4개 층을 표시한 것으로 군 기반 형성의 상징을 뜻하고, 계급이 오를수록 전투력과 임무수행의 숙달을 뜻한다.

부사관

부사관은 장교와 병사 사이에 있는 계급으로, 하사, 중사, 상사, 원사의 4단계로 구성되어 '하사→중사→상사→원사'의 순서대로 계급이 올라간다. 부사관 계급장은 굳건한 기초 위에 자라난 나뭇가지를 형상화한 것으로, 전문화된 기술과 숙련된 전투력의 개발 능력을 의미한다.

장교

- **위관 장교** : 위관 장교는 준위, 소위, 중위, 대위로 구성된다. 이 중 준위는 특수한 계급으로, 부사관 중 상사 이상의 계급이 돼야 준위로 지원할 수 있다. 위관 장교 계급장은 다이아몬드를 형상화한 것으로, 이는 가장 단단하면서도 깨지지 않는 다이아몬드의 특성을 통해 초급장교로서 국가 수호의 굳건한 의지를 나타낸 것이다.
- **영관 장교** : 영관 장교는 소령, 중령, 대령의 3단계로 구성되어 '소령→중령→대령'의 순서대로 계급이 올라간다. 영관 장교 계급장의 대나무는 사계절 내내 푸르름과 굳건한 기상, 절개를 상징한다.
- **장군** : 장군은 준장, 소장, 중장, 대장으로 구성된다. 장군은 참모총장이나 각 군, 군단, 사단, 여단급의 지휘 체계를 담당하는 군 최고 지휘관으로 활동한다. 장군은 그 자체로 사관이 되거나 지휘관을 보좌하여 임무를 수행하게 된다. 장군 계급장의 별은 스스로 빛을 내는 천체로서 군에서의 모든 경륜을 익힌 완숙한 존재임을 상징한다.

군대 편제

분대[squad]

소대의 하위 부대로서 가장 작은 부대 단위로, 보통 구성원은 7~10명 정도이다. 분대의 지휘관은 분대장이 맡고 분대장의 계급은 보통 상병 또는 병장이다.

소대[platoon]

중대의 하위 부대로서 보통 4개 분대로 구성된다. 소대의 지휘관은 소대장이 맡고 소대장의 계급은 보통 소위 또는 중위이다. 소대장의 부재시 소대장의 역할을 대신할 부소대장이 존재하며, 보통 부사관이 부소대장을 맡는다.

중대[company]

대대의 하위 부대로서 보통 본부를 포함하여 4개의 소대로 구성된다. 중대의 지휘관은 중대장이 맡고 중대장의 계급은 보통 대위이다. 중대 이상의 지휘관은 인사권을 부여 받게 된다.

대대[battalion]

중대보다는 큰 규모이고, 보통 대대본부와 3개의 중대로 구성된다. 대대의 지휘관은 대대장이 맡고 대대장의 계급은 보통 중령이다.

연대[regiment]

사단이나 여단보다는 작고, 대대보다는 큰 행정 및 전술단위 부대이며, 연대의 지휘관은 연대장이 맡고 연대장의 계급은 보통 대령이다. 연대의 편성으로는 보병 연대 외에 포병 연대, 전차 연대, 공병 연대 등이 있다.

여단[brigade]

연대보다는 큰 규모이고, 사단보다 작은 규모로 보통 2개 연대로 구성되어 있다. 여단의 지휘관은 여단장이 맡고 여단장의 계급은 보통 준장이다.

사단[division]

군단보다 작고 여단 및 연대보다 큰 규모이고, 독립적으로 전술작전을 수행할 수 있는 최소의 단위 부대이다. 사단의 지휘관은 사단장이 맡고 사단장의 계급은 보통 소장이다. 사단의 편성으로는 보병사단, 기갑사단, 공수사단, 산악사단 등이 있다.

군단[corps]

사단보다는 크고 야전군보다 작은 규모의 전술부대로 보통 2개 이상의 사단으로 구성되어 있다. 군단의 지휘관은 군단장이 맡고 군단장의 계급은 보통 중장이다.

정답 및 해설

실전모의고사 1회

실전모의고사 2회

실전모의고사 1회

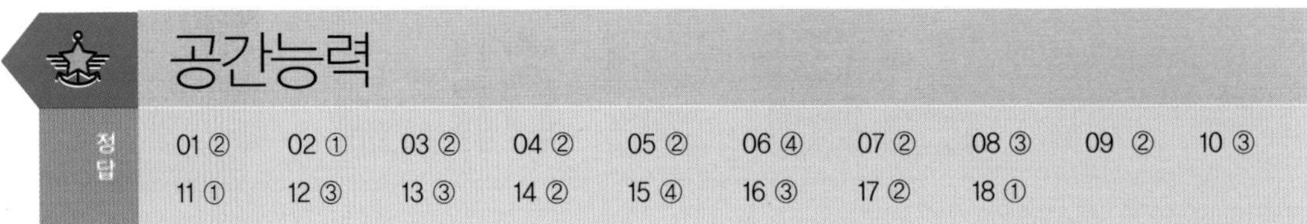

공간능력

정답									
01 ②	02 ①	03 ②	04 ②	05 ②	06 ④	07 ②	08 ③	09 ②	10 ③
11 ①	12 ③	13 ③	14 ②	15 ④	16 ③	17 ②	18 ①		

01 ②

정답해설

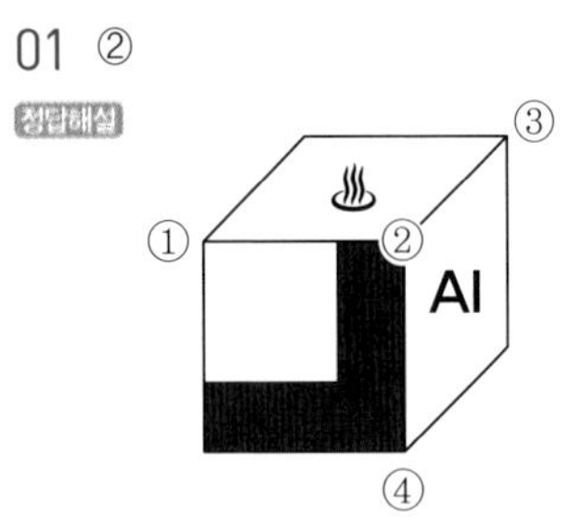

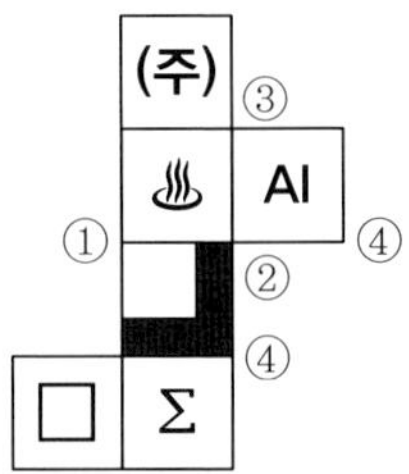

02 ①

정답해설

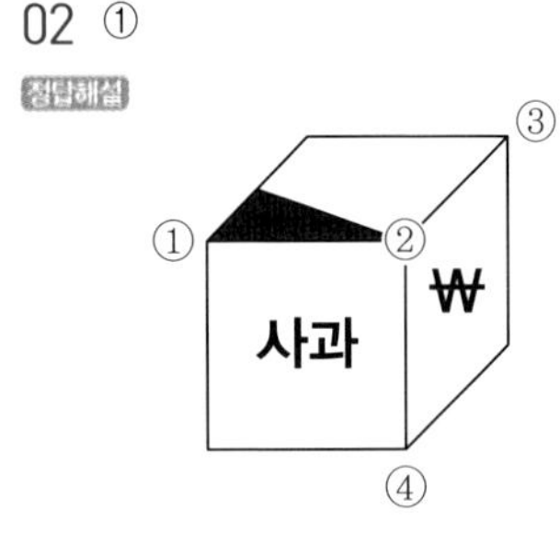

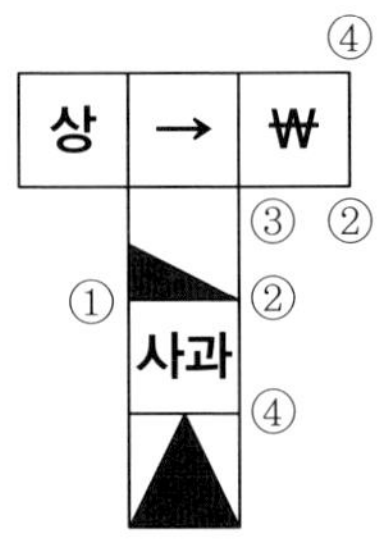

03 ②

정답해설

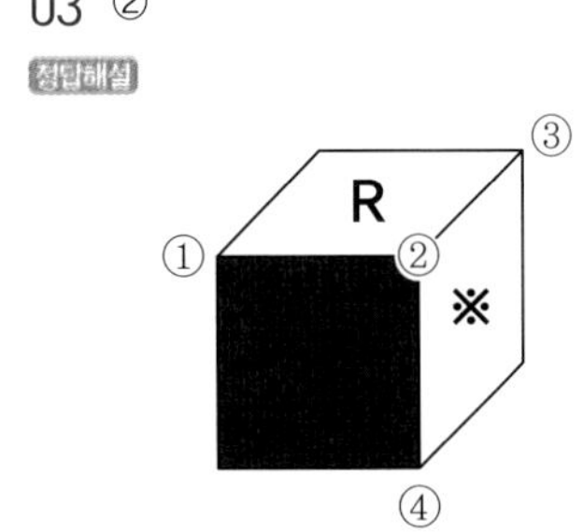

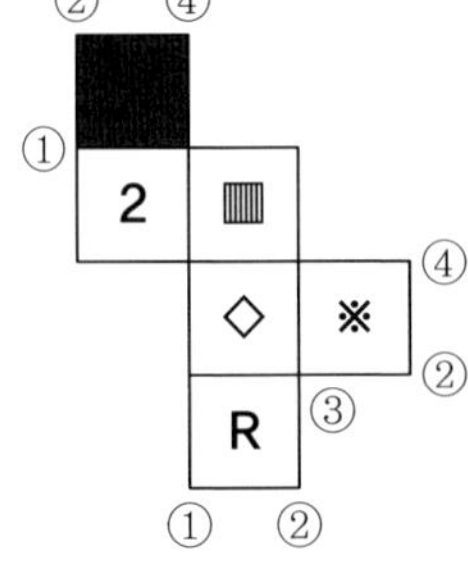

04 ②

정답해설

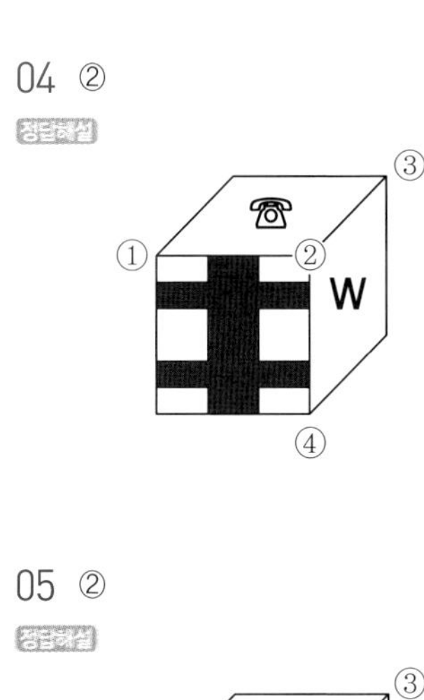

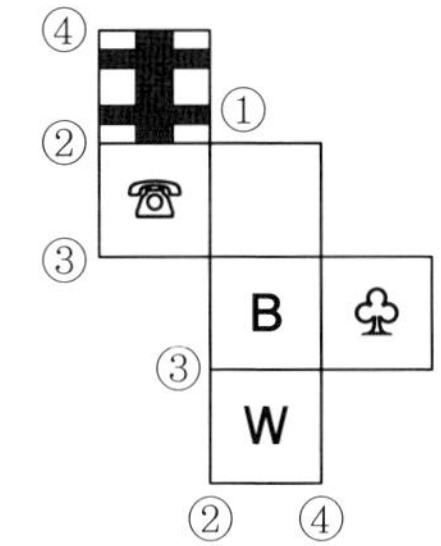

05 ②

정답해설

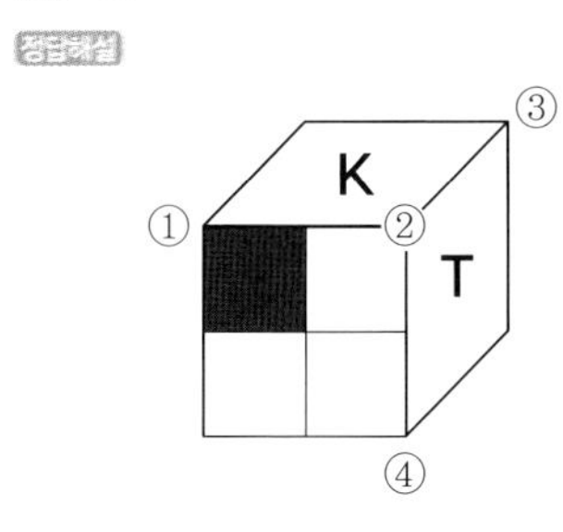

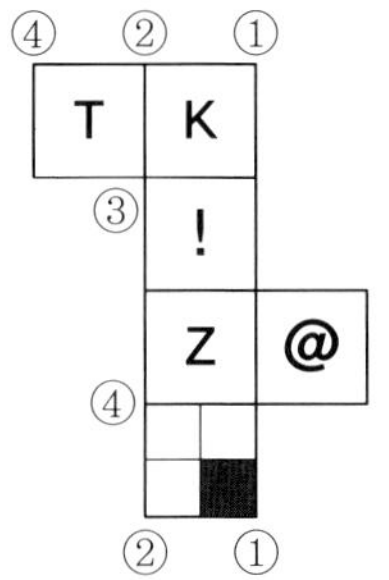

06 ④

정답해설

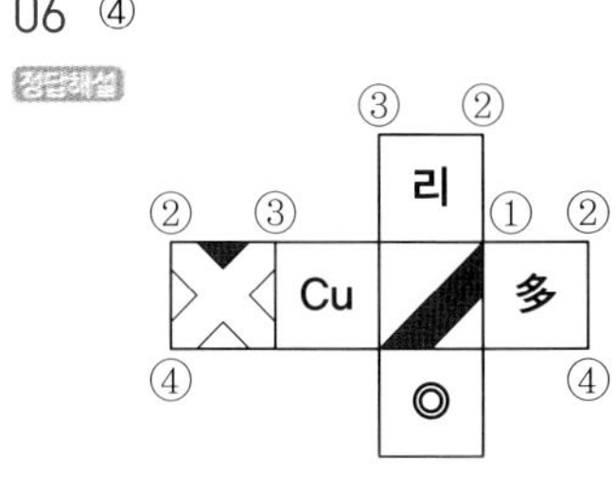

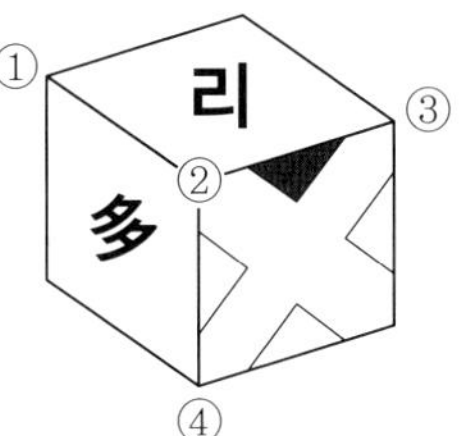

07 ②

정답해설

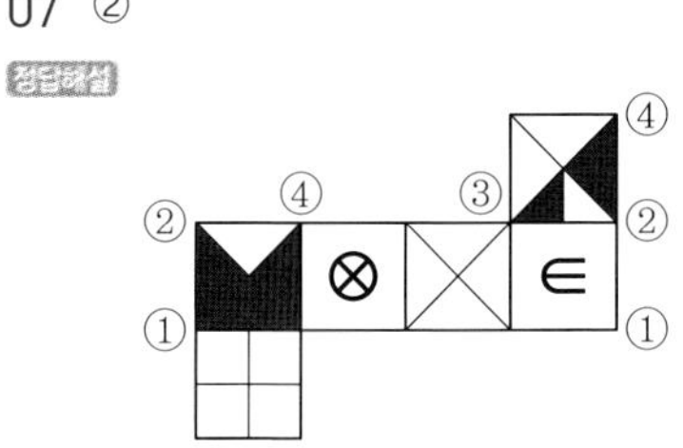

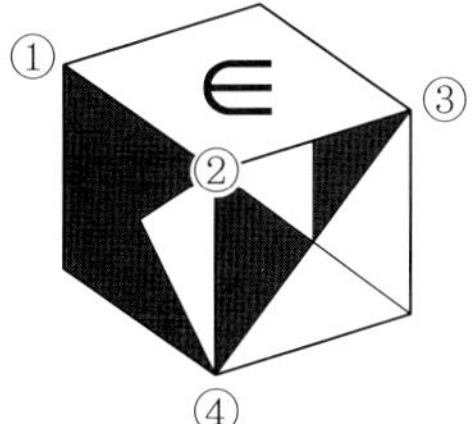

08 ③

정답해설

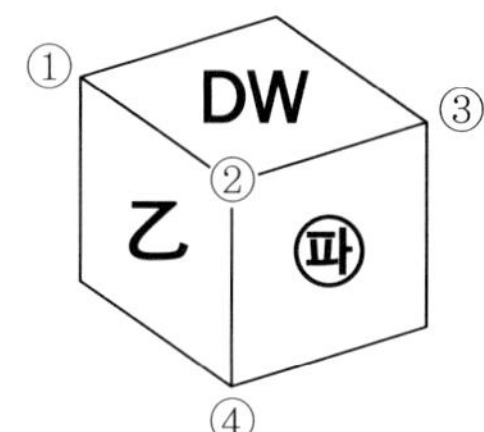

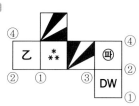

09 ②

정답해설

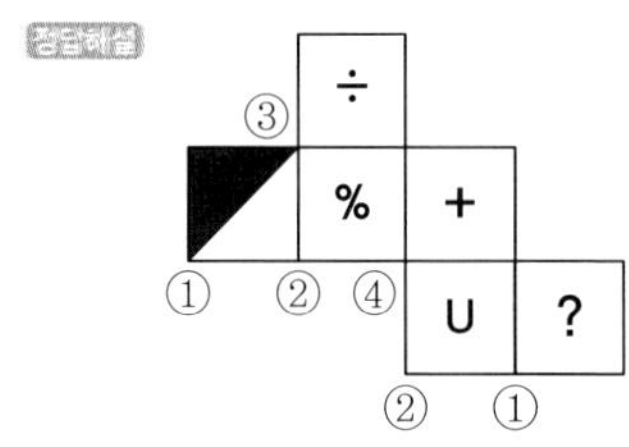

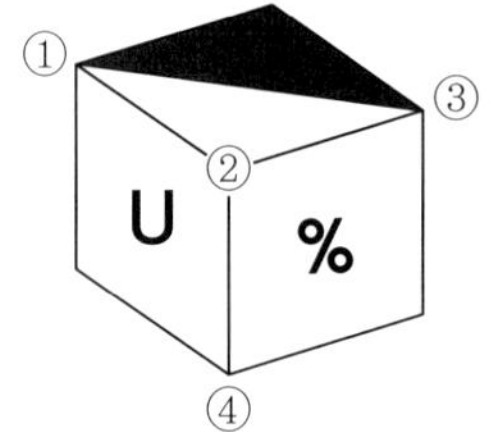

10 ③

정답해설

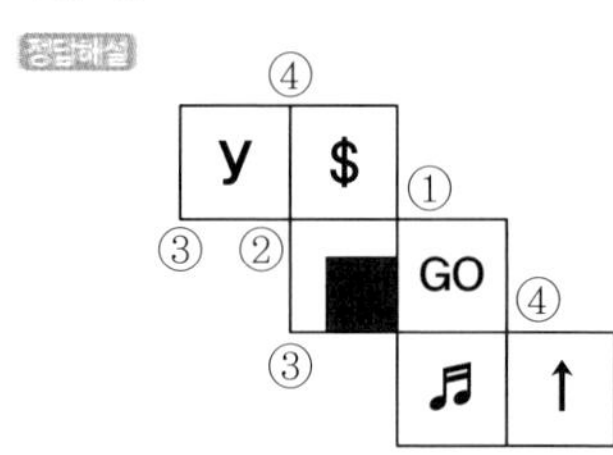

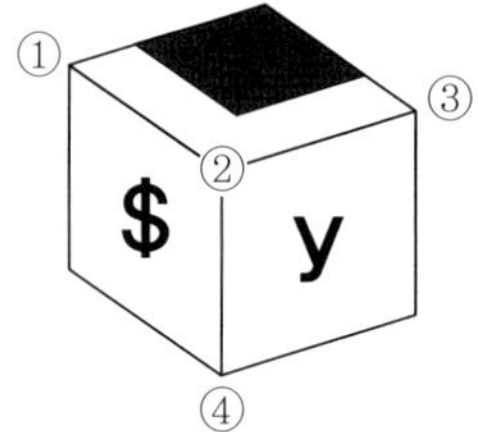

11 ①

정답해설 왼쪽 열부터 차례대로 세어 보면 2+10+11+9+10+3=45개

12 ③

정답해설 왼쪽 열부터 차례로 세어보면 18+6+4+6+6+7=47개

13 ③

정답해설 왼쪽 열부터 차례대로 세어 보면 7+8+5+6+5+6=37개

14 ②

정답해설 왼쪽 열부터 차례대로 세어 보면 1+2+5+1+7+4+3+1+10=34개

15 ④

정답해설 왼쪽 열부터 층을 세어 보면 '3−3−4−7'이다.

16 ③

정답해설 왼쪽 열부터 층을 세어 보면 '3−(3,1)−4−(3,1)−(1,1,1)−(1,1,1)−(1,1)−(2,1)−4−3−(1,1)'이다.

17 ②

정답해설 왼쪽 열부터 층을 세어 보면 '3−2−4−1−3−2−1−5−4'이다.

18 ①

정답해설 왼쪽 열부터 수를 세어 보면 '(2,1)−4−(3,1)−2−4−(1,3)−(1,4)−1'이다.

지각속도

정답									
01 ①	02 ①	03 ②	04 ①	05 ②	06 ①	07 ②	08 ②	09 ②	10 ①
11 ②	12 ①	13 ①	14 ②	15 ①	16 ①	17 ②	18 ①	19 ②	20 ①
21 ②	22 ①	23 ②	24 ②	25 ①	26 ①	27 ②	28 ③	29 ①	30 ④

01 ①

02 ①

03 ②

정답해설 토요일 일주일 일주년 수요일 − 975 777 365 216

04 ①

05 ②

정답해설 일요일 일주일 일주년 금요일 − 119 777 365 224

06 ①

07 ②

정답해설 army turn work best − ★ ♩ ☆ ☞

08 ②

정답해설 past date bumb best − ☟ ☜ ♪ ☞

09 ②

정답해설 corn next work cash − ♫ ☝ ☆ ♬

10 ①

11 ②

정답해설 햄스터 호랑이 다람쥐 망아지 – 복수초 금불초 수선화 바람꽃

12 ①

13 ①

14 ②

정답해설 병아리 다람쥐 거북이 원숭이 – 나팔꽃 수선화 무궁화 데이지

15 ①

16 ①

17 ②

정답해설 water mouth sugar woman – 맹자 농부 거지 부장

18 ①

19 ②

정답해설 paper money water candy – 기지 부자 맹자 놀부

20 ①

21 ②

정답해설 01 89 ❖⁂ ▨❀ – ◈◇ ◬▲ ⇦⇨ ▽◬

22 ①

23 ②

정답해설 ❖⁂ ✿❀ 23 卍✕ – ⇦⇨ ⇧⇩ ◈◈ ⇧⇩

24 ②

정답해설 89 45 ◐☯ 23 – ◬▲ □◆ ⇦⇨ ◈◈

25 ①

26 ①

정답해설 커피는 커피나무 열매를 가공하여 만든 것으로, 특유의 향과 맛을 지닌 기호음료로 평가받고 있다.

27 ②

정답해설 4843151316543543751899786545764794645151515124843453124568823

28 ③

정답해설 When I started to spend time in the region, I began hearing stories about sea otters.

29 ①

정답해설 ㉮㉯㉹㉶㉹㉺㉸㉹㉺㉶㉶㉵㉶㉯㉰㉳㉴㉳㉶㉱㉱㉯㉮㉶㉯㉱㉲㉳㉴㉶㉸㉺㉳㉯㉮㉶㉯㉱㉳㉴㉵㉶㉷㉸㉹㉺㉻

30 ④

정답해설 벗밧벗벗뵅빅빕뷖빗비뵝빌뵅빛볎빔빈빗볶볏뱣벳벧벡베발법불블밖빗뱡병빅빌뵝뱥벌벵뱅백뱃뵾빗빅볖범뱥뵅빛벙반

언어논리

정답									
01 ②	02 ③	03 ①	04 ③	05 ①	06 ①	07 ④	08 ④	09 ②	10 ②
11 ②	12 ①	13 ②	14 ③	15 ④	16 ②	17 ①	18 ④	19 ⑤	20 ①
21 ②	22 ④	23 ②	24 ⑤	25 ③					

01 ②

정답해설 운니지차(雲泥之差)란 구름과 진흙의 차이라는 뜻으로, 서로 간의 차이가 매우 심함을 이르는 말이다. 주어진 문장처럼 서로 간의 큰 차이를 비유할 때 사용하기 적절한 한자 성어이다.

오답해설 ① 아비규환(阿鼻叫喚) : 차마 눈뜨고 보지 못할 참상

③ 노기등천(怒氣登天) : 노기가 하늘을 닿을 듯이 화가 머리끝까지 나 있음

④ 백난지중(百難之中) : 온갖 괴로움과 어려움을 겪는 판

⑤ 수주대토(守株待兎) : 어떤 착각에 빠져 되지도 않을 일을 공연히 고집하는 어리석음을 비유하는 말

02 ③

정답해설 제시문은 여러 기업들이 일부 상위 고객들에게만 고급 서비스를 제공하는 마케팅을 벌이고 있는데, 높은 연회비로 인하여 판매 실적이 저조하고 서비스 사업비 부담으로 회사들이 오히려 큰 어려움을 겪고 있다는 내용이다. 따라서 이와 같은 상황에 어울리는 고사성어로 가장 적절한 것은 자신의 행동에 자기 자신이 옭혀 곤란하게 됨을 비유적으로 이르는 '자승자박(自繩自縛)'이다.

03 ①

정답해설 지문에서 '세다'는 '능력이나 수준 등의 정도가 높거나 심하다'는 의미이다. 이러한 의미의 사용은 '술이 세다'의 ①이다.

오답해설 ② 기운이나 힘이 많다.

③ 물, 불, 바람 등의 기세가 크거나 빠르다.

④ 운수나 터, 팔자 등이 사납다.

⑤ 사물 등의 수를 헤아리거나 꼽다.

04 ③

정답해설 '길섶'은 길의 가장자리를 뜻하는 말로, 보통 풀이 나 있는 곳을 가리킨다.

05 ①

정답해설 제시문의 '한'은 '정확한' 또는 '한창인'의 의미이다. 이러한 의미로 사용된 것은 ①의 '한'이다.

오답해설 ② 시간, 공간, 수량, 정도 따위의 끝을 나타내는 말
③ 대략을 나타내는 말
④ 조건의 뜻을 나타내는 말
⑤ 조건의 뜻을 나타내는 말

06 ①

정답해설 '마음을 몹시 아프게 하다'를 뜻하는 표준어는 '에다'이다.

오답해설 ② '설레는'이 바른 표현이다.
③ '십상'이 바른 표현이다.
④ '바라다'에서 온 말이므로 '바람'이 바른 표현이다.
⑤ '눈초리'가 바른 표현으로, '눈꼬리'는 귀 쪽으로 가늘게 좁혀진 눈의 가장자리를 말한다.

07 ④

정답해설 '도대체 이게 얼마 만인가'에서 '–만'은 '동안이 얼마간 계속되었음'을 나타내는 의존 명사로 띄어 쓰는 것이 원칙이다.

오답해설 ① 좋아할만 한 → 좋아할 만한 : '만한'은 '만하다'라는 보조 용언의 어간에 관형사형 어미 'ㄴ'이 붙은 형태로 앞말과 띄어 쓰는 것을 원칙으로 한다.
② 살만도 → 살 만도 : '살만도'에서 '–만'은 의존 명사이므로 띄어 쓰는 것이 맞다.
③ 사흘만에 → 사흘 만에 : '사흘만에'에서 '–만'은 기간이 얼마간 계속되었음을 나타내는 의존 명사이므로 띄어 쓰는 것이 맞는 표현이다.
⑤ 옳은 지 → 옳은지 : '지'는 의존 명사일 때 앞말과 띄어 쓰는 것이 맞지만 '–ㄴ지/–ㄹ지'와 같이 추측이나 짐작을 나타낼 때에는 붙여 쓰는 것을 원칙으로 한다.

08 ④

정답해설 '건너게 해 드렸다'이므로 '건네'가 맞다.

오답해설 ① 중복되는 군더더기 표현을 피해야 한다.
② '구애받다'라는 서술어는 조사 '–에'와 호응하므로, '시간을'을 '시간에'로 바꾸어야 한다.
③ '상품'을 높이는 것은 잘못된 표현이므로, '보시면서'를 '보면서'로 바꾸어야 한다.
⑤ '아마'는 추측의 표현과 호응하여 쓰이는 부사어이다.

09 ②

정답해설 '숫양/숫염소/숫쥐' 이외의 수컷을 이르는 접두사는 '수'로 표기한다.

오답해설 ① 수쥐 → 숫쥐
③ 수양 → 숫양
④ 숫돼지 → 수퇘지
⑤ 숫병아리 → 수평아리

10 ②

정답해설 제시문은 유구와 일본이 중국 문물과 기예를 배워 나라의 이익을 도모한 것처럼 우리나라도 중국 문물과 기예를 보다 적극적으로 수용하자는 것을 핵심 내용으로 하고 있다. 따라서 주어진 글의 중심 내용은 '중국의 문화를 적극적으로 수용하자'이다.

오답해설 ① 막연히 유구와 일본을 배우자는 것이 아니라, 그들이 중국의 문화를 적극적으로 수용한 것을 본받자는 내용이다.
⑤ '중국 문화의 적극적인 수용'에 대한 내용이며, 반드시 유구와 일본을 통해 중국 문화를 수용하자는 것은 아니다.

11 ②

정답해설 제시문은 언어가 어떤 사물에 이름을 붙여 그 사물의 개념이 형성된다는 언어의 지시적 기능에 대한 내용을 담고 있다. 지시적 기능은 말하는 사람이 듣는 사람에게 어떤 정보나 내용을 알려 주는 기능을 의미하므로 정보적 기능이라고도 한다.

핵심정리 언어의 기능(로만 야콥슨)

- 시적 기능
- 친교적 기능
- 지시적 기능
- 표현적 기능
- 선동적 기능
- 메타언어적 기능

12 ①

정답해설 제시문은 '현재의 문화 창조에 이바지할 수 있느냐'를 기준으로 전통을 과거의 인습이나 단순한 유물과 구분하고 있다. 즉, 현재의 문화 창조에 이바지할 수 있는 것만을 전통으로 보고 있다. 따라서 ①이 가장 적합한 진술이다.

13 ②

정답해설 제시문은 어떤 것이 너무 많을 때와 너무 없을 때의 폐단을 차례로 언급하고 있다. 따라서 글의 제목으로는 ②가 가장 적합하다.

14 ③

정답해설 우선 제시된 ㉢이나 ㉤ 중, ㉤은 논리 전개상 처음에 나오기 어색하므로 ㉢이 첫 문장임을 알 수 있다. 다음으로 두 번째 문장으로 제시될 수 있는 ㉠, ㉣, ㉤ 중 ㉠은 내용상 ㉢ 다음에 바로 연결될 수 없음을 알 수 있다. 여기서 내용을 살펴보면, ㉤은 두 가지 방법이 가능하다는 전제에 해당되며 ㉡은 이 두 가지 방법을 구체적으로 설명하고 있다는 것을 알 수 있다. 따라서 '㉤→㉡'의 순서가 되어야 한다. 그리고 두 가지 방법 중 자기의 입장에서 후자가 더 편하다고 한 ㉠이 ㉡ 다음에 오면 자연스럽게 연결된다. 마지막으로 ㉠에 대한 이유를 밝히는 ㉣이 연결되면 논리 전개상 가장 매끄럽다. 따라서 '㉢-㉤-㉡-㉠-㉣'의 순서가 가장 적절하다.

15 ④

정답해설 주어진 문장은 예외를 논하기 전에 원칙을 세워야 한다는 것인데, '그러나'라는 역접의 접속사로 시작하고 있으므로 이 문장의 앞에는 예외의 존재를 서술하는 내용이 오는 것이 적합하다. 따라서 ㉣의 위치가 가장 적합하다.

16 ②

정답해설 제시문은 '백문불여일견(百聞不如一見)'이라는 말을 인용하여 눈은 귀보다 더 많은 정보를 얻을 수 있고, 더 생생하게 명확하게 기억되며, 보다 객관적이고 정확하다는 내용이다. 그러나 ㉡에서는 이러한 말이 더 이상 들어맞지 않게 되었다는 내용으로, 글 전체의 흐름과 어울리지 않는다.

17 ①

정답해설 강철이 60kg이므로 남은 네 명의 평균이 60kg이어야 한다. 네 명의 선수 모두 60kg이 아닌 이상 적어도 한명은 60kg이 넘지 않아야 한다.

18 ④

정답해설 서론에서는 수출 실적과 수출 경쟁력은 상관관계가 있다고 하였고, 본론에서 수출 경쟁력을 가격 및 비가격 경쟁력의 두 가지 측면에서 살펴보았다. 주제는 글 전체의 내용을 포괄하여야 하므로, '수출 경쟁력 향상을 위한 가격 및 비가격 경쟁력 향상'이 주제문으로 가장 적합하다고 할 것이다.

19 ⑤

정답해설 두 번째 문단과 세 번째 문단에서 도심 속 벽돌 건물의 기품과 색다른 분위기에 대해 설명하고는 있지만, 전체적으로는 벽돌 건물의 아름다움과 매력에 대해 설명하고 있으므로 글의 내용을 모두 포괄하는 제목으로는 ⑤가 가장 적절하다.

20 ①

정답해설 점묘파 화가들에 대한 내용이 등장한 것은 그들의 그림과 벽돌 건물 간에 존재하는 공통점을 설명하기 위해서이다. 지문을 통해서는 점묘파 화가들이 어떤 건물을 선호했는지 알 수 없다.

21 ②

정답해설 두 번째 문단에서 '벨라도나를 건강한 사람이 먹을 경우 열이 나거나 얼굴에 반점이 생길 수 있다.'라는 말이 있으므로 벨라도나를 건강한 사람이 먹을 경우 아무런 반응이 없다는 ②가 틀린 말이다.

22 ④

정답해설 '동종 요법'은 '유사성의 원리'에 근거하여 병의 증상과 동일한 증상을 인공적으로 만들어 병을 치료하는 것이다. 이러한 동종 요법의 원리와 가장 어울리는 것은 '열은 열로 다스린다.'는 의미의 '이열치열(以熱治熱)'이다.

23 ②

정답해설 윗글은 동북 공정에서 중국이 자신의 영토 안에서 일어난 과거의 역사(발해사)를 모두 중국사라고 주장하는 것에 대한 반박으로 집필되었다.

오답해설 ④ 동북 공정이 가지는 현재적 의미를 전망한 부분은 나타나지 않는다.

⑤ 지역적 특수성으로 인해 발해사가 근래 동아시아 역사 논쟁의 중심에 있는 것은 사실이나 다양한 역사적 사실을 들어 제시하는 부분은 나타나지 않는다.

24 ⑤

정답해설 빈공과는 손님으로 와 있는 외국학생들이 따로 치르는 시험이었다는 것을 보아, 발해 유학생들이 당나라에 가서 응시한 과거 시험이 빈공과였다는 것은 발해가 당나라의 지방 정권이 아니었다는 것의 근거가 된다. 발해가 당나라와 대등한 국가로서의 황제국을 지향했음은 발해왕을 황제, 천손으로 부른 사실에서 알 수 있다.

오답해설 ① 발해의 영토는 현재 북한의 대부분, 중국 동북 3성의 대부분, 러시아 연해주의 대부분을 포함하고 있었다.

② 발해의 2대 왕인 무왕은 일본에 보낸 국서에서 고구려의 옛 영토를 회복하고 부여에서 전해 내려온 풍속을 간직하고 있다고 하며 고구려의 후예임을 자임하였다.

③ 중국의 역사서인 『구당서』에 발해의 풍속이 고구려의 풍속과 같다는 기록이 전해지고 있다고 하였다.

④ 중국의 동북 공정 논리에 따르면 발해는 물론 부여와 고구려도 중국의 역사가 된다고 하였다.

25 ③

정답해설 ⓒ의 풍속은 한자어로 '風俗'이다.

자료해석

정답									
01 ②	02 ①	03 ③	04 ②	05 ④	06 ②	07 ④	08 ①	09 ③	10 ③
11 ①	12 ①	13 ①	14 ④	15 ③	16 ④	17 ③	18 ②	19 ④	20 ②

01 ②

정답해설 처음 직사각형의 가로 길이를 x라 하면

$x\times(x-2)=120$

$x=12$

즉 처음 직사각형의 가로는 12cm, 세로는 10cm이고

세로의 길이를 20% 늘이면 $10\times(1+0.2)=12$cm

따라서 세로의 길이를 늘인 직사각형의 넓이는 $12\times12=144\text{cm}^2$

02 ①

정답해설 가은이가 걸은 거리를 x, 달린 거리를 y라고 하면

$x+y=800$ ⋯ ㉠

시간$=\frac{\text{거리}}{\text{속력}}$이므로

$\frac{x}{50}+\frac{y}{200}=10$ ⋯ ㉡

㉠과 ㉡을 연립하여 풀면

$x+y=800$, $4x+y=2{,}000$

$\therefore x=400,\ y=400$

03 ③

정답해설 A의 1일 일량 : $\frac{1}{10}$, B의 1일 일량 : $\frac{1}{20}$

B가 일한 날 수 : 16일, B의 총 일량 : $\frac{1}{20}\times16=\frac{4}{5}$

나머지가 A의 일량 : $\left(1-\frac{4}{5}\right)\div\frac{1}{10}=2$

A의 일한 날 수 : 2(일)

$\therefore$ A가 쉰 날 수 : $16-2=14$(일)

04 ②

정답해설 12%의 소금물 200g에 들어있는 소금의 양 : $200\times\frac{12}{100}=24(\text{g})$

퍼낸 소금물의 양을 xg이라 할 때 소금의 양 : $\frac{12}{100}x$

12%의 소금물 200g에 남아있는 소금의 양 : $24-\frac{12}{100}x$

(다시 퍼낸 양만큼 물을 넣기 때문에 소금의 양은 같다.)

9%의 소금물 100g을 추가로 넣었을 때 소금의 양 : $\left(24-\frac{12}{100}x\right)+9$

이는 10%의 소금물 300g에서 소금의 양과 같으므로

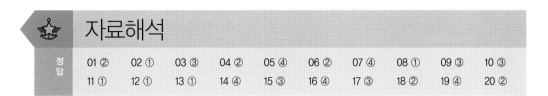

$\left(24-\frac{12}{100}x\right)+9=300\times\frac{10}{100}$

$33-\frac{12}{100}x=30$

$\frac{12}{100}x=3$

$\therefore x=25$

퍼낸 소금물의 양은 25g이다.

05 ④

정답해설 12명이 5개씩 귤을 나누면 7개가 부족하므로 귤의 개수는 $12\times5-7=53$(개)
8명이 3개씩 나누어 가지면 $8\times3=24$(개)의 귤이 필요하므로
∴ 남는 귤의 수는 $53-24=29$(개)

06 ②

정답해설 전체 급식 시행 학교 수는 286개이고, 총 급식인력은 1,195명으로, 전체 급식 시행 학교에 대한 평균 급식인력은
$\frac{\text{급식인력총계}}{\text{전체급식시행학교수}}=\frac{1,195}{286}=4.17832\cdots$
따라서 전체 급식 시행 학교에서 급식인력은 평균 4명이다.

07 ④

정답해설 2024년 10월 매출액 1~3위 자동차의 매출액 기준 시장점유율은 '$34.3+33.0+8.6=75.9\%$'이며, 4~6위 자동차의 시장점유율은 '$5.9+4.6+4.5=15\%$'이다. 전자는 후자의 '5.06배'이므로, 5배 이상이 된다. 따라서 ④는 옳은 설명이다.

오답해설 ① B 자동차의 9월 매출액을 구하면 '$\frac{1,097}{1.4}≒784$억 원'이 된다. 9월 매출액 순위는 B가 A보다 높으므로, 10월 매출액 상위 5개 자동차의 순위는 전월과 동일하지 않다.
② 2024년 I 자동차의 월 매출액은 8월의 경우 '$24-9=15$억 원'이며, 9월의 경우 '$36-24=12$억 원'이 된다. 따라서 6월부터 9월 중 I 자동차의 월 매출액이 가장 큰 달은 8월이 된다.
③ '시장점유율(%)$=\frac{\text{해당자동차월매출액}}{\text{전체자동차월매출총액}}\times100$'이므로, '전체 자동차 월 매출총액$=\frac{\text{해당자동차월매출액}}{\text{시장점유율}}\times100$'이 된다. I 자동차의 월 매출액과 시장점유율을 통해 10월 전체 자동차 매출액 총액을 구하면 '$\frac{30}{0.9}\times100≒3,333$억 원'이 되므로, 4,000억 원 이하가 된다.

08 ①

정답해설 병의 조언을 통해 D가 가장 먼저 일어났다는 사실을 알 수 있다. 다음으로 갑의 조언에서 'B–A–E' 또는 'E–A–B'의 순서가 되며, 을의 조언에서 'A–C–D' 또는 'D–C–A'의 순서가 된다는 것을 알 수 있다. 그런데 D가 가장 먼저 일어났다는 것은 참이므로, 을의 조언에서 'D–C–A'의 순서만 참이 된다. 정의 조언에 따라 A와 C는 연이어 일어나지 않았으므로, D–C–A에 갑의 조언을 연결시키면 'D–C–B–A–E' 또는 'D–C–E–A–B'가 참이 된다는 것을 알 수 있다. 따라서 어떤 경우이든 네 번째로 일어난 사건은 'A'가 된다.

09 ③

정답해설 연도별 인구 10만 명당 범죄 발생건수는 '$\frac{\text{범죄발생건수}}{\text{총인구수}}\times100,000$'이므로, 2021년 인구 10만 명당 범죄 발생건수는 '$\frac{18,258}{49,346,000}\times100,000≒37$건'이 된다.

10 ③

정답해설 ㉡ 2024년 4대 범죄의 발생건수와 검거건수를 비교할 때, 발생건수 대비 검거건수 비율이 낮은 범죄유형은 '상해'와 '절도'이다. 상해의 경우 발생건수 대비 검거건수 비율이 '$\frac{122}{132}\times100≒92.4\%$'이며, 절도의 경우 '$\frac{12,525}{14,778}\times100≒$

84.8%'이므로, '절도'가 2024년 발생건수 대비 검거건수 비율이 가장 낮은 범죄유형이다. 따라서 ㉡은 옳지 않다.

㉢ 2021년 강도와 상해 발생건수의 합이 4대 범죄 발생건수에서 차지하는 비율은 '$\frac{(5,753+132)}{22,310}\times 100 \fallingdotseq 26.4\%$'이며, 2024년 강도와 상해 검거건수의 합이 4대 범죄 검거건수에서 차지하는 비율은 '$\frac{(5,481+122)}{19,774}\times 100 \fallingdotseq 28.3\%$'이 된다. 따라서 전자는 후자보다 낮으므로, ㉢은 옳지 않다.

오답해설 ㉠ 인구 10만 명당 발생건수 증가율을 참고로 할 때, 전년대비 4대 범죄 발생건수 증가율이 가장 낮은 연도는 2023년이다. 전년대비 4대 범죄 검거건수 증가율의 경우도 2023년이 '$\frac{(16,630-16,404)}{16,404}\times 100 \fallingdotseq 1.4\%$'로 가장 낮다.

㉣ 〈표1〉을 통해 매년 4대 범죄의 발생건수와 검거건수가 증가하고 있음을 알 수 있다.

11 ①

정답해설 (가)의 자료에서는 경제 규제가 강할수록 부패도가 높음을 알 수 있고, (나)에서는 경제 규제가 강할수록 경제 성장률이 낮음을 알 수 있다. 이를 통해 경제 규제와 부패 간에 연관이 있음을 추론할 수 있다. 또한 부패도가 높은 나라일수록 경제 성장률도 낮으므로 ①과 같은 추론이 가능하다.

12 ①

정답해설 2024년 소비자물가상승률은 '$\{(102.9\div 101.0)-1\}\times 100 \fallingdotseq 1.9\%$'이다.

13 ①

정답해설 집에서 출발한 시간 : 10시−1시간 15분+10분+15분+20분=9시 30분

각 시간의 각도 : $360\div 12=30^\circ$

시침이 움직인 각도 : $30\times 9+30\times 0.5=270+15=285^\circ$

분침이 움직인 각도 : $30\times 6=180^\circ$

$\therefore 285^\circ-180^\circ=105^\circ$

14 ④

정답해설 주어진 조건에 따라 상의와 하의를 구분하면 다음과 같다.

구분	상의	하의
갑	흰색	파란색
을	검정색	분홍색
병	분홍색	흰색
정	파란색	노란색
무	노란색	검정색

따라서 정의 하의는 노란색이다.

15 ③

정답해설 일요일 하루 동안 두 극장에서 영화를 본 사람이 모두 5,000명이고 이 중 60%가 A극장에서 보았으므로, 이날 하루 A극장에서 영화를 본 총관람객 수는 '5,000×0.6=3,000(명)'이다. 그리고 A극장 관람객의 36%가 30대였으므로, 이날 30대 관람객은 '3,000×0.36=1,080(명)'이 된다.

16 ④

정답해설 지난 일요일 극장을 찾은 세대별 관람객수를 구하면 다음과 같다.

구분	20대 비율(%)	30대 비율(%)	40대 비율(%)	50대 이상 비율(%)
A극장	870	1,080	720	330
B극장	280	540	780	400

지난 일요일 50대 이상의 관람객수는 A극장보다 B극장이 더 많았다. 따라서 ④는 옳지 않은 내용이다.

17 ③

정답해설 사용한 금액 5,000,000원에서 더 사용해야 하는 금액 2,750,000원을 뺀 2,250,000원이 공제대상금액이 되며 이는 체크카드 사용금액 내에 포함되므로 공제율 30%를 적용한 소득공제금액은 675,000원이다.

오답해설 ① 15%와 30%는 신용카드와 현금영수증 및 체크카드의 각각 공제율이고 신용카드와 체크카드는 둘 다 사용금액이 연봉의 25%를 넘어야 공제가 가능하다.

② 연봉의 25%를 초과 사용한 범위가 공제대상에 해당되는데 연봉 35,000,000원의 25%는 8,750,000원이므로 현재까지의 사용금액 6,000,000원에서 2,750,000원보다 더 많이 사용해야 초과한 금액을 공제받을 수 있다.

④ 신용카드의 공제율은 15%, 체크카드의 공제율은 30%이기 때문에 공제받을 금액은 체크카드를 사용했을 때 더 유리하게 적용된다.

18 ②

정답해설 기존 1~8월 지출 내역에 8월 이후 지출 내역을 합산하여 지출 총액과 소득공제 대상 금액을 계산하면 다음과 같다.

지출 총액 : 2,500,000+3,500,000+4,000,000+5,000,000=15,000,000원

소득공제 대상 금액 : 15,000,000−(40,000,000×0.25)=5,000,000원

이때, 공제 대상 금액 5,000,000원은 현금영수증 사용금액 내에 포함되므로 공제율 30%를 적용하고, 표에 따른 세금을 적용하면 다음과 같다.

소득공제금액 : 5,000,000×0.3=1,500,000원

세금 : 1,500,000×0.15=225,000원

따라서 A씨의 소득공제 금액에 대한 세금은 225,000원이다.

19 ④

정답해설 2019년 가구당 총지출액이 평균 2,000만 원이었고 이 중 교육비가 차지한 비율은 23%이므로, 이 해의 가구당 교육비 지출액은 '2,000×0.23=460(만 원)'이고 2024년의 가구당 교육비 지출액은 '3,000×0.29=870(만 원)'이다. 따라서 2024년의 가구당 교육비는 2019년에 비해 410만 원이 증가하였다.

20 ②

정답해설 2024년도의 주거비와 식비, 교육비를 제외한 기타 지출액은 비율은 5%이므로 가구당 기타 지출액은 '3,000×0.05=150(만 원)이 된다.

오답해설 ① 2019년 가구당 주거비 지출액은 '2,000×0.42=840(만 원)'이며 2024년 가구당 주거비 지출액은 '3,000×0.35=1,050(만 원)'이므로 2024년 가구당 주거비 지출비율은 2019년에 비해 줄었으나 지출액은 늘었다.

③ 2019년 가구당 식비 지출액은 '2,000×0.27=540(만 원)'이므로 월 45만 원이 된다.

④ 도시 가구별 평균 지출내역에서 교육비가 차지하는 비중은 2019년에 23%에서 2024년 29%로 증가하였으므로 도시 가정에서의 교육비 비중은 증가하는 추세라 볼 수 있다.

실전모의고사 2회

공간능력

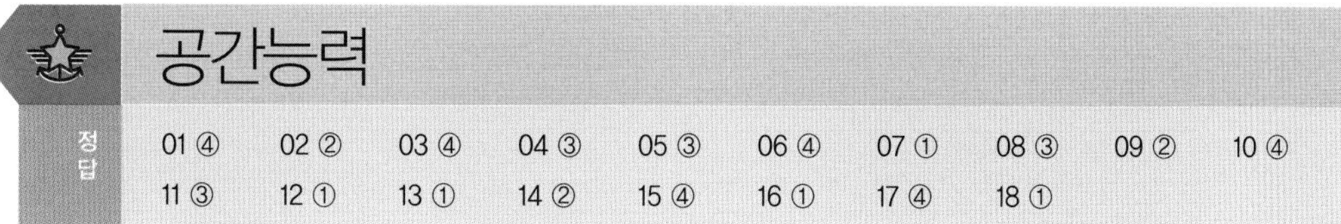

정답									
01 ④	02 ②	03 ④	04 ③	05 ③	06 ④	07 ①	08 ③	09 ②	10 ④
11 ③	12 ①	13 ①	14 ②	15 ④	16 ①	17 ④	18 ①		

01 ④

정답해설

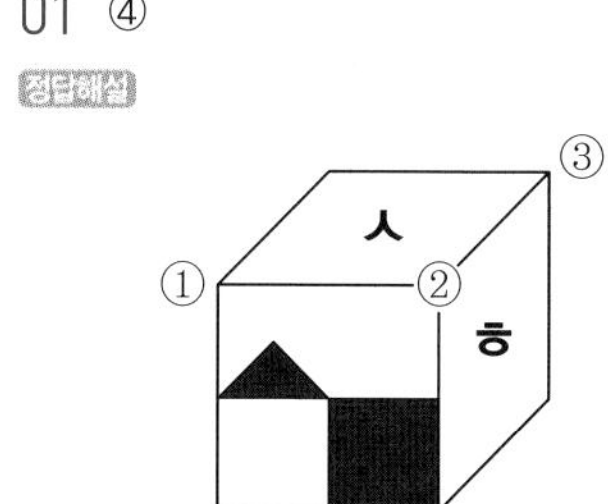

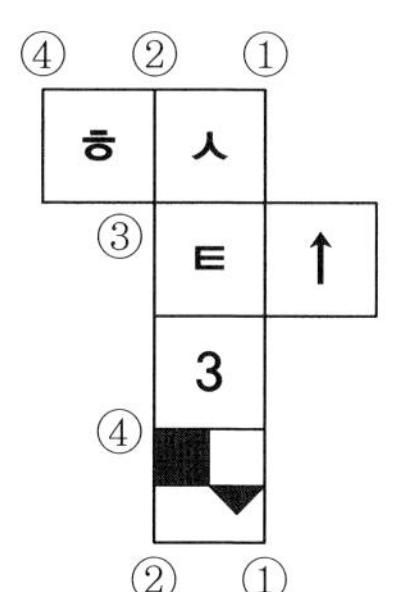

02 ②

정답해설

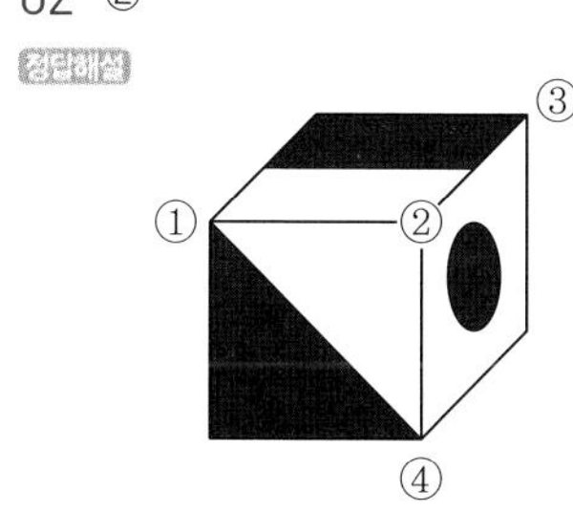

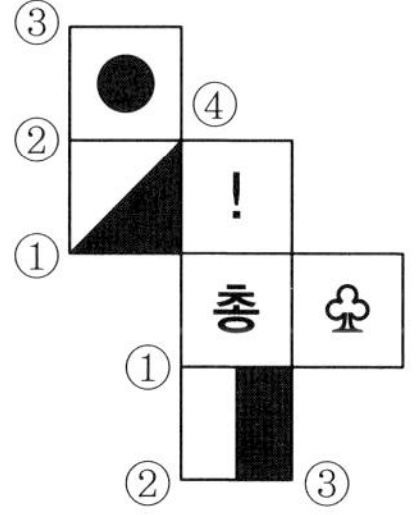

03 ④

정답해설

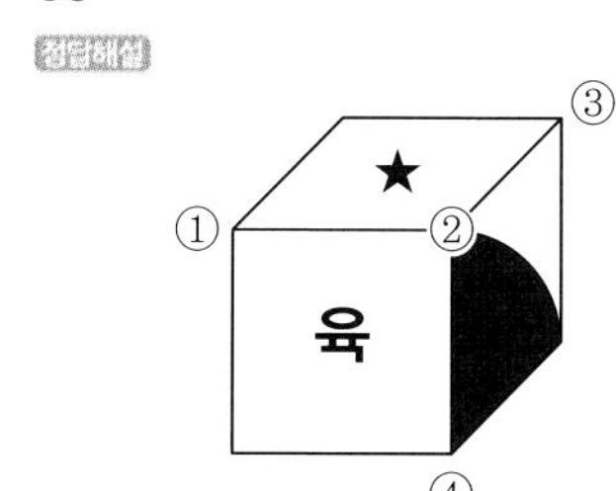

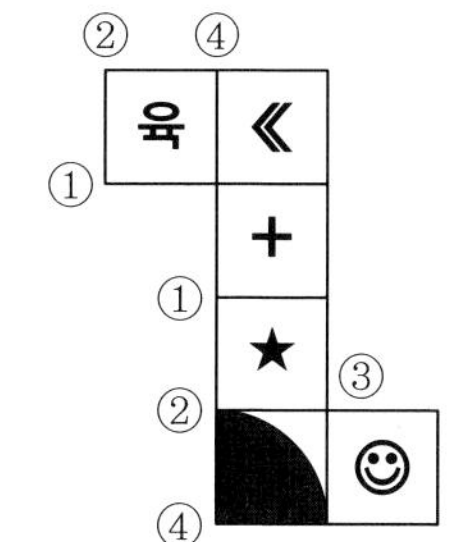

04 ③

정답해설

05 ③

정답해설

06 ④

정답해설

07 ①

정답해설

08 ③

정답해설

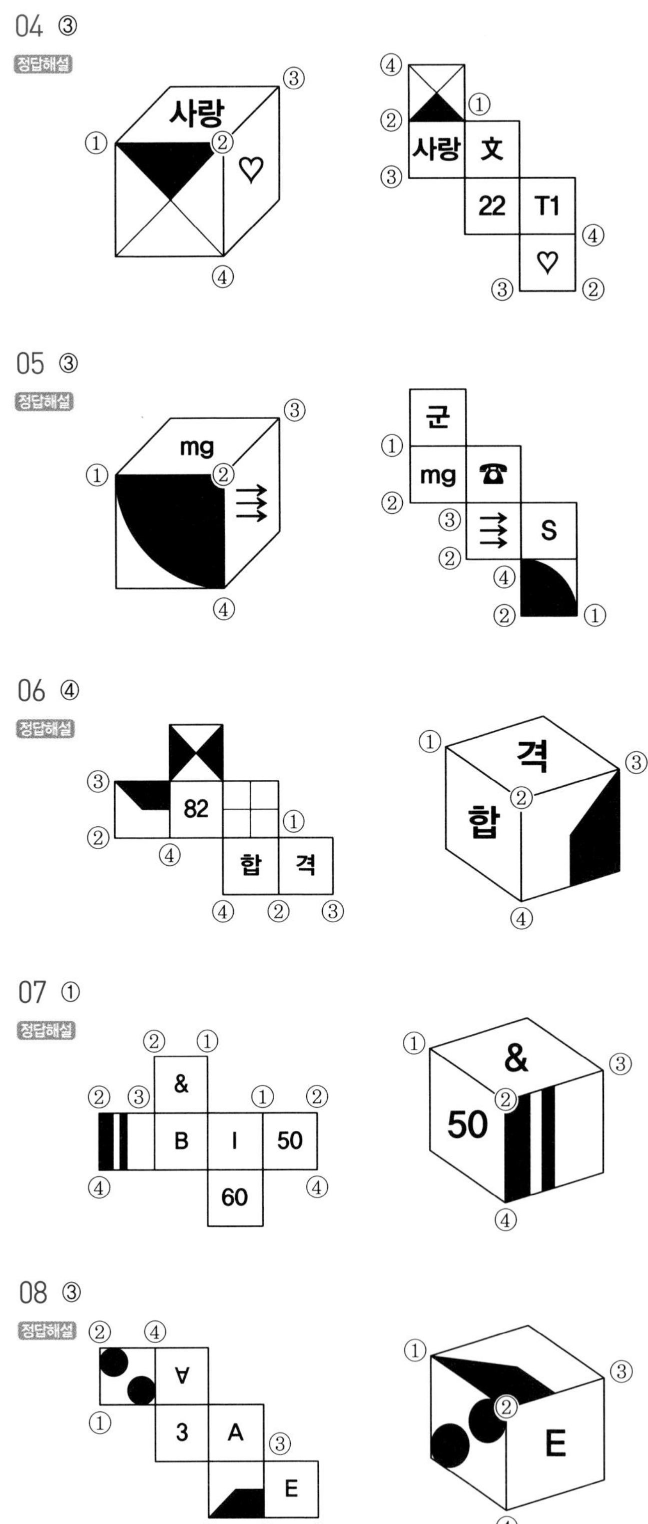

09 ②

정답해설

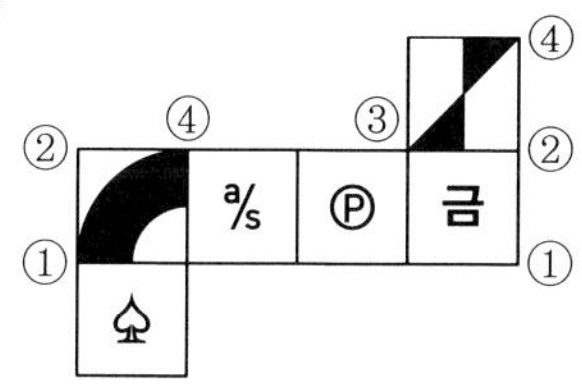

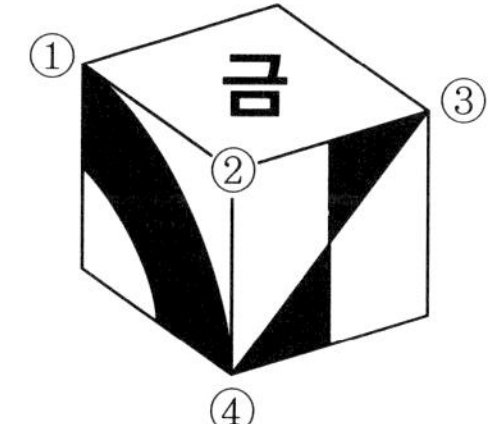

10 ④

정답해설

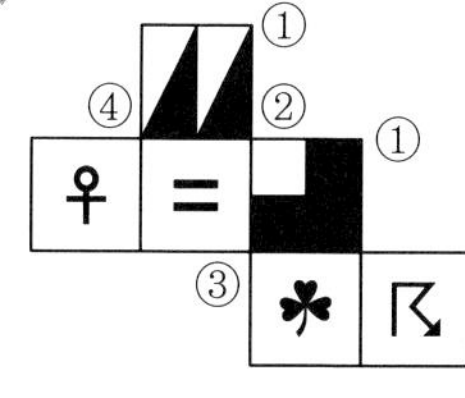

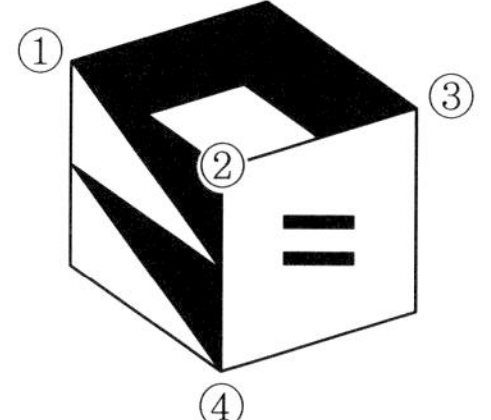

11 ③

정답해설 왼쪽 열부터 차례대로 세어 보면 5+3+5+7+4+2+10+2=38개

12 ①

정답해설 왼쪽 열부터 차례대로 세어 보면 2+3+3+8+4+2+3=25개

13 ①

정답해설 왼쪽 열부터 차례대로 세어 보면 5+6+11+3+1+17+1=44개

14 ②

정답해설 왼쪽 열부터 차례대로 세어 보면 1+2+5+1+7+4+3+1+10=34개

15 ④

정답해설 왼쪽 열부터 층을 세어 보면 '1−2−1−1−2−3−6−6'이다.

16 ①

정답해설 왼쪽 열부터 층을 세어 보면 '2−(1,1)−(2,3)−(1,1)−(1,1)−(1,1)−(1,2)−(1,1,1)−(1,1)−(1,1)−(1,1)−1'이다.

17 ④

정답해설 왼쪽 열부터 층을 세어 보면 '1−3−4−3−3−4−3−3−1−3−2−1'이다.

18 ①

정답해설 왼쪽 열부터 층을 세어 보면 '4−3−1−2−(1,1)−(2,2)−4−3−2'이다.

지각속도

정답									
01 ①	02 ②	03 ②	04 ②	05 ①	06 ②	07 ②	08 ①	09 ①	10 ②
11 ①	12 ①	13 ①	14 ①	15 ②	16 ②	17 ②	18 ②	19 ①	20 ①
21 ②	22 ①	23 ①	24 ①	25 ②	26 ④	27 ②	28 ①	29 ②	30 ④

01 ①

02 ②

정답해설 춘분 망종 하지 소만 – (ㄴ)ⓒ (ㅁ)ⓜ (ㅁ)ⓗ (ㄹ)ⓜ

03 ②

정답해설 청명 경칩 소만 입하 – (ㄷ)ⓒ (ㄴ)ⓛ (ㄹ)ⓜ (ㄹ)ⓡ

04 ②

정답해설 하지 우수 입춘 춘분 – (ㅁ)ⓗ (ㄱ)ⓛ (ㄱ)ⓖ (ㄴ)ⓒ

05 ①

06 ②

정답해설 dog cat pet net – 201 389 921 038

07 ②

정답해설 fog hat mad bed – 692 760 627 270

08 ①

09 ①

10 ②

정답해설 leg mad pet age – 010 627 921 017

11 ①

12 ①

13 ①

14 ①

15 ②

정답해설 ii † ◀ ▶ ─ ⏏ ❋ ∵ ㉾

16 ②

정답해설 기마 한숨 낙마 들깨 – 59 92 11 16

17 ②

정답해설 상상 참깨 들숨 참수 – 29 61 12 03

18 ②

정답해설 기수 낙상 들깨 기마 – 02 20 16 59

19 ①

20 ①

21 ②

정답해설 honest patient foolish superb – 황보 선우 남궁 독고

22 ①

23 ①

24 ①

25 ②

정답해설 positive blossom charming foolish – 제갈 황목 어금 남궁

26 ④

정답해설 핸햔함햔햔함하함핸힌히행햔함항하항학핫햔하한함함하핫학항형향헹횡하홍햔흉헌항한후헤헙협허함함헌헝항함합햅항헤헐한헐헐헌햔핟힌항향한행

27 ②

정답해설 sdfwermewfwemgefsfefwewemgeesawmgffrwefsdfmwqergmgmwerqfsefwfresdgfsdfwersdfmwergmwergwermwegfdhnmgretase

28 ①

정답해설 1231213213123132154321635424657531324357318919119191976316411447147142741327417417241

29 ②

정답해설 ▤▥▦▧▨▩▤▨▩▤▤▥▧▨▩▤▥▤▥▦▧▥▦▧▥▨▩▦▩▦▧▤▥▨▩▦▩▤▧▨▩▩▤▧▨▥▧▩▥▦▨▤▦
▨▤▦▨▤▦▨▤▦▨▩▦▧▨▤▦▨▩▦▧▤▥▨▤▦▨▩▥▦▨▤▥▧▩▥▧▩▥▨▤▦▨▤▦▨▤▦▨▤▦▨▤▦

30 ④

정답해설 영영열연영열역열연영열연영열역열연영열연영열역열연영영영영영열연영열연영열역열연영열연영열역열영열연영열

언어논리

정답									
01 ③	02 ②	03 ①	04 ③	05 ④	06 ②	07 ⑤	08 ②	09 ①	10 ⑤
11 ⑤	12 ⑤	13 ④	14 ⑤	15 ②	16 ②	17 ⑤	18 ④	19 ④	20 ②
21 ②	22 ④	23 ③	24 ③	25 ②					

01 ③

정답해설 문맥상 ㉠에는 '스스로를 굽히는 마음'이라는 뜻의 '자굴지심(自屈之心)'이, ㉡에는 '눈을 비비고 다시 보다. 즉, 학식이나 재주가 부쩍 진보하다'는 뜻의 '괄목상대(刮目相對)'가 들어가는 것이 옳다.

오답해설 ① 자격지심(自激之心) : 자기가 한 일에 대하여 스스로 미흡하게 여기는 마음을 뜻한다.
사상누각(沙上樓閣) : 모래 위에 세운 다락집이라는 뜻으로, 기초가 약하여 무너질 염려가 있을 때나 실현 불가능한 일을 두고 이르는 말이다.
② 자포자기(自暴自棄) : 자신을 스스로 해치고 버린다는 뜻으로, 몸가짐이나 행동을 되는대로 취한다는 뜻이다.
청출어람(靑出於藍) : 푸른색은 쪽에서 나왔지만 쪽빛보다 더 푸르다라는 뜻으로, 제자가 스승보다 더 나음을 비유하는 말이다.
④ 방약무인(傍若無人) : 곁에 아무도 없는 것처럼 여긴다는 뜻으로, 주위에 있는 다른 사람을 전혀 의식하지 않고 제멋대로 행동하는 것을 이르는 말이다.
자화자찬(自畫自讚) : 자기가 그린 그림을 스스로 칭찬한다는 뜻으로, 자기가 한 일을 자기 스스로 자랑함을 이르는 말이다.
⑤ 심기일전(心機一轉) : 마음의 기틀이 한 번 변한다는 뜻으로, 어떠한 계기를 통해 지금까지 지녔던 생각과 자세를 완전히 바꾸는 것을 이르는 말이다.
작심삼일(作心三日) : 지어 먹은 마음이 사흘을 가지 못한다는 뜻으로, 결심이 굳지 못함을 이르는 말이다.

02 ②

정답해설 간담상조(肝膽相照)는 '간과 쓸개를 내놓고 서로에게 내보인다'라는 뜻으로, 서로 마음을 터놓고 친밀(親密)히 사귐을 뜻한다. 실패 후 악착같이 공부하는 모습에 쓰일 한자 성어는 아니다.
적절한 한자성어는 칠전팔기(七顚八起), 와신상담(臥薪嘗膽) 등이 있다.

03 ①

정답해설 '소 잃고 외양간 고친다.'는 준비를 소홀히 하다가 실패한 후에야 후회하고 뒤늦게 수습한다는 뜻을 가진 속담으로, 인간의 소유욕과 관련이 없다.

04 ③

정답해설 바다의 수심을 모르기에 무서움을 느끼지 못하는 순진하고 연약한 나비의 모습을 그리고 있다. 따라서 철없이 함부로 덤비는 경우를 비유적으로 이르는 속담인 '하룻강아지 범 무서운 줄 모른다.'와 가장 관련이 깊다.

05 ④

정답해설 '종료(終了)하다'는 '어떤 행동이나 일 따위가 끝나다. 또는 행동이나 일 따위를 끝마치다.'의 의미로, '시선을 멈추다'에서의 '멈추다'와 유의 관계라고 볼 수 없다. '시선을 멈추다'는 '시선을 두다'의 의미로 이해할 수 있다.

06 ②

정답해설 '냉소(冷笑)'는 '쌀쌀한 태도로 업신여겨 비웃음 또는 그러한 웃음, 찬웃음'을 의미한다.

07 ⑤

정답해설 '데면데면하다'는 '사람을 대하는 태도가 친밀감이 없이 예사롭다.'라는 의미이다.

08 ②

정답해설 비나리란 '남의 환심을 사려고 아첨함' 또는 〈민속〉 걸립(乞粒)을 직업으로 하는 비나리패에 끼어 있는 사람, 동네 경비를 마련하기 위하여 각처로 돌아다니며 풍악을 쳐서 돈이나 곡식을 얻는 패에 끼어 있는 사람을 의미한다. 이에 '비나리치다'라는 말의 뜻은 '(사람이)아첨하여 가며 남의 환심을 사다'이다.

09 ①

정답해설 하늘, 바람은 고유어이나, '심하다 못하여 나중에는'을 뜻하는 심지어(甚至於), '이렇거나 저렇거나 귀결되는 바'를 뜻하는 어차피(於此彼), '물을 끓이거나 데우는 데 쓰는 그릇'을 뜻하는 주전자는 한자어이다.

오답해설 ② 학교(學校), 공장(工場), 도로(道路), 자전거(自轉車), 자동차(自動車)는 모두 한자어이다.

④ 고무(프랑스, gomme), 담배(포르투갈, tabacco), 가방(네덜란드, kabas), 빵(포르투갈, pao), 냄비(일본, なべ, 鍋)에서 온 귀화어이다.

⑤ 비어는 품격이 낮은 상스러운 말이라는 의미로 상말이라고도 하며, 남을 하대하여 쓰기 때문에 하대어로도 불린다. 인체 관련 용어는 '머리–대갈(대갈통), 얼굴–상판대기, 입–아가리(주둥아리), 눈–눈깔, 배–배때기, 목–목아지' 등이 있고, '바보–쪼다, 아버지–깨비(꼰상, 꼰대), (여자)애인–깔치, 증명서–찡, 웃는다–쪼갠다, 거짓말(하다)–구라(깐다) · 후라이(깐다) · 공갈(친다)' 등과 같은 말이 있다.

10 ⑤

정답해설 첩어(같은 음이나 비슷한 의미를 가진 낱말들이 반복적으로 결합한 말) 뒤에는 접미사 '– 이'가 결합하므로 '틈틈 –'+'– 이'→'틈틈이'가 된다.

오답해설 ① 앞말의 끝 받침이 'ㅅ'으로 끝난 경우에 뒤의 접미사 '– 이'가 결합하므로 '의젓 –'+'– 이'→'의젓이'가 된다.

② '급급히'의 '급급'은 낱낱의 글자가 명사인 첩어가 아니라 접사 '– 하다'가 붙는 어근이므로 '급급히'가 된다.

③ '엄격히'의 '엄격'은 접사 '– 하다'가 붙는 어근이므로 '엄격히'가 된다.

④ 앞말의 끝 받침이 'ㅅ'으로 끝난 경우에 뒤의 접미사 '– 이'가 결합하므로 '깨끗 –'+'– 이'→'깨끗이'가 된다.

11 ⑤

정답해설 '강물에 떠내려가 버렸다.'는 '물 위에 떠서 물결을 따라 옮겨 가다.'라는 뜻의 복합 동사 '떠내려가다' 뒤에 보조 동사 '버리다'가 이어진 것으로, 한글 맞춤법 제47항 보조 용언의 띄어쓰기 규칙에 따라 '떠내려가 버렸다.'와 같이 띄어 쓰는 것이 옳다.

12 ⑤

정답해설 ㉠ '낮잡다'는 '실제로 지닌 값보다 낮게 치다.'라는 뜻으로 두 개의 실질 형태소(낮–, 잡–)가 결합된 합성어이다.

㉡ '교만한 마음으로 남을 내려다보거나 없는 것과 같이 생각하다.'라는 뜻의 '업신여기다'는 '없이 여기다.'에서 온 것으로 생각되지만, 'ㄴ' 음이 첨가될 환경(조건)이 아니라는 점에서 '없이 여기다 → [업:씬녀기다]'에 대한 설명이 어려워진다. 이와 같이 어원이 불분명한 단어들은 원형을 밝혀 적지 않고 소리 나는 대로 적는다.

13 ④

정답해설 해당 문장에서 높여야 할 대상은 주체인 '교장 선생님'이다. 그러나 여기에서의 주어는 '말씀'이므로 직접높임법을 사용할 경우 '말씀'을 꾸미는 '계시다'가 사용되는데, 이는 잘못된 표현이다. 실제 높임을 받는 주체인 교장 선생님이라는 높이기 위해서는 간접높임법의 표현을 사용해 '있으시겠습니다.'로 표현하는 것이 옳다.

14 ⑤

정답해설 주어진 보기에서 '두째'와 '둘째'의 예를 들어 차례의 표현과 수량의 표현의 표준어를 설명하고 있다. 십 단위 이상에서 수량을 나타내는 ⑤의 '스물둘째'가 올바른 표준어 사용이다.

오답해설 ① 열하나째
② 첫째
③ 스물셋째
④ 열넷째

15 ②

정답해설 '지꺼리는'은 동사 '지껄이다'에 관형사형 어미가 결합된 것으로, '지껄이는'이 맞는 표기이다.

오답해설 ① '잠가야'는 동사 '잠그다'의 어간에 어미 '–아야'가 결합된 것으로, 이 경우에 '잠그다'가 활용할 때에는 '으'가 탈락하는 현상이 나타난다. 따라서 '잠궈야'가 아니라 '잠가야'가 맞는 표기이다.
③ '사물이나 영역의 안과 밖'을 뜻하는 '안팎'은 옳은 표기이다.
④ '얼굴에 핏기나 생기가 없어 파리하다.'를 뜻하는 '해쓱하다'는 옳은 표기이다.
⑤ '하는 짓이나 모양이 격에 어울리지 않다.'를 뜻하는 '멋쩍다'는 옳은 표기이다.

16 ②

정답해설 ㄱ의 주어는 '새가'이며, ㄹ에서 안은 문장의 주어는 '우리 반이 승리했음이'이고 안긴 문장의 주어는 '우리 반이'이다. 주격 조사는 앞말에 받침이 없으면 '가', 앞말에 받침이 있으면 '이'가 쓰인다. 따라서 주격 조사의 형태가 앞말과 관계가 없다는 설명은 적절하지 않다.

오답해설 ① ㄱ에는 주격 조사 '가'가 사용되었으나, ㄷ에는 주격 조사가 생략되어 있다.
③ ㄱ에는 주어인 '새가'가 사용되었으나, ㅁ에는 주어가 생략되었다. 명령문에는 주어가 흔히 생략된다.
④ ㄴ의 주어인 '영희는'은 문장의 제일 뒤에, ㄷ의 주어인 '우리'는 문장의 제일 앞에 위치해 있다.
⑤ ㄷ의 주어인 '우리'는 한 단어이지만, ㄹ의 주어인 '우리 반이 승리했음이'는 절의 형식이다.

17 ⑤

정답해설 〈보기〉의 제시문은 의미를 알기 어려운 한자어 사용이 많지 않으므로, 한자어를 고유어로 바꿀 필요는 없다.

오답해설 ① '극복하다'의 주어가 생략되어 있으므로 '누가'에 해당하는 주어, 예를 들면 '다른 나라들이'를 삽입하여 '다른 나라들이 어떻게 반대를 극복하는가에 있다.'로 수정한다.
② 목적어 '합의를'이 반복되므로 뒤쪽의 것을 생략하여 '합의를 저지한다든가 또는 무의미하게 만들어 버리는'으로 수정한다.
③ 문장이 길기 때문에 "일국 또는 복수의 나라가 다국간의 합의를 저지한다든가 또는 무의미하게 만들어 버리는 힘을 가지고 있다."라는 문장과 "세계 정치에서 주요한 문제 중 하나는 다른 나라들이 어떻게 그들의 반대를 극복하는가에 있다."라는 문장으로 나누는 것이 이해하기 쉽다.
④ 〈보기〉의 제시문은 나라와 나라 사이의 정치, 즉 외교 활동과 관련된 내용이므로 '환경'이란 어휘는 문맥상 어울리지 않는다. 그러므로 생략하는 것이 올바르다.

18 ④

정답해설 본론 부분에서 과학기술자의 책임과 권리를 다루었으므로 결론 부분에서는 본론의 내용을 정리하면서 주장하고자 하는 바를 명확하게 언급해야 한다.

19 ④

정답해설 이 글은 자연의 생명체들이 보여 주는 능력을 모방해 인간 생활에 적용 가능한 형태로 만들어내려는 '생체 모방 공학'에 대한 글이다. 빈칸의 전 문장에서 생체 모방의 모든 것은 자연에 존재한다고 하였으므로 '자연이 과학의 훌륭한 스승인 셈이다.'가 들어가는 것이 가장 자연스럽다.

20 ②

정답해설 확신인간의 감정 폭발은 그것을 당연하게 여기는 확신인간의 심리에 의해 강화되며 이것은 곧 폭력심리의 기본이 된다. 그러므로 감정 폭발이 반복될수록 확신인간의 폭력적 행동은 점점 심화된다고 할 수 있다.

21 ②

정답해설 윗글에서 어떤 사물에 대해 그림을 그리듯이 생생하게 표현하는 묘사의 서술 방식은 사용되지 않았다.

오답해설 ① '사람을 예로 들어 보자.'라고 하며 예시의 진술 방식을 사용하였다.

③, ④ "본질'이 존재론적 개념이라면 거기에 언어적으로 상관하는 것은 '정의'이다.'의 문장에서 대조와 정의의 진술 방식이 사용되었다.

⑤ 반례의 예시에서 2개 이상을 열거하였다.

22 ④

정답해설 본문의 마지막 부분에서 '사물의 본질이라는 것은 단지 인간의 가치가 투영된 것에 지나지 않는다는 것이 반본질주의의 주장이다.'라고 한 것에서 알 수 있다.

오답해설 ①, ②, ③, ⑤ 본질주의에 해당하는 내용이다.

23 ③

정답해설 (나)는 전체의 문제를 제기하였고, (가)는 (나)에서 제기한 문제에 대한 대응과 관련한 내용이다. (라)는 앞의 내용에 대한 반론의 내용이고, (다)는 (라)의 반론에 대한 결론이다. 따라서 의미맥락이 통할 수 있도록 논리적 순서에 맞게 나열한 것은 (나) – (가) – (라) – (다)이다.

24 ③

정답해설 글의 논리적 순서를 파악하기 위해서는 접속어와 지시어에 유의하여야 한다. (다)에서 화제를 제시하고 있다. '그러나'라는 역접의 접속어가 사용되고 밤에도 빛을 이용하게 되었다는 내용이 제시되었으므로 (다) 뒤에 (라)가 위치하는 것이 적절하다. 이후 '그'가 가리키는 것은 (라)에서 언급한 밤에 인간의 활동이 많아졌다는 내용이므로 (라)에 이어지는 것은 (가)이다. (나)의 '그'가 가리키는 것은 (가)에서 언급한 '인류의 문명 발달'이므로 (가)에 이어지는 것이 적절하다.

25 ②

정답해설 문단 배열 순서를 바르게 하기 위해서는 각 문단 앞의 지시어나 접속어 등을 먼저 파악해야 한다. 문단의 앞에 지시어나 접속어가 없는 것은 (가)와 (다)인데, 내용상 (가)가 (다)의 앞에 위치하는 것이 적절하다. (가)와 (다)에서는 생산자가 상품을 만들어 낸 뒤 시장에 내놓게 되면 상품이 자립적이고 독자적인 '인격체'가 된다고 설명하고 있다. (라)에서 '또한'이라는 순접의 접속어를 사용하면서 상품의 생산과 교환에 대해 언급하고 있으므로 (다)에는 (라)가 이어진다는 것을 알 수 있다. 그리고 (라)에서 시장의 경제 법칙에 대해 설명하고 있는데, (나)의 지시어 '이처럼'을 통해 (라)의 내용이 (나)로 이어진다는 것을 알 수 있다.

자료해석

정답									
01 ③	02 ③	03 ①	04 ②	05 ④	06 ④	07 ④	08 ①	09 ①	10 ②
11 ③	12 ④	13 ②	14 ②	15 ③	16 ②	17 ④	18 ④	19 ③	20 ②

01 ③

정답해설 시계 상 1시간은 실제 58분이므로, 시계가 4시간 30분을 움직였다면 실제 경과한 시간은 $270\times\frac{58}{60}=261$(분)이다.

즉 4시간 21분이 경과 했으므로, 현재 시각은 5시 21분이다.

02 ③

정답해설 올해 전입한 남자 부사관을 x, 여자 부사관을 y라 하면

$x+y=250$

$-0.08x+0.17y=5$

$x=150$, $y=100$

따라서 내년 새로 전입할 여자 부사관은

$100\times(1+0.17)=117$명

03 ①

정답해설 거리=속력×시간이므로

A군이 80분 동안 걷는 거리 : $4\times80\text{분}=4\times\frac{80}{60}=\frac{16}{3}$

∴ B군의 속력 : $\frac{16}{3}\div\frac{100}{60}=3.2(\text{km/h})$

04 ②

정답해설 총 소요시간$=\frac{\text{총작업량}}{\text{평균작업량}}$이므로 전체 작업량을 1이라고 하면,

처음 2분간 A의 작업량 : $\frac{2}{12}$

나머지 작업량 : $\frac{10}{12}$

나머지 복사 시간 : $\frac{10}{12}\div\left(\frac{1}{12}+\frac{1}{8}\right)=4$(분)

∴총 걸리는 시간 : $2+4=6$(분)

핵심정리 일의 양

전체 일의 양을 1이라 하면 다음의 공식이 성립한다.

- 작업속도$=\frac{1}{\text{걸리는시간}}$
- 걸리는 시간$=\frac{\text{일의양}}{\text{작업속도}}$

05 ④

정답해설 보증기간 내에 A/S가 신청된 10개의 제품 중 3개를 선택하여 적어도 1개가 제품 불량이라는 것은, 1개나 2개, 또는 3개 모두가 불량인 경우를 말한다. 이는 전체 확률에서 선택한 3개 제품 모두 불량이 아닐 확률을 빼주면 된다.

A/S가 신청된 10개의 제품에서 임의로 3개의 제품을 선택할 때 3개 모두 제품 불량이 아닐 확률은 '$\frac{7}{10}\times\frac{6}{9}\times\frac{5}{8}=\frac{7}{24}$'

이 된다.

따라서 3개의 제품을 선택할 때 적어도 1개가 불량품일 확률은 '$1-\frac{7}{24}=\frac{17}{24}$'이다.

06 ④

정답해설 전체 사용자를 100으로 잡았을 때

현재 A사 사용자는 이동통신 사용자의 40%이고, 이 중 80%는 1년 후에도 A사의 사용자로 남아있으므로

$40\times0.8=32(\%)$

현재 B사의 사용자는 이동통신 사용자의 30%이고, 이 중 10%는 1년 뒤 A사의 사용자이므로

$30\times0.1=3(\%)$

현재 C사의 사용자는 이동통신 사용자의 30%이고, 이 중 40%는 1년 뒤 A사의 사용자이므로

$30\times0.4=12(\%)$

$\therefore 32+3+12=47(\%)$

07 ④

정답해설 가, 나, 다, 라, 마 지역의 3 · 1 운동 참여자 : $665,900+294,800+120,850+511,770+154,948=1,748,268$(명)

가, 나, 다, 라, 마 지역의 3 · 1 운동 참여자 중 사망자 : $1,472+384+590+2,042+2,470=6,958$(명)

$\therefore \frac{6,958}{1,748,268}\times100\fallingdotseq0.40(\%)$

08 ①

정답해설 A씨의 체중 증가율 : $\frac{9}{41}\times100\fallingdotseq22(\%)$, B씨의 체중 증가율 : $\frac{9}{43}\times100\fallingdotseq21(\%)$

따라서 3년 전 동월 대비 2024년 3월 A씨의 체중 증가율은 B씨의 체중 증가율보다 약 1% 더 높다.

09 ①

정답해설 ㉠에서 스웨덴과 이탈리아의 국가별 자발적 분담금 총액 증가액이 다른 국가들에 비해 낮다고 했으므로, 〈표1〉에 따라 스웨덴과 이탈리아는 D 또는 E국 중의 하나가 된다.

㉡에서 노르웨이와 영국은 2022년 대비 2023년 국가별 자발적 분담금 총액 증가율이 다른 국가들에 비해 높다고 했으므로, 노르웨이와 영국은 B 또는 C국 중의 하나가 된다.

㉢에서 노르웨이와 스웨덴의 1인당 자발적 분담금은 다른 국가들에 비해 크다고 했으므로, 노르웨이와 스웨덴은 C 또는 D국 중의 하나가 된다.

위의 결과를 종합하면, C국은 노르웨이, D국은 스웨덴, B국은 영국, E국은 이탈리아가 되며, 나머지 A국은 스페인이 되므로, ①이 적절하다.

10 ②

정답해설 먼저 G는 조건 ㅇ에 의해 인적성 점수가 70점 미만이므로 선발 대상에서 제외된다.

조건 ㄱ에 의해 A 또는 E 중 적어도 한 명은 반드시 선발해야 한다. 따라서 경우의 수는 A만 선발하는 경우, E만 선발하는 경우, A, E 모두 선발하는 경우가 있다.

(ⅰ) A만 선발하는 경우

조건 ㄷ, ㅁ, ㅂ에 의해 D, B, F를 선발해야 하지만 이렇게 되면 조건 ㄴ에 어긋난다. 그리고 이 경우 불합격자의 학업 성적이 합격자보다 높은 경우가 발생하여 조건 ㅅ에도 어긋난다. 따라서 A가 선발되는 경우가 없어야 한다. 또한 A와 E 모두 선발하는 경우도 고려할 필요가 없으므로 E만 선발되는 경우만 구하면 된다.

따라서 신입사원으로 선발될 수 있는 사람은 E뿐이다.

11 ③

정답해설 〈표1〉의 '갑' 회사의 경우 a부서는 모든 부서와 정보교환이 이루어지는데 비해, 다른 부서는 모두 a부서와만 정보교환이 이루어지는 형태를 보이고 있으므로, 그림 '(B)'에 해당한다.

〈표2〉의 '을' 회사의 경우 a부서는 b, g부서와 정보교환이 이루어지고, b부서는 a, c부서와 정보교환이 이루어지며, c부서는 b, d부서와, d부서는 c, e부서와, e부서는 d, f부서와, f부서는 e, g부서와, g부서는 f, a부서와 정보교환이 이루어지는 형태이다. 따라서 '을' 회사는 그림 '(A)'에 해당한다.

〈표3〉의 '병' 회사의 경우 a부서는 b, c의 2개 부서와 정보교환이 이루어지는데 비해, b부서와 c부서는 3개의 부서와 정보교환이 이루어진다. 그리고 나머지 d, e, f, g부서는 하나의 부서와만 정보교환이 이루어진다. 이러한 형태는 그림 '(C)'에 해당한다.

따라서 그림 (A)는 '을', 그림 (B)는 '갑', 그림 (C)는 '병'에 해당한다.

12 ④

정답해설 각 층의 바닥 면적이 동일하므로 '층수=연면적÷건축면적'이 된다. 따라서 건축면적을 알면 층수를 구할 수 있다.

그런데 '건폐율=(건축면적÷대지면적)×100'이라고 하였으므로, '건축면적=건폐율×대지면적÷100'이 성립한다.

이에 따라 우선 A의 건축면적을 구하면 '$50 \times 300 \div 100 = 150(m^2)$'이고, A의 층수는 '600÷150=4(층)'이 된다.

마찬가지로 하여 D의 건축면적을 구하면 '$50 \times 200 \div 100 = 100(m^2)$'이고, 층수는 '800÷100=8(층)'이다.

따라서 두 건물의 층수를 합하면 12층이다.

13 ②

정답해설 건축면적은 '건폐율×대지면적÷100'이고 층수는 '연면적÷건축면적'이 된다.

따라서 C의 건축면적은 '$200 \times 60 \div 100 = 120(m^2)$', 층수는 '720÷120=6(층)'이다.

건물 B와 C의 층수가 같다고 했으므로, B의 층수도 6층이 된다.

한편 '연면적=층수×건축면적'이므로 '연면적=층수×(건폐율×대지면적÷100)'도 성립한다.

따라서 건물 B의 연면적은 '$6 \times (60 \times 300 \div 100) = 1{,}080(m^2)$'가 된다.

14 ②

정답해설 승려의 평균 사망연령은 남자 69세, 여자 71세이므로, $\{(69 \times 50) + (71 \times 30)\} \div 80 = 69.75$(세)이다. 왕족의 평균 사망연령은 남자 42세, 여자 46이므로, $\{(42 \times 30) + (46 \times 10)\} \div 40 = 43$(세)이다. 귀족의 평균 사망연령은 남자 45세, 여자 56이므로, $\{(45 \times 80) + (56 \times 120)\} \div 80 = 51.6$(세)이다. 따라서 승려의 평균 사망연령이 왕족이나 귀족의 경우보다 높다.

오답해설 ① 평균 사망연령의 남녀 간 차이는 승려의 경우 2년, 귀족의 경우 11년이다.

③ 이혼이나 사별이 없다고 하였으므로 혼인 기간은 혼인부터 사망까지의 기간을 말한다. 따라서 귀족 남자의 평균 혼인 기간은 30년이며 왕족 남자의 평균 혼인 기간은 23년이므로 귀족 남자의 경우가 왕족 남자의 경우보다 길다.

④ 평균 혼인연령의 경우 귀족 남자의 경우 15세, 왕족 남자의 경우 19세, 귀족 여자의 경우 20세, 왕족 여자의 경우 15세이다.

15 ③

정답해설 '귀족의 평균 자녀 수=귀족의 자녀 수÷귀족의 수'이므로, $(5 \times 80 + 6 \times 120) \div (80 + 120) \fallingdotseq 5.6$(명)이다.

16 ②

정답해설 총 8가지 경로가 가능하고, 중복되는 경우가 두 가지씩 있으므로 네 가지 경로에 대해서만 계산해보면

(i) 회사-A-D-F-E-C-B-회사(회사-B-C-E-F-D-A-회사)

$8+8+7+8+10+9+10=60$km

(ii) 회사-A-D-F-C-E-B-회사(회사-B-E-C-F-D-A-회사)

$8+8+7+12+10+12+10=67$km

(iii) 회사−A −D −C −F −E −B −회사(회사−B −E −F −C −D −A −회사)
8+8+15+12+8+12+10=73km
(iv) 회사−A −C −D −F −E −B −회사(회사−B −E −F −D −C −A −회사)
8+11+15+7+8+12+10=71km
따라서 박대리가 출장을 다녀올 수 있는 최단거리는 (i)의 경우이므로 60km이다.

17 ④

정답해설 회사에서 출발하여 B를 경유하여 F에 도착하는 경로는 2가지가 가능하다.
(i) 회사−B −C −F
10+9+12=31km
(ii) 회사−B −E −F
10+12+8=30km
따라서 한과장이 갈 수 있는 최단거리는 30km이다.

18 ④

정답해설 2024년 5월의 심사건수가 1,000건이므로 2024년 6월의 심사건수는 전월대비 '$\frac{225}{1,000}\times 100=22.5(\%)$' 증가하였다.

19 ③

정답해설 2024년 3월의 심사건수는 전월(2024년 2월) 대비 920−860=60(건), 등록률은 58.0−51.5=6.5(%p) 증가하였다.

20 ②

정답해설 두 번째 표가 전년 동월 대비 특허 심사건수 증감 및 등록률 증감 추이를 나타내므로, 이를 통해 2023년 1월부터 6월까지의 등록률을 구할 수 있다.

구분	2023.1	2023.2	2023.3	2023.4	2023.5	2023.6
심사건수(건)	840−125 =715	860−100 =760	920−130 =790	945−145 =800	1,000−190 =810	1,225−325 =900
등록률(%)	55.0−1.3 =53.7	51.5−(−1.2) =52.7	58.0−(−0.5) =58.5	61.0−1.6 =59.4	63.0−3.3 =59.7	67.5−4.2 =63.3